인문의학: 의사가 들려주는 퇴계의 노래

한글

영어

내 소원 착한 사람 많은 세상

퇴계가집 악보 및 현대적 해설

김종성

충남대학교출판문화원

인문의학: 의사가 들려주는 퇴계의 노래

내 소원 착한 사람 많은 세상

펴낸이 김종성
발행일 1판 1쇄 2022년 10월 16일 2판 1쇄 2022년 12월 30일
발행인 이진숙 펴낸곳 충남대학교출판문화원
주소 대전광역시 유성구 대학로 99 전화 042-821-6045
홈페이지 http://www.cnupress.co.kr E-mail cnupress@cnu.ac.kr

ISBN 979-11-6503-182-4 93100
정가 20,000원

퇴계(退溪, 1501~1570) 선생께,

그리고 김해연(金楷沇, 2016.10.~) 님에게

이 책을 바칩니다.

선생의 18대 외손 김해연 님은

젖먹이 때부터 도산십이곡 노래를 좋아했습니다.

감사의 글

도산십이곡 성가의 국민교육용 동영상 제작을 위해 흔쾌히 고어·영어 노래를 불러주고 피아노 반주를 해준 충남대학교의과대학의 엄인배·박형철·신승재 학생, 그리고 어린이 동요로 편곡해주신 한국동요문화협회 김종한 이사님께 크게 감사합니다. 종택에 들를 때마다 따뜻한 말씀으로 부족한 제 공부를 격려해주신 청하(靑霞) 이근필(李根必) 퇴계 16대 종손 어른과 국민의 일상에서 도산십이곡 성가의 실용적 중요성을 통찰하시고 저를 여기까지 이끌어주시며 도산십이곡의 역사적 발자취가 담긴 학술발표 자료까지 고이 간직하셨다가 건네주신 김병일 도산서원장님께 한없는 감사를 올립니다. 한글 고어 원문 가사의 의미를 잘 이해할 수 있도록 도와주시고 고전 속에서 한문 번역 가사를 찾아주신 권갑현 교수님과 도산십이곡을 공부하는 데 큰 도움을 주신 도산서원 참 공부 모임의 모든 회원님께 감사합니다. 도산십이곡 노래를 충남대학교의과대학 인문 의학 교과목에 수업콘텐츠로 포함해주신 의학교육학교실 이소영 교수님과 흉부외과학교실 강신광 교수님께 감사합니다. 늘 제 공부를 이끌어주시는 김갑중 원장님, 아우이지만 형님처럼 앞서가는 사유로 내 삶을 보듬어주는 박병강 벗님께 감사합니다. 지난 4년 동안 어려운 작업을 통해 도산십이곡 가사를 쉬운 영어로 완성해주고 여러 모임에서 기꺼이 도산십이곡 노래를 함께 불러준 이사미 교수님, 시력이 많이 약해진 저에게 악보 정리, 유튜브 영상 제작, QR 코드 작업에 도움을 주신 충남대학교병원 가정의학과 김남희 선생님, 그리고 도산서원선비문화수련원의 강준영 · 양지현 선생님께 특별히 감사를 올립니다. 도산십이곡을 공부하면서 예전보다 『성경』을 더 가까이하며 더 많이 읽고 있는 저를 발견합니다. 한글 · 영어 · 한문 성경을 함께 읽으며 묵상하니 그 의미가 더욱 새로워집니다. 제 삶에서 지금까지의 모든 일이 주님께 감사할 일이지만, 도산십이곡과 퇴계 선생을 만나게 해주신 주님께 더욱 감사합니다.

2022년 여름 목천재(牧川齋)에서,

김종성(金鍾聲) 경상(敬上).

서평 시

〈마음이 어진 사람을 생각하며〉

박병강[1)]

인간이 어떻게 살아야 하는지 그분의 말씀을 밤새 어깨너머로 들은 후
After you stayed up to peep into his sincere ideas about the right way for human,

약간 들뜬 기분으로 사무실에서 일과를 시작하였다.
you started off with a rather elated morale.

글을 쓰면서 평상심으로 돌아오자
As you found your way through your daily journal as the morning sacred ritual,

언제부터 삶이 바람직한 방향으로 바뀌었는지 돌아보았다.
you were dating back to the time you took a dramatic turn for the better.

그 하늘 높이 솟은 나무들로 빼곡한 옛집 안으로 첫발을 들인 이후였을 것이다.
When you were awestruck by the towering beauty of old maple trees inside the doors

돌계단에 쌓인 이끼의 두께만큼 400~500년 뒤로 역사 여행을 하는 기분이 들었을 때
and you found yourself withdrawing to 4)0~500 years ago, gazing on the

1) 원광대학교 장흥통합의료병원. 가정의학과 의사.

moss-carpeted stone steps

시간과 공간이 마치 블랙홀에 갇혀 있듯이 너는 제자리에서 꼼짝 못 했지
you remained helpless as if being stuck in the middle of spacetime tweaked by a black hole.

눈을 떴을 때는 착한 사람들과 어울려 살고 싶다는 생각밖에 안 들었네
That was when you decided that you'd be in the company of good people, in a good village

정서적 자족이 일차적 목적이라고 한다면 너는 시작부터 대성공이었어
If it was all about achieving emotional self-sufficiency, you were most successful to begin with.

그러나 때 묻지 않은 숲에서 얻을 수 있는 혜택은 그게 전부가 아니었지.
But that was not the only benefits of being in the untainted region

아침마다 쾌활하게 노래하는 새와 반질반질하게 짜 놓은 줄 위에 정좌한 거미를 보면서
As you learned to read volumes into the innocent chirping of early morning birds, and a seemingly empty-minded spider lurking in the center of its well-maintained cobweb,

그들이 시인이 아니면 누가 시인이 될 것이며
you thought that they'd rather be dubbed poets in nature

그들이 착한 선비가 아닐까 하는 생각이 들더군.
That way, your presence itself was all you needed to go further and beyond.

아침마다 그렇게 밝아진 마음으로 직장에서 만나는 사람마다 정성을 다하여 예를 갖추고
With that empathetic attitude, you were encouraged to be as kind as possible to others at work

대나무밭으로 물러나서 봄에는 매화, 가을엔 국화를 돌본다면 이보다 더 좋은 일이 있을까?
and water plums, and chrysanthemum in the bamboo field in your leisure time

그리고 홀로, 마음이 어진 사람들을 떠올려보았다.
Back in merry solitude, you called to mind the warm-hearted people who shared your good spirit.

조류와 곤충은 물론 천지 만물에까지 감정이 이입되는 이들을 우리는 시인이라 부른다. 그는 empathetic attitude를 embodied mind로 수렴한 착한 선비의 모습을 떠올리며, 그에게서 자연스럽게 느껴지는 절제된 원시 생명력을 이른 아침 쾌활함으로 노래한다.

- 시평, 김갑중[2) -

제가 오마주한 충남대학교 가정의학과 교수인 김종성 박사의 신작 『내 소원 착한 사람 많은 세상』은 여러 가지 의미가 있다. 시인, 음악가, 철학자, 의료인문학의 대가인 김종성 교수는 K-spirit의 원형으로 퇴계 사상에 천착하여 많은 의학적 강의와 대중매체 활동을 하고 있으며 퇴

2) 정신과 의사, 시인, digicam poem 창시자, K-psychotherapy의 모태인 덕행인지 치료의 원안자.

계 사상을 현대인들이 쉽게 이해하고 일상생활에 실천할 수 있도록 돕기 위해 노력하고 있다. 저도 실제 의료현장에서 전통사상에 입각한 인간 존중 정신을 적용해 본 소감은, 복합적인 접근을 요구하는 만성난치성 질환의 치료에 의료적으로 큰 도움이 되고 있다.

- 박병강 -

목 차

매(梅) _ 서(序)

죽(竹) _ 대학자의 선물

송(松) _ 가사 해설 '진리 향한 삶'

국(菊) _ 퇴계가집(退溪歌集)

매(梅)

서(序)

1장 _ 어찌 알까, 후세사람 내게 마음 뺏기지 않을지
'내 아낀 보석 그 누가 즐기리'

2장 _ 내 소원 착한 사람 많은 세상
'진리가 발하는 세상'

1장

어찌 알까, 후세사람 내게 마음 뺏기지 않을지

'내 아낀 보석 그 누가 즐기리'

〈자명(自銘)〉
주님 은혜로 세상 나와
무지몽매한 내게
평생의 샘물 되어주신 어머님

너무나 일찍 떠나시는 꽃가마
스무 살 손으로 부여잡으니
불효 눈물 강 되어 흘렀네

무거운 허물 짊어진 이 몸 반겨준
월하오정(樾下五亭)[3] 아름다운 정원에서
어약연비운영천광(魚躍鳶飛雲影天光)[4] 즐기다가

큰 숲 되게 할배 만나

---

3) 필자의 아내 호가 '둥구나무 그늘'이라는 의미의 월하(樾下)이며, 아들 · 며느리 다섯 자녀의 호가 '정자'를 의미하는 정(亭)자 돌림이다.
4) 물고기 뛰고 솔개 날며 구름 그림자와 빛나는 하늘.

손수 건네주신 도산십이곡 노래로
울고 웃으며 즐겁게 세상 살았네

과분한 삶
주님 뵈려고
이제 고향 마을에 가네

해(楷)[5)]야,
너희들이 많이 보고 싶구나
(2021.1.27. 김종성 묵상 일기)

1565년에 퇴계 선생은 국민의 인성 · 영성을 함양하는 일상의 마음공부를 위해 한글로 도산십이곡이라는 귀한 선물을 만들었습니다. 성가로 완성하여 국민에게 전달해달라고 후세사람들에게 당부했음에도 불구하고 그동안 대학자의 정성이 국민에게 '온전한 노래 선물'로 전달되지 않은 학술적 안타까움이 있었지요. 저는 퇴계 선생의 정성이 담긴 그 선물을 453년 만에, 대중이 부를 수 있도록 현대 멜로디에 실어 〈동양 성가(Oriental Holy Song)〉 장르의 노래로 만들었습니다. 남녀의 사랑을 표현하거나 세상을 풍자하는 세속적인 노래들과 달리, '성가'는 진리를 노래하기에 경건함과 온유돈후함이 특징이지요. 이 책을 통해 대학자의 아름다운 선물을 현대인의 마음과 인성 · 영성을 보듬어줄 '온전한 성가'로 국민에게 전달하고자 합니다. 그러나 한국철학에 관한 저의 학문적 소양이 너무나 부족하기에, 이러한 시도가 퇴계 선생께 혹 누(累)가 되지 않을까 하는 큰 두려움이 앞섭니다. 이러한 제 마음을 아셨는지 극재(克齋) 신익황(申益愰, 1672~1722, 본관 평산, 자字 명중明仲) 선생께서

5) 필자의 손주들 이름의 돌림자가 '해(楷)'이다.

비록 마음에 느낀 점이 있어 스스로 그만둘 수 없는 데서 나온 것이기는 하나 주제넘다는 두려움을 감당할 수 없다.
[雖亦出於心有所感而不能自已/수역출어심유소감이불능자이 然其僭妄之懼/연기참망지구 有不自勝者/유부자승자][6]

라고 대신 말씀해주시는군요. 퇴계 선생께서 국민에게 전해달라며 서랍 속에 고이 넣어둔 도산십이곡이라는 아름다운 보석을 꺼내어 온 세상에 전달해야 한다는 마음의 절실함에 이끌려 제 몸을 감싸는 그 두려움을 무릅쓰고 그저 정성을 다할 뿐입니다. 60세의[7] 퇴계 선생은 도산서당의 화단에 매화 · 대나무 · 소나무 · 국화를 심고, 이들과

나 이제 그대들과 풍상계 맺네.
我今併作風霜契/아금병작풍상계[8]

라며 바람과 서리를 함께 이겨내자는 언약을 맺으셨기에, 매(梅) · 죽(竹) · 송(松) · 국(菊)을 이 책을 구성하는 큰 네 덩어리의 이름으로 붙이고, 〈국〉 부분에 도산십이곡을 고어 · 현대어 · 영어 · 한문 등 다양하게 부를 수 있도록 악보를 제시했습니다. 가칭 『퇴계가집』을 시도해보았는데요. 퇴계 선생은 2,230여 수의 한시(漢詩)를 남겼습니다.[9] 이 시들이 노랫말로 만들어져서 더욱 풍성한 『퇴계가집』으로 발전하기를 소망하는 저의 꿈이 담겨있습니다. 개신교에는 『찬송가』, 가톨릭에는 『성가』, 불교에는 『찬

---

6) 『극재집(克齋集)』, 제1권, 시, 「차래경독도산휘음유감시운(次來卿讀陶山徽音有感詩韻)[병서(幷序)]」.
7) 이장환, 『따라 쓰는 퇴계시 칠언(七言)』(디자인더하트, 2018), 94쪽.
8) 『정본퇴계전서(定本退溪全書)』, 시 14, 도산잡영십팔절(陶山雜詠十八絕), 「절우사(節友社)」.
9) 김영숙, 「퇴계 한시 연구의 현황과 과제」, 『퇴계학논집』(영남퇴계학연구원, 2007) 제1호, 15~55쪽.

불가』 등의 성가 책들이 있어서 각종 의식과 모임에서 노래를 부를 때 유용하게 사용합니다. 퇴계 선생은 도산십이곡에 대해

> 아침저녁으로 익혀서 이것을 노래하라.
> [朝夕習而歌之/조석습이가지][10]

라고 말씀했지요. 행사나 모임을 할 때 본 도서에서 제시하는 〈퇴계가집〉의 노래들을 시작 성가 또는 마침 성가로 편리하게 이용하시기 바랍니다.

한국의학교육평가원에서는 의과대학에 기초의학 · 임상의학과 함께 인문 의학(Medical Humanities)을 의학교육의 중요한 한 축으로 반드시 개설하도록 규정하여[11] 철학 · 예술 등 인문학을 통한 미래 의료인들의 인성 함양을 요구하고 있습니다. 아울러 어떤 다양한 교과목과 어떤 형태의 다양한 수업 방식이 반영되는지를 주기적으로 평가하고 있지요. 기초의학 · 임상의학이 환자 진료에 필요한 지식적 공부라면 인문 의학은 의료인의 내면 즉 자기 성장을 위한 공부이자 의학이 나아가야 할 올바른 길을 탐구합니다. 인문 의학이 추구하는 인간 내면의 성장과 삶의 방향이라는 주제는 모든 현대인에게 해당합니다. 인문 의학은 실용적 · 과학적 특성이 강한 의학적 관점을 인문학에 결합하기 때문에, 순수 인문학보다 훨씬 더 현대인의 일상에 가까이 다가갈 수 있는 장점이 있습니다. 한국철학 심성론은 의과대학 교육과정이 갈망하며 찾는 인문 의학의 답을 아주 명확하고 구체적으로 제시하고 있더군요. 어느 유명한 외국 지성인은 한

---

10) 『정본퇴계전서(定本退溪全書)』, 시 15, 「도산십이곡발(陶山十二曲跋)」.
11) 한국의학교육평가원, 『의학교육 평가인증 기준 및 규정』, 2010, 29쪽.

국이 보유해온 전통 정신을 미래 세계인의 건강한 영적 삶을 밝혀줄 등불로 제시하기도 합니다.[12] 동서양의 존재론과 심성론이 이구동성으로 절대 진리가 우리 마음에 '인성 · 영성 · 불성 · 자기'의 형태로 존재한다고 말하고 있는데요. 퇴계 선생은 그 진리가 우리 일상에 발현하게 하는 구체적인 방법을 경(敬)으로 통찰하여 제시한 철학자입니다. 그런 점에서 퇴계 선생은 인류의 위대한 스승입니다. 저는 평소

'가장 한국적인 것이 가장 세계적이다.'

라고 생각해왔는데요. 5년 동안의 정성을 통해 저의 진료실에서 개발한 '알코올중독환자의 병식 평가척도'(HAIS, Hanil Alcohol Insight Scale)를 1998년에 국제학술지에 발표[13]한 이후, 미국 · 영국 · 호주 · 독일 · 프랑스 · 러시아 · 크로아티아 · 중국 · 대만 · 인도 등 세계 각국의 진료실에서 자국의 언어로 번역하여 사용하고 있고, 24년을 훌쩍 넘긴 지금까지도 미국 보건후생성(Department of Health & Human Services)의 국립보건원(National Institutes of Health, NIH)을 비롯하여 각국의 연구자들로부터 사용 허가를 요청하는 편지가 쇄도하고 있는 저의 경험에서 나온 신념입니다. 한국철학 심성론을 인문 의학에 융합한 〈한국적 인문 의학〉 역시 세계적인 인문 의학이 될 수 있다고 생각합니다. 'K팝', 'K푸드', 'K-spirit' 등 오늘날 세계에 부는 K-문화 열풍은 우연이 아닙니다. K-문화의 이면에, 우리가 보유하고 있는 독보적인 〈K-인문학〉이 본류를 형성하여 흐르고 있기 때문입니다. 〈K-인문 의학〉은 온유돈후한 한국적 향기를 갖습니다. 본 도서는 한국적 인문 의학 수

---

12) 임마누엘페스트라이쉬, 『한국인만 모르는 다른 대한민국』(21세기북스, 2013).

13) Kim JS, Kim GJ, Lee JM, Lee CS, Oh JK. HAIS (Hanil Alcohol Insight Scale): Validation of an insight-evaluation instrument for practical use in alcoholism. Journal of Studies on Alcohol 1998; 59: 52-55.

업콘텐츠의 개발을 위한 저의 일련의 노력 시리즈 중 하나입니다. 저의 첫 번째 노력의 결과물은 15년의 정성을 들여 뇌 의학적 심성론과 한국철학 심성론을 융합한 2014년의 『인문 의학, 성리학과 현대의학의 융합적 관점. 의사가 만난 퇴계』인데요. 대한가정의학회로부터 출판지원상을 받은 이 책은 충남대학교 우수도서로 선정되었고, 열 번의 인쇄와 교정을 거듭하여 현재는 6판이 유통되고 있습니다. 두 번째 결과물은 2018년의 히포크라테스 철학과 한국철학을 융합한 『마음이 편하지 않을 때는 한 걸음 걸어라. 의철학: 퇴계와 히포크라테스의 묵상 대화』라는 책이었습니다. 그리고 2022년의 이번 세 번째 도서 『내 소원 착한 사람 많은 세상』에서는 한국의 대표적 고전 국문 시가인 도산십이곡을 주제로 인성 · 영성 함양을 목표하는 인문 의학의 답을 찾아보려고 합니다. 여러 의과대학에서 예비의료인들의 인성 · 영성 함양을 목적으로 인문 의학 교과과정에 명상 프로그램을 넣는 등 나름대로 다양한 노력을 기울이고 있는데요. 인문 의학 수업의 〈음악을 통한 인성 · 영성 함양 교육프로그램〉 콘텐츠의 개발에도 도산십이곡이 중요한 역할을 할 수 있을 것 같습니다. 퇴계 선생의 도산십이곡 제작 목적이 바로 그것이니까요. 예를 들면 조별 노래 발표 형식의 매우 창의적인 수업을 설계할 수도 있겠지요. 퇴계 선생은

> 또한 아이들이 스스로 노래하고, 스스로 춤추고 뛰게 하라.
> [亦令兒輩自歌/역령아배자가 而自舞蹈之/이자무도지][14]

라고 도산십이곡의 수업방식까지 구체적으로 제시했습니다. 학생들의 예쁜 몸짓과 아름다운 도산십이곡 노래가 강의실에 울려 퍼지는 즐거운 수업이 될 수 있겠군요. 음악 · 미술 · 문학 · 서예 · 스포츠 등 다양한 예

---

14) 『정본퇴계전서(定本退溪全書)』, 시 15, 「도산십이곡발(陶山十二曲跋)」.

술 활동은 대상에 대한 거시적 시각과 미시적 시각을 동시에 갖추게 함으로써, 의료인이 환자의 복잡한 의학적 문제를 합리적으로 파악하도록 큰 도움을 줍니다. 또한 예술은 철학을 입체적으로 표현하고 묵상하게 합니다. 도산십이곡이 열두 곡으로 비교적 긴 노래이기 때문에 수업 운영의 필요에 따라 개별 곡 또는 부분별로 따로 떼어서 부를 수 있도록 악보들을 정리했습니다. 개별 곡의 악보는 4절 형태인데, 1절은 한글 고어, 2절은 한글 현대어, 3절은 영어, 4절은 한문 가사로 구성했습니다. 참고로, 충남대학교 의과대학의 한국적 인문 의학 수업콘텐츠는 〈한국철학 심성론 개괄(의예과 2학년) → 도산십이곡으로 공부하는 인문 의학(본과 1학년) → 의학 면담의 인문 의학적 기능 '인격 표현 및 인성 함양'(본과 2학년) → 진료실 의사소통에서 경 실습(본과 3학년)〉의 네 단계로, 학년별로 그 내용을 점차 심화하면서 진료에 적용하는 과정으로 구성했습니다.

학문하는 사람들에게는 항상 두 가지 트랙의 큰 소임이 있습니다. 그 학문의 본질과 원리를 정확하게 이해하고 탐구할 소임, 그리고 퇴계 선생께서

> 홀로 선함을 지키며 세상을 아예 잊는다면 하늘의 진리는 누가 밝히고 백성의 도리는 누가 바로잡겠는가.
> [若獨善而果於忘世/약독선이과어망세 則天理誰明/즉천리수명 民彝誰正/민이수정][15]

라고 제자에게 말씀한 것처럼, 현대인이 각자의 실존 일상에 그것을 실용적으로 적용할 수 있도록 도움을 주는 소임이지요. 의학은 매일의 일상에

---

15) 『퇴계선생언행록(退溪先生言行錄)』, 유편(類編), 「논인물(論人物)」.

서 그 학문을 일반 국민에게 적용하는 가장 대표적인 실용 학문입니다. 퇴계학 분야도 마찬가지라고 생각합니다. 퇴계 사상을 정밀하게 탐구하고 체득하여 학자들끼리 모여서 논문을 발표하고 토론하며 학술 내용을 도출하는 것도 중요하지만 이것을 일반인이 일상에 적용할 수 있도록 현대인에게 도움을 드리는 것 역시 중요합니다. 그런 의미에서 국민을 대상으로 시행하는 각종 퇴계 인문학 교양강좌와 최근 2019년부터 매년 봄에 13박 14일의 여정으로 개최하는 퇴계 선생 마지막 귀향길 재현 국민걷기 행사, 2020년 퇴계 선생 서세 450주년 기념 추모행사, 2022년 1월 도산서원선비문화수련원의 연수생 100만 명 달성 등은 매우 의미가 깊습니다. 현대인들이 이러한 프로그램을 통해 퇴계 선생의 삶과 사상을 일시적으로 공유하고 체험하는 것도 중요하지만, 이러한 프로그램들과 더불어 조금 더 보완하여 현대인의 일상에서 퇴계 사상을 늘 함께하는 것이 더 중요하고 더 절실합니다. 퇴계 선생이 조카(원암遠庵 이교李嶠, 1531~1595, 자字 군미君美)에게

> 생각하지 않고 행하지 않으면
> 만 마디 말이 쓸데없는 것
> 不思不爲/불사불위
> 萬言奚施/만언해시[16]

라고 말씀했듯, 현대인이 퇴계 심성론의 '경(敬)'이라는 보석을 '하루하루 일상'에 적용하지 못한다면 퇴계 사상은 그저 보기 좋은 '뜬구름'이자 '이상적'인 좋은 학술 내용일 뿐입니다. 고민스러울 수도 있는 부분인데요. 고민할 게 하나도 없습니다. 퇴계 선생은 이미 그 고민을 우리가 상상할

16) 『정본퇴계전서(定本退溪全書)』, 서 · 기 · 발 등(序 · 記 · 跋 等) 13, 잠명(箴銘)-002, 『제교질자경병명(題寄姪自警屛銘)』.

수 없을 정도로 충분히 하신 후에, 국민 누구나 일상에서 '경'을 할 수 있도록 정성스럽게 〈한글 도산십이곡 프로그램〉을 미리 만들어놓았습니다. 퇴계 선생께서 국민을 위한 한글 노래를 제작하면서

> 다만 나의 이 작업이 자못 세상과 맞지 않으니
> [顧自以蹤跡頗乖/고자이종적파괴][17]

라며 한글 노래 작업이 당시의 일반적인 선비사회 궤도에서 벗어난 '엉뚱한 일'이라고까지 조심스럽게 표현했듯, '한글 노래 제작'은 한글을 저속하게 여겼던 500년 전의 선비사회 문화 속에서 상상할 수 없는 매우 파격적 · 창의적인 기획이었습니다. 퇴계 선생의 수천 작품 중에, 가족에게 보낸 9편의 한글 편지[18] 외에, '유일한 한글 작품'이 도산십이곡이라는 사실은 이 대학자의 삶과 학문에서 도산십이곡이 얼마만큼 큰 의의를 차지하는 보석일지 짐작하기조차 어렵게 합니다.

최근 몇 년 동안 충남대학교의과대학 학생들과 함께 도산십이곡 성가의 국민교육용 영상 제작작업을 하면서 그동안 마음에 오랫동안 품어왔던 제 인생의 큰 의문 몇 가지가 풀리더군요. 먼저, 제 이름이 김종성(金鍾聲)입니다. '금 종소리'라는 의미로 영어로는 'Golden Bell Sound'이지요. 이름에 담긴 음악적 이미지를 보니 태어나면서부터 도산십이곡 노래를 만날 예정이었나 봅니다. 모태(母胎)로부터 20여 년 동안 간직했던 제 꿈은 신학대학에 진학하여 성직자가 되는 것이었습니다. 그것은 홀어머님의 외아들에 대한 간절한 기도이자 어머님의 힘겨운 한평생 삶을 위로해

---

17) 위의 책, 시 15, 「도산십이곡발(陶山十二曲跋)」.
18) 퇴계 선생은 부인 · 아들에게 총 9편의 한글 편지를 썼으나, 현재 원문이 전해지지 않는다. ※ 권오봉, 『가서(家書)로 본 퇴계의 삶과 사상〈상〉』(삼보문화재단, 2020), 36~37쪽.

줄 단 하나의 영적 소망이기도 했습니다. 저는 글자를 알기 전부터 여동생과 함께 어머님 팔베개에 나란히 누워 늘 성경 이야기를 들으며 잠들었고, 글자를 알고부터는 매일 새벽과 저녁에 어머님과 함께 무릎을 꿇고 성경을 읽으며 기도와 찬송으로 가정예배를 올렸습니다. 그런데, 고등학교를 졸업할 무렵에 문득 들이닥친 제 삶에 대한 마음의 소용돌이를 만나 헤매기 시작했습니다. 예정했던 길을 갑자기 포기하고 갈 곳을 잃은 저는 별생각 없이 의과대학에 원서를 넣었습니다. 뚜렷한 목적도 없이 의학으로 진로를 바꾸는 저를 보며 크게 낙심하신 어머님께서는 성경과 찬송가를 제 손에 쥐여주시며 곧바로 세상을 뜨셨고 저는 삶의 좌표를 잃어버렸지요. 스무 살 어린 나이에 벗을 수 없는 무거운 '불효자'의 수형복을 입고 의예과에서 유급이라는 이름표를 가슴에 붙여가며 어둠 속에서 4년을 눈물로 방황하는 동안, 왜 록(rock) 밴드를 만들어 유흥업소의 밤무대에서 일렉트릭 기타를 연주하며 펜타토닉 음계에 빠졌었는지 이제야 알게 되었습니다. 40년 후 도산십이곡 노래를 만나기 위해서였습니다. 펜타토닉 음계는 궁 · 상 · 각 · 치 · 우 동양 5음계와 매우 유사합니다. 마이너 펜타토닉 음계는 Am의 경우 'A(라) · C(도) · D(레) · E(미) · G(솔) · A(라)' 음으로 구성됩니다. 동양의 음으로 '우 · 궁 · 상 · 각 · 치 · 우'에 해당하지요. 여기에 Eb(미b) 음을 추가하면 블루스 음계가 됩니다. 마이너 펜타토닉 음계는 애절하면서도 웅장한 소리를 냅니다. 40여 년 전의 필자는 널리 알려진 명곡을 멋지게 연주하는 것보다 그저 제 마음에 떠오르는 멜로디를 펜타토닉 음계의 기타 소리로 표현하는 것이 너무나 신기하고 재미있었습니다. 모방도 즐거운 일이지만, 창조는 더 즐겁더군요. 말하자면 기쁨 · 슬픔 · 평온함 · 경건함과 같은 저의 감정을 기타 소리로 표현하면서 몸으로 작곡 연습을 했던 것입니다. 애드리브(Adlib)라고 하지요. 제가 지금과 전혀 다른 형태의 삶을 살아오면서 설사 퇴계 선생을 만났다고 가정하더라도, 소싯적에 펜타토닉 음계와 애드리브에 깊이 빠지지 않았더라면 도산십이곡을 노래로 작곡하지 못했을 것입니다.

연세대학교의료원에서 레지던트 수련을 마치고 1989년에 가정의학 전문의가 되어, 모든 의사가 진료하기를 꺼리는 알코올중독환자를 전문으로 진료하는 길을 왜 평생 걸어왔는지 이제야 알 것 같습니다. 퇴계 선생을 만나기 위함이었습니다. 의학에서 배운 대로 질병(알코올중독)에 대한 환자의 인지 상태를 개선하여 행동의 변화(단주)를 꾀하기 위해 열심히 의학지식을 환자들에게 교육하고 그룹 정신치료 · 가족치료 등을 병행했지만, 현대의학의 이론만으로는 잘 치료되지 않았습니다. 큰 좌절감을 안고 알코올중독환자의 새로운 치료법을 모색하기 위해, 1992년 당시의 알코올 치료센터에서부터 지금까지 제 공부를 이끌어주시는 와촌(瓦村) 김갑중 원장님과 함께 '깨달음(insight, 병식)의 개선'이라는 주제에 대해 10여 년을 의학 이외의 학문을 찾아 헤맸습니다. 그러다가 20여 년 전에 김갑중 원장님을 통해 퇴계 선생의 '선행후지'(先行後知, 행동을 통한 깨달음)라는 보석 같은 이론을 만났는데요. 제가 의학을 하지 않았거나 알코올중독환자를 전문으로 진료하는 길을 걷지 않았으면 퇴계 선생을 만나지 못했을 것입니다. 수많은 선구자 중에 왜 하필 퇴계 선생을 만났는지 이제야 알 것 같습니다. 그것은 도산십이곡이라는 또 다른 보석을 만나기 위함이었습니다. 제 혈액 속에 퇴계 선생의 유전자가 들어있다는 것이 이유일까요? 저는 안동 '내앞 마을' 청계(靑溪) 할배(휘諱 진璡)의 16대 후손입니다. 족보를 거슬러 올라가면 의학적으로 퇴계 선생은 제 몸에 DNA를 물려주신 16대조 직계 할배입니다.[19] 퇴계 선생 맏아드님(휘諱 준寯)의 따님이 필자의 14대조 운천(雲川) 할배(휘諱 용涌)의 부인이시거든요. 그러니 13대조 할배님(휘諱 시건是楗)부터

---

19) 의성김씨 대동보 편찬위원회. 『의성김씨 대동보(義城金氏 大同譜)』(회상사, 1992).

그 아래로는 핏줄에 퇴계 선생의 DNA가 흐르고 있는 외손입니다. 되돌아보니, 퇴계 선생을 만나고 도산십이곡 노래를 만나는 것은 저의 운명이었습니다. 퇴계 선생의 보이지 않는 손길과 혼이 나를 여기까지 인도한 것 같습니다. 이유도 모른 채 저는 참으로 순진하게 신학대학을 가지 않았고, 어둠 속에서 방황했고, 펜타토닉 음계에 빠졌고, 의학을 했고, 알코올중독환자를 열심히 진료했고, 퇴계 심성론을 들여다보았던 겁니다. 이제 이 모든 것, 저 모든 것의 진짜 이유가 〈도산십이곡 소임〉을 닫기 위한 과정이었음을 알고 나니, 의과대학에 입학하여 울며 방황하며 여린 손으로 써놓은 일기들이 마음에 다가오며 제 얼굴에 잔잔한 미소를 선물합니다.

〈고통〉
너의 몸과 마음이
어둠 속에 휩싸여 있고
너의 영혼은 슬픔을 나눌 친구를 찾아
어둠의 거리를 방황하는구나.

한 줌의 흙이
너의 몸을 덮어 줄 때
너의 피곤한 육체는
비로소 고통의 굴레에서 벗어나리라.

그러나
그가 지워 주는 짐을
기꺼이 두 어깨에 메고
이 끝없는 사막을 횡단하자꾸나.

기쁨의 꽃봉오리가

나부끼는 날
너의 영혼을 위로해 줄
빛나는 보석이 되리라.

(1980. 6. 16. 의예과 2학년 김종성 묵상 일기)

〈회상〉

청년 시절
눈물 어린 방황이

한 점
구름이 되어

먼
미래의 어느 날

조용히
회상의 하늘을
지나간다.

침묵의 얼굴에 미소를 띄우며.

(1981. 6. 17. 유급한 의예과 2학년 김종성 묵상 일기)

40여 년 전에 지금의 제 모습을 예측한 저 일기들을 60세가 넘은 제가 빙긋이 웃으며 다시 읽다 보니, 61세의 퇴계 선생께서 20세의 제자(간재艮齋 이덕홍李德弘, 1541~1596, 본관 영천, 자字 굉중宏仲)와 나눈 대화가 떠오릅니다. 퇴계 선생이 소싯적에 지은

〈야지〉[20]

이슬 맺힌 풀 곱디곱게 물가 두르고
맑고 생기있는 작은 못, 티끌 없이 깨끗하네
구름 날고 새 지나감은 본래 서로 정해진 이치
때때로 제비가 물결 찰까 두려울 뿐.
露草夭夭繞碧坡/노초요요요벽파
小塘淸活淨無沙/소당청활정무사
雲飛鳥過元相管/운비조과원상관
只恐時時燕蹴波/지공시시연축파

이라는 내용의 시가 있는데요. 이 시에 대해 두 분이

> 신유년(1561년) 여름에 덕홍이
> "이 시는 언제 지은 것입니까?"
> 라고 물으니 선생(퇴계)께서
> "내가 열여덟 살 때 지은 것이다. … 지금 와서 생각하니 마음에 매우 웃음을 짓게 한다. 이후에 다시 한 걸음 더 나아가면, 오늘 지난날을 웃는 것과 꼭 같으리라."
> 라고 하셨다.
> [辛酉夏/신유하 德弘問/덕홍문 此何時所作也/차하시소작야 先生曰/선생왈 吾十八歲時作也/오십팔세시작야 … 到今思之/도금사지 則心極可笑/즉심극가소 此後若更進一步/차후약갱진일보 則必如今日之笑前日矣/즉필여금일지소전일의][21]

라고 대화를 나누셨지요. 퇴계 선생은 저를 60여 년 동안 준비시키는 동시에, 제가 도산십이곡 노래 제작작업을 하는데 필요한 제반 환경까지 완

---

20) 『정본퇴계전서(定本退溪全書)』, 시 15, 「야지(野池)」. ※ '야지'는 '들의 연못'.
21) 『간재선생문집(艮齋先生文集)』, 6권, 「계산기선록(溪山記善錄) 하(下)」.

벽하게 준비해주셨습니다. 말하자면 도산십이곡과 퇴계학에 관해 제가 모르는 것을 쉽게 찾아보고 공부할 수 있는 '전용 도서관'입니다. 바로 도산서원선비문화수련원의 '참 공부 모임'이지요. 참 공부 모임을 알기 전까지 도산서원에 가본 것은 2009년 11월에 송시헌 충남대학교병원장님의 요청으로 병원의 우수직원으로 선발된 연수단 30여 명을 인솔하여 방문했던 한 번뿐입니다. 안내 해설자도 없이 도산서원 주변의 여기저기에서 잠시 기념사진을 찍고 철수한, 그냥 일반 관광이었습니다. 그런데, 2017년 7월 8일에 도산서원선비문화수련원에 첫발을 디디게 되었습니다. 그해 5월 31일에 발표한 제 논문으로 인해 도산서원선비문화수련원의 이동구 별유사님으로부터 강의를 요청하는 연락을 받고 간 것이지요. 이 논문은 현대의학의 뇌 의학적 심성론과 퇴계 심성론의 유사성을 밝힌 철학 논문으로,[22] 대한가정의학회로부터 학술상을 받은 논문입니다. 필자의 고등학교 시절 담임을 맡으셨던 봉소(鳳巢) 김동기 선생님을 모시고 아내와 함께 안동에 내려가, 제11차 참 공부 모임에서 2시간 동안 강의한 후 도산서원선비문화수련원에서 하루를 묵었습니다. 이후 도산서원의 참 공부 멤버가 되어 지금까지 이어지고 있습니다. 정기적인 이 학술모임에서 저명한 교수님들과 여러 학자분의 깊은 학문을 직접 접하기도 하고, 홀로 공부하다가 모르는 것이 있으면 메모했다가 이 모임에 가서 묻곤 합니다. 참 공부에 두 번째로 참석했던 2017년 11월 11일 모임에서 신간 『도산잡영』[23]이라는 책을 받았는데요. 이 책에 퇴계 문학에 대해 아무것도 모르는 나를 과분하게 회원으로 이름을 올려주기까지 했습니다. 도산십이곡이 무엇인지, 어디에 붙어있는지도 전혀 모르는 제가 이 책이 아니

---

22) 김종성 · 김갑중 · 박주성, 「행동 조절에 대한 성리학과 뇌 과학 이론의 현상학적 상통성과 의학적 함의: 퇴계 심학(心學)을 중심으로」, 『유학연구』(충남대학교 유학연구소, 2017) 제39집, 1~29쪽.

23) 도산서원 참 공부 모임, 『도산잡영(陶山雜詠)』(예인, 2017).

었으면 어떻게 도산십이곡이라는 것을 알았을까요? 한국국학진흥원의 권진호 박사님이 아니면 퇴계 선생의 친필이 담긴 도산십이곡의 목판본이라는 것을 어찌 접할 수가 있었을까요? 연세대학교 이광호 교수님께서 『예기』의 「악기」 편을 공부해보라고 하지 않으셨으면 어찌 동양음악의 이론과 특성을 접할 수 있었을까요? 고려대 김언종 교수님이나 동양대 강구율 교수님이 아니면 제가 모르는 한자나 내용을 누구에게 물어서 이해할 수 있었을까요? 저는 쥐뿔도 모르고 고삐 풀린 망아지처럼, 타인에게 책을 선물할 때 제 한문 이름을 약어로 쓰고 그 옆에 저의 호(號)까지 떡하니 써서 드리곤 했는데요. 한문학의 대가이신 허권수 교수님께서 조용히

> "타인에게 선물할 때 본인의 이름을 약어로 쓰면 예절에 어긋나며, 본인의 호를 같이 적는 것이 아니다."

라고 가르쳐주실 때는 한없는 감사함과 함께 저의 무지함에 대해 말할 수 없는 부끄러움을 느끼기도 했습니다. 나중에 집안 내력을 살펴보니, 허 교수님은 묵재(默齋) 허찬(許瓚, 1481~1535, 본관 김해, 자字 헌숙獻叔) 할배를 통해 저에게 34촌 형님이시더군요. 참 공부 모임에서는 회원들을 '도반(道伴)'이라고 하는데 저는 그저 이 학술모임의 '청강생'입니다. 제게는 참 공부 모임의 모든 분이 개인과외 스승님들이자 자상한 형님들입니다. 세상에, 참 공부 모임의 권갑현 교수님은 저의 동양음악 공부를 위해 무려 1,551페이지에 달하는, 너무 무거워서 들기도 힘든 윤재근 교수님의 『악론』[24]이라는 커다란 동양음악 이론 책을 선물해주기까지 하셨습니다. 이 책을 읽을 때는 재미도 있었지만, 책이 엄청나게 무겁고 커서 들고 다니기에 힘들기도 했습니다. 책이 너무 무거워서 달아보니 2.6 kg이더군요. 이두박근 ·

---

24) 윤재근, 『악론(樂論)』(나들목, 2007).

삼두박근을 비롯하여 여러 근육의 근력운동에도 많은 도움이 되었습니다. 도산서원선비문화수련원 행정실의 양지현 선생님은 도산십이곡 노래의 영상 작업에 필요한 사진을 수시로 보내 주었습니다.

또한, 퇴계 선생께서는 제가 영어를 못하는 것을 알고 아주 귀한 사람을 보냈습니다. 이화여대 영문과를 우수하게 졸업하고 문화체육관광부에서 연이어 두 분의 장관님을 모시고 다니면서 한동안 국가 간 회담에서 동시 통역사로 일했던 이사미 박사가 며늘아기가 된 것입니다. 영어로 도산십이곡 노래를 만들라는 퇴계 선생의 뜻이었나 봅니다. 그뿐 아닙니다. 퇴계 선생은 제가 심한 음치인 것을 알고 도산십이곡 고어 · 영어 노래의 국민교육용 동영상 제작을 위해 노래를 잘 부르는 충남대학교의과대학의 엄인배 · 박형철 학생을 각각 때에 맞추어 제 진료실에 보내 주었고, 피아노를 잘 치는 신승재 학생을 보내기까지 했습니다.[25] 저는 2018년에 도산십이곡을 현대 멜로디 성가로 작업한 이후 이 노래를 정말 많이 부르고 연주했습니다. 아마도 전세계에서 도산십이곡 노래를 가장 많이 부른 사람이라고 자부합니다. 아, 저처럼 도산십이곡 성가를 많이 부르신 분이 한 분 더 계십니다. 바로 도산서원의 김병일 원장님입니다. 새벽마다 김병일 원장님께서는 도산서원에서, 저는 연구실에서 불렀습니다. 저는 매일 새벽 5시에 연구실에 도착합니다. 연구실에 도착해서 도산십이곡 노래를 들으며 묵상하는 일이 가장 먼저 하는 일입니다. 연구실에서 책을 쓰거나 논문 작업, 또는 강의 준비자료를 만들 때는 온종일 도산십이곡 노래를 틀어놓고 듣기도 하고 따라부르기도 하고 그럽니다. 외래에서 진료를 시작하기 전에도 임상 실습을 나온 학생들과 레지던트 선생님들과 함께 도산십이곡을 듣거나 불러준 후에 진료를 시작하곤 합니다. 학

---

25) 엄인배 · 신승재 학생은 2018년에, 박형철 학생은 2021년에 만났다.

생 수업과 시민 강연에서도 도산십이곡을 불러주거나 연주한 후 시작하지요. 저녁 퇴근길에는 차 안에서 홀로 도산십이곡 노래를 한글로, 영어로 부르고 듣다 보면 어느새 집에 도착합니다. 퇴근길에 도산십이곡 노래를 부르다가 퇴계 선생의 국민에 대한 사랑과 정성에 감정이 복받칠 때는 하염없이 쏟아져 내리는 눈물을 주체하지 못하기도 합니다. 공자(孔子, BC 551~479)는 음악을 공부하면서

> 공자는 제나라에 있으며 소(순임금 때의 음악)를 배우는 석 달 동안 고기 맛을 몰랐으며, '음악을 하는 것이 이러한 경지에 이를 줄은 생각하지 못했다'라고 말했다.
> [子在齊聞韶三月不知肉味/자재제문소삼월부지육미　曰不圖爲樂之至於斯也/왈부도위악지지어사야][26]

라고 했는데요. 지난 5년 동안 도산십이곡을 공부하며 느끼는 제 마음을 그대로 표현하는 것 같습니다. 도산십이곡 노래를 부를 때마다 퇴계 선생께서 내 옆에 계시는 느낌입니다. 자기 전에도 듣는데요. 도산십이곡 노래를 잔잔하게 틀어놓으면 저도 모르게 잠이 듭니다. 한가한 휴일에는 물가에 나가 낚싯대를 펼쳐놓고 앉아 종일 고요하게 도산십이곡을 듣고 부르며 자연 속에 빠져듭니다. 퇴계 선생께서 본인의 묘비 뒷면의 글귀로 사용하라고 스스로 써놓은 글[27]에

> 나 귀한 분 사모했는데 내 아낀 옥 그 누가 즐기리
> 어찌 알까, 후세사람 지금의 내게 마음 뺏기지 않을지
> 我懷伊阻/아회이조 我佩誰玩/아패수완

---

26) 『논어(論語)』, 「술이편(述而)」.
27) 『퇴계집(退溪集)』, 퇴계선생연보 3권, 부록(附錄), 「묘갈명(墓碣銘)」.

寧知來世/영지내세 不獲今兮/불획금혜

라는 두 구절이 있는 것을 보니 퇴계 선생은 이런 제 모습을 예측하셨나 봅니다. '어찌 알까, 후세사람 지금의 내게 마음 뺏기지 않을지'라는 퇴계 선생의 소박하면서도 자신 있는 소망은 자신에게 주어진 삶의 길을 '온정성'을 다해 걸었을 때 비로소 가능한 표현이지요. 여러 강연장에서 도산십이곡 노래를 부르며 그 의미를 대중에게 전달하다 보니 한 가지 아쉬운 점이 있더군요. 도산십이곡에 관한 그동안의 학술 문헌들이 도산십이곡이 '노래'라는 점을 간과하고 주로 퇴계 선생의 주관적 감흥의 차원에서 '벼슬을 버리고 자연을 사랑하며 학문에 매진한 퇴계 선생'이라는 주제로 도산십이곡 가사의 의미를 이해해온 것입니다. 그런데 제가 인문 의학적 관점으로 보니, 모든 현대인이 퇴계 선생의 삶을 본받는다고 생업을 팽개치고, 깊은 산속으로 들어가 철학적 진리를 탐구할 수만은 없겠더군요. 퇴계 선생도 온 국민이 산속으로 들어가기를 소망하지는 않으셨을 겁니다. 저는 퇴계 선생의 주관적 감흥의 측면에서 한 발 나아가 현대인의 일상적 실존이라는 관점에서 도산십이곡 노래에 담긴 메시지를 일반화하여 제시함으로써, 현대인의 인성 · 영성 함양 공부에 도움을 드리면 어떨까 하는 생각이 들었습니다. 500년 전 성리학자가 제작한 도산십이곡 성가를 현대의학적으로 해석을 시도하는 것은 최초이자, 도산십이곡의 해석 지평을 크게 넓히는 귀한 의미가 있습니다. 이러한 작업은 〈동(東) · 서(西)〉의 만남이자 〈고(古) · 금(今)〉의 만남이며 〈철학 · 의학 · 음악〉의 만남이겠지요. 어쩐지 재미도 있을 것 같습니다. 무엇보다도 이러한 저의 시도에 대해 퇴계 선생께서 무어라고 하실지 정말 궁금합니다. 다른 곳보다 병원에서는 마음이 아픈 분들을 정말 많이 만납니다. 무슨 이유에서인지 최근 들어서 마음이 아픈 분들이 더 많아진 것 같습니다. 아마도 현대인의 인성 · 영성 건강에 대해 종교와 철학이 그 역할을 제대로 하지 못하는 여건인가 봅니다. 지난 수 세기 동안 전 지구인들이 물질적 · 육체적 배고픔을 달래기 위해 정신없이 달려오면서 마음 양식의 섭취를 소홀히 한 것은 아닌지 모르겠습니다. 이 땅의 퇴계 선생은 60세에[28] 안동의 깊은 산속 도산서당에서

> 어찌 맛있는 음식으로 입만 즐겁게 하겠는가.
> 何啻珍烹悅口頤/하시진팽열구이[29]

라고 외치며 마음 양식 섭취의 중요성을 강조했는데요. 마치 예수님의

> 성서에 사람이 빵으로만 사는 것이 아니라 하느(나)님의 입에서 나오는 모든 말씀으로 살리라고 하지 않았느냐.
> [It is written: One does not live by bread alone, but by every word that comes forth from the mouth of God.]
> [經載云/경재운 人得生/인득생 不第恃餠/부제시병 亦恃凡上帝口所出之言/역시범상제구소출지언][30]

라는 광야의 외침을 듣는 것 같습니다. 예수님께서 인용한 말씀은 구약성서에

> 사람이 빵만으로는 살지 못하고 하느(나)님의 입에서 떨어지는 말씀을 따라야 산다는 것을 너희에게 가르쳐 주시려는 것이었다.
> [in order to show you that not by bread alone does man live, but by every word

---

28) 이장환, 『따라 쓰는 퇴계시 칠언(七言)』(디자인더하트, 2018), 96쪽.
29) 『정본퇴계전서(定本退溪全書)』, 시 14, 도산잡영십팔절(陶山雜詠十八絕), 「시습재(時習齋)」.
30) 『성경』, 「마태복음」, 4장, 4절.

that comes forth from the mouth of the Lord]
[使爾知人不獨恃餠得生/사이지인부독시병득생　亦恃凡由主口所出之言得生/역시범유주구소출지언득생][31]

라고 나오는 구절이지요. 진료실에서라도 부족한 역량이지만 국민의 마음 건강을 살펴드려야겠다는 생각이 들기도 합니다. 종교와 철학, 그리고 의학이 힘을 합쳐서 현대인의 인성 · 영성의 건강을 위해 노력해야겠습니다. 안타깝게도, 삶에서 겪는 고통으로 인해 진료 중에 눈물을 흘리는 분들도 많습니다. 저는 평소

'마음이 아픈 환자분들을 어떻게 도와드려야 하나?'

라는 주제로 늘 고민이었습니다. 가만히 생각해보니, 부처님 · 예수님 같은 분들은 옆에서 사람이 죽어도 끄떡하지 않으실 것 같습니다. 그러나 저와 같은 중생들은 지갑이나 카드 하나만 잃어버려도 난리가 납니다. 가슴이 벌렁거리고 세상이 뒤집히지요. 마음의 문제를 치유하기 위해 가장 중요한 것은 각자가 간직하고 있는 삶에 대한 건강한 영적 신념 체계입니다. 그 외에 종교, 의학, 음악, 운동, 취미활동, 가족, 친구 등 주변의 여러 가지 건강한 자원이 필요하겠지요. 퇴계 선생은 평생의 온유돈후한 삶과 진리 탐구 공부를 통해 우리 마음의 성장과 치유를 위한 큰 학문 체계를 통찰한 후, 그 방법까지 아주 쉽게 구체적으로 만들어 놓았습니다. 건강한 삶에 필요한 영적 신념 체계와 더불어 아름다운 음악까지 선물해준 것입니다. 이러한 점에서 보면, 퇴계 선생은 '참 대학자'이자 진정으로 나라를 치료하는 '참 대의(大醫)'[32]입니다. 연세대 이광호 교수님은 어느 유튜브

---

31) 『성경』, 「신명기」, 8장, 3절.
32) '소의'는 질병을 치료하고, '중의'는 사람을 치료하고, '대의'는 사회를 치료한다. 〈小醫治病/소의

강의에서

> "퇴계 선생은 상상을 초월하는 분이다."

라고 하셨습니다. 퇴계 선생에게 가까이 다가가면 갈수록 어느 학자도 흉내 낼 수 없는 그 학문과 삶이 정말 상상을 초월하는 분이라는 생각이 듭니다. 다양한 교육 현장에서, 대학자가 국민에게 선물하기 위해 정성스럽게 제작하여

> 상자에 넣어 놓고 때때로 꺼내어 즐겼다.
> [藏之篋笥/장지협사 時取玩/시취완][33]

라며 상자에 넣어두고 때때로 꺼내어 아낀 보석인 열두 곡의 도산십이곡 성가를 통해 퇴계 선생의 학문과 삶에 간직한 온유돈후한 개인적 자아라는 '문화 유전자'가 복제되고 전파되어, 현대인의 온유돈후한 인성 · 영성과 사회적 자아를 형성하기를 소망합니다.

치병 中醫治人/중의치인 大醫治國/대의치국〉.

33) 『정본퇴계전서(定本退溪全書)』, 시 15, 「도산십이곡발(陶山十二曲跋)」.

2장

내 소원 착한 사람 많은 세상

'진리가 발하는 세상'

온 국민의 스승인 대학자 퇴계(退溪) 이황(李滉, 1501~1570, 본관 진성, 자字 경호景浩) 선생은 이 세상에 커다란 울림을 준 〈큰 빛〉입니다. '퇴계(退溪)'라는 호는 '물러나 있는 골짜기' 또는 '골짜기로 물러남'이라는 뜻으로, 퇴계 선생께서 스스로 지은 자호(自號)입니다. 안동시 도산면 토계리의 퇴계 선생 종택 앞을 흐르는 토계(土溪)라는 작은 실개천의 옛 이름이 토계(兎溪) 즉 '토끼골짜기'인데요. 46세의 퇴계 선생은 벼슬에서 물러나 토계의 동쪽 바위 옆에 방 하나 부엌 하나의 작은 집 '양진암'을 짓고 살면서

> 선생(퇴계) 46세 … 동쪽 바위 옆에 작은 암자를 짓고 양진암이라 이름지었다. 시내는 속명이 토계인데, 선생이 '토'를 '퇴'로 고쳐 자신의 호로 삼았다.
> [선생/先生 四十六歲/사십육세 … 於東巖之旁/어동암지방 作小庵名曰養眞/작소암명왈양진 溪俗名兎溪/계속명토계 先生以退改兎/선생이퇴개토 因自號焉/인자호언][34]

34) 『퇴계선생연보(退溪先生年譜)』, 제1권, 「연보(年譜) 1」.

에서 보듯, 토계의 '토끼 토(兎)'라는 글자를 '물러날 퇴(退)'로 바꾸어 본인의 호로 삼았습니다. 50세의[35] 퇴계 선생은

〈퇴계(退溪)〉[36]

몸 물러나니 어리석은 분수 편안하고	身退安愚分/신퇴안우분
학문 퇴보할까 늘그막의 근심이네	學退憂暮境/학퇴우모경
시냇가에 비로소 거처 정하여	溪上始定居계상시정거
흐르는 물 보며 매일 살피네	臨流日有省/임류일유성

라는 시를 지어, 밤낮 쉬지 않고 흐르는 물처럼 중단없이 공부에 매진하는 모습을 표현했습니다. 언제였나요? 신문에서 특이한 뉴스 기사를 접할 수 있었는데요. 공자(孔子, BC 551~479)의 79세(世) 종손과 맹자(孟子, BC 372?~289?)의 76세(世) 종손이 경상북도 안동의 도산서원에 와서 퇴계 종손과 함께 퇴계 선생께 제사를 올렸다는 내용이었습니다.[37] 공자의 종손과 맹자의 종손이 왜 그 멀리서 한국의 안동까지 와서 퇴계 선생께 제사를 올렸을까요? 동양의 사상은 2,500여 년 전의 노자(老子, BC 604?~?), 공자, 맹자, 장자(莊子, BC 369?~286) 등에 의해 시작되었습니다. 이후 정자,[38] 주자(朱子, 1130~1200), 양명(陽明) 왕수인(王守仁, 1472~1528, 자字 백안伯安), 퇴계, 율곡(栗谷) 이이(李珥, 1536~1584, 본관 덕수, 자字 숙헌叔獻), 다산(茶山) 정약용(丁若鏞, 1762~1836, 본관 나주, 자字 미용美庸) 등 수많은 철학자가 동양 사상의 산맥을 형성했지요. 한국의 퇴계 선생은 동양 사상이라는 거대한 산맥의 큰 봉우리이자 완결판이기에 공자와 맹자의 종손이 퇴계 종손과 함께 퇴계 선생께 제사를 올린 것입니

---

35) 이장환, 『따라 쓰는 퇴계시 오언(五言)』(디자인더하트, 2018), 46쪽.

36) 『정본퇴계전서(定本退溪全書)』, 시 14, 「퇴계(退溪)」.

37) 조선일보, 「공맹 종손이 함께 왔다. 438년 만에, 도산서원에」, 2012.3.8.

38) 명도(明道) 정호(程顥, 1032-1085, 자字 백순伯淳) 선생과 이천(伊川) 정이(程頤, 1033-1107, 자字 정숙正叔) 선생 형제를 지칭하여 이정자(二程子)라고 한다.

다. 56세의 퇴계 선생이 남긴 글

> 부친은 7남 1녀를 두었는데 잠(충순위) · 하(예천훈도) · 딸(신담에게 시집)은 전부인 김씨가 낳고 (박씨) 부인은 5남을 낳았는데 서린(20세 전에 요절) · 의(학문만 하다가 일찍 사망) · 해(무자년에 등과하여 대사헌에 오름…) · 징(찰방) · 황(퇴계)이다. … 1556년 3월에 아들 황 삼가 적다.
> [先君有七男一女/선군유칠남일녀 曰潛忠順衛/왈잠충순위 曰河醴泉訓導/왈하예천훈도 女適辛聃/여적신담 先妣貞夫人金氏出也/선비정부인김씨출야 夫人五男/부인오남 曰瑞麟未冠而夭/왈서린미관이요 曰漪儒學早卒/왈의유학조졸 曰瀣戊子文科嘉善大司憲/왈해무자문과가선대사헌 … 曰澄察訪/왈징찰방 曰滉/왈황 … 嘉靖三十五年丙辰三月日/가정삼십오년병진삼월일 男滉謹識/남황근지][39]

에서 보듯, 퇴계 선생은 1501년 음력 11월 25일 경상도 예안현(현재의 안동시 도산면) 온계리(온혜리의 옛 이름)의 노송정 종택에서 찬성공(贊成公) 이식(李埴, 1463~1502, 자字 기지器之) 선생의 7남 1녀 중 막내로 태어났습니다. 찬성공의 첫 부인 의성 김씨(1460~1488, 향년 29세)[40]는 병으로 일찍 돌아가셨고, 둘째 부인 춘천 박씨(1470~1537, 향년 68세)[41]께서 퇴계 선생을 낳으셨습니다. 퇴계 선생의 부친 찬성공은

> 정랑공(찬성공의 첫째 장인)께서 일찍 돌아가셨는데 집에 모아놓은 서적이 매우 많았다. 남씨(찬성공의 장모)께서 부친(찬성공)이 학문을 좋아하는 돈독한 뜻을 보시고 그 책을 모두 넘겨주었다. 이로 인해 부친의 학문이 더욱 해박하게 되었다. … 1556년 3월에 아들 황 삼가 적다.

---

39) 『퇴계집(退溪集)』, 퇴계선생문집 46권, 묘갈지명(墓碣誌銘), 「선비증정부인박씨묘갈지(先妣贈貞夫人朴氏墓碣識)」.

40) 송호(松湖) 김한철(金漢哲, 1430～1496, 자字 자명子明) 선생의 따님.

41) 사정(司正) 박치(朴緇, ?~?, 자字 현명玄明) 선생의 따님.

[正郎公早世/정랑공조세 而家蓄書籍甚多/이가축서적심다 南氏以先君篤志好學/남씨이선군독지호학 盡以其書付之/진이기서부지 由是/유시 先君學益該博/선군학익해박 … 嘉靖三十五年丙辰三月日/가정삼십오년병진삼월일 男滉謹識/남황근지][42]

에서 보듯 그의 첫째 장인으로부터 엄청난 양의 책을 물려받았습니다. 집안의 이 많은 서책이 훗날 퇴계 선생의 학문에도 큰 도움이 되었겠지요. 노송정 종택은 퇴계 선생의 조부 노송정(老松亭) 이계양(李繼陽, 1424~1488, 자字 달보達父) 선생께서 1454년에 자리를 잡은 곳입니다. 노송정 종택은 퇴계 선생뿐 아니라 송재(松齋) 이우(李堣, 1469~1517, 자字 명중明仲) 선생, 온계(溫溪) 이해(李瀣, 1496~1550, 자字 경명景明) 선생 등 여러 숙질 · 형제분들이 태어난 곳이지요. 노송정 종택의 '성림문'이라는 이름은 퇴계 선생께서 태어나기 전

선생(퇴계)은 온계리에 있는 집에서 태어나셨는데, 대부인[43]이 꿈에 공자가 문 앞에 있는 것을 보고 선생을 낳았다. 전해오는 말에서 나온 것이라 확실히 믿을 수는 없으나 우선은 여기에 기록해 두어 참고하는 데 대비하였다.
[先生生于溫溪里第/선생생우온계리제 大夫人夢見孔子臨門而生先生/대부인몽견공자임문이생선생 出於傳聞/출어전문 無可徵信/무가징신 姑記于此/고기우차 以備參考/이비참고][44]

에서 보듯, 어머니 춘천 박씨께서 공자가 제자들을 이끌고 대문을 들어서는 태몽을 꾸었다고 해서, 퇴계 선생의 제자 학봉(鶴峯) 김성일(金誠一, 1538~1593, 본관 의성, 자字 사순士純) 선생이 성림문(聖臨門)이라고 명명했습니다.

---

42) 『퇴계집(退溪集)』, 퇴계선생문집 46권, 묘갈지명(墓碣誌銘), 「선비증정부인김씨묘갈지(先妣贈貞夫人金氏墓碣識)」.

43) 타인의 어머니에 대한 경칭.

44) 『학봉전집(鶴峯全集)』, 학봉속집 제5권, 잡저(雜著), 「퇴계선생언행록(退溪先生言行錄)」.

성림문[45)]

노송정 종택의 퇴계 선생 태실

퇴계 선생은 태어난 지 7개월 만에 부친께서 별세했기에, 어머님의 보살핌으로 조용하고 따뜻한 성품으로 성장합니다. 학봉 선생의

> 선생(퇴계) 8세 때 형 징[46)]이 칼에 손을 베였는데 선생께서 붙잡고 울자, 어머니께서
> "손을 베인 형은 울지 않는데 네가 어째서 우느냐?"
> 하니, 선생께서
> "저렇게 피가 나는데 어찌 아프지 않겠습니까."
> 하였다.
> [先生八歲/선생팔세 仲兄澄刃傷其手/중형징인상기수 先生抱哭/선생포곡 母夫人曰/모부인왈 傷手之兄不哭/상수지형불곡 汝何哭也/여하곡야 先生曰/선생왈 豈有血流如彼/기유혈류여피 而不痛乎/이불통호][47)]

라는 기록에서도 어린 시절 퇴계 선생의 따뜻한 성품을 엿볼 수 있습니다. 퇴계 선생은 어머님의 가르침에 대해

> 매번 훈계하시기를 다만 문예만 할 것이 아니라 몸가짐을 삼가는 것이 귀하다

45) 도산서원선비문화수련원에서 제공한 사진들.
46) 이옹(伊翁) · 신야(莘野) 이징(李澄, 1498~1582, 자字 경청景淸).
47) 『학봉전집(鶴峯全集)』, 학봉속집 제5권, 잡저(雜著), 「퇴계선생언행록(退溪先生言行錄)」.

고 하였고 사물에 알맞은 비유로써 가르치셨다. 언제나 간절히 경계하시기를 "세상에서 과부의 아들은 배움이 없다고 말하니 너희들이 백배의 노력을 하지 않는다면 이러한 비웃음을 어찌 면할 수 있겠느냐"
라고 하셨다. … 문자를 배우신 적은 없으나 평소에 늘 들은 아버님의 집안 가르침과 여러 아들이 서로 공부하는 것을 들어서 이해하는 바가 있었으며 의리로 비유하여 사정을 밝게 하는 지식과 생각은 선비 군자와 다를 바 없었다.
[每加訓戒/매가훈계 蓋不惟文藝是事/개불유문예시사 尤以持身謹行爲重/우이지신근행위중 遇物設譬因事爲教/우물설비인사위교 未嘗不丁寧警切曰/미상불정녕경절왈 世常訾寡婦之子不教/세상자과부지자불교 汝輩非百倍其功/여배비백배기공 何以免此譏乎/하이면차기호 … 雖未曾習文字/수미증습문자 平日/평일 慣聞先君庭訓及諸子相講習/관문선군정훈급제자상강습 往往有所悟解/왕왕유소오해 喩義理曉事情/유의리효사정 識慮類士君子/식려류사군자][48]

라고 회고했습니다. 어머님은 일찍이 퇴계 선생의 뜻과 생각이 높고 깨끗하여 속세에 맞지 않음을 알고는

"너(퇴계)는 벼슬하더라도 지방 고을에서 하는 것이 좋겠다. 높은 관직은 맞지 않으니 세상이 너를 용납하지 않을까 두렵다."
[嘗曰汝仕宦/상왈여사환 宜做州縣/의주주현 不宜作高官/불의작고관 恐世不汝容也/공세불여용야. 金誠一/김성일][49]

라고 권고하기도 했습니다. 나중에 벼슬에서 여러 번 물러나려고 한 퇴계 선생의 마음 한편에는 소싯적에 받은 어머님의 이러한 교육과 간절한 소망이 자리 잡고 있었으리라 생각됩니다. 어린 시절의 퇴계 선생은 숙부

---

48) 『퇴계집(退溪集)』, 퇴계선생문집 46권, 묘갈지명(墓碣誌銘), 「선비증정부인박씨묘갈지(先妣贈貞夫人朴氏墓碣識)」.
49) 『퇴계선생언행록退溪先生言行錄』, 유편(類編), 「거가(居家)부검약(附儉約)」.

송재 선생에게 『논어』를 배웠습니다. 이때의

> 선생(퇴계) 12세에 하루는 이(理)라는 글자에 대해 송재공에게 묻기를
> "모든 일에 있어 옳은 것이 이(理)입니까?"
> 하니 송재공이 기뻐하며
> "네가 이미 글의 뜻을 알았구나."
> 하였다.
> [先生十二歲/선생십이세 一日/일일 將理字問松齋曰/장리자문송재왈 凡事之是者是理乎/범사지시자시리호 松齋喜曰/송재희왈 汝已解文義矣/여이해문의의][50]

라는 기록에서 보듯 퇴계 선생은 12세에 진리에 대한 학문적 관심을 표출합니다. 일찍부터 수많은 책을 섭렵하며 진리를 탐구하던 퇴계 선생은 19세에 『성리대전』을 공부하고 20세에 『주역』을 공부했는데요. 이때 퇴계 선생은

> 선생(퇴계) 20세 때 주역을 읽고 그 뜻을 탐구하느라고 거의 먹고 자는 것을 잊었다. 이로부터 항상 여의고 파리한 병이 있게 되었다.
> [先生二十歲/선생이십세 讀周易講究其義/독주역강구기의 殆忘寢食/태망침식 自是常有羸悴之疾/자시상유리췌지질][51]

> 내(퇴계)가 어린 나이로 일찍이 망녕되게 뜻한 바 있었으나 그 방법을 몰라서 너무나 지나치게 애썼던 탓으로 여의고 파리해지는 병을 얻었습니다.
> [如僕早年妄嘗有意/여복조년망상유의 而昧其方/이매기방 徒以刻苦過甚/도이각고과심 得羸悴之疾/득리췌지질][52]

---

50) 『퇴계선생연보(退溪先生年譜)』, 제1권, 「연보(年譜) 1」.
51) 위의 문헌과 동일.
52) 『정본퇴계전서(定本退溪全書)』, 서간 4, 서(書)-조목(趙穆)-2, 「답조사경(答趙士敬)」.

에서 보듯 침식을 잊고 진리 탐구 공부에 몰두하는 바람에, 여의고 파리해지는 '이췌지질'이라는 병을 얻으며 건강을 크게 해쳤습니다. 우리가 사용하는 여러 지폐 속의 다른 인물들과 달리, 천 원권 지폐 속의 다소 힘없고 여윈 듯한 퇴계 선생의 모습에서도 이러한 점을 엿볼 수 있습니다. 퇴계 선생 21세 때 혼인했던 첫 부인 김해 허씨[53]는 신기하게도 생년월일이 음력 1501년 11월 25일로 퇴계 선생과 같은 해 같은 날이지요.[54] 퇴계 선생 27세에, 첫 부인은 둘째 아들 채(寀, 1527~1548)를 낳은 지 1달 만에 출산 후유증으로 별세합니다. 퇴계 선생 30세 때 다시 혼인한 둘째 부인 안동 권씨[55]도 퇴계 선생 46세에, 아들을 낳다가 별세합니다. 퇴계 선생 48세에는, 21세인 둘째 아들 채(寀)마저 사망하는 가슴 아픈 인간적 고통이 있었습니다. 50세의 퇴계 선생은 방 둘, 부엌 한 칸의 조그만 초가집인 '한서암'에 살면서[56] 연명(淵明) 도잠(陶潛, 365~427, 자字 원량元亮)의 '음주'라는 시에 화운[57]하여 20수의 시를 지었는데요. 아래의 시는 그중 19번째 것입니다.[58]

어릴 적 성현 말씀 들으니 학문 높아야 벼슬 오른다 했는데
뜻밖에 이름 얻어 묶이니 이리저리 헤매다 나 잃었네
小少聞聖訓/소소문성훈 學優乃登仕/학우내등사

53) 묵재(默齋) 허찬(許瓚, 1481~1535, 자字 헌숙獻叔) 선생의 따님.
54) 이동은(허권수 편역), 『동우유고(東愚遺稿)』(화인, 2021), 147쪽. 동우(東愚) 이동은(李東恩, 1909~2009) 선생은 퇴계 선생 15대 종손.
55) 봉사(奉事) 권질(權礩, 1483~1545, 자字 사안士安) 선생의 따님.
56) 권오봉, 『가을하늘 밝은 달처럼 퇴계 선생 일대기』(교육과학사, 2020), 69쪽; 송재소, 「퇴계 이황의 화도집음주이십수 연구」, 『한국 한문학의 사상적 지평』(돌베개, 2005).
57) 화운(和韻)은 다른 사람의 시에 사용된 운(韻)을 사용하여 답하는 시를 짓는 것으로 세 가지 방식이 있다. 차운(次韻)은 원래의 운과 글자를 동일한 순서로 사용한다. 용운(用韻)은 같은 운의 글자를 사용하지만, 순서를 꼭 따르지는 않는다. 의운(依韻)은 같은 운을 사용하지만, 반드시 그 글자를 사용하지는 않는다.
58) 『정본퇴계전서(定本退溪全書)』, 시 14, 「화도집(和陶集) 음주(飮酒) 이십수(二十首), 기십구(其十九)」.

偶爲名所累/우위명소루 輾轉徒失己/전전도실기

늙어 얼굴 두꺼워지고 몰래 훔친 것 깊이 부끄러워라
높은 벼슬 나의 일 아니니 조용히 시골 마을에 묻혀 사네
龍鍾猶强顔/용종유강안 竊獨爲深恥/절독위심치
高蹈非吾事/고도비오사 居然在鄕里/거연재향리

내 소원 착한 사람 많은 것 이것이 천지의 벼리[59]이니
사계절 옥촉[60] 비추고 만물 갈 길 따로 있네
나의 뜻 숲속에 있으니 내 님은 부모님[61] 같네
所願善人多/소원선인다 是乃天地紀/시내천지기
四時調玉燭/사시조옥촉 萬物各止止/만물각지지
畢志林壑中/필지림학중 吾君如怙恃/오군여호시

위 시의 하단에 나오는 '소원선인다'라는 문구에서 보는 것처럼 퇴계 선생의 소망은 착한 사람 많은 세상이었습니다. 퇴계 선생이 쓴 '선인'이라는 단어에서 무엇이 '선(善)'일까요? '선'의 기준이 무엇일까요? 퇴계 선생에게는 진리가 '선'이었던 거지요. 그렇기에 진리가 발하는 세상을 소망했습니다. 진리가 발하는 세상을 꿈꾸던 퇴계 선생은 한국철학 분야에 '이발(理發)' 즉 '진리의 발함'이라는 커다란 학문적 키워드를 남깁니다. 퇴계 선생은 58세에 시작한[62] 고봉(高峰) 기대승(奇大升, 1527~1572, 본관 행주, 자字 명

59) 그물코를 꿴 굵은 줄. 가장 중요한 것을 의미.

60) 사철의 기후가 화창하여 해와 달이 환히 비치는 것으로, 태평성세를 비유.

61) '호시'는 '믿고 의지한다'라는 뜻으로 부모를 의미. 『시경(詩經)』, 소아(小雅), 「육아(蓼莪)」, 〈아버님 안 계시면 누구를 믿고 어머님 안 계시면 누구에게 의지하리. 無父何怙/무부하호 無母何恃/무모하시〉

62) 1558년 11월 초 고봉 선생이 퇴계 선생의 사단칠정론에 대한 이의를 제기했으며〈※ 도산서원 참공부 모임, 『도산잡영(陶山雜詠)』(예인, 2017), 105쪽.〉, 이듬해 1559년 1월 5일에 59세의 퇴계 선생은 26살의 나이 차이라는 한계를 극복하고 후학 고봉 선생에게 사단칠정에 대한 첫 편지를 보냈다〈※ 『정본퇴계전서(定本退溪全書)』, 서간 3, 서(書)-기대승(奇大升)-2, 「여기명언(與奇明彦)[기

언明彦) 선생과 8년간의 끈질긴 사단칠정 논쟁에서도, 고봉 선생이

> 대승은 이것을 '정이 발함에 있어서는 이가 움직일 때 기가 함께하고, 기가 감응할 때 이가 탄다.'라고 고쳤으면 하는데, 이렇게 말하는 것이 선생의 뜻에 어떠실지 모르겠습니다.
> [大升欲改之曰/대승욕개지왈 情之發也/정지발야 或理動而氣俱/혹리동이기구 或氣感而理乘/혹기감이리승 如此下語/여차하어 未知於先生意如何/미지어선생의여하][63][64]

라고 말하며 '이동(理動)' 즉 '진리의 움직임'이라는 단어를 제안하였으나, 퇴계 선생은 68세에 완성한 성학십도에서 보듯

> 사단의 정은 이가 발하여 기가 따르는 것이고, 칠정은 기가 발하여 이가 타는 것입니다.
> [四端之情/사단지정 理發而氣隨之/이발이기수지 七者之情/칠자지정 氣發而理乘之/기발이이승지][65]

라고 하며 '이발'이라는 단어를 양보하지 않았습니다. 위의 내용 중 퇴계 선생의 '이발기수'라는 학설은 퇴계 선생 사후에, '기발이승' 학설만을 수용한 율곡 선생에 의해

> 퇴계는 여기에 근거하여 이론을 세워 사단은 이가 발함에 기가 따르고 칠정은

미(己未)]」〉.

63) 『고봉전서(高峯全書)』, 양선생(兩先生) 사칠리기왕복서(四七理氣往復書), 하편(下篇), 「제오조(第五條) 제칠조(第七條) 제구조(第九條) 제십이조(第十二條) 제십사조(第十四條)」.

64) 『정본퇴계전서(定本退溪全書)』, 서간 3, 서(書)-기대승(奇大升)-12, 「답기명언(答奇明彦)[논사단칠정제3서(論四端七情第三書)]」.

65) 위의 책, 교 · 소 · 차 등(敎 · 疏 · 箚 等) 11, 진성학십도차(進聖學十圖箚)[병도(竝圖)], 「심통성정도설(心統性情圖說)」.

기가 발함에 이가 탄다고 했습니다. 이른바 기가 발함에 이가 탄다는 말은 옳습니다. 칠정만 그러한 것이 아니라 사단 역시 기가 발함에 이가 타는 것입니다. … 이가 발함에 기가 따른다고 한다면 이것은 마음이 막 발하는 시초에는 기가 아무 상관이 없다가 이미 발한 뒤에 따라서 발하는 것이니 어찌 이치에 합당한 말이겠습니까.

[退溪因此而立論曰/퇴계인차이립론왈 四端理發而氣隨之/사단이발이기수지 七情氣發而理乘之/칠정기발이이승지 所謂氣發而理乘之者/소위기발이이승지자 可也/가야 非特七情爲然/비특칠정위연 四端亦是氣發而理乘之也/사단역시기발이이승지야 … 若曰理發氣隨/약왈이발기수 則是纔發之初즉칙시재발지초 氣無干涉/기무간섭 而旣發之後/이기발지후 乃隨而發也/내수이발야 此豈理耶/차기이야][66]

퇴계의 병통은 오로지 호발이라는 두 글자에 있으니 애석합니다.

[退溪之病/퇴계지병 專在於互發二字/전재어호발이자 惜哉/석재][67]

라고 비평받기도 했습니다. 퇴계 사상과 율곡 사상이 대립적이라고 보는 관점도 많은데요. 오히려 상호보완의 관계로 한국철학의 심성론을 발전시켰다고 보는 것이 좋을 것 같습니다. 실제로 두 분은 서로를 존중하는 아름다운 관계였습니다. 1558년 23세의 젊은 율곡 선생은 58세의 퇴계 선생을 찾아가 계상서당[68]에서 2박 3일을 머무르며 이야기를 나누고 시를 주고받기도 했습니다.[69][70] 율곡 선생은 퇴계 선생께

---

66) 『율곡전서(栗谷全書)』, 제10권, 서(書), 「답성호원(答成浩原) 임신(壬申)」. ※ '호원'은 묵암(默庵) · 우계(牛溪) 성혼(成渾, 1535~1598, 본관 창녕) 선생의 자(字).

67) 위의 책, 제10권, 서(書), 「답성호원(答成浩原)」.

68) 퇴계 선생 종택 앞에서 개천 건너편의 왼쪽 산기슭에 보이는 작은 서당. 퇴계 선생이 풍기 군수를 사직하고 돌아와 1551년에 지어 독서하고 제자들을 가르친 곳.

69) 이광호, 『퇴계와 율곡, 생각을 다투다』(서울: 홍익출판사, 2013), 27~37쪽.

70) 이장우, 「퇴계와 율곡 수답시 재해석」, 『연민학지(淵民學志)』(연민학회, 2015) 제23집, 43~68쪽.

시냇물 수사[71]에서 흘러나왔고　　溪分洙泗派/계분수사파
봉우리는 빼어난 무이산[72]이네　　峯秀武夷山/봉수무이산
살림살이 경전 천 권에　　活計經千卷/활계경천권
사는 집은 두어 칸뿐　　行藏屋數間/행장옥수한
가슴속은 비 온 뒤 개인 환한 달　　襟懷開霽月/금회개제월
담소 나누니 거친 물결 잠재우네　　談笑止狂瀾/담소지광란
소자 도를 듣고자 하오니　　小子求聞道/소자구문도
반나절 한가로움 훔쳤다 마소서　　非偸半日閒/비투반일한

라는 시를 지어 올렸고,[73] 퇴계 선생은 율곡 선생에게

병든 나 갇혀있어 봄 온 줄 몰랐는데
그대 오니 내 마음 열려 크게 깨네
명성 아래 헛된 선비 없음 비로소 깨달으니
몇 해 전 먼저 인사하지 못해 부끄럽네
벼는 돌피[74] 익음과 아름다움 용납하지 않고
떠도는 티끌, 거울 새롭게 닦음 허락지 않네
지나친 감정의 시어 덜어내고
부지런히 힘쓰는 공부 각자 날마다 가까이하리
病我牢關不見春/병아뇌관불견춘
公來披豁醒心神/공래피활성심신
始(已)知名下無虛士/시(이)지명하무허사
堪愧年前闕敬身/감괴년전궐경신
嘉穀莫容稊熟美/가곡막용제숙미
游(纖)塵不許(猶害)鏡磨新/유(섬)진불허(유해)경마신

71) 수수(洙水)와 사수(泗水). 공자와 맹자가 살던 곳.
72) 회암(晦庵) 주희(朱熹, 1130~1200, 자字 원회元晦 · 중회仲晦)가 서원을 짓고 강학한 곳.
73) 『율곡전서(栗谷全書)』, 제14권, 잡저(雜著), 「쇄언(瑣言)」.
74) 볏과의 한해살이풀.

過情詩語須刪去/과정시어수산거
努力功夫各日親/노력공부각일친

라는 시를 지어[75][76] 답했습니다. 위의 퇴계 선생이 율곡 선생에게 답한 시는『퇴계집』과『율곡전서』의 글자가 다른 곳이 몇 군데 있군요. 괄호 안의 글자는『퇴계집』의 글자입니다. 그 후에도 두 분은 여러 번 편지도 주고받았지요. 율곡 선생은 나라에서 선비들을 조정에 임명할 때 퇴계 선생을 모셔야 한다고 앞장서기도 했습니다. 필자는 태어나면서부터 크리스천이라서 그런지 퇴계 선생의 '이발' 즉 '진리의 발함'이라는 철학적 의미를 처음 접했을 때 전혀 거부감이 느껴지지 않았습니다. 저는 결혼한 후부터는 아내와 아이들을 따라 성당에 다니고 있는데요. 어려서 어머님과 함께 개신교에 다닐 때부터

"하느(나)님께서 역사하시고"
"주님께서 역사하시고"
"성령께서 역사하시고"

라는 문구를 귀가 따갑도록 듣는 문화 속에서 성장했기 때문에 퇴계 심성론의 '진리의 발함'이라는 개념에 대해 아무런 거부감이 없는가 봅니다. 한국에서는 세계에서 유례를 찾아보기 힘들 정도로 학파가 갈라지기까지 하면서 사단칠정론과 인물성동이론 논쟁이 오래도록 심도 있게 펼쳐졌고 여러 종교가 활성화되어있는 것을 보면, 한국 사람들은 참으로 진리를 사랑하는 민족인가 봅니다. 한국 기독교는 선교사의 전교에 의해 생성된 것이 아니지요. 자발적으로 절대 진리인 하느(나)님을 찾아 가톨릭 공동

75) 『율곡전서(栗谷全書)』, 제14권, 잡저(雜著), 「쇄언(瑣言)」.
76) 『퇴계집(退溪集)』, 퇴계선생문집외집 1권, 시, 「증이숙헌(贈李叔獻)[사수(四首)]」.

체를 형성했고, 1789년에 이러한 소식을 접한 천주교 북경 교구는 세계에서 유례가 없는 이러한 과정을 '기적'으로 여기기도 했습니다.[77] 저는 가끔 너무나 엉뚱한 생각을 해보기도 합니다. 퇴계 선생께서 『성경』을 접했다면 어땠을까요? 퇴계 선생의 시대는 아직 『성경』이 한국에 들어오기 전이지요. 한국에는 퇴계 선생 사후 수십 년 지나서 천주교 서적들이 들어온 것으로 알려집니다. 다산(茶山) 정약용(丁若鏞, 1762~1836) 선생은 『성경』을 읽으신 것 같더군요. 다산 선생과 천주교의 관계에 대해서는, 큰형 부연(黼淵) 정약현(丁若鉉, 1751~1821, 자字 태현太玄) 선생의 처남인 광암(曠菴) 이벽(李蘗, 1754~1785, 본관 경주, 자字 덕조德祚) 선생에게 천주교 교리를 배우고 1784년에 천주교를 신앙으로 받아들였으나 조상에 대한 제사관에 있어서 윤지충(尹持忠, 1759~1791, 본관 해남, 자字 우용宇庸) 선생과 다른 입장을 취하면서 배교했다는 주장도 있고[78] 천주교에 빠졌던 한때가 있었으나 제사 문제를 계기로 천주교와는 완전히 결별했다는 주장도 있더군요.[79] 중국에는 『천주실의』라는 책의 저자로 유명한 마테오 리치(Matteo Ricci, 1552~1610) 신부 등에 의해 한국보다 훨씬 이전에 『성경』이 소개되었습니다. 다산 선생은 퇴계 선생과 율곡 선생의 서로 다른 입장에 대해

> 두 성현(퇴계와 율곡)이 말한 '이'와 '기'는 비록 같은 글자이지만 가리킨 바가 '세부적인 관점'과 '전체적인 관점'이라는 차이가 있다.
> [乃二子之曰理曰氣/내이자지왈리왈기 其字雖同而其所指有專有總/기자수동이기소지유전유총][80]

---

77) 김지인, 「진산사건에 나타난 제사관에 관한 고찰: 윤지충과 정약용을 중심으로」, 『선교신학』(한국선교신학회, 2021) 제63집, 36~65쪽.

78) 위의 문헌과 동일.

79) 천지일보, 「다산 정약용, 천주교와 완전 결별」, 2012.2.10.

80) 『여유당전서(與猶堂全書)』, 문집(文集), 12권, 변(辨), 「이발기발변(理發氣發辨) 1」.

> 퇴계는 인간의 심성에 대해 세부적으로 말했기 때문에 이발과 기발이 있다고 한 것이다. 도심은 이발이며 인심은 기발이다. 또한 마찬가지로, 사단은 이발이며 칠정은 기발이다. 율곡은 도와 기(器)를 통틀어 말했기 때문에 기발만 있고 이발이 없다고 한 것이다. 두 성현이 가리킨 바가 각기 다르니, 그 말이 같지 않아도 해로울 것이 전혀 없다.
> [退溪專主心性/퇴계전주심성 故有理發有氣發/고유리발유기발 道心是理發/도심시리발 人心是氣發/인심시기발 四七亦然/사칠역연 栗谷通論道器/율곡통론도기 故有氣發無理發/고유기발무리발 兩賢所指各殊/양현소지각수 不害其言之不同/불해기언지부동][81]

라고, 퇴계 선생의 학설은 인간 삶의 실존적 차원의 심성론적 관점이며 율곡 선생의 학설은 만물의 존재에 대한 존재론적 관점이라고 정리하기도 했습니다. 중국의 저명한 87세의 현대 철학자 장리원(張立文/장립문, Liwen Zhang, 중국인민대학) 교수는 2021년 10월 8일 안동에서 개최된 〈제8회 21세기 인문가치포럼〉의 기조연설에서

> 퇴계는 성(性)과 진리의 관계를 중요하게 여겼습니다. 중요한 점은 주희가 진리를 '무계탁하고 무조작'한 것으로 보았다는 것입니다. 만약 진리가 '어떠한 계획이나 조작도 없는 것'이라면 그것은 죽은 진리입니다. 퇴계는 진리가 움직일 수 있어야 한다고 생각했습니다. 진리가 움직일 수 있는 것은 기(氣)가 움직일 수 있기 때문입니다. … 퇴계는 기가 움직이는 원인을 진리의 움직임에서 찾았습니다. 이러한 점에서 주희의 사상을 계승하면서도 새로운 변화를 모색했다고 할 수 있습니다.[82]

라고 연설하더군요. '진리'에 대해 주자(朱子, 1130~1200)의 무정의(정감과 의지가 없

---

81) 위의 책, 문집(文集) 21권, 서(書), 「시양아(示兩兒)」.

82) 장리원, 「이퇴계 인문 정신의 현대적 가치」, 모색 세션 1, 『제8회 21세기 인문가치포럼』(문화체육관광부 · 경상북도 · 안동시, 2021), 32~41쪽.

음), 무계탁(계획과 헤아림이 없음), 무조작(창조와 작위가 없음)이라는 설명 때문에[83] 거의 죽은 것으로 인식될 뻔한 진리를 퇴계 선생이 살려놓았다는 의미입니다. 한편, 진리가 발하는 세상을 소망한 퇴계 선생은 왜 그렇게 '경(敬)'이라는 것을 강조했을까요? 그것은 61세의 퇴계 선생이 제자(문봉文峯 정유일鄭惟一, 1533~1576, 본관 동래, 자字 자중子中)에게 보낸 편지에

> 잊지 않고 조장하지 않으면,[84] 진리가 내게 있어서 자연히 발하고 드러나 유행하는 것을 볼 수 있습니다.
> [如勿忘勿助/여물망물조 則道之在我/즉도지재아 而自然發見流行之實/이자연발현유행지실 可見/가견][85]

라고 한 것을 묵상해보면 쉽게 이해됩니다. 잊지 않고 조장하지 않음은 바로 '경'입니다. 경이라는 노력을 통해 진리가 발하는 세계로 나아갈 수 있음을 통찰한 퇴계 선생은 일생에 걸쳐 '경을 통한 이발'이라는 심성론을 정립했습니다. 요즈음 말로 건강한 인성·영성의 발현을 위해 '경'이 가장 중요하다는 것으로 이해할 수 있겠지요. 평생 진리 향한 삶의 길을 걸은 퇴계 선생은 착한 사람 많은 세상을 소망하며 만년에 세 가지 구체적인 일련의 작업을 전개했습니다. 도산서당 완공, 그리고 도산십이곡과 성학십도의 제작입니다. 61세의 퇴계 선생은 후진 학자양성을 위해 안동의 아주 깊은 산속에 도산서당과 농운정사를 직접 설계하여 완공했는데요. 도산서당은 '완락재'라는 조그만 방 하나와 '암서헌'이라는 마루로 구성된 아주 작은 학교이고, 농운정사는 제자들이 공부하던 기숙사이지요.

---

83) 『주자어류(朱子語類)』, 1권, 〈理却無情意/이각무정의 無計度/무계탁 無造作/무조작〉.
84) 『맹자(孟子)』, 「공손추장구상(公孫丑章句上)」, 〈마음에 잊지도 말며 조장하지도 말라. 心勿忘勿助長也/심물망물조장야〉.
85) 『정본퇴계전서(定本退溪全書)』, 서간 5, 서(書)-정유일(鄭惟一)-45, 「답정자중별지(答鄭子中別紙)」.

도산서당과 농운정사의 자세한 구조에 대해서는 제가 설명하는 것보다 건물의 설계자인 61세의[86] 퇴계 선생께서 설명하는 것을 직접 들어보는 것이 더 좋을 듯합니다.

정사년(1557년)에서 신유년(1561년)까지 5년 만에 도산서당과 농운정사, 두 채가 그런대로 이루어져 거처할 만하였다. 서당은 모두 세 칸인데 가운데 칸은 완락재라 하였으니 이는 주선생의 명당실기에 "즐겁게 감상하니 족히 여기서 평생토록 지내도 싫지 않겠다"라고 한 말에서 취한 것이다. 동쪽 한 칸은 암서헌이라 하였으니 이는 운곡[87] 시에 "능하지 못함을 스스로 믿은 지 오래 되었으니 바위틈에 거처하며 작은 효험 바라네"라는 말에서 취한 것이다. 그리고는 합해서 도산서당이라고 편액을 걸었다. 숙소는 모두 여덟 칸인데 재(齋)는 시습(時習)으로, 요(寮)는 지숙(止宿)으로, 헌(軒)은 관란(觀瀾)으로 이름을 지었다. 모두 합해서 농운정사라고 편액을 걸었다. 서당 동쪽 구석에 조그만 못을 파고 거기에 연꽃을 심어 정우당(淨友塘)이라고 하였다. 또 그 동쪽에 몽천(蒙泉)이라는 샘이 있는데, 샘 위의 산기슭을 파서 암서헌과 마주 보도록 평평하게 단을 쌓아 그 위에 매화, 대나무, 소나무, 국화를 심어 절우사(節友社)라고 불렀다.

[自丁巳至于辛酉/자정사지우신유 五年而堂舍兩屋粗成/오년이당사양옥조성 可棲息也/가서식야 堂凡三間/당범삼간 中一間曰玩樂齋/중일간왈완락재 取朱先生名堂室記/취주선생명당실기 樂而玩之/낙이완지 足以終吾身而不厭之語也/족이종오신이불염지어야 東一間曰巖栖軒/동일간왈암서헌 取雲谷詩/취운곡시 自信久未能/자신구미능 巖栖冀微效之語也/암서기

86) 『퇴계선생연보(退溪先生年譜)』, 제2권, 「연보(年譜) 2」, 〈선생 61세 11월에 도산기를 짓다. 先生六十一歲/선생육십일세 十一月/십일월 作陶山記/작도산기〉

87) 『주자대전(朱子大全)』, 제20권, 운곡이십육영(雲谷二十六詠), 「회암(晦庵)」. ※ '회암' 시는 〈제10장.〉의 제7곡 참조. ※ 운곡26영 제목. 1. 운곡(雲谷) 2. 남간(南澗) 3. 폭포(瀑布) 4. 운관(雲關) 5. 연소(蓮沼) 6. 삼경(杉逕) 7. 운장(雲莊) 8. 천협(泉硤) 9. 석지(石池) 10. 산영(山楹) 11. 약포(藥圃) 12. 정천(井泉) 13. 서료(西寮) 14. 회암(晦庵) 15. 초려(草廬) 16. 회선(懷仙) 17. 휘수(揮手) 18. 운두(雲杜) 19. 도혜(桃蹊) 20. 죽오(竹塢) 21. 칠원(漆園) 22. 다판(茶坂) 23. 절정(絕頂) 24. 북간(北澗) 25. 중계(中溪) 26. 휴암(休庵).

미효지어야 又合而扁之曰陶山書堂/우합이편지왈도산서당 舍凡八間/사범팔간 齋曰時習/재왈시습 寮曰止宿/요왈지숙 軒曰觀瀾/헌왈관란 合而扁之曰隴雲精舍/합이편지왈농운정사 堂之東偏/당지동편 鑿小方塘/착소방당 種蓮其中曰淨友塘/종련기중왈정우당 又其東爲蒙泉/우기동위몽천 泉上山脚/천상산각 鑿令與軒對平/착령여헌대평 築之爲壇/축지위단 而植其上梅竹松菊/이식기상매죽송국 曰節友社/왈절우사[88]

담장이 매우 낮았던 예전의 도산서당[89]

〈도산서당〉[90]

순임금[91] 질그릇 구우며 즐겁고 편안했고	大舜親陶樂且安/대순친도락차안
연명[92] 밭 갈며 기쁜 얼굴이었네	淵明躬稼亦歡顔/연명궁가역환안
성현의 심사 내 어찌 터득할까	聖賢心事吾何得/성현심사오하득
흰머리로 돌아와 오막살이 해보리	白首歸來試考槃/백수귀래시고반

현재의 도산서당과 달리 담장의 높이가 매우 낮았던 저 소박한 옛날의 도산서당 모습이 많은 묵상을 하게 하는군요. 위 시의 마지막 구절에 나오는 '고반'이라는 단어는 은거하여 유유자적하게 진리를 즐기는 '오막살이'를 의미합니다. 『시경』이라는 고전에 나오는 시[93]의 제목이기도

88) 『정본퇴계전서(定本退溪全書)』, 시 14, 「도산잡영(陶山雜詠)[병기(幷記)]」.
89) 도산서원선비문화수련원 참 공부 모임의 이강호 선생님께서 보내 주신 사진임.
90) 『정본퇴계전서(定本退溪全書)』, 시 14, 도산잡영십팔절(陶山雜詠十八絕), 「도산서당(陶山書堂)」.
91) 전설 속 삼황오제 중의 유우씨. 요임금과 함께 '요순'이라 하여 성군의 대명사.
92) 연명(淵明) 도잠(陶潛, 365~427, 자字 원량元亮).
93) 『시경(詩經)』, 국풍(國風), 「고반(考槃)」.

합니다.

개울가의 오두막	考槃在澗/고반재간
어진 이 넉넉함이네	碩人之寬/석인지관
홀로 자다 깨어 말하네	獨寐寤言/독매오언
영원히 잊지 않으리	永矢弗諼/영시불훤
언덕의 오두막	考槃在阿/고반재아
어진 이 관대함이네	碩人之薖/석인지과
홀로 자다 깨어 노래하네	獨寐寤歌/독매오가
영원히 놓지 않으리	永矢弗過/영시불과
산기슭의 오두막	考槃在陸/고반재륙
어진 이 터전이네	碩人之軸/석인지축
홀로 자다 깨어 누워있네	獨寐寤宿/독매오숙
영원히 이야기하지 않으리	永矢弗告/영시불고

'도산'의 의미에 대해서는 61세의 퇴계 선생께서 아래와 같이 직접 설명해주셨습니다.

> 영지산의 한 줄기가 동쪽으로 뻗어내려 도산이 되었다. 어떤 이는 그 산이 두 번이나 솟았기 때문에 도산이라고 불렀다고 하고, 또 어떤 이는 이 산중에 옛날에 질그릇을 굽던 부엌이 있었으므로 그 사실을 따라 이름하였다고도 한다. [靈芝之一支東出/영지지일지동출 而爲陶山/이위도산 或曰/혹왈 以其山之再成/이기산지재성 而命之曰陶山也/이명지왈도산야 或云/혹운 山中舊有陶竈/산중구유도조 故名之以其實也/고명지이기실야][94]

퇴계 선생은 저 작은 도산서당과 농운정사를 얼마나 애지중지했는

94) 『정본퇴계전서(定本退溪全書)』, 시 14, 「도산잡영(陶山雜詠)[병기(幷記)]」.

지, 위의 퇴계 선생 설명글에서 보는 것처럼 그 부속 구조물인 방과 마루, 주변의 소소한 연못 · 화단 등에 모두 '완락재', '암서헌', '시습재', '지숙료', '관란헌', '정우당', '절우사' 등의 이름을 지어주고 그 의미에 대해 아름다운 시까지 써놓으셨더군요.[95] 도산서당과 농운정사의 작은 부분 하나하나를 모두 마음에 담아 사랑한 퇴계 선생의 소박한 삶을 엿볼 수 있습니다. 주자(朱子)의 글과 시, 논어, 맹자, 시경 등에서 취한 그 명칭들은 모두 진리 향한 퇴계 선생의 마음을 담고 있습니다. 즉 '도산'을 진리를 탐구하는 '구도의 성전'으로 만든 것이지요.

농운정사의 시습재와 관란헌(2021.3.14.)

〈농운정사〉[96]

항상 사랑한 도공의 언덕 위 구름	常愛陶公隴上雲/상애도공롱상운
오직 홀로 기뻐하고 님에게 보내지 못했네	唯堪自悅未輸君/유감자열미수군
늘그막에 돌아와 집 얽고 그 가운데 누워	晩來結屋中間臥/만래결옥중간와
한쪽 절반의 한가한 마음 야록[97]과 나누리	一半閒情野鹿分/일반한정야록분

---

95) 도산잡영 18절 제목. 1. 도산서당(陶山書堂) 2. 암서헌(巖栖軒) 3. 완락자(玩樂齋) 4. 유정문(幽貞門) 5. 정우당(淨友塘) 6. 절우사(節友社) 7. 농운정사(隴雲精舍) 8. 관란헌(觀瀾軒) 9. 시습재(時習齋) 10. 지숙료(止宿寮) 11. 곡구암(谷口巖) 12. 천연대(天淵臺) 13. 천광운영대혹지칭천운대(天光雲影臺或只稱天雲臺) 14. 탁영담(濯纓潭) 15. 반타석(盤陀石) 16. 동취병산(東翠屛山) 17. 서취병산(西翠屛山) 18. 부용봉(芙蓉峯).

96) 『정본퇴계전서(定本退溪全書)』, 시 14, 도산잡영십팔절(陶山雜詠十八絕), 「농운정사(隴雲精舍)」. '농운'은 '언덕 위 구름'. 양나라 무제가 친구 화양은거(華陽隱居) 도홍경(陶弘景, 456~536, 자字 통명通明)에게 산속에 무엇이 있길래 벼슬을 사양하는지 이유를 묻자, 〈산중에 무엇 있을까/산마루에 흰 구름 많네/다만 홀로 즐길 뿐/그대에게 갖다줄 수 없네. 山中何所有/산중하소유 嶺上多白雲/영상다백운 只可自怡悅/지가자이열 不堪持贈君/불감지증군〉라는 시로 대답.

97) 『장자(莊子)』, 외편(外篇), 「천지(天地)」, 〈잘 다스리는 시대에는 … 윗사람은 나뭇가지 같고 백성

〈시습재〉[98]

매일 밝아짐과 정성[99] 공부 새 자주 날 듯　日事明誠類數飛/일사명성류삭비
깊이 생각하고 거듭 실천하여 때때로 나아가리　重思復踐趁時時/중사부천진시시
깊고 바름의 터득, 공부 익음에 달렸으니　得深正在工夫熟/득심정재공부숙
어찌 맛있는 음식으로 입만 즐겁게 하겠는가[100]　何啻珍烹悅口頤/하시진팽열구이

〈지숙료〉[101]

부끄럽게 닭과 기장도 없이 님 머물게 하네　愧無雞黍謾留君/괴무계서만류군
나도 처음부터 새짐승과 무리 지을 수 없었네[102]　我亦初非鳥獸群/아역초비조수군
원컨대 스승 따라 바다 떠다닌 뜻 갖고[103]　願把從師浮海志/원파종사부해지
책상 마주하여 밤새워 자세히 이야기하리　聯床終夜細云云/연상종야세운운

〈관란헌〉[104]

크고 넓은 진리[105] 무엇에 비유할까　浩浩洋洋理若何/호호양양리약하
이처럼 일찍이 성인이 감탄했네[106]　如斯曾發聖咨嗟/여사증발성자차
다행히 도(道)의 몸 연이어 나타나니　幸然道體因玆見/행연도체인자현
공부도 끊임없어야 하리　莫使工夫間斷多/막사공부간단다

들은 들 사슴 같다. 至德之世/지덕지세 … 上如標枝/상여표지 民如野鹿/민여야록〉. '야록'(들 사슴)은 자유롭게 편히 살아가는 백성들을 상징.

98) 『정본퇴계전서(定本退溪全書)』, 시 14, 도산잡영십팔절(陶山雜詠十八絕), 「시습재(時習齋)」. '시습'은 '때때로 익힌다'. ※『논어』, 「학이편(學而篇)」, 〈배우고 때때로 그것을 익히면 또한 기쁘지 아니한가. 學而時習之/학이시습지 不亦說乎/불역열호〉.

99) 『중용(中庸)』, 「제21장」, 〈정성스러우면 밝아지고, 밝아지면 정성스러워진다. 誠則明矣/성즉명의 明則誠矣/명즉성의〉.

100) 『맹자(孟子)』, 「고자장구상(告子章句上)」, 〈이(理)와 의(義)가 내 마음을 기쁘게 하는 것이 고기가 내 입을 기쁘게 하는 것과 같다. 理義之悅我心/이의지열아심 猶芻豢之悅我口/유추환지열아구〉.

101) 『정본퇴계전서(定本退溪全書)』, 시 14, 도산잡영십팔절(陶山雜詠十八絕), 「지숙료(止宿寮)」. '지숙'은 '머물러 자게 하다'. 『논어(論語)』, 「미자편(微子篇)」, 〈자로를 머물러 자게 하고는 닭을 잡고 기장밥을 지어 먹였다. 止子路宿/지자로숙 殺雞爲黍而食之/살계위서이사지〉. 기장은 볏과의 곡식.

102) 『논어(論語)』, 「미자편(微子篇)」, 〈새 짐승들과 함께 무리 지을 수는 없다. 내가 이 사람들과 함께 하지 않고 누구와 함께하겠는가. 鳥獸不可與同羣/조수불가여동군 吾非斯人之徒與而誰與/오비사인지도여이수여〉.

103) 『논어(論語)』, 「공야장편(公冶長篇)」, 〈도가 행해지지 않으니 뗏목을 타고 바다에 떠다니리니. 道不行/도불행 乘桴浮于海/승부부우해〉.

〈정우당〉[107]

만물이 모두 오묘한 한 하늘 담았는데 物物皆含妙一天/물물개함묘일천
염계[108] 무슨 일로 그대만 사랑했나 濂溪何事獨君憐/염계하사독군련
향기로운 그대 덕 생각하면 벗하기 어려우니 細思馨德眞難友/세사형덕진난우
깨끗함 하나로 일컫는 게 치우칠까 두렵네 一淨稱呼恐亦偏/일정칭호공역편

〈몽천〉[109]

서당 동쪽에 書堂之東/서당지동
샘 있으니 몽(蒙)이라네 有泉曰蒙/유천왈몽
무엇으로써 이를 본받을까 何以體之/하이체지
바름 기르는 공부이네 養正之功/양정지공

산 밑의 샘 괘효가 몽(蒙)이니 山泉卦爲蒙/산천괘위몽
그 상(象) 내가 늘 힘쓰는 것 厥象吾所服/궐상오소복
어찌 감히 시중[110] 잊을까 豈敢忘時中/기감망시중
더욱 과육[111] 생각해야 하리 尤當思果育/우당사과육

---

104) 『정본퇴계전서(定本退溪全書)』, 시 14, 도산잡영십팔절(陶山雜詠十八絕), 「관란헌(觀瀾軒)」. '관란'은 '물결을 보다'. 『맹자(孟子)』, 「진심장구상(盡心章句上)」, 〈물을 관찰하는 방법이 있으니 반드시 그 물결을 보아야 한다. 觀水有術/관수유술 必觀其瀾/필관기란〉.

105) 『중용(中庸)』, 「제27장」, 〈크도다! 성인의 도여! 넓고 넓도다! 만물을 낳그 기르며 그 높음이 하늘에 닿았다. 大哉/대재 聖人之道/성인지도 洋洋乎/양양호 發育萬物/발육만물 峻極于天/준극우천〉.

106) 공자가 흐르는 물을 보고 진리가 쉬지 않고 유행함을 감탄한 것. 『논어(論語)』, 「자한편(子罕篇)」, 〈가는 것이 이 물과 같구나! 밤낮을 쉬지 않네! 逝者如斯夫/서자여사부 不舍晝夜/불사주야〉.

107) 『정본퇴계전서(定本退溪全書)』, 시 14, 도산잡영십팔절(陶山雜詠十八絕), 「정우당(淨友塘)」. 증단백(曾端伯, ?~?)이 열 가지 꽃을 벗에 비유하여 이름을 붙였는데, 연꽃을 깨끗한 벗이라는 의미로 정우(淨友)라고 했다. ※ 도산서원 참 공부 모임, 『도산잡영(陶山雜詠)』(예인, 2017), 22쪽.

108) 염계(濂溪) 주돈이(周敦頤, 1017~1073, 자字 무숙茂叔).

109) 『정본퇴계전서(定本退溪全書)』, 시 14, 도산잡영이십육절(陶山雜詠二十六絕), 「몽천(蒙泉)」. '몽천'은 '어린 샘'.

110) 세상에서 자리를 잡는 것과 일의 처리를, 때와 사정에 맞게 하여 지나치거나 미치지 못함이 없는 것. 『주역(周易)』, 「산수몽(山水蒙)」, 〈몽형은 형으로 인해 움직이는 것이니 곧 시중이다. 蒙亨/몽형 以亨行/이형행 時中也/시중야〉.

111) '과행육덕'의 줄임말. 『주역(周易)』, 「산수몽(山水蒙)」, 〈과감하게 행등하고 덕을 기르다. 果行育德/과행육덕〉.

〈절우사〉[112]

솔 · 국의 도원[113]에 대 함께하여 셋인데　松菊陶園與竹三/송국도원여죽삼
매형 어찌 같이 참여하지 못했나　梅兄胡奈不同參/매형호내부동참
나 이제 그대들과 풍상계[114] 맺네　我今併作風霜契/아금병작풍상계
곧은 절개 맑은 향기 너무나 잘 알기에　苦節淸芬儘飽諳/고절청분진포암

도산서당은 퇴계 선생 사후인 1575년에 도산서원으로 확대하여 창건되었습니다. 65세의 퇴계 선생은 국민에게 〈한글 노래 도산십이곡〉을 선물합니다. 도산십이곡 노래를 통해 온유돈후한 마음을 갖도록 정성으로 노력하는 것이 곧 진리를 발하게 하는 경(敬) 공부임을 우리에게 알려주었습니다. 3년 뒤, 68세에는 자신이 통찰한 큰 학문을 열 폭의 학술 그림으로 요약하여 당시의 선조 임금과 학자들에게 〈성학십도〉를 남겼습니다. 성학십도 역시 '경'이라는 철학적 마음공부를 강조한 것이지요.[115] 69세의 퇴계 선생은 고향에 내려가기 위해 선조 임금께 여러 번 간청한 끝에 마침내 허락을 얻고 모든 것을 내려놓고 물러나, 오래도록 소망했던 마지막 귀향길에 올라 고향인 안동으로 내려왔습니다. 퇴계 선생은 세상을 떠나기 나흘 전인 1570년 12월 4일(음력)에

4일에 형의 아들 영[116]을 시켜 유계(남기는 글, 유훈)를 쓰게 하였다. 첫째, 예장(국가에서 예식을 갖추어 거행하는 장례)을 하지 말라. 예조에서 전례에 따

112) 『정본퇴계전서(定本退溪全書)』, 시 14, 도산잡영십팔절(陶山雜詠十八絕), 「절우사(節友社)」. '절우'는 '절개 있는 벗'.
113) 연명(淵明) 도잠(陶潛, 365~427, 자字 원량元亮)의 동산.
114) 바람 · 서리를 이겨내자는 언약. 매화 · 대나무 · 소나무 · 국화는 모두 바람 · 서리를 이겨냄.
115) 『정본퇴계전서(定本退溪全書)』, 교 · 소 · 차 등(敎 · 疏 · 箚 等) 11, 「진성학십도차(進聖學十圖箚)[병도(竝圖)], 「대학경(大學經)」, 〈지금 이 열 개의 그림은 모두 경을 주된 내용으로 삼은 것입니다. 而今玆十圖/이금자십도 皆以敬爲主焉/개이경위주언〉.
116) 온계(溫溪) 이해(李瀣, 1496~1550, 자字 경명景明) 선생의 아들 만랑(漫浪) 이영(李甯, 1527~1588, 자字 노경魯卿).

라 예장을 하겠다고 하거든 죽을 때 남긴 명령이라고 일컫고 자세히 말해서 굳게 사양하라. 둘째, 유밀과[117]를 사용하지 말라. 셋째, 비석을 세우지 말고 다만 조그만 돌 앞면에 '퇴도만은진성이공지묘'라고 쓰고 그 뒷면에는 … 전부터 내 뜻한 바를 스스로 짓고자 명문을 써놓았고 그 밖의 것은 미루어오다가 끝내지 못하였다. 초(草)한 글이 어지럽게 쓴 초고 중에 있을 것이니 찾아내어 그 명문을 사용하는 것이 좋을 것이다. … 이 밖에 집안일 처리하는 몇 조목이 있었다.

[四日命兄子甯/사일명형자영 書遺戒/서유계 一毋用禮葬/일무용예장 該曹循例請用/해조순례청용 必稱遺令陳疏固辭/필칭유령진소고사 一勿用油蜜果/일물용유밀과 一勿用碑石/일물용비석 只以小石/지이소석 書其前面/서기전면 云退陶晩隱眞城李公之墓/운퇴도만은진성이공지묘 其後/기후 … 嘗欲自述所志/상욕자술소지 先製銘文/선제명문 其餘因循未畢/기여인순미필 草文藏在亂草中/초문장재란초중 搜得/수득 用其銘/용기명 可也/가야 … 其餘/기여 處置家事數條/처치가사수조. 李安道/이안도[118]][119]

라며, 비석을 사용하지 말고 작은 돌 앞면에 관직 경력은 하나도 없이 '늘그막에 도산에 물러나 은거한 진성이씨의 묘'라는 의미의 '퇴도만은진성이공지묘' 열 글자만 쓰라고 당부하여, 무덤의 주인이 누구인지만 알게 했습니다. 아주 소박하게 죽음을 준비했음을 알 수 있습니다. 일반적으로 받침 · 몸통 · 덮개돌(지붕돌)로 구성된 묘비는 2품 이상의 높은 벼슬을 했던 사람의 묘에만 사용하고, 그 외 사람의 묘에는 지붕돌이 없는 묘갈을 사용하는 것이 관례였습니다.[120] 다음은 위의 글에 나오는 퇴계 선생의 '묘갈명' 즉 스스로 지은 일종의 자서전(自銘/자명)인데요. 다른 사람이 과장되게 쓸 것 같아서 이것을 작은 돌 뒷면의 글로 사용하라고 했나 봅니다.

---

117) 밀가루에 기름 · 꿀 등을 넣어 기름에 튀긴 고급 한과. 『한국민속대백과사전』.

118) 몽재(蒙齋) 이안도(李安道, 1541~1584, 자字 봉원逢原). 퇴계 선생의 장손.

119) 『퇴계선생언행록(退溪先生言行錄)』, 유편(類編), 「고종기(考終記)」.

120) 허권수, 『조선의 유학자, 조식』(뜻있는도서출판, 2022), 45쪽.

〈묘갈명〉[121]

태어나서 크게 어리석었고 자라면서 병도 많았네
중년에 어찌 학문 좋아하고 만년에 어찌 외람되이 벼슬 받았나
生而大癡/생이대치 壯而多疾/장이다질
中何嗜學/중하기학 晩何叨爵/만하도작

학문 구할수록 오히려 멀어졌고 벼슬 마다해도 더욱 얽어맸네
나아가 헛디디니 물러나 감추는 것이 바른 도리였네
學求猶邈/학구유막 爵辭愈嬰/작사유영
進行之跲/진행지겁 退藏之貞/퇴장지정

나라 은혜에 깊이 부끄러웠고 성현 말씀 참으로 두려웠네
산 높이높이 솟아있고 물 멀리멀리 흐르네
深慙國恩/심참국은 亶畏聖言/단외성언
有山嶷嶷/유산억억 有水源源/유수원원

관복 벗고 춤추니 뭇사람 비방에서 벗어났네
나 귀한 분 사모했는데 내 아낀 옥 그 누가 즐기리
婆娑初服/파사초복 脫略衆訕/탈략중산
我懷伊阻/아회이조 我佩誰玩/아패수완

나 옛사람 생각하며 실로 내 마음 빼앗겼네
어찌 알까 후세사람 지금의 내게 마음 뺏기지 않을지
我思古人/아사고인 實獲我心/실획아심[122]

121) 『퇴계집(退溪集)』, 퇴계선생연보 3권, 부록(附錄), 「묘갈명(墓碣銘)」. 한글 번역은 〈김언종, 「퇴계 선생 자명」, 『석탑교수소식』(고려대학교 문과대학, 2017) 제2호, 1쪽〉과 〈권갑현, 「퇴계 선생 자명을 통해 본 인류 위기의 원인과 해법」, 모색 세션 1, 『제8회 21세기 인문가치포럼』(문화체육관광부 · 경상북도 · 안동시, 2021), 58~61쪽〉을 참조함.

122) 『시경(詩經)』, 국풍(國風), 「녹의(綠衣)」, 〈나 옛사람 생각하며 실로 내 마음 빼앗겼네. 我思古人/아사고인 實獲我心/실획아심〉.

寧知來世/영지내세 不獲今兮/불획금혜

근심 속에 즐거움 있었고 즐거움 속에 근심 있었네
조화 따라 근원 돌아가니 또 무엇 구하리
憂中有樂/우중유락 樂中有憂/낙중유우
乘化歸盡/승화귀진[123] 復何求兮/부하구혜

70세인 1570년 음력 12월 8일, 세상을 떠나시던 날에는

8일 아침에
"매화에 물을 주라"
고 하셨다. 이날은 맑았는데 유시(오후 5시~7시)로 들어가자 갑자기 흰 구름이 지붕 위에 모이고 눈이 내려 한 치(약 3cm)쯤 쌓였다. 조금 있다가 선생께서
"자리를 정돈하라."
라고 명하므로 부축하여 일으키자 앉아서 서세하셨다. 그러자 구름이 흩어지고 눈이 개었다.
[八日朝/팔일조 命/명 灌盆梅/관분매 是日晴/시일청 酉初/유초 忽白雲坌集宅上/홀백운분집택상 雪下寸許/설하촌허 須臾/수유 先生命/선생명 整臥席/정와석 扶起而坐逝/부기이좌서 即雲散雪霽/즉운산설제. 李德弘/이덕홍[124]][125]

라는 기록에서 보듯 아침에 "저 매화에 물을 주라", 저녁에 "자리를 정돈하라"라는 마지막 말씀을 남기고 돌아가셨습니다. 퇴계 선생의 학문과 정신은 종택과 도산서원 그리고 여러 관련 단체를 중심으로 면면히 내려

---

123) 도연명의 「귀거래사(歸去來辭)」, 〈즐겁게 조화의 수레 타고 근원으로 돌아가니. 聊乘化以歸盡/요승화이귀진〉.
124) 간재(艮齋) 이덕홍(李德弘, 1541~1596, 본관 영천, 자字 굉중宏仲).
125) 『퇴계선생언행록(退溪先生言行錄)』, 유편(類編), 「고종기(考終記)」.

오고 있습니다. 저는 종택을 처음 방문했을 때 깜짝 놀랐습니다. 청하(靑霞) 이근필(李根必, 1932~) 16대 종손께서 고령임에도 불구하고 방문객의 나이에 상관없이 늘 무릎을 꿇은 채 겸손하게 맞이하고 있었기 때문입니다.

퇴계 선생 묘소

종택 앞에서 종손 어른과 함께 (2020.11.15.)

퇴계 선생의 위패는 1610년 종묘[126]와 문묘[127]에 동시에 모셔져 국가에서 영구히 제례 의식을 거행하고 있습니다. 종묘는 왕 · 왕후 · 공신의 위패를 국가에서 모시는 곳이고, 문묘는 학식과 덕망이 뛰어나서 후세에 존경받는 학자들의 위패를 국가에서 모시는 곳입니다. 우리나라에서 종묘와 문묘에 동시에 모셔진 분은 모두 여섯 분으로, 퇴계 선생 외에도 다섯 분[128]이 더 있습니다. 퇴계 선생의 학문과 삶에 대한 존경심은 일본인도 마찬가지인가 봅니다.[129] 일본은 1907년 8월에 퇴계 선생 종택을

---

126) 『조선왕조실록(朝鮮王朝實錄)』, 광해군일기(光海君日記), 「광해군 2년 3월 7일」, 〈대신과 육조가 빈청에 모여, 선종묘에 배향할 명신을 의논 · 결정하여 … 올리니 전교하기를 … '부득이하다면 이준경과 이황만을 배향하는 것이 어떤가'라고 하자 대신들이 모두 찬성하고 따랐다. 大臣六曹會賓廳/대신육조회빈청 議定宣宗廟配享名臣/의정선종묘배향명신 … 議上傳曰/의상전왈 … 無已則/무이즉 只李浚慶李滉/지이준경이황 配享可矣/배향가의 大臣皆以爲可/대신개이위가 從之/종지〉.

127) 위의 책, 광해군일기(光海君日記), 「광해군 2년 9월 5일」, 〈중외의 대소 신료 · 기로 · 군민 · 한량인 등에 김굉필 · 정여창 · 조광조 · 이언적 · 이황 등을 문묘에 종사하도록 교서를 내리기를 …. 敎中外大小臣僚耆老軍民閑良人等/교중외대소신료기로군민한량인등 以從祀/이종사 金宏弼鄭汝昌趙光祖李彦迪李滉等/김굉필정여창조광조이언적이황등 于文廟/우문묘 下敎書曰/하교서왈 …〉.

128) 회재(晦齋) 이언적(李彦迪, 1491~1553, 본관 여주, 자字 복고復古); 율곡(栗谷) 이이(李珥, 1537~1584, 본관 덕수, 자字 숙헌叔獻); 우암(尤庵) 송시열(宋時烈, 1607~1689, 본관 은진, 자字 영보英甫); 남계(南溪) 박세채(朴世采, 1631~1695, 본관 반남, 자字 화숙和叔); 신독재(愼獨齋) 김집(金集, 1574~1656, 본관 광산, 자字 사강士剛).

불태우는 엄청난 만행까지 저지르며[130] 민족문화 말살 정책을 살벌하게 펼쳤습니다. 그 일본에 의한 강점기 때조차 초등학교 6학년 음악 교과서에 일본인 작사 · 작곡의 〈이퇴계〉라는 제목의 노래가 실려 있더군요.[131]

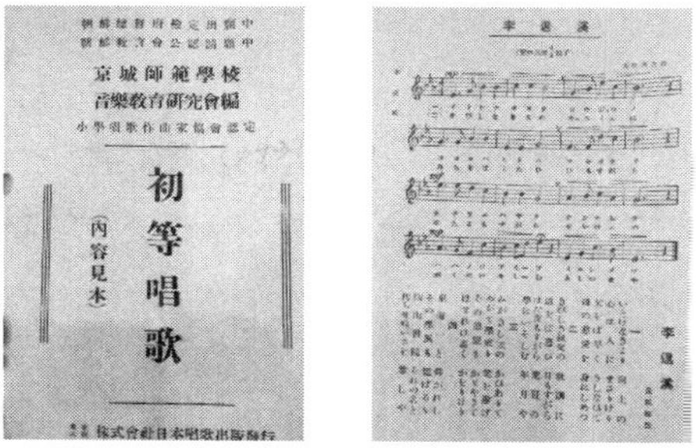

1931년 판 초등학교 교과서의 '이퇴계' 노래
(경북유교문화원 제공)

경성사범학교 음악교육 연구회에서 편찬한 1931년 판 『초등창가』 교과서의 일본어 가사를 필자가 음표에 맞추어 한글 노랫말로 번역해보았습니다.[132]

---

129) 일본인의 퇴계에 대한 존경심은 임진왜란 때 일본에 전해진 퇴계의 『주자서절요(朱子書節要)』라는 책으로부터 비롯되었다고 고려대 김언종 교수님이 필자에게 알려주었다. ※ 유튜브 참고 영상. 퇴계 TV, 「제9강 현직의사, 도산십이곡을 작곡하다」.

130) 이동은(허권수 편역), 『동우유고(東愚遺稿)』(화인, 2021), 29쪽. ※ 현재의 종택은 1926~1929년에 퇴계 선생의 13대 종손 하정(霞汀) 이충호(李忠鎬, 1872~1951, 자字 서경恕卿) 선생이 옛 가옥의 규모를 따라 새로 지었다. 문화재청, 국가문화유산포털, 「퇴계종택」.

131) 임혜순, 「일제시대의 초등학교 음악 교과서 연구」, 이화여대, 석사학위논문, 2001.; 조선일보, 「일제강점기 음악 교과서에 '이퇴계' 노래…"일본인들도 퇴계 존경"」, 2021.4.26.; 경향신문, 「일제강점기 소학교 음악 교과서에 '퇴계 이황' 기리는 노래 실렸다」, 2021.4.26.; 한국일보, 「일제강점기 음악 교과서에 실린 퇴계 기리는 노래 공개」, 2021.4.26.; 서울신문, 「일제강점기 日 교사들은 왜 퇴계 이황 기리는 노래를 만들었나」, 2021.4.26.

132) 〈제13장. 퇴계가집 악보〉의 '27. 이퇴계' 참조.

1.	2.
어린 시절부터 진리 향한 맘	숙부 송재 선생 엄한 가르침
주위 사람보다도 크게 뛰어나	가슴에 품고 올바른 길
아버님 일찍 여의고	아침부터 밤까지 성현 학문에
어머님 사랑을 듬뿍 받았네	정진한 그 시간 얼마인가

3.	4.
학업을 연마한 보람이 있어	동해 제일 큰 봉우리
마침내 큰 학문 이루었네	사람들은 모두 존경하도다
빛나는 학문과 삶의 발자취	도산서원 그 이름
그 덕망 아름다운 향기 뿜었네	고귀함 변함없이 영원하리

어쩌면, 퇴계 사상이 너무 어렵지 않을까 하고 생각할 수도 있겠습니다. 시대적으로도 현대인에게 거리감이 있을 수 있지요. 현대인의 인성 · 영성 건강이라는 측면에서 우리의 일상에 쉽게 퇴계 심성론을 적용할 수 있어야 한다고 생각합니다. 건강한 인성 · 영성을 위해서는 일상의 마음공부가 중요한데요. 의과대학의 인문 의학 교과과정이 추구하는 목표도 바로 그것이지요. 마음공부와 관련한 퇴계 심성론은 최첨단 현대의학의 뇌 과학 이론과도 정확하게 일치합니다.[133] 아니, 오히려 크게 한 걸음 앞서 있습니다. 일상의 경(敬)을 강조하는 퇴계 심성론의 종착역은 진리가 발하는 세상 즉 착한 사람 많은 세상입니다. 퇴계 사상을 현대 대중의 일상에서 인문 의학적 시각으로 재미있게 풀어본 영상이 있어서 소개해 드립니다. 2015년 9월 11일에 〈KBS 1TV 아침마당〉 프로그램에서 '의사가 만난 퇴계'라는 제목으로 방영한 퇴계 인문학 영상입니다.

---

133) 김종성 · 김갑중 · 박주성, 「행동조절에 대한 성리학과 뇌 과학 이론의 현상학적 상통성과 의학적 함의: 퇴계 心學(심학)을 중심으로」, 『유학연구』(충남대학교 유학연구소, 2017) 제39집, 1~29쪽.

KBS 아침마당 인문학
/인문 의학
/의사가 만난 퇴계

휴대폰의 〈QR 코드 리더〉를 그림에 대시면 영상 나옵니다!

필자가 의과대학에서 학생들에게 수업하던 '인문 의학' 강의록을 정리하여 2014년 12월에 '의학과 성리학의 융합'이라는 주제로 책을 썼는데요.[134] 이를 기념하여 KBS 1TV에서 퇴계 사상을 현대인들에게 소개했던 영상입니다. 현대인들이 퇴계 심성론을 이해하고 일상에 적용하는 데 조금이라도 도움이 되면 좋겠습니다.

---

134) 김종성, 『인문 의학, 성리학과 현대의학의 융합적 관점. 의사가 만난 퇴계, 초판』(궁미디어, 2014).

죽(竹)

—

대학자의 선물

3장 _ 탐구와 요약 두 가지에 이르러야
- '요약 공부의 모범 성학십도와 도산십이곡'

4장 _ 상자에 넣어두고 때때로 꺼내어 즐기니
- '고전문헌 속 발자취'

5장 _ 후세사람의 작곡을 기다리니
- '453년 뛰어넘은 콜라보'

6장 _ 스스로 노래하고 춤추고 뛰게 하라
- '국민과 함께 노래'

7장 _ 노래하는 사람과 듣는 사람이 서로 유익하리니
- '마음 치유 효과 온유돈후'

3장

탐구와 요약 두 가지에 이르러야

'요약 공부의 모범 성학십도와 도산십이곡'

혹시 '요약 공부'라는 말을 들어보셨는지요? 언젠가 공부의 종류를 인문 의학적 관점에서 정리해보니 여러 가지로 분류할 수 있더군요. 목적에 따라 〈위인지학과 위기지학〉으로 분류할 수도 있고, 뇌의 기능 · 해부학(neuro-functional anatomy) 측면에서는 〈저장 공부, 적용 공부, 되먹임 공부〉로 나눌 수 있었습니다. 또한 공부의 성숙(완성) 정도에 따라 〈탐구 공부와 요약 공부〉로 나누어 볼 수 있었습니다.[135)]

목적에 따른 공부의 종류

위인지학	타인에게 과시, 스펙 쌓기 위한 공부
위기지학	인성의 함양, 내적 수양을 위한 공부

135) 김종성, 『인문 의학: 한국철학 심성론과 현대의학의 융합적 관점. 의사가 만난 퇴계, 6판』(궁미디어, 2022), 350쪽.

뇌의 기능 · 해부학적 관점에 따른 공부의 종류

기능	뇌의 해부학적 위치	내용
저장 공부 (input)	해마 (hippocampus)	지식을 저장(암기)하는 공부
적용 공부 (output)	전두엽 (frontal cortex)	저장한 지식을 꺼내어 실제 상황에 적용하는 공부
되먹임 공부 (feedback)	전두엽 (frontal cortex)	적용 후 수정 · 보완(modifying)하여 다시 저장하는 공부

성숙(완성) 정도에 따른 공부의 종류

탐구 공부(1단계)	넓고 깊게 탐구하여 깨달음을 얻는 공부
요약 공부(2단계)	깨달은 것을 알기 쉽게 요약하는 공부

위에서 언급한 여러 종류의 공부 중에 '탐구 공부'와 '요약 공부'에 대해 말씀드리려고 합니다. 탐구 공부는 자신이 모르는 주제에 대해 넓고 깊게 탐구함으로써 깨달음을 얻는 공부입니다. 흔히 하는 말로 적극적인 '자기주도학습'이지요. 반면에, 요약 공부는 자신이 얻은 깨달음을 명확하게 요약함으로써 자신뿐 아니라 누군가에게 도움이 되도록 전달하는 공부입니다. 논문을 쓴다든지, 책을 쓴다든지, 학술발표를 한다든지, 표를 만든다든지, 개념도를 그린다든지 하는 것들은 모두 요약 공부에 속하지요. 탐구 공부가 1단계의 공부라면, 요약 공부는 한 계단 올라선 2단계의 공부입니다. 내용이 귀에 쏙쏙 들어오게 설명하는 강사는 요약 공부를 잘하는 일명 '명강사'입니다. 탐구 공부를 많이 했어도 요약 공부가 미흡한 강의는 지루하지요. 그런데 제가 공부해보니 정말 어려운 공부는 요약 공부이더군요. 같은 주제에 대해 2시간 강의를 준비하는 것보다 20분 강의를 위한 준비가 훨씬 어렵습니다. 어떤 내용을 넣을까 뺄까를 더 많이

고민해야 하기 때문이지요. 예를 들어 2시간 강의를 준비하는 것이 2주 정도 걸린다면 20분 강의를 위한 준비는 2달 넘게 걸리기도 합니다. 요약을 짧게 하고자 하면 할수록 더 어렵습니다. 또한 요약 공부는 '언어의 선택'이라는 쉽지 않은 언덕을 넘어야 합니다. 탐구 공부를 통해 얻은 의학 지식과 깨달음을 같은 분야에 있는 다른 의료인들에게 요약할 때와 일반인에게 요약할 때 사용하는 언어가 매우 다릅니다. 실제로 저에게 익숙한 전문적 의학용어를 사용하여 동료 의료인들에게 의학적 내용을 요약하기는 비교적 쉽습니다. 그러나 같은 내용을 일반 대중과 진료실을 방문한 환자분께 요약해드리기는 쉽지 않습니다. 명확한 의미의 전문적인 의학 학술 용어가 아닌 아주 쉬운 일반 언어를 사용해야 하기 때문입니다. 그렇기에 의학교육에서는 '의사소통'이라는 교과목을 매우 중요시합니다. 의학의 아버지 히포크라테스(BC 460~370)는

> 언어가 가질 수 있는 가장 중요한 미덕은 명료함이다. 익숙하지 않은 단어를 사용하는 것만큼 그것을 손상시키는 것은 없다.
> [The chief virtue that language can have is clearness, and nothing detracts from it so much as the use of unfamiliar words.][136)]

라고 했는데요. 히포크라테스가 말한 '언어의 명료함'이란 상대방이 어떤 특성의 집단인가에 따라 사용하는 언어가 달라져야 함을 뜻합니다. 요약 공부는 나에게 익숙한 언어가 아니라 '상대방에게 익숙한 언어'를 사용해야 합니다. 같은 내용이라도 어린이 · 청소년 · 성인 · 노인 등에 따라 요약하는 언어가 다르고, 같은 직종에 있더라도 스승 · 동료 · 후배 등 업무의 숙련도에 따라 요약하는 언어가 다릅니다. 불과 1시간(?) 전에 집에 같

136) 김종성, 『마음이 편하지 않을 때는 한 걸음 걸어라. 의철학: 퇴계와 히포크라테스의 묵상 대화』(충남대학교출판문화원, 2019), 149쪽.

이 있었던 세 살짜리 손녀가 내게

"할아버지, 나 지금 할머니와 바다에 다녀왔어요."

라고 말하더군요. 그럴 리가 없어서 알아보니 집에서 가까운 도심의 천변(川邊)에 잠깐 다녀온 것이었습니다. 내가 생각하는 '바다'라는 단어는 아득한 수평선, 하늘을 날며 노래하는 갈매기, 출렁이는 파도와 파도 소리, 드넓은 해변, 뱃고동을 울리며 떠다니는 배 등의 개념이 어우러진 바다이지만 손녀가 사용한 '바다'라는 언어에는 이러한 개념들이 전혀 들어있지 않았던 것이지요. 다시 말하면, 손녀와 나의 의사소통에서 히포크라테스가 강조한 언어의 '명료함'(clearness)이 상호 간에 손상된 것입니다. 의료분야도 마찬가지입니다. 의료인이 말하는 '당뇨'라는 단어는 공복혈당 · 식후혈당 · 인슐린 · 당화혈색소 · 당뇨합병증 등의 많은 의학적 내용이 포함된 개념의 언어지만 환자들은 이러한 의학적 개념이 포함되지 않은 채 '당뇨'라는 의학적 언어를 듣게 되는 것이지요. 즉 의료인과 환자 사이에 언어의 '명료함'이 없는 것입니다. 그렇기에 의료인의 말을 제대로 이해하기가 쉽지 않습니다. 환자분들에게는 가능한 그분들에게 익숙한 언어로 언어의 명료함(clearness)을 최대한 살려서 설명해야 합니다. 그러니까 요약 공부는 그 대상이 되는 상대방을 배려하는 것이 중요합니다. 평생 진리 탐구 공부에 매진한 퇴계 선생은 마침내 삶에 있어서 가장 기쁜 일 즉 온전히 진리의 세계와 합일하는 경지에 이릅니다. 그 시기가 언제였는지는 모르지만, 56세의 퇴계 선생이 제자(문봉文峯 정유일鄭惟一, 1533~1576, 본관 동래, 자字 자중子中)에게

무릇 공부에 있어서 …… 그 노력을 중단하지 않고 오래도록 익혀 완성해나가

면 기질이 변하고 인(仁)이 무르익어 인생 일대의 기쁜 일을 얻고 볼 수 있습니다.
[大抵足下於學/대저족하어학 …… 不已其功/불이기공 久久習成/구구습성 質變而仁熟/질변이인숙 庶幾得見人生一大歡喜事/서기득견인생일대환희사][137]

라며 본인의 '거듭남'의 체험을 말한 것을 보면 아마도 그 이전이었겠지요. 그러고는 50대 후반에 집중적으로 요약 공부, 예를 들면 56세에 『주자서절요』,[138] 57세에 『계몽전의』,[139] 등 각종 저술을 쏟아내고 59세에는 『이학통록』[140]을 편찬하기 시작합니다.[141] 특히 61세의 도산서당 완공, 65세의 한글 도산십이곡 노래 제작, 68세의 성학십도 완성과 같은 만년의 활동들은 '이발' 즉 착한 사람 많은 세상을 소망하며 진행한 일련의 구체적이고 실제적인 요약작업입니다. 논문에 비유하면 마지막의 가장 중요한 '결론'이고, 나무에 비유하면 '꽃'과 '열매'에 해당합니다. 다시 말하면, 평생 진리 탐구 공부를 한 후에 〈제자들 · 국민 · 학자들〉을 위한 요약 공부를 그 대상에 따라 분야별로 서로 다르게 진행한 것이지요. 즉 우리를 진리가 발하는 세상으로 인도하기 위해 〈① 후진 학자양성 ② 국민교육 ③ 학문의 체계〉라는 정교한 삼박자 틀을 마련했습니다. 도산서당에 대해서는 '도산기'로, 도산십이곡에 대해서는 '발문'으로, 성학십도에 대해서는 '서문'을 통해 각각 자세하고 길게 그 취지를 따로 남기며 퇴계 선

---

137) 『정본퇴계전서(定本退溪全書)』, 서간 5, 서(書)-정유일(鄭惟一)-9, 「답정자중(答鄭子中)[견자성록(見自省錄)]」.
138) 『주자서절요(朱子書節要)』는 주자의 편지 중 사상적으로 중요한 부분을 추려서 간행한 책. 회암서절요(晦庵書節要)라고도 불린다.
139) 『계몽전의(啓蒙傳疑)』는 주자(朱子)의 『역학계몽(易學啓蒙)』을 해설한 책.
140) 『이학통록(理學通錄)』은 송 · 원 · 명나라 학자들의 행장 · 전기 · 어록 등을 수록한 책. 송계원명이학통록(宋季元明理學通錄)이라고도 한다.
141) 『퇴계선생연보(退溪先生年譜)』, 제1권, 「연보(年譜) 1」.

생은 이 세 작업을 매우 중요하게 여겼습니다. 『도산급문제현록』[142]에 이름이 올려있는 퇴계 선생의 제자만 해도 309명이고, 도산서당은 퇴계 선생 사후에 도산서원으로 확대되어 수 세기 동안 퇴계 선생의 소망대로 수많은 학자를 길러내었습니다. 현대사회에 들어서면서 도산서당의 후학양성 기능은 도산서원선비문화수련원이 담당하여 매우 활발한 활동을 펼치고 있으며, 퇴계 선생께서 정성스럽게 지은 소박한 도산서당 자체는 종교를 초월하여 아름다운 '구도의 성전'의 상징으로 자리매김했습니다. 한편, 성학십도와 도산십이곡은 퇴계 선생이 통찰한 평생의 큰 학문을 서로 다른 언어로 요약한 것입니다. 퇴계 선생은 경을 통해 진리가 발하는 세상으로 나아가는 길을 이 두 작품을 통해 구체적으로 요약하여 알려주었습니다. 만년의 노(老) 대학자가 손수 만든 〈도산서당 · 도산십이곡 · 성학십도〉는 세계적인 K-보석입니다. 당시의 사람들은 이 세 작업의 참뜻을 이해하지 못했는가 봅니다. 이 세상 어느 나라에 도산서당처럼 소박한 구조의 성전이 있습니까? 선비들은 도산십이곡을 저속한 한글 노래라고 생각했는가 하면, 성학십도의 내용을 아무도 임금에게 설명하지 못했습니다.

1) 성학십도

평생의 탐구 공부를 통해 진리의 발함에 대한 큰 통찰을 얻은 퇴계 선생은 아래의 그림에서 보는 것처럼 수천 년 내려온 방대한 동양철학 사상을 단 열 장의 그림으로 요약하여 68세에 성학십도를 만들었습니다.

142) 『도산급문제현록(陶山及門諸賢錄)』, 디지털 장서각, 한국학중앙연구원.

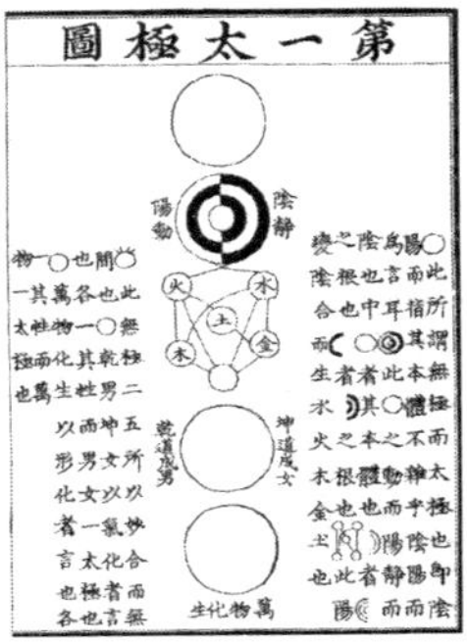

제1 태극도

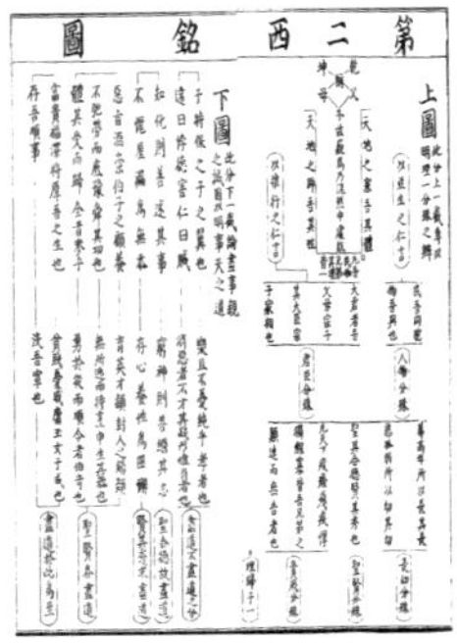

제2 서명도

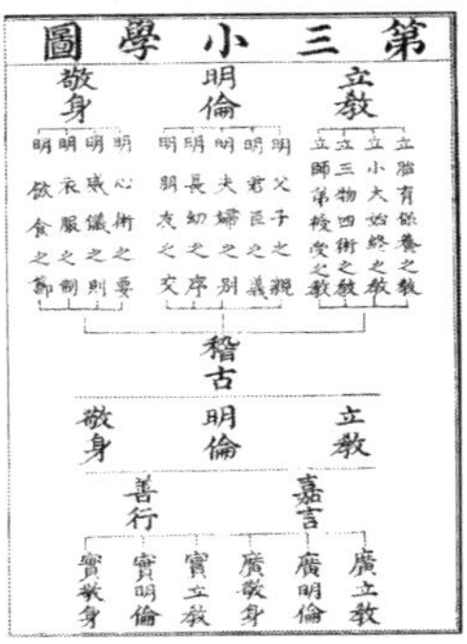

제3 소학도

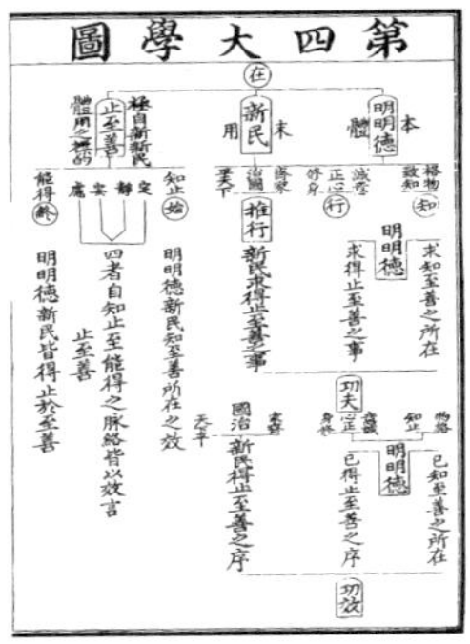

제4 대학도

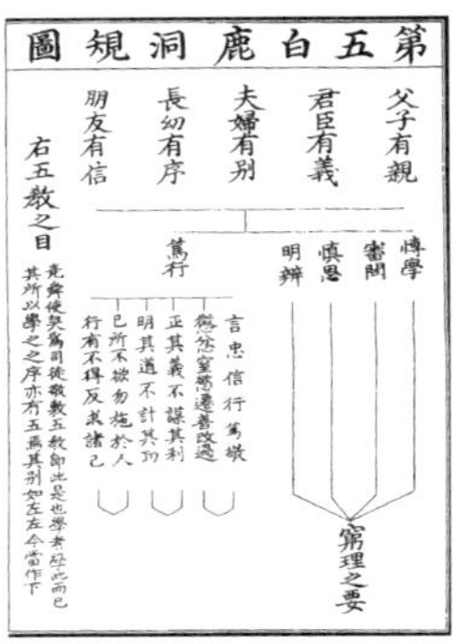

제5 백록동규도

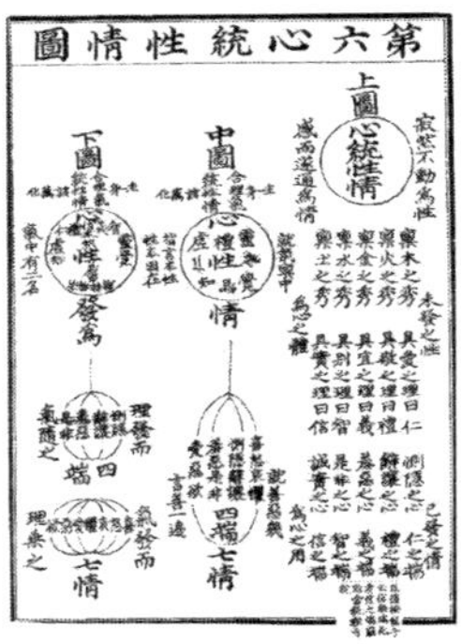

제6 심통성정도

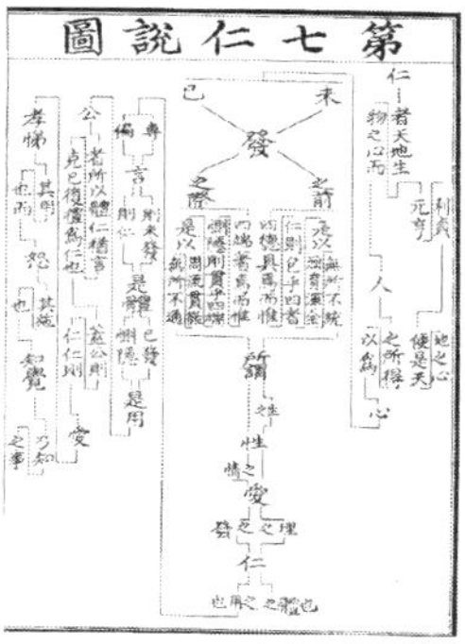

제7 인설도

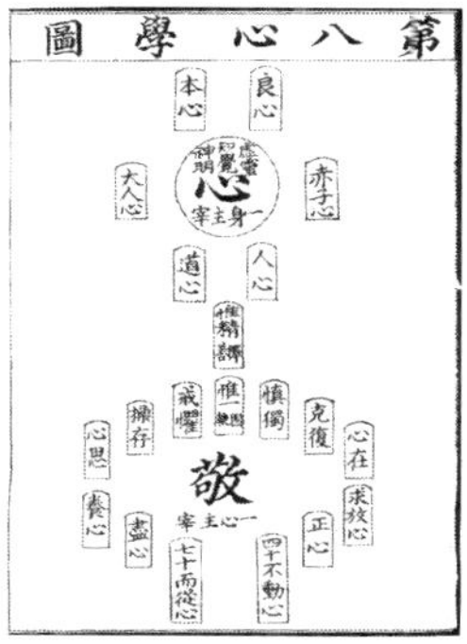

제8 심학도

제9 경재잠도

제10 숙흥야매잠도

성학십도가 퇴계 선생의 직접적인 창작품이 아니라고 폄하하는 듯한 말을 하는 분도 더러 있는데요. 공부를 제대로 직접 해본 사람은 이런 논조의 말을 할 수가 없다고 생각합니다. 저는 평생 의학을 공부했지만, 저에게 지금까지 수천 년 동안 전해져오는 방대한 의학 내용을 단 열 장의 그림으로 요약하라고 하면 저는 못 합니다. 정말 어려운 공부는 탐구 공부가 아니고 요약 공부입니다. 의학 학술대회에서는 몇 년 동안 밤새워 연구한 것을 10분 이내에 발표해야 하는 경우가 많지요. 밤을 새우며 연구하는 탐구 공부도 어렵지만 단 10분 안에 다른 학자들이 쉽게 이해할 수 있도록 요약하는 것이 더 어려울 때가 많습니다. 자신이 방대하게 연구하고 공부한 것을 일목요연하게 요약할 수 있는 사람이 훌륭한 학자입니다. 이 지점에서 66세의 퇴계 선생이 29세의 제자(학봉鶴峯 김성일金誠一, 1538~1593, 본관 의성, 자字 사순士純)에게

> 박(博)과 약(約) 두 가지에 이르러 학문의 바른 맥을 잇네.
> [博約兩至/박약양지 淵源正脈/연원정맥][143]

라고 써 준 말씀과

> 널리 깊이 있게 공부하고 상세하게 설명하는 것은, 장차 도리어 요약하여 설명하기 위함이다.
> [博學而詳說之/박학이상설지 將以反說約也/장이반설약야][144]

라는 『맹자』의 문구가 떠오르는군요. 성리학에서는 위 문구의 '약(約)'이라는 글자를 '예(禮)'의 의미로 사용합니다.[145] 그러나 저는 인문 의학적 관점에서 '요약'이라는 현대어로도 생각해봅니다. 퇴계 선생은 수천 년 동안 내려온 그 방대한 동양 심성론 즉 '사람됨의 학문 체계'[146]를 학술적으로 단 열 장의 그림과 설명으로 요약하여 성학십도를 남겼습니다. '참 대학자'가 아니면 할 수 없는 요약 공부이지요. 성학십도의 그림들과 내용의 출처를 아래의 표처럼 알기 쉽게 정리한 학술논문이 있더군요.

---

143) 『정본퇴계전서(定本退溪全書)』, 서 · 기 · 발 등(序 · 記 · 跋 等) 13, 잠명(箴銘)-004, 「제김사순병명(題金士純屛銘)」. ※ '병명'은 병풍에 새기는 글.

144) 『맹자(孟子)』, 「이루장구하(離婁章句下)」.

145) 『논어(論語)』, 「옹야편(雍也篇)」, 〈널리 글을 배우고 예로써 집약하면 또한 어긋나지 않을 것이다. 博學於文/박학어문 約之以禮/약지이례 亦可以弗畔矣夫/역가이불반의부〉.

146) 이황(李滉), 이광호 역, 『퇴계집』(서울: 한국고전번역원, 2017), 245쪽.

성학십도의 구성 및 인용.[147]

	그림	도설	인용 선현 글	해설
1. 태극도	주돈이[148]의 태극도설		주희[149]	퇴계
2. 서명도	정복심[150]	장재[151]의 서명	주희/양시[152]/요로[153]	퇴계
3. 소학도	퇴계	주희의 소학	주희	퇴계
4. 대학도	권근[154]	대학경문(공자)	주희	퇴계
5. 백록동규도	퇴계	주희 백록동서원 규약	없음	퇴계
6. 심통성정도	정복심/퇴계	정복심 심통성정도	없음	퇴계
7. 인설도	주희	주희	없음	퇴계
8. 심학도	정복심의 심학도		없음	퇴계
9. 경재잠도	왕백[155]	주희 경재잠	주희/오징[156]/진덕수[157]	퇴계
10. 숙흥야매잠도	퇴계	진백[158] 숙흥야매잠	없음	퇴계

퇴계 선생은 성학십도가 자신의 창작품이 아니라고 하면서 성학십도의 서문에 아래와 같이

> 이에 삼가 그중에서 더욱 뚜렷한 것을 골라 일곱 개를 얻었습니다. 그중 심통성정도는 정(임은林隱 정복심程復心, 1279~1368, 자字 자현子見)의 그림에 제가 만든 두 개의 작은 그림을 덧붙인 것입니다. 나머지 세 개의 그림은 비록 제가 만들었으나 그 글과 뜻이 조목과 규획에 있어서 한결같이 옛 현인이 만든 것을 풀이한 것이지 저의 창작이 아닙니다. 이것을 합하여 성학십도를 만

147) 문석윤, 「퇴계(退溪)의 성학십도(聖學十圖) 수정(修正)에 관한 연구」, 『퇴계학보』(퇴계학연구원, 2011) 제130집, 5~60쪽.
148) 염계(濂溪) 주돈이(周敦頤, 1017~1073, 자字 무숙茂叔).
149) 회암(晦庵) 주희(朱熹, 1130~1200), 자字 원회元晦 · 중회仲晦).
150) 임은(林隱) 정복심(程復心, 1279~1368, 자字 자현子見).
151) 횡거(橫渠) 장재(張載, 1020~1077, 자字 자후子厚).
152) 구산(龜山) 양시(楊時, 1053~1135, 자字 중립中立).
153) 쌍봉(雙峰) 요로(饒魯, 1193~1264, 자字 백여伯輿 · 중원仲元 · 사로師魯).
154) 양촌(陽村) 권근(權近, 1352~1409, 본관 안동, 자字 가원可遠 · 사숙思叔).
155) 노재(魯齋) 왕백(王柏, 1197~1274, 자字 회지會之 · 백회伯會).
156) 초려(草廬) 오징(吳澄, 1249~1333, 자字 유청幼淸 · 백청伯淸).
157) 서산(西山) 진덕수(眞德秀, 1178~1235, 자字 경원景元 · 희원希元 · 경희景希).
158) 남당(南塘) 진백(陳柏, ?~?, 자字 무경茂卿).

듣고 각 그림 아래에 또 외람되게 저의 의견을 덧붙여서 삼가 엮고 필사하여 올립니다.

[於是/어시 謹就其中揀取其尤著者/근취기중간취기우저자 得七焉/득칠언 其心統性情則因程圖/기심통성정즉인정도 而附以臣作二小圖/이부이신작이소도 其三者圖雖臣作/기삼자도수신작 而其文其旨/이기문기지 條目規畫/조목규획 一述於前賢/일술어전현 而非臣創造/이비신창조 合之爲聖學十圖/합지위성학십도 每圖下/매도하 輒亦僭附謬說/첩역참부류설 謹以繕寫投進焉/근이선사투진언][159]

라며, 성학십도의 열 개 그림 중 일곱 개는 기존의 것을 취했고, 나머지 세 개를 직접 그렸으며, 여섯 번째 그림인 심통성정도는 2개의 작은 그림을 덧붙여서 완성했고, 각 그림 하단에 설명을 곁들였다고 분명히 밝혔습니다. 퇴계 선생은 성학십도가 본인의 창작품이 아니라고 말했지만, 평생 의학 공부를 해온 제가 보기에는 성학십도는 엄청난 창작입니다. 예술품을 만드는 어떤 장인이 여기저기 숨어있던 보석의 원석들을 → 찾아내고 수집해서 → 원석의 질을 평가하여 선별하고 → 선택한 원석을 갈고 깎아서 → 서로 연결하고 보완하여 → 하나의 아름다운 목걸이를 만들었다고 가정해볼까요? 이렇게 완성된 목걸이는 새로운 보석으로 탄생하여 우리에게 감동을 주는 또 다른 예술작품이 됩니다. 이 목걸이는 그 자체로 원석보다 훨씬 값진 독창적인 창조물이지요. 현대의학에서는 엄격한 채택 기준에 맞추어 기존의 실험연구 결과들을 모아서 융합 · 분석하여 더 완벽한 결론을 도출해내는 〈체계적 문헌 고찰〉 또는 〈메타분석〉이라는 연구 분야가 주목받기도 합니다. 인문 의학적 관점에서, 500년 전 퇴계 선생이 '기존의 것들에서 더욱 뚜렷한 것'을 선별하고 보완하여 만들어낸

159) 『정본퇴계전서(定本退溪全書)』, 교 · 소 · 차 등(敎 · 疏 · 箚 等) 11, 「진성학십도차(進聖學十圖箚)[병도(竝圖)]」.

성학십도는 체계적 문헌 고찰이라는 현대 연구 방법의 원조라고 할 수 있습니다. 유학 분야의 세계 최고 석학이라고 인정받고 있는 하버드대학교 옌칭 연구소(Yenching Institute, 燕京学社, 연경학사) 소장 뚜웨이밍(杜維明/두유명) 교수는

> 제가 늘 강의하는 이 강의실의 한쪽 벽면을 가득 채운 이 병풍이 무엇인지 아십니까? 조선 주자학의 최고 석학인 퇴계 선생이 나이 어린 선조 임금께 올린 성학십도입니다. 이 작품이야말로 유학의 정수이자 최고봉입니다. 퇴계를 말하지 않고 주자학의 완성을 말할 수 없습니다. 퇴계는 실로 유학의 역사상 가장 위대한 학자 중의 한 분입니다.[160]

라고 말하더군요. 저는 처음에 성학십도를 접하면서 너무나 놀랐습니다. 그 내용에 놀란 것이 아니라 그 형식에 감동했습니다. 위에 그림이 있고 그 하단에 설명이 있는 형식이 지금 제가 대학의 학생들 수업에서 늘 사용하는 파워포인트 형식이었기 때문이었습니다. 무려 500년 전에, 최첨단 현대 강의실의 컴퓨터 프로그램 방식으로 요약해놓은 것에 너무나 놀랐습니다. 퇴계 선생은 우리가 상상할 수 없을 정도로 시대를 앞서간 분이었습니다.

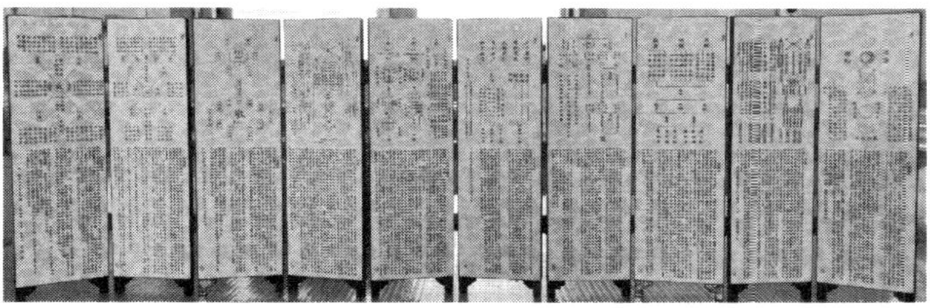

파워포인트 형식의 성학십도 병풍(2021.12.1.)

160) 배요한, 「기독 지식인의 사회적 책무에 관한 소고: 퇴계의 수양론과 그 사회적 함의를 중심으로」, 『한국기독교신학논총』(한국기독교학회, 2009) 제65집, 227~248쪽.

동양철학을 전공하지도 않았고 한문을 모르는 저는 온통 한문으로 된 성학십도를 접하면서 너무 어려워서 무슨 내용인지 잘 모르겠더군요. 성리학자들에게 남긴 학술적 요약이기에 저 같은 사람에게는 그 심오한 내용과 어려운 전문용어들이 잘 전달되지 않는 것이 당연합니다. 의학도 마찬가지입니다. 영어로 된 전문적인 의학용어를 사용하여 어떤 질병의 원인, 발생기전, 증상, 진단 방법, 치료 방법, 예후 등에 대해 명확하게 정리해놓은 의학 교과서의 내용과 그림들을 일반인이 이해하기는 어렵습니다. 모든 학문 분야가 그렇습니다. 전문용어는 해당 분야의 학자들 간에 사용하는 어려운 학술 언어이기 때문이지요.

> 성학십도를 올리자 임금이 병풍으로 만들라 하고, 또 간행하여 여러 신하에게 나누어 주었다. 한번은 임금이 야대[161]에서 이 그림을 해설하라고 했으나 경연에 모시고 있는 사람 중에 아무도 그 뜻을 밝히지 못하여 모두 모른다고 대답했기 때문에 끝내 해설하지 못하고 말았다. 그 소식을 들은 사람은 모두 한스러워했다.
> [進聖學十圖/진성학십도 上乃命作屛/상내명작병 又印頒羣臣/우인반군신 後上嘗於夜對/후상상어야대 令進講是圖/영진강시도 侍經幄者/시경악자 莫有闡明其義者/막유천명기의자 皆以不知對/개이부지대 遂不果講/수불과강 聞者莫不恨之/문자막불한지. 金誠一/김성일][162]

에서 보듯 성학십도 내용이 당시의 학자들에게도 처음에 어렵긴 어려웠던 모양입니다. 퇴계 선생은 성학십도에 대해

> 지금 이 열 개의 그림은 모두 경을 주된 내용으로 삼은 것입니다.

---

161) 왕이 신하와 공부하는 것이 경연. 아침 · 낮 · 오후 · 밤의 경연을 〈조강 · 주강 · 석강 · 야대〉라고 한다.

162) 『퇴계선생언행록(退溪先生言行錄)』, 유편(類編), 「사군(事君)」.

[而今玆十圖/이금자십도 皆以敬爲主焉/개이경위주언]163)

이라고 하며 '경'을 강조한 것이라고 설명했습니다. 경 공부는 이발(理發)을 위한 공부 즉 착한 사람이 되는 공부입니다. '경'은 진리를 향하는 우리의 일상 삶을 말합니다. 61세의 퇴계 선생이 제자(문봉文峯 정유일鄭惟一, 1533~1576 본관 동래, 자字 자중子中)에게

> 잊지 않고 조장하지 않으면,164) 진리가 내게 있어서 자연히 발하고 드러나 유행하는 것을 볼 수 있습니다.
> [如勿忘勿助/여물망물조 則道之在我/즉도지재아 而自然發見流行之實/이자연발현유행지실 可見/가견]165)

라고 설명한 것에서 보듯, '경'은 진리가 발하는 세상, 착한 세상으로 우리를 인도하는 일상의 인성 · 영성 함양 공부이지요. 경이라는 노력은 절대 진리를 향해 나아가는 일상의 정성된 집중입니다. '경을 통한 진리의 발함'이라는 퇴계 심성론은 『성경』의

> 네 마음을 다하고 뜻을 다하여 그(절대 진리)를 찾으면 만나리라.
> [You shall indeed find him when you search after him with your whole heart and your whole soul]
> [如盡心盡意/여진심진의 求主爾之上帝/구주이지상제 必可得之/필가득지]166)

---

163) 『정본퇴계전서(定本退溪全書)』, 교 · 소 · 차 등(敎 · 疏 · 箚 等) 11, 진성학십도차(進聖學十圖箚) [병도(竝圖)], 「대학경(大學經)」.

164) 『맹자(孟子)』, 「공손추장구상(公孫丑章句上)」, 〈마음에 잊지도 말며 조장하지도 말라. 心勿忘勿助長也/심물망물조장야〉.

165) 『정본퇴계전서(定本退溪全書)』, 서간 5, 서(書)-정유일(鄭惟一)-45, 「답정자중별지(答鄭子中別紙)」.

166) 『성경』, 「신명기」, 4장, 29절.

라는 내용과도 같은 맥락입니다. 64세의 퇴계 선생은 경이라는 철학적 개념을 제자(잠재潛齋 · 정암整庵 김취려金就礪, 1526~?, 본관 안산, 자字 이정而精)에게, 주자(朱子, 1130~1200)가 하숙경(何叔京, 1128~1175) · 진명중(陳明仲, ?~?) · 양자직(楊子直, ?~?)에게 말한 것을 인용하여

> 선생(주자)이 하숙경에게 답한 편지에 … 모름지기 보고 듣고 말하고 행동하는 것과 용모와 말씨에서 공부해야 한다고 했습니다. … 또한 진명중에게 보낸 편지에 … 대개 공부하는 사람들로 하여금 볼 수 있고 지키기 쉬운 것들을 노력하여 볼 수 없고 잡아맬 수 없는 마음을 기르고자 함이라고 했습니다. … 그러므로 주자가 양자직에게 "경을 지니는 일에 대해서는 많은 말을 할 필요가 없다. 정재, 엄숙하라. 위엄 있게 하고 조심하라. 행동거지 용모를 바르게 하고 생각을 가지런히 하라. 의관을 바로 하고 보는 일을 공경히 하라."라고 했습니다.
> [故先生答何叔京書曰/고선생답하숙경서왈 … 須就視聽言動容貌辭氣上做工夫/수취시청언동용모사기상주공부 … 又答陳明仲書曰/우답진명중서왈 … 蓋欲學者循其可見易守之法/개욕학자순기가견이수지법 以養其不可見不可係之心也/이양기불가견불가계지심야 … 故朱子之諭楊子直曰/고주자지유양자직왈 持敬不必多言/지경불필다언 但熟味整齊嚴肅/단숙미정제엄숙 嚴威儼恪/엄위엄각 動容貌/동용모 整思慮/정사려 正衣冠/정의관 尊瞻視/존첨시][167]

라고 아주 쉽게 설명했습니다. 또한 성학십도에서도

> 의관을 바로 하고, 눈매를 존엄하게 하며, 마음을 가라앉혀 거처하고, 상제를 대하듯 하며, 발은 무겁게, 손은 공손하게, 땅을 골라 밟고
> [正其衣冠/정기의관 尊其瞻視/존기첨시 潛心以居/잠심이거 對越上帝/대월상제 足容必重/족용필중 手容必恭/수용필공 擇地而蹈/택지이도][168]

167) 『정본퇴계전서(定本退溪全書)』, 서간 6, 서(書)-김취려(金就礪)-26, 「답김이정(答金而精)」.

라고 했습니다. 퇴계 선생이 주자의 글에서 뽑아 제자에게 보낸 위의 문장 중에

> 경을 지니는 일에 대해서는 많은 말을 할 필요가 없다. 정재, 엄숙하라. 위엄 있게 하고 조심하라. 행동거지 용모를 바르게 하고 생각을 가지런히 하라. 의관을 바로 하고 보는 일을 공경히 하라.
> [持敬不必多言/지경불필다언 但熟味整齊嚴肅/단숙미정제엄숙 嚴威儼恪/엄위엄각 動容貌/동용모 整思慮/정사려 正衣冠/정의관 尊瞻視/존첨시]

라는 문구가 늘 제 가슴을 울리더군요. 경이라는 어려운 철학적 학술 개념을 아주 쉬운 한 마디, 즉 우리 일상의 몸가짐 · 마음가짐으로 요약해주신 것이지요. 저는 진료실의 의사소통에서 퇴계 선생이 인용한 이 구절을 매일 시험해 봅니다. 가정의학 임상 실습을 나온 의과대학 학생들에게 환자를 만나기 전에, 먼저 거울을 보며 스스로 조용히 복장을 점검하며 마음을 가라앉히게 합니다. 그런 후 환자를 안내하게 하면 제가 친절을 강조하지 않았는데도 학생이

> "어르신, 이쪽으로…."

하면서 아주 공손하고 정성스럽게 환자와 의사소통하는 것을 관찰할 수 있습니다. 진료실의 몸가짐 · 마음가짐 노력이라는 '경'을 통해 착한 본성이 저절로 표출하는 것이지요. 퇴계 선생은 돌아가시기 직전에 '자리를 정돈하라'라는 말씀을 남겼습니다. 저는 관분매(灌盆梅) 즉 '매화에 물을 주라'가 퇴계 선생의 마지막 말씀인 것으로 잘못 알고 있었는데요. 『퇴계선

168) 위의 책, 교 · 소 · 차 등(敎 · 疏 · 箚 等) 11, 진성학십도차(進聖學十圖箚)[병도(竝圖)], 「경재잠(敬齋箴)」.

생언행록』의

> 이날은 맑았는데 유시(오후 5시~7시)로 들어가자 갑자기 흰 구름이 지붕 위에 모이고 눈이 내려 한 치(약 3cm)쯤 쌓였다. 조금 있다가 선생(퇴계)께서
> "자리를 정돈하라."
> 라고 명하므로 부축하여 일으키자 앉아서 서세하셨다. 그러자 구름이 흩어지고 눈이 개었다.
> [是日晴/시일청 酉初/유초 忽白雲坌集宅上/홀백운분집택상 雪下寸許/설하촌허 須臾/수유 先生命/선생명 整臥席/정와석 扶起而坐逝/부기이좌서 即雲散雪霽/즉운산설제. 李德弘/이덕홍][169]

라는 기록에서 보듯, 퇴계 선생은 숨을 거두기 직전에 정와석(整臥席) 즉 '자리를 정돈하라'라고 말했습니다. 자리를 정돈하는 것 역시 일상의 경이지요. 퇴계 선생은 삶의 마지막까지 '경'을 실천한 것입니다. 성학십도의 〈제1 태극도〉는 만물의 근원·뿌리·씨앗인 창조주를, 〈제2 서명도〉는 하늘이라는 하나의 이치가 만물에 나뉘어 있음을, 〈제3 소학도〉는 일상에서 도덕적 행동을 몸에 익힘으로써 인간이 탄생하면서 하늘로부터 부여받은 근원·뿌리·씨앗을 키우는 작업을, 〈제4 대학도〉는 도덕적 소양을 왜 몸에 익히고 도덕적 심성을 왜 함양해야 하는지 깨닫고 실천함으로써 삶의 완성을 이루는 과정을, 〈제5 백록동규도〉는 진정한 학문을 발전시키기 위해 전통적인 가르침과 배우고 실천하는 구체적인 과정을, 〈제6 심통성정도〉는 사단·칠정이라는 마음의 본질과 마음이 일어나는 기전 등 마음 이론의 정수를, 〈제7 인설도〉는 인(仁)의 본질과 실천 방법을, 〈제8 심학도〉는 몸과 마음과 경의 관계 및 마음공부의 요체를, 〈제9 경재잠도〉는 고요할 때와 움직일 때의 경 그리고 여러 공간적 상황에서

169) 『퇴계선생언행록(退溪先生言行錄)』, 유편(類編), 「고종기(考終記)」.

의 경을, 〈제10 숙흥야매잠도〉는 하루 24시간의 시간적 상황에서의 경을 설명한 것입니다.[170][171] 퇴계 선생은 성학십도를 크게 둘로 나누어 제5도와 제10도 끝에 각각[172]

> 이상 다섯 그림은 천도에 기본을 두었는데, 공부는 인륜을 밝히고 덕업을 힘쓰는 데 있습니다. … 이상 다섯 그림은 심성에 근본을 둔 것인데, 요점이 일상생활에서 힘쓰고 경외를 높이는 데 있습니다.
> [以上五圖/이상오도 本於天道/본어천도 而功在明人倫/이공재명인륜 懋德業/무덕업 … 以上五圖/이상오도 原於心性/원어심성 而要在勉日用/이요재면일용 崇敬畏/숭경외]

라고 설명하며, 앞부분은 천도에, 뒷부분은 인간의 심성에 근본한 것이라고 설명했습니다. 성학십도에서 진리 향한 삶을 설명하는 두 덩어리의 이중구조는 진리 향한 삶을 노래하는 도산십이곡의 지(志) · 학(學)이라는 이중구조와도 매우 유사합니다. 성학십도는 ① 이기론(우주 · 자연의 근원 및 존재) ② 심성론(인간의 본성) ③ 수양론(학문의 실천과 가치)의 철학 내용을 담고 있습니다.

2) 도산십이곡

진리 향한 학문을 국가지도자와 학자들을 위해 어려운 학술 언어로 요약한 성학십도에 앞서, 65세의 퇴계 선생께서 성리학을 모르는 일반 국민을 위해 정성스럽게 요약한 작품이 도산십이곡이라는 교육적 한글 노래입니다. 아래의 그림은 한국국학진흥원에서 보유하고 있는 도산십

---

170) 손기원, 「퇴계와 성학십도」, 『도산서원 선비 아카데미 전문과정교재』(경상북도 · 안동시 도산서원선비문화수련원, 2021), 362~430쪽.

171) 나대용, 「성학십도에서의 심성론과 경에 대하여」, 『退溪 아카데미 제1집』(퇴계학진흥회, 2020), 183~194쪽.

172) 『정본퇴계전서(定本退溪全書)』, 교 · 소 · 차 등(敎 · 疏 · 箚 等) 11, 「진성학십도차(進聖學十圖箚)[병도(竝圖)]」.

이곡 목판본 원본입니다. 도산십이곡은 '십이곡'이라는 말 그대로 제1곡에서부터 제12곡까지 열두 곡으로 구성되어 있습니다. 그리고 '도산'은 퇴계 선생이 만년에 은거했던 곳이지요.

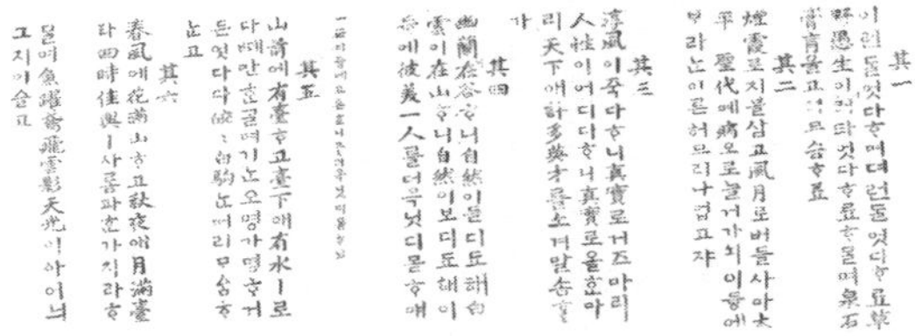

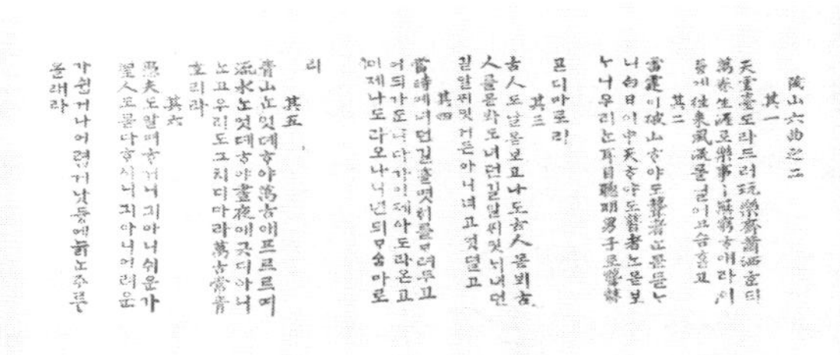

도산십이곡 전육곡 '지(志)' 와 후육곡 '학(學)' 의 가사

제가 경험해보니, 진료실에 오신 환자분께 전문적인 의학 내용을 알기 쉽게 설명하는 것은 매우 어렵습니다. 학술논문을 쓰는 것보다 국민교육자료를 만드는 작업이 더 어려울 때도 많더군요. 학자들의 여러 공부 중에 국민을 위한 요약 공부가 가장 어렵습니다. 퇴계 선생도 똑같은 고민을 하셨겠지요. 성학십도가 학자들을 위해 요약한 학술논문이라면, 도산십이곡은 일반 국민의 인성 · 영성 함양을 위한 퇴계 선생의 요약 공부 결과물입니다. 성학십도가 진리 향한 공부 즉 '성학(聖學)'을 위한 열 폭의 학술적 그림이듯, 도산십이곡은 '성학'을 위한 열두 곡의 노래 즉 '성학십이가'입니다. 이런 점에서 퇴계 선생의 유일한 한글 작품인 도산십이곡이

퇴계 선생의 학문과 삶에서 차지하는 의미는 또 다른 열매인 성학십도와 함께, 마치 동취병산과 서취병산이 도산(陶山)의 좌우에서 병풍처럼 버티고 서 있듯, 퇴계 선생 요약 공부의 쌍벽을 이룹니다. 특별히 이 두 작품에 대해서는 다른 작품들과 달리, 서문 · 발문으로 따로 길게 설명한 것도 퇴계 선생께서 성학십도와 도산십이곡의 중요성을 같은 위치에 두신 것으로 해석할 수 있습니다. 음악이 '성학의 완성'이라는 공자의 설명,[173) 그리고 학자가 같은 분야의 학자들을 위해 요약하는 것보다 일반인을 위해 요약하는 것이 더 어려운 작업임을 참작하면 오히려 어떤 면에서는 한글로 된 도산십이곡이 한문으로 된 성학십도보다 더 귀한 의미가 있습니다. 도산십이곡은 퇴계 선생께서 어느 날 갑자기 감흥이 일어 한순간에 써서 남긴 작품이 아닙니다. '진리가 발하는 세상'으로 나아가는 방법에 대해 깊고 깊은 탐구 즉 '박(博) 공부'를 통해 얻은 '경'과 '이발'이라는 커다란 학술적 통찰을 학자들이 아닌 일반 국민에게 전달하는 언어를 고민했습니다. 50세에 착한 사람 많은 세상을 소망하며 '소원선인다(所願善人多)'라는 시구를 쓴 후, 그 구체적인 실현 방법을 '한글 도산십이곡 노래'로 마무리하기까지 무려 15년을 고민하고 작업한 셈이지요. 저의 이러한 논지는 퇴계 선생의 한글 도산십이곡 제작과정을 〈음악적 관점〉에서 재구성해 보면 알 수 있습니다. 도산십이곡 제작은 다음의 열 개 과정 즉

① '착한 사람 많은 세상'(所願善人多/소원선인다) 소망(50세)
② 이 꿈을 실현하기 위한 구체적인 교육 방법 고민
③ 많은 방법 중에 매우 파격적인 〈한글 성가〉라는 도구 선택
④ 노래 주제 선정을 위한 고민
⑤ 여러 철학적 주제 중에 '진리 향한 뜻'과 '진리 탐구 공부' 선정

---

173) 『논어(論語)』, 「태백편(泰伯篇)」, 〈시에서 일어나고 예에서 서며 악에서 완성된다. 興於詩/흥어시 立於禮/입어례 成於樂/성어악〉.

⑥ 노래의 구성 틀 고민(장륙당 육가 분석)
⑦ 두 주제에 대해 각 6곡으로 구성하는 12곡의 대(大) 곡 형태 결정
⑧ 일반인이 이해할 수 있는 언어로 가사 작사
⑨ 일정 기간(姑/고) 직접 테스트하면서(玩/완) 최종 수정(自省/자성)
⑩ 제목 및 발문 완성(65세)

의 단계로 요약할 수 있습니다. 한 단계 한 단계를 〈음악적 관점〉으로 보면 단시간에 해결할 수 있는 과정들이 아닙니다. 제7곡 가사에 도산서당과 관련한 '천운대' · '완락재' 등의 단어가 등장하는 것과 가사를 최종적으로 수정한 기간을 참작하면 가사의 1차 완성 시기는 도산서당이 완공된 이후 즉 61세~64세경일 것 같군요. 그러나 43세에 지은[174] '삼월병중언지' 시[175]의 제목에 '언지'라는 문구가 보이고, 46세에 토계에 작은 부엌과 방 한 칸의 조그만 '양진암'이라는 집을 짓고 1년간 살면서 지은[176] '동암언지'라는 시에 이미 도산십이곡에서 말하는 '언지' · '만권생애' 등의 단어가 등장하며, 61세에 지은[177] '도산언지'라는 시의 제목에도 '언지'를 붙여 '언지'를 중요하게 생각한 것으로 보아, 도산십이곡의 '언지' · '언학' 가사 내용에 대한 구상은 훨씬 이전부터의 연장선에 있었을 것으로 생각됩니다.

〈동암언지〉[178]
새로 잡은 터 동쪽 치우친 큰 산기슭
서고 누운 바윗돌 모두 그윽함 이루고

174) 김태오, 「퇴계의 매화 사랑과 매화 시의 교육적 함의」, 『한국학논집』(계명대학교 한국학연구원, 2013) 제50집, 157~191쪽.
175) 『정본퇴계전서(定本退溪全書)』, 시 15, 「삼월병중언지(三月病中言志)회암시운(晦菴詩韻)」.
176) 권오봉, 『가을하늘 밝은 달처럼 퇴계 선생 일대기』(교육과학사, 2020), 68쪽.
177) 이장환, 『따라 쓰는 퇴계시 칠언(七言)』(디자인더하트, 2018), 136~139쪽.
178) 『정본퇴계전서(定本退溪全書)』, 시 14, 「동암언지(東巖言志)」.

안개구름 아득한 산속에서 늙어가네
시냇물 빙 둘러 들판 흘러가고
만권생애 흔쾌히 의탁할 곳 있으니
한 보습의 마음[179] 감복하며 다만 구하네
정녕 시 잘하는 승려[180]에게 말하지 말게
정말 쉬는 게 아니라 병으로 쉬는 것이라고
新卜東偏巨麓頭/신복동편거록두
縱橫巖石總成幽/종횡암석총성유
烟雲杳靄山間老/연운묘애산간로
溪澗彎環野際流/계간만환야제류
萬卷生涯欣有托/만권생애흔유탁
一犂心事歎猶求/일리심사탄유구
丁寧莫向詩僧道/정녕막향시승도
不是眞休是病休/불시진휴시병휴

〈도산언지〉[181]
절로 기쁘게 산속 집 벌써 반 이루어지니
산에 살면서 오히려 밭갈이 면하네
책 옮기니 차츰차츰 옛 책장 다 비고
대 심으니 볼 때마다 새순 돋네
샘물 소리 밤 고요 방해해도 깨닫지 못하고
더욱 사랑스런 산빛 맑은 아침 반기네
이제 알리 예로부터 숲속 선비
만사 모두 잊고 이름 숨기려 했음을[182]

---

179) 한 보습 깊이의 땅을 적실 정도의 비에 만족하는 욕심 없는 마음. 보습은 쟁기의 맨 밑에 끼우는 삽 모양의 연장.

180) 당나라의 시승(詩僧) 영철(靈徹). ※ 이장우 · 장세후, 『퇴계잡영』(연암서가, 2009), 25쪽.

181) 『정본퇴계전서(定本退溪全書)』, 시 14, 「도산언지(陶山言志)」.

182) 『동문선(東文選)』, 107권, 잡저(雜著), 「백운거사어록(白雲居士語錄)」, 〈이씨 늙은이가 이름을 숨기고자 하여. 李叟欲晦名/이수욕회명〉. ※ 백운거사(白雲居士) 이규보(李奎報, 1168~1241 본관

自喜山堂半已成/자희산당반이성
山居猶得免躬耕/산거유득면궁경
移書稍稍舊龕盡/이서초초구감진
植竹看看新笋生/식죽간간신순생
未覺泉聲妨夜靜/미각천성방야정
更憐山色好朝晴/갱련산색호조청
方知自古中林士/방지자고중림사
萬事渾忘欲晦名/만사혼망욕회명

퇴계 선생께서 도산십이곡을 제작하는 과정에 총 얼마의 기간이 걸렸는지 단정할 수는 없지만 저는 〈음악적 관점〉에서 전체적으로 최소한 15년 넘는 대장정의 엄청난 '대(大) 작업'으로 추측합니다. '착한 사람 많은 세상'을 소망한 퇴계 선생은 오랜 고민 끝에, 국민 누구에게나 쉽게 그 커다란 학술적 통찰을 요약하여 전달할 언어로 매우 파격적이고 창의적인 '한글 노래'를 선택하면서

다만 나의 이러한 작업이 자못 세상과 맞지 않으니
[顧自以蹤跡頗乖/고자이종적파괴][183]

라고 본인 스스로 표현했듯, 한글을 저속하게 여기던 당시 선비사회에서는 말썽을 일으킬 만한 '큰 일탈'이라고도 할 수 있는 도구를 고안했습니다. 도산십이곡은 일반 국민을 위한 것이기에 가사에 경 · 이발 · 기발 · 인심 · 도심 · 사단 · 칠정 등의 철학적 용어가 없는 것은 물론이고, 심지어 도산십이곡의 큰 두 주제인 '지(志)'와 '학(學)'이라는 글자조차 나오지 않는 아주 쉬운 언어입니다. 일반인의 눈높이에 맞추어 매우 섬세하게 언어

황려, 자字 춘경春卿), 고려의 문신.
183) 『정본퇴계전서(定本退溪全書)』, 시 15, 「도산십이곡발(陶山十二曲跋)」.

의 난이도를 조절한 것이지요. 그러나 그 이면에는 전체적인 퇴계 심성론의 핵심이 요약되어 있으며 묵상하면 할수록 매우 깊은 교육 · 철학적 니용이 담겨있습니다. 노래를 통해 국민의 마음에 '경'을 심고자 하는 선택의 이면에는 아마도

> 소박하고 곧으며 장중하고 정성된 노래를 지으면, 사람들이 엄숙하고 공경한다.
> [廉直勁正莊誠之音作/염직경정장성지음작 而民肅敬/이민숙경][184]

라는 『예기』의 내용과 『맹자』의

> 어진 말은 어진 소리[185]가 사람에게 깊이 들어가는 것만 못하다.
> [仁言/인언 不如仁聲之入人深也/불여인성지입인심야][186]

라는 설명이 퇴계 선생의 마음에 담겨있었겠지요. 설교나 강연보다 음악이나 염불하는 소리, 책을 읽는 소리, 종을 치는 소리 등이 더욱 깊은 감명을 줄 수 있습니다. 소리를 통해 사람들이 혼연일체가 되기 쉽기 때문입니다.[187]

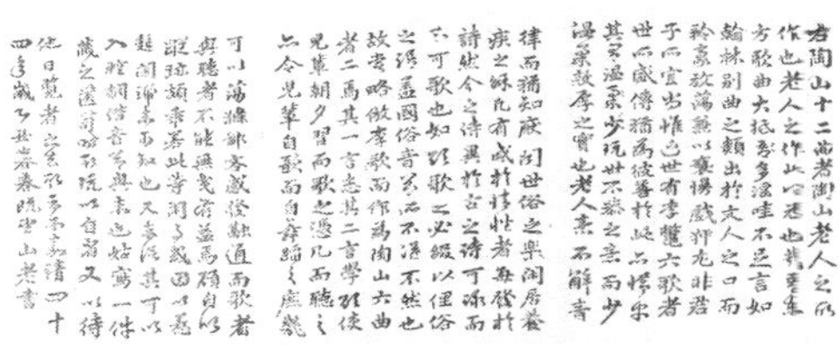

도산십이곡 발문, 퇴계 선생 친필.

---

184) 『예기(禮記)』, 「악기(樂記)」.
185) 인성(仁聲)을 '어진 사람이 내는 소리' 또는 '어질다는 소문'으로 해석하기도 한다.
186) 『맹자(孟子)』, 「진심장구상(盡心章句上)」.
187) 이기동, 『맹자강설』(성균관대학교 출판부, 2014), 634쪽.

위의 그림은 도산십이곡의 발문인데요. 한국국학진흥원에서 제공한 목판본 원본입니다. 발문은 도산십이곡 노래의 '가이드'라고 할까요? 퇴계 선생께서 '이 노래는 어떠어떠한 노래이다'라고 우리에게 설명하는 에필로그, 즉 저자의 후기 글이지요. 제가 도산십이곡 발문의 내용을 이해해보고 싶어서 들여다보았습니다. 그런데, 온통 한문으로 된 글이라서 한문에 문외한인 저는 도저히 알 수가 없더군요. 해석을 할 수 없는 저는 어쩔 수 없이 목판본의 한문을 그저 글자 모양이나 감상하며 그림을 감상하듯 하염없이 바라볼 수밖에 없었습니다. 비록 제가 그 내용을 해석할 수는 없었지만 나름대로 작은 소득(?)은 있었습니다. 오래도록 들여다보니, 퇴계 선생의 글씨는 매우 정갈하고 단정한 느낌을 주더군요. 또한 소박하다고 할까요? 큰 기교를 부리시지 않는 것 같더군요. 저는 서예가는 아닙니다. 그냥 저의 느낌일 뿐입니다. 퇴계 선생은

> 선생(퇴계)은 비록 글자 한 자를 우연히 쓰더라도 점이나 획은 반드시 정돈하였고, 글씨는 방정하고 단정했다.
> [先生雖偶書一字/선생수우서일자 莫不整頓點畫/막부정돈점획 字體方正端重/자체방정단중. 李德弘/이덕홍][188]

에서 보듯 평소 방정하고 단정한 글씨를 썼습니다. 60세의 퇴계 선생은 26세의 손자(몽재蒙齋 이안도李安道, 1541~1584, 자字 봉원逢原, 퇴계 선생의 장손)에게도

> 너는 모든 일에 마땅히 근신해야 할 것인데 지금 이정[189]에게 보낸 편지를 보니 큰 글자로 어지럽게 초서를 썼는데 이 무슨 마음에서냐. 삼가며 거칠고 경솔한 모습을 취하지 말아라.

---

188) 『퇴계선생언행록(退溪先生言行錄)』, 유편(類編), 「잡기(雜記)」.
189) 잠재(潛齋) · 정암(整庵) 김취려(金就礪, 1526~?, 본관 안산) 선생의 자(字).

[且汝凡事當謹愼/차여범사당근신 而今見寄而精書/이금견기이정서 大字亂草/대자란초 此何意耶/차하의야 愼勿好爲麁狂之態/신물호위추광지태][190]

라며 글씨를 단정하게 쓰라고 교육했지요. 어쨌든, 내용을 알 수 없어 갑갑한 마음으로, 발문의 목판본을 들여다보며 그렇게 묵상에 잠겨있던 어느 날

'내가 한문을 해석하지는 못하지만, 몇 글자인지 세어볼 수는 있지 않을까?'
'도산십이곡 노래의 발문과 가사가 몇 글자일까?'

하는 엉뚱한 마음이 제게 들더군요. 저는 몇 년 전에 망막에 '중심와 이동증후군(Dragged Fovea Syndrome)'이라는 매우 희귀한 질환이 발생하여 모든 물체가 둘로 보이는 복시(複視) 증상이 생기고 시력이 많이 약해졌습니다. 시원찮은 저의 두 눈을 부릅뜨고 눈을 비벼가며 볼펜으로 한 자 한 자 찍어가면서 도산십이곡 노래의 발문과 가사의 글자 수를 세기 시작했습니다. 아, 그런데 막상 시도해보니 눈이 나쁜 사람이 문서에 빼곡하게 적혀있는 글자 수를 세어본다는 것이 너무나 어려운 작업이더군요. 중간 정도까지 글자 수를 세다가 정신이 잠깐 깜빡하여 집중을 놓치면 다시 처음부터 또 세어야 했습니다. 이럴 때면

'내가 눈도 나쁜데 왜 무모하게 도산십이곡 노래의 발문과 가사의 글자 수를 세어보려고 했을까?'

라는 생각이 들며 저의 '엉뚱함'이 약간 후회스럽기도 했지요. 또한

190) 『정본퇴계전서(定本退溪全書)』, 서간 10, 서(書)-이안도(李安道)-6, 「답안도손(答安道孫)경신(庚申)」.

'퇴계 선생은 노래를 좀 짧게 지으시지, 왜 하필 길게 열두 곡으로 노래를 만드셔서 나를 이렇게 힘들게 하셨을까? 거기에 긴 문장의 발문까지 또 쓰시고…!'

하는 마음이 들기도 했습니다. 제게 약간의 툴툴거리는 의문이 생길 때마다 제 옆에서 저를 지켜보시던 퇴계 선생은 바로 대답을 주지 않고 딱하다는 듯이 저를 한참 동안 묵묵히 보고 있다가

"내가 그렇게 한 데는 다 이유가 있다."

라고 조용히 말씀하시더군요. 퇴계 선생은 평소

무엇을 묻는 사람이 있으면 아무리 하찮고 쉬운 말이라도 반드시 한동안 생각한 뒤에 대답했으며, 그 말에 대응하여 곧바로 대답한 적이 없었다.
[人有質問則雖淺近說話/인유질문즉수천근설화 必留意少間而答之/필유의소간이답지 未嘗應聲而對/미상응성이대. 金誠一/김성일][191]

에서 보듯 누가 무엇을 물어볼 때 금방 대답하지 않고 깊이 생각하여 답을 주시곤 했지요. 눈이 나빠진 60세의 제가 글자 수를 세는 너무 힘든 작업을 직접 경험해보니, 65세의 퇴계 선생은 더한 어려움을 무릅쓰고 도산십이곡 발문과 가사를 쓰셨겠다는 생각이 들더군요. 68세의 퇴계 선생께서 성학십도를 제작하면서

신은 추위에 떨리고 병으로 얽혀 스스로의 힘으로 이것을 하자니 눈이 어둡고 손이 떨려 글씨가 단정하지 못하며 줄과 글자도 바르고 고르지 못하여 규격에 맞지 않습니다.
[第緣臣㤼寒纏疾之中/제연신겁한전질지중 自力爲此/자력위차 眼昏手顫/

191) 『퇴계선생언행록(退溪先生言行錄)』, 유편(類編), 「강변(講辨)」.

안혼수전 書未端楷/서미단해 排行均字竝無准式/배항균자병무준식][192]

라고 하신 말씀에 너무나 공감되었습니다. 안경도, 컴퓨터도 없었을 그 시대에 더 힘들게 붓으로 가사와 발문을 한 글자 한 글자 써 내려가고, 마음에 들지 않는 곳이 있으면 수정해서 다시 쓰고 하는 모습이 그려지기도 했습니다. 한편으로는 한 곳에 엄청나게 몰두하는 이상한(?) 성격을 가진 저마저 도산십이곡 노래의 글자 수를 세지 않으면 아무도 세지 않을 것 같아서 나름대로 투철한 사명감으로 마음을 다잡아가며 글자 수를 세었습니다. 몇 번을 반복하여 어렵게 시도한 끝에 마침내 도산십이곡 노래의 발문과 가사의 글자 수를 다 세는 막대한 역사적 과업(?)을 완수했습니다. 아마도 이 과업을 완수한 사람은 전세계에서 제가 최초인 것 같습니다. 만약 제가 한문을 잘했더라면 도산십이곡 노래의 발문과 가사의 글자 수를 세어볼 생뚱맞은 생각을 하지 않았을지도 모릅니다. '엉뚱함'이 나쁜 것은 아닙니다. 도산십이곡이 그렇듯, 일반적 궤도에서 벗어난 '생뚱맞음' 또는 '엉뚱함'은 우리의 일상에서 종종 멋진 '창의성'으로 나타나곤 하지요. 그러고 보면, 제가 한문을 모르는 것도, 엉뚱한 성격을 가진 것도 다 도산십이곡 노래를 위한 것이라는 생각이 들어서 저 혼자 연구실에서 한참 웃었습니다. 어쨌든, 퇴계 선생은 573자로 열두 곡의 노래 가사를 쓰고 이에 더하여 이해를 돕기 위한 설명을 337자의 발문으로 남겨주셨더군요. 퇴계 선생은 도산십이곡이라는 아주 쉬운 한글 노래를 통해 국민이 진리의 세상, 착한 세상으로 나아가는 방법을 고안했습니다. 국민의 마음공부를 위해 참으로 특별하고 멋진 〈대국민 인성·영성 함양 노래 프로젝트〉를 기획한 것이지요. 이런 멋진 프로젝트 기획은 어느 학자도

192) 『정본퇴계전서(定本退溪全書)』, 교·소·차 등(敎·疏·箚 等) 11, 「진성학십도차(進聖學十圖箚)[병도(竝圖)]」.

쉽게 흉내를 낼 수 없는, '참 대학자'에 걸맞은 선택입니다. 인문 의학적 관점에서 도산십이곡은 진리를 향하는 우리의 인성 · 영성을 성장시키는 노래입니다. 종교와 무관하게 누구나 즐거이 부를 수 있는 '한국 최초의 성가'이지요. 인간 내면의 선한 본성을 성리학에서는 인성(人性)이라 말하고, 현대사회에서는 영성(spirituality)이라고도 부르더군요. 인문 의학적으로 보면, 말은 다르지만 같은 개념입니다. '인성'과 '영성' 개념의 상호 유사성에 대해서는 〈제9장.〉의 제3곡에서 인문 의학적으로 자세히 묵상해보려고 합니다. 다음은 〈한글 도산십이곡 노래 프로젝트〉를 기획하게 된 배경, 목적, 가사의 주제, 소망하는 마음 치유의 효과, 노래 교육 방법, 노래 이용 방법, 세간의 비난에 대한 염려, 수정 내용, 후세사람에게 부탁하는 내용 등을 구체적으로 설명한 퇴계 선생의 글입니다.

〈도산십이곡발〉[193]

이 도산십이곡은 도산 노인이 지은 것이다. 노인이 이 곡을 지은 것은 무엇 때문인가. 우리 동방의 노래는 대부분 음란하여 족히 말할 것이 없다. 한림별곡[194]과 같은 것은 문인의 입에서 나왔으나 교만하고 방탕하며 겸하여 점잖지 못하고 장난기가 있어 더욱 군자가 숭상해야 할 바가 아니다. 오직 근세에 이별[195]의 육가가 세상에 널리 퍼져 가히 그것이 한림별곡보다 좋기는 하나, 역시 세상을 희롱하고 불공한 뜻이 있고 온유돈후한 내용이 적어 애석하다.
[右陶山十二曲者/우도산십이곡자 陶山老人之所作也/도산노인지소작야 老人之作此何爲也哉/노인지작차하위야재 吾東方歌曲/오동방가곡 大抵多淫哇不足言/대저다음왜부족언 如翰林別曲之類/여한림별곡지류 出於文人之口/출어문인지구 而矜豪放蕩/이긍호방탕 兼以褻慢戲狎/겸이설만희압 尤非君子所宜尙/우비군자소의상 惟近世有李鼈六歌者/유근세유이별육가

193) 위의 책, 시 15, 「도산십이곡발(陶山十二曲跋)」.
194) 고려 고종(재위 1213~1259) 때 한림의 여러 선비가 합작으로 지은 노래.
195) 장륙당(臟六堂) 이별(李鼈, 1475?~?, 본관 경주, 자字 낭옹浪翁).

자 世所盛傳/세소성전 猶爲彼善於此/유위피선어차 亦惜乎其有玩世不恭之意/역석호기유완세불공지의 而少溫柔敦厚之實也/이소온우돈후지실야]

노인은 본디 음률을 알지 못하나 그래도 세속의 음악은 듣기를 싫어하였다. 한가히 살면서 병을 돌보는 여가에 무릇 마음에 감동이 있는 것을 매번 시로 나타내었다. 그러나 지금의 시는 옛날의 시와 달라서 읊을 수는 있어도 노래하지는 못한다. 만약 노래하려면 반드시 시속 말로 엮어야 하니 대개 나라 풍속의 음절이 그렇게 하지 않을 수가 없는 것이다. 그래서 내가 일찍이 이별의 노래를 모방하여 도산육곡이란 것을 지은 것이 둘이니, 그 첫 번째 것은 뜻을 말한 것이고 두 번째 것은 학문을 말한 것이다.
[老人素不解音律/노인소불해음률 而猶知厭聞世俗之樂/이유지염문세속지악 閑居養疾之餘/한거양질지여 凡有感於情性者/범유감어정성자 每發於詩/매발어시 然今之詩異於古之詩/연금지시이어고지시 可詠而不歌也/가영이불가야 如欲歌之/여욕가지 必綴以俚俗之語/필철이리속지어 蓋國俗音節/개국속음절 所不得不然也/소부득불연야 故嘗略倣李歌/고상략방이가 而作爲陶山六曲者二焉/이작위도산육곡자이언 其一言志/기일언지 其二言學/기이언학]

아이들로 하여금 이것을 아침저녁으로 익혀서 노래하게 하여 안석에 기대어 듣기도 하고, 또한 아이들이 스스로 노래하고 춤추고 뛰게 하면 비루한 마음을 씻어버리고 감발융통[196]하여 노래하는 자와 듣는 자가 서로 유익함이 없지 않을 것이다.
[欲使兒輩朝夕習而歌之/욕사아배조석습이가지 憑几而聽之/빙궤이청지 亦令兒輩自歌而自舞蹈之/역령아배자가이자무도지 庶幾可以蕩滌鄙吝/서기가이탕척비린 感發融通/감발융통 而歌者與聽者/이가자여청자 不能無交有益焉/불능무교유익언]

---

196) 착한 본성이 발하여 본말과 안팎이 융통하는 것으로, 이(理)가 발하는 상태이다. ※ 이사미 · 김병일 · 김종성, 「노래로서 도산십이곡의 구현: 악보 및 가사에 담긴 교육적 함의」, 『유학연구』(충남대학교 유학연구소, 2021) 제56집, 31~81쪽.

그러나 나의 작업이 자못 세상과 맞지 않으니 이 같은 한가한 일이 혹시나 말썽을 일으키는 단서가 될지 알 수 없다. 또한 이것이 노래 곡조에 들어갈지, 음절에 화합할지 그렇지 않을지를 스스로 믿지 못하기 때문에 한동안 한 부를 써서 상자에 넣어 놓고 때때로 꺼내어 즐기며 스스로 고쳤다. 훗날에 열람하는 자의 취사선택을 기다릴 뿐이다. 1565년 3월 16일 도산 노인이 쓴다.
[顧自以蹤跡頗乖/고자이종적파괴 若此等閑事/약차등한사 或因以惹起鬧端/혹인이야기료단 未可知也/미가지야 又未信其可以入腔調諧音節與未也/우미신기가이입강조해음절여미야 姑寫一件/고사일건 藏之篋笥/장지협사 時取玩以自省/시취완이자성 又以待他日覽者之去取云爾/우이대타일람자지거취운이 嘉靖四十四年歲乙丑暮春既望/가정사십사년세을축모춘기망 山老書/산로서]

퇴계 선생께서 '경을 통한 진리의 발함'이라는 큰 학문을 통찰한 후, 학자들을 위한 요약 공부 즉 성학십도에 3년 9개월 앞서,[197] 먼저 국민의 일상을 위한 요약 공부로 한글 도산십이곡 작업을 완성했다는 점은 매우 중요한 의미를 갖습니다. 진리에 이르는 길에 대해 학자들에게 학술적으로 정리하여 남기는 것도 필요하지만, 퇴계 선생께 더 중요하고 시급한 것은 '세상' 즉 성리학과 한문을 모르는 일반 국민의 일상이었던 것이지요. 성학십도가 학자들에게 중요할지 몰라도, 국민에게는 도산십이곡이 더 중요하다는 것이 퇴계 선생의 마음이었습니다. 〈제1장.〉에서 말씀드린 학자들의 두 가지 큰 소임 중에, 퇴계 선생은 국민을 위한 소임을 더 크게 생각했습니다. 퇴계 선생께서 국민의 일상을 가장 비중 있게 걱정하고 사랑하셨음을 도산십이곡이라는 '한글 요약 공부'의 제작 시기를 통해 엿볼 수 있는 부분입니다. 가뜩이나 몸도 약했던 퇴계 선생께서 만약 한

197) 도산십이곡은 1565년 음력 3월 16일에 완성했으며, 성학십도는 1568년 음력 12월 16일에 선조 임금에게 올렸다. ※『퇴계선생연보(退溪先生年譜)』, 제2권, 「연보(年譜) 2」.

두 해라도 일찍 돌아가셨더라면, 성학십도는 세상에 태어나지 않았을지도 모릅니다. 특히 그 제작 동기에 있어서, 성학십도는 율곡 선생의

> 선생(퇴계)이 임금의 부름을 받고 서울로 올라갔을 때, 임금은 비록 선생께 사랑과 공경의 예는 다하나, 공부에는 뜻이 없었다. 선생이 따로 경연 자리에서 때로 글을 올려 성학을 힘쓰시라고 권했지만, 임금은 그저 관대하게 대우할 뿐이었다. 선생은 본래 물러갈 생각을 품고 있었는데, 자기의 말이 채용되지 않는 것을 보고 돌아가려는 뜻이 더욱 굳어졌다. 이에 선현들이 그린 그림을 모으고 자기 뜻을 보태어 성학십도를 만들어 임금에게 올리고, 내가 나라의 은혜를 갚는 길은 이것뿐이라고 말했다.
> [先生承召入京/선생승소입경 雖加寵敬而無典學之志/수가롱경이무전학지지 先生或/선생혹 啓于經席/계우경석 或上疏章/혹상소장 勉以聖學/면이성학 上優容而已/상우용이이 先生本執謙退/선생본집겸퇴 又見言不採用/우견언불채용 歸意益決/귀의익결 乃集先賢所作圖/내집선현소작도 補以己意/보이기의 爲聖學十圖以進/위성학십도이진 先生曰/선생왈 吾之報國/오지보국 止此而已/지차이이. 李珥/이이][198]

라는 설명에서 보듯 당시 임금의 공부에 대한 불성실한 태도에서 시작되었다고도 볼 수 있습니다. 그러고 보니 세계적인 보석, 아름다운 성학십도를 탄생시킨 일등 공신이 선조 임금이었군요! 착한 사람 많은 세상을 소망한 퇴계 선생께서 국민과 인류에게 진정으로 남기고 싶어서, 성학십도에 우선하여 계획한 것이 도산십이곡 노래입니다. 성학십도 제작에 퇴계 선생이 들인 커다란 정성을 감안하면, 한글 도산십이곡 노래 제작에는 얼마나 더 큰 정성과 사랑을 쏟았을지 짐작조차 할 수 없지요. 위의 발문에서 퇴계 선생은, 저속한 한글을 사용한다는 당시 선비들의 곱지 않은

---

198) 『퇴계선생언행록(退溪先生言行錄)』, 유편, 「사군(事君)」

시선과 비난을 의식하면서 본인의 한글 노래 제작작업을

> 이 같은 한가한 일
> [若此等閑事/약차등한사]

이라고까지 겸손하게 표현했지만, 대학자가 일반 국민의 일상적 인성·영성 공부를 위해 언어의 힘든 언덕을 넘으며 이렇게 정성으로 노래를 만든 예가 고대 사회 이후 이 세상에 있을지 모르겠습니다. 성학십도가 퇴계 선생의 학술적 최종 결정체라면 도산십이곡은 퇴계 선생의 국민 사랑 즉 휴머니즘의 최종 결정체입니다. 성학십도와 도산십이곡은 '착한 사람 많은 세상'이라는 퇴계 선생의 간절한 소망을 싣고 현대인과 미래의 인류를 건강한 인성·영성의 세계로 인도하는 아름다운 쌍두마차입니다. 천연대와 천광운영대가 도산서당 앞 좌우에 나란히 멋지게 펼쳐져 있는 것처럼 말이지요. 천연대와 천광운영대의 경치에 대해

> 강산의 경치를 한눈에 다 볼 수 있으니 '천연대'라고 하였다. 서쪽 산기슭에도 이것을 본떠서 대를 쌓고 그 이름을 '천광운영대'라 하였다. 그 훌륭한 경치가 천연대에 못지않다.
> [江山之勝/강산지승 一覽盡得/일람진득 曰天淵臺/왈천연대 西麓亦擬築臺/서록역의축대 而名之曰天光雲影/이명지왈천광운영 其勝槩當不減於天淵也/기승개당불감어천연야][199]

라는 퇴계 선생의 설명은 마치 도산십이곡과 성학십도의 중요성을 나란히 말씀하는듯합니다. '경을 통한 이발'이라는 큰 학술적 통찰을 '단 10장의 그림'으로 요약한 성학십도도 놀랍지만, 그 통찰을 '12곡의 한글 노래'

---

199) 『정본퇴계전서(定本退溪全書)』, 시 14, 「도산잡영(陶山雜詠)[병기(幷記)]」.

로 요약한 도산십이곡은 더 놀랍습니다. 대철학자가 기획한 〈더국민 인성 · 영성 함양 한글 노래 프로젝트〉라니오? 고전에서는

> 그러므로 성인은 노래를 만들어 하늘에 응한다.
> [故聖人作樂以應天/고성인작악이응천][200]

라고 했는데요. 퇴계 선생은 참으로 상상을 초월하는 분입니다. 성학십도와 마찬가지로, 도산십이곡은 〈K-인문학〉과 〈K-문화〉의 보물입니다.

200) 『예기(禮記)』, 「악기(樂記)」.

4장

상자에 넣어두고 때때로 꺼내어 즐기니

'고전문헌 속 발자취'

도산십이곡 발문의

> 가정사십사년 을축년 모춘 기망에 도산 노인이 쓴다.
> [嘉靖四十四年/가정사십사년 歲乙丑/세을축 暮春旣望/모춘기망 山老書/산로서][201]

라는 내용에서 보는 것처럼 한글 도산십이곡은 1565년 음력 3월 16일에 퇴계 선생께서 완성했습니다. 가정사십사년 을축년은 1565년입니다. 모춘은 음력 3월이고 기망은 16일이지요. 2020년 9월 1일에 안동의 도산서원선비문화수련원에 내려갔는데요. 〈도산서원 선비 아카데미 전문과정〉에 '뇌 의학과 성리학, 그리고 도산십이곡'이라는 주제의 2시간 강의를 하기 위해서였습니다. 강의가 끝난 후 김병일 도산서원장님께서 저를 부르시더니

"김 교수에게 도움이 될 듯한 자료인 것 같습니다."

201) 『정본퇴계전서(定本退溪全書)』, 시 15, 「도산십이곡발(陶山十二曲跋)」.

라고 하시면서 책장 속에 고이 보관했던 자료를 꺼내어 건네주셨습니다. 살펴보니, 도산십이곡과 관련한 역사적 사실들이 담겨있는 학술발표 자료이더군요.[202] 이 자료가 선비사회에 남겨진 도산십이곡의 발자취를 공부하는 데 큰 동기부여가 되었습니다. 도산십이곡과 관련한 고전문헌의 기록들을 살펴보겠습니다. 도산십이곡을 누가 가장 먼저 즐겼을까요? 바로 퇴계 선생입니다! 퇴계 선생은 도산십이곡 가사를 완성한 후

> 한동안 한 부를 써서 상자에 넣어 놓고 때때로 꺼내어 즐겼다.
> [姑寫一件/고사일건 藏之篋笥/장지협사 時取玩/시취완][203]

라며 스스로 즐기셨습니다. 위의 문장에서 '즐긴다'라는 의미의 '완(玩)'이라는 글자가 도산서당에서 홀로 한글 도산십이곡을 흥얼거리면서(?) 기뻐하는 백발의 노(老) 대학자 퇴계 선생의 모습을 연상하게 합니다. 주변 선비들이 보기에 약간 우스꽝스러운(?) 모습이었을지도 모르겠습니다. 후대의 어느 선비가 한글로 만든 도산십이곡에 대해

> 한글을 섞어서 저속하고 우아하지 못하니 이것을 뽑아 취할 필요는 없다.
> [雜以方言/잡이방언 俗而不雅/속이불아 不必拜取於此/불필배취어차][204]

라고 대놓고 비난했는가 하면, 제자들이 편찬한 『퇴계선생문집』에 한문으로 쓴 도산십이곡 발문만 실리고 정작 한글 가사는 실리지도 않았을 정도였으니까요. 퇴계 선생 본인도 한글 노래 작업에 대해

> 스스로 생각건대 이 일이 자못 세상과 맞지 않으니

---

202) 한지슬, 「16세기에서 21세기를 잇는 신(新) 도산십이곡」, 강의 발표 자료.
203) 『정본퇴계전서(定本退溪全書)』, 시 15, 「도산십이곡발(陶山十二曲跋)」.
204) 『극재집(克齋集)』, 제1권, 시, 「차래경독도산휘음유감시운(次來卿讀陶山徽音有感詩韻)병서(幷序)」.

[顧自以蹤跡頗乖/고자이종적파괴][205]

라고 걱정했습니다. 1566년에 제자(추연秋淵 · 연암淵庵 우성전禹性傳, 1542~1593, 본관 단양, 자字 경선景善)에게 보낸 편지에도

그 도산곡 가사는 다만 다른 사람들을 염려할 뿐입니다. 공은 반드시 그렇지 않을 것입니다. 돌려보낼 필요는 없습니다.
[其詞陶山曲/기사도산곡 只爲他人慮耳/지위타인려이 公必無是/공필무시 不須見還/불수견환][206]

라며 조심스러운 마음을 표현했습니다. 어쨌든, 퇴계 선생 당시의 선비들에게는 '저속한' 한글 노래를 즐겁게 부르는 대학자의 기이한 모습이 뭐라고 말할 수 없는 충격적인 정경이었겠지요. 요즈음 말로 심하게 이야기하면

'혹시 노망이 들으신 것 아닌가?'

라고도 할 수 있을 정도로, 당시의 선비사회에서는 도저히 이해할 수 없는 엄청난 사건이었겠습니다. 제가 추측하는 이러한 풍경은 퇴계 선생의 제자 월천(月川) 조목(趙穆, 1524~1606, 본관 횡성, 자字 사경士敬) 선생의 『월천집』에 도산십이곡과 관련하여

만년에 도산에 정사를 지어 정신을 수양하고 성정을 함양하는 곳으로 삼았다. 그 스스로 만족하는 고아한 정취가 손수 지은 시와 기[207] 속에 모두 나타난다.

205) 『정본퇴계전서(定本退溪全書)』, 시 15, 「도산십이곡발(陶山十二曲跋)」.
206) 위의 책, 서간 7, 서(書)-우성전(禹性傳)-14-1, 「답우경선별지(答禹景善別紙)문목재하(問目在下)」.
207) 『퇴계선생연보(退溪先生年譜)』, 제2권, 「연보(年譜) 2」, 〈선생 61세 11월에 도산기를 짓다. 先生六十一歲/선생육십일세 十一月/십일월 作陶山記/작도산기〉. 1561년 11월 6일에 완성한 도산기는

다른 사람들이 능히 말할 수 있는 바가 아니었으며, 도산 사시음과 십이곡을 지어 한가로이 살면서 도를 음미하는 끝없는 즐거움을 강조하였다.
[晩構精舍於陶山/만구정사어도산 以爲頤神養性之所/이위이신양성지소 其囂囂自得之趣/기효효자득지취 備見於自撰詩記中/비현어자찬시기중 非他人所能道也/비타인소능도야 又製陶山四時吟及十二曲/우제도산사시음급십이곡 極言閒居味道無窮之樂/극언한거미도무궁지락][208]

라며, 한글 노래를 지어 진리를 음미하는 퇴계 선생의 한없는 즐거움에 대해 '다른 사람들이 능히 말할 수 없었다'라고 서술한 대목에서도 엿볼 수 있습니다. 저속한 한글 노래를 흥얼거리며 기뻐하는 퇴계 선생의 모습에 대해 다른 사람들이 뭐라고 말할 수 없었다는 것은 '이해할 수 없었다'라는 의미도 되겠지요. 위에서 월천 선생이 도산십이곡과 함께 언급한 '사시음'은 한글 도산십이곡을 제작하던 노년의 퇴계 선생이 진리 앞에서 있는 본인의 일상 실존을 사계절의 감흥으로 읊은 한시(漢詩)인데요. 사계절 감흥을 읊은 노년의 한시를 찾아보니 오언율시 네 수[209]와 칠언절구 열여섯 수[210]가 있더군요. 도산십이곡 제작 무렵의 퇴계 선생의 마음과 일상을 엿볼 수 있는 시들입니다. 아래의 시는 62세에[211] 쓴 '사시유거호음사수'라는 오언율시로 사계절 은거하는 즐거움을 읊은 시입니다.

봄날 그윽이 거하니 즐겁네	春日幽居好/춘일유거오
수레 말굽 소리 문 앞에 들리지 않고	輪蹄迥絶門/윤제형절문
동산의 꽃 제 마음과 본성 드러내며	園花露情性/원화로정성

『도산잡영(陶山雜詠)』의 서문이기도 하다.

208) 『월천집(月川集)』, 월천선생문집 5권, 잡저(雜著), 「퇴계선생언행총록(退溪先生言行總錄)」.

209) 『정본퇴계전서(定本退溪全書)』, 시 14, 「사시유거호음사수(四時幽居好吟四首)」.

210) 위의 책, 시 14, 「산거사시(山居四時) 각사음(各四吟), 공십육절(共十六絕)」.

211) 도산서원 참 공부 모임, 『도산잡영(陶山雜詠)』(예인, 2017), 106쪽.

뜨락 풀에 천지 이치 오묘하네	庭草妙乾坤/정초묘건곤
아득히 노을 깃든 깊은 산골	漠漠栖霞洞/막막서하동
멀리 물 곁의 마을이네	迢迢傍水村/초초방수촌
읊조리며 돌아오는 즐거움 절로 알게 되니	須知詠歸樂/수지영귀락
기수에서 목욕[212]할 필요 없으리	不待浴沂存/부대욕기존

여름날 그윽이 거하니 즐겁네	夏日幽居好/하일유거호
찌는 더위 맑은 시냇물에 씻고	炎蒸洗碧溪/염증세벽계
석류꽃 때맞춰 만발하며	海榴花正發/해류화정발
물가 대나무 새순 가지런히 돋네	湘竹笋初齊/상죽순초제
옛집 구름 섬돌 만들고	古屋雲生砌/고옥운생체
깊은 숲 사슴이 새끼 기르네	深林鹿養麛/심림녹양미
예로부터 몸 가리고[213] 경계했으니	從來掩身戒/종래엄신계
부드러운 도(道) 미혹되지 않네	柔道莫牽迷/유도막견미

가을날 그윽이 거하니 즐겁네	秋日幽居好/추일유거호
서늘한 바람 절로 가슴 상쾌하며	凉颸自爽襟/양시자상금
벼랑의 단풍 붉은 비단처럼 곱고	崖楓爛紅錦/애풍난홍금
울타리 국화 황금처럼 깨끗하네	籬菊粲黃金/이국찬황금
벼 익어 밥 짓고 술 담그며	稻熟更炊釀/도숙갱취양
닭 살찌니 간혹 삶네	雞肥間煮燖/계비간자심
서리 얼음[214] 예부터 경계했으니	霜冰古所戒/상빙고소계
한 해 저물 때 마음 지켜야 하리	歲晚若爲心/세만약위심

---

212) 『논어(論語)』, 「선진편(先進篇)」, 〈늦봄에 봄옷이 만들어지면 갓 쓴 사람 5~6명, 동자 6~7명과 기수에서 목욕 후 무우에서 바람 쐬고 노래하며 돌아오겠습니다. 暮春者/모춘자 春服既成/춘복기성 冠者五六人/관자오륙인 童子六七人/동자육칠인 浴乎沂/욕호기 風乎舞雩/풍호무우 詠而歸/영이귀〉. 공자가 제자들에게 가진 뜻을 말해 보라고 하자, 증점(曾點, ?~?, 자字 석晳)이 대답한 내용.

213) 『예기(禮記)』, 「월령(月令)」, 〈군자는 단정하게 하고 거처에 반드시 몸을 가려서 조급함이 없게 한다. 君子齋戒/군자재계 處必掩身/처필엄신 毋躁/무조〉.

214) 『주역(周易)』, 「중지곤(重地坤)」, 〈서리를 밟으면 딱딱한 얼음이 이른다. 履霜堅冰至/이상견빙지〉. 어떤 징후가 보이면 머지않아 큰일이 일어나는 것을 비유.

겨울날 그윽이 거하니 즐겁네　　冬日幽居好/동일유거호
농가 일도 쉬고　　田家事亦休/전가사역휴
마당 다지고 채소밭 파며　　築場開圃地/축장개포지
외나무다리 가로놓아 시냇물 건너네　　橫彴過溪流/횡작과계류
병든 몸 덥히려 나무꾼 아이 의지하고　　熨病樵兒仗/위병초아장
추위 피하려 베 짜는 여인에 부탁하네　　排寒織婦謀/배한직부모
깊은 샘 양덕[215]으로 자라니　　窮泉陽德長/궁천양덕장
이로부터 온갖 근심 사라지네　　從此百無憂/종차백무우

아래에 소개하는 '산거사시 각사음 공십육절' 제목의 시는 65세의[216] 퇴계 선생이 산에 거하며 사계절의 〈아침 · 낮 · 저녁 · 밤〉의 감흥을 각각 읊은 열여섯 편의 칠언절구입니다.

〈봄(春四吟/춘사음)〉

아침.
안개 걷힌 봄 산, 비단처럼 밝아오고
진귀한 새 서로 화합하여 온갖 소리 지저귀네
산속 거하는 요즘, 오는 손님 없고
푸른 풀, 뜰 안에 마음껏 피네
霧捲春山錦繡明/무권춘산금수명
珍禽相和百般鳴/진금상화백반명
山居近日無來客/산거근일무래객
碧草中庭滿意生/벽초중정만의생

낮.
뜰과 하늘 새로 개고 고운 볕 늘어지니

215) 만물을 나서 자라게 하는 우주의 덕. 음덕(陰德, 알려지지 않게 행하는 덕행)의 반대말이기도 함.
216) 이장환, 『따라 쓰는 퇴계시 칠언(七言)』(디자인더하트, 2018), 156쪽

꽃향기 살랑살랑 사람 옷에 스며드네
어찌하여 네 제자[217] 제 뜻 말함에
성현 감탄했나, 홀로 시 읊고 돌아옴을[218]
庭宇新晴麗景遲/정우신청려경지
花香拍拍襲人衣/화향박박습인의
如何四子俱言志/여하사자구언지
聖發咨嗟獨詠歸/성발자차독영귀

저녁.
동자 산에 올라 고사리 캐니
저녁 반찬 넉넉하게 배고픔 달래네
비로소 알겠네, 그날 전원에 돌아온 사람[219]
저녁 이슬 옷 적셔도 어긋남 없기 바람을
童子尋山採蕨薇/동자심산채궐미
盤飧自足療人飢/반손자족료인기
始知當日歸田客/시지당일귀전객
夕露衣沾願不違/석로의첨원불위

밤.
꽃 빛 저녁 맞아 달 동쪽에 떠오르고
꽃과 달 맑은 밤, 아름다움 끝없네
달 둥글고 꽃 시들지 않으니
꽃 아래 술잔 비게 할 걱정 없으리
花光迎暮月昇東/화광영모월승동

---

217) 공자의 제자 자로(子路, BC 542~480) · 증석(曾晳, ?~?) · 염유(冉有, BC 522~?) · 공서화(公西華, BC 509~?).

218) 앞에서 소개한 퇴계의 〈사시유거호음사수〉 시의 '봄' 편 각주 참조.

219) 연명(淵明) 도잠(陶潛, 365~427, 자字 원량元亮)의 「귀원전거(歸園田居)」, 〈옷 젖는 것 아깝지 않네 /다만 소원 어긋남 없었으면. 衣沾不足惜(의첨부족석)/但使願無違(단사원무위)〉.

花月淸宵意不窮/화월청소의불궁
但得月圓花未謝/단득월원화미사
莫憂花下酒杯空/막우화하주배공

〈여름(夏四吟/하사음)〉
아침.
새벽에 일어나니 빈 뜰에 대 이슬 맑고
창 여니 아득히 다가오는 첩첩 산 푸름
작은 아이 익숙하게 서둘러 항아리에 물 담아와
깨끗이 세수하니 탕 임금 세숫대야[220]의 매일 계명
晨起虛庭竹露淸/신기허정죽로청
開軒遙對衆山靑/개헌요대중산청
小童慣捷提甁水/소동관첩제병수
澡頮湯盤日戒銘/조회탕반일계명

낮.
낮 고요한 산 집, 흰 태양 밝고
우거진 고운 나무들 처마 끝에 둘렀네
북창에 높이 누우니 희황[221] 전인 듯
바람이 보내오네, 작고 맑은 한 마리 새 소리
晝靜山堂白日明/주정산당백일명
葱瓏嘉樹遶簷楹/총롱가수요첨영
北窓高臥羲皇上/북창고와희황상
風送微涼一鳥聲/풍송미량일조성

220) 『대학(大學)』, 「전이장(傳二章)」, 〈탕 임금의 세숫대야에 새긴 명(銘)에 진실로 날로 새롭게 하고 나날이 새롭게 하며 또 날로 새롭게 하라고 하였다. 湯之盤銘曰/탕지반명왈 苟日新/구일신 日日新/일일신 又日新/우일신〉.
221) 전설 속의 삼황 중 복희씨. 주역의 기초가 되는 팔괘를 창제했다고 전해진다.

저녁.
석양 아름다운 빛, 계곡과 산 움직이고
바람 자고 구름 한가한데 새 스스로 돌아오네
홀로 앉은 깊은 회포 누구와 이야기하리
바위 언덕 고요하고 물 잔잔하네
夕陽佳色動溪山/석양가색동계산
風定雲閒鳥自還/풍정운한조자환
獨坐幽懷誰與語/독좌유회수여어
巖阿寂寂水潺潺/암아적적수잔잔

밤.
집 고요하고 산 텅 비니 달빛 절로 밝고
이부자리 깨끗하니 꿈도 맑네
깨어 말하고 이야기하지 않음[222] 무슨 일인지 아니
누워 듣네, 날짐승 깊은 밤 울음소리
院靜山空月自明/원정산공월자명
翛然衾席夢魂淸/소연금석몽혼청
寤言弗告知何事/오언불고지하사
臥聽皐禽半夜聲/와청고금반야성

〈가을(秋四吟/추사음)〉
아침.
남은 더위 어젯밤 바람으로 사라지고
서늘한 아침 가슴에 스미네
영균[223]이 도를 말할 수 있음 아니면

---

222) 『시경(詩經)』, 국풍(國風), 「고반(考槃)」, 〈홀로 자다 깨어 말하네. … 영원히 이야기하지 않으리. 獨寐寤言/독매오언 … 永矢弗告/영시불고〉. ※ 〈제2장.〉의 '고반' 시 참조.

223) 굴평(屈平, BC 340?~278?, 자字 원原)은 자신의 이름을 정칙(正則), 자(字)를 영균(靈均)으로 표기하기도 했음.

천년 뒤 어찌 회옹[224] 감동했으리
殘暑全銷昨夜風/잔서전소작야풍
嫩涼朝起灑襟胸/눈량조기쇄금흉
靈均不是能言道/영균불시능언도
千載如何感晦翁/천재여하감회옹

낮.
서리 내려 하늘 비니 새와 매 호기롭게 날고
물가 바위 끝, 서당 하나 높네
요즘 세 길[225] 유난히 쓸쓸하니
손에 국화 쥐고 앉아 도연명 생각하네
霜落天空鷹隼豪/상락천공응준호
水邊巖際一堂高/수변암제일당고
近來三徑殊牢落/근래삼경수뢰락
手把黃花坐憶陶/수파황화좌억도

저녁.
가을 서당 경치 누구와 함께 즐길까
석양 단풍 숲에 비치니 그림보다 아름답네
문득 부는 서풍, 지나가는 기러기 불러오니
옛친구 편지 부쳐오지 않을지
秋堂眺望與誰娛/추당조망여수오
夕照楓林勝畫圖/석조풍림승화도
忽有西風吹鴈過/홀유서풍취안과
故人書信寄來無/고인서신기래무

---

224) 회암(晦庵) 주희(朱熹, 1130~1200, 자字 원회元晦 · 중회仲晦).

225) 한나라 때 은거하던 장후(蔣詡, ?~?)가 마당에 작은 길 세 개를 내고 친구인 구중(求仲, ?~?) · 양중(羊仲, ?~?) 두 사람과 교유했던 고사에서 온 말.

밤.

달빛, 차가운 연못 비치고 옥 같은 하늘 맑으니
그윽한 사람 한 방에서 비고 밝아짐[226] 사랑하네
이 중에 절로 참 소식 있으니
선공도 도명도[227] 아니네
月映寒潭玉宇淸/월영한담옥우청
幽人一室湛虛明/유인일실담허명
箇中自有眞消息/개중자유진소식
不是禪空與道冥/불시선공여도명

〈겨울(冬四吟/동사음)〉

아침.

뭇 봉우리, 찬 하늘 찌르고
뜰 아래 국화 아직 떨기 남았네
땅 쓸고 향 사르니 다른 일 없고
종이창에 해 비치니 속마음처럼 밝네
群峯傑卓入霜空/군봉걸탁입상공
庭下黃花尙倚叢/정하황화상의총
掃地焚香無外事/소지분향무외사
紙窓銜日皦如衷/지창함일교여충

낮.

추위에 그윽이 거하며 남모르는 계획 있으니
꽃 지키고 대 돌보며 여윈 몸[228] 다스리리

---

226) 『통서(通書)』, 「성학제이십(聖學第二十)」, 〈무욕하면 고요할 때 텅 비게 되고 움직일 때 곧게 된다. 고요할 때 텅 비워지면 밝아지고, 밝아지면 통하게 된다. 無欲則/무욕즉 靜虛動直/정허동직 靜虛則明/정허즉명 明則通/명즉통〉.

227) 불가는 공(空)을 주장하고, 도가는 명(冥)을 주장한다.

228) 퇴계 선생은 20세부터 '이췌지질'이 있었다. 『퇴계선생연보(退溪先生年譜)』, 제1권 「연보(年譜) 1」, 〈선생 20세 때 주역을 읽고 그 뜻을 탐구하느라고 거의 먹고 자는 것을 잊었다. 이로부터 항상 여

찾아오는 손님 은근히 사절하여
겨울 석 달, 보내고 맞음 끊고자 하네
寒事幽居有底營/한사유거유저영
藏花護竹攝羸形/장화호죽섭리형
慇懃寄謝來尋客/은근기사래심객
欲向三冬斷送迎/욕향삼동단송영

저녁.
뭇 나무는 뿌리로 돌아가고 해 짧아지니
안개 숲 쓸쓸하고 새 깊이 깃드네
예부터 내려온 저녁 두려움[229] 무슨 뜻일까
게으름과 욕심 마땅히 막음이네, 유혹하기 쉬운 숨은 곳에서
萬木歸根日易西/만목귀근일이서
烟林蕭索鳥深棲/연림소삭조심서
從來夕惕緣何意/종래석척연하의
怠欲須防隱處迷/태욕수방은처미

밤.
눈 흐려져 더욱 등불 가까이하기 두렵고
늙고 병드니 아네, 겨울밤 기나긺을
읽지 않는 것이 오히려 읽는 것보다 나으리니
앉아서 보네, 서리보다 차가운 창문의 달
眼花尤怕近燈光/안화우파근등광
老病偏知冬夜長/노병편지동야장
不讀也應猶勝讀/부독야응유승독

의고 파리한 병이 있게 되었다. 先生二十歲/선생이십세 讀周易講究其義/독주역강구기의 殆忘寢食/태망침식 自是常有羸悴之疾/자시상유리췌지질〉.

229) 『주역(周易)』, 「중천건(重天乾)」, 〈군자가 종일 노력하고 저녁에 두려워하면, 고통스러우나 허물이 없으리. 君子/군자 終日乾乾夕惕/종일건건석척 若厲无咎/약려무구〉.

坐看窓月冷於霜/좌간창월랭어상

16세기에 만들어진 한글 도산십이곡은 선비사회에 어떤 발자취를 남겼을까요? 잠곡(潛谷) 김육(金堉, 1580~1658, 본관 청풍) 선생이 쓴, 그의 스승 지산(芝山) 조호익(曺好益, 1545~1609, 본관 창녕) 선생의 행장에 도산십이곡이 나오는데요. 지산 선생은 17세(1561년)에 퇴계 선생의 제자가 되었습니다.[230] '행장'은 돌아가신 분의 평생 살아온 일을 요약한 글이지요. 여기에

> 화창한 봄날이나 청량한 가을날이면 매번 두세 명의 어른 · 아이와 함께 여기저기 한가롭게 소요하였는데, 때로는 연못에 배를 띄우고 노래 잘 부르는 사람에게 퇴계 선생의 도산십이곡을 부르게 하니, 유연자득하고 즐거워 피곤한 줄 몰랐다.
> [每於春和景明/매어춘화경명 秋日淸凉之時/추일청량지시 與二三冠童/여이삼관동 杖屨逍遙/장구소요 或泛舟潭上/혹범주담상 使善歌者/사선가자 歌退溪陶山十二曲/가퇴계도산십이곡 悠然自得/유연자득 樂而忘疲/낙이망피][231]

라고, 화창한 날 연못에 배를 띄우고 도산십이곡을 노래하는 풍경이 나옵니다. 한 폭의 산수화를 감상하는 듯한 참으로 평화롭고 낭만적인 정경입니다. 때로는 벗과 함께 때로는 홀로 한적한 물가에 나가 낚싯대를 던져놓고 한가롭게 앉아 유튜브에서 잔잔하게 흘러나오는 도산십이곡 노래를 듣고 있는 제 모습을 보는 것 같습니다. 또한 전라도 남원 지방의 학자인 사촌(沙村) 장경세(張經世, 1547~1615, 본관 흥성) 선생의 『사촌집』에도

---

230) 『지산집(芝山集)』, 부록 제1권, 「연보(年譜)」, 〈신유년 선생 17세 윤오월에 도산에 가서 퇴계 선생을 찾아뵙고 배우기를 청하였다. 辛酉/신유 先生十七歲/선생십칠세 閏五月/윤오월 往拜退溪先生于陶山/왕배퇴계선생우도산 遂請學/수청학〉.

231) 위의 책, 부록 제2권, 「행장(行狀)[김육(金堉)]」.

내가 젊었을 때 이평숙 벗에게서 퇴계 선생의 도산육곡 노러를 얻어보니 그 뜻이 진실하고 음조가 청절했다. 사람들에게 그것을 듣게 하니 그 선함을 흥기하며, 사악하고 더러움을 씻어내기에 충분하였다. 참으로 삼백 편의 후세에 전하는 뜻이었다. 한 본을 전사하여 작은 상자에 보관해두고 때로 아이들에게 노래 부르고 읊게 하니 크게 유익함이 있었다. 불행하게도 전란 중에 잃어버리고 이미 십 년이 지나 가까스로 몇 곡을 기록할 수 있었다. 달이 밝은 조용한 밤마다 그것을 깊게 읊고 노래하며 임시로 앙모함을 달래었다. 지난번 마침 월파헌[232]에 이르러 우연히 인쇄본을 얻었는데 앞서 말한 도산육곡이었다. 한번 읊조릴 때마다 더욱 의미심장함을 깨달으니 알지 못하는 사이에 저절로 손발이 춤을 추었다.

[余少時/여소시 因友人李平叔/인우인이평숙 得見退溪先生陶山六曲歌/득견퇴계선생도산육곡가 意思眞實/의사진실 音調淸絶/음조청절 使人聽之/사인청지 足以興起其善端/족이흥기기선단 蕩滌其邪穢/탕척기사예 眞三百篇之遺旨也/진삼백편지유지야 傳寫一本/전사일본 藏諸篋笥/장저협사 時使童稚歌而詠之/시사동치가이영지 大有所益/대유소익 不幸見失於兵火之中/불행견실어병화지중 今已十年/금이십년 僅能記得數三曲/근능기득수삼곡 每於靜夜月明/매어정야월명 沈吟之/심음지 永言之/영언지 以寓景仰之懷/이우경앙지회 頃者/경자 適到月波軒/적도월파헌 偶得印本/우득인본 乃前所謂陶山六曲也/내전소위도산육곡야 一番吟諷/일번음풍 益覺意味深長/익각의미심장 自不知手舞而足蹈也/자부지수무이족도야][233]

라고 퇴계 선생의 도산십이곡과 관련한 글이 들어있군요. 도산십이곡을 들려주니 사람들의 마음이 착해지고 세속적인 어두운 마음을 치유한다는 내용과 스스로 읊조리며 즐길 때마다 가사의 의미심장함을 더욱 깨달으며 손발이 저절로 춤을 춘다는 내용을 보니 사촌 선생은 도산십이곡의

232) 취수당(醉睡堂) 김성진(金聲振, 1563~1644, 본관 경주, 자字 이원而遠) 선생이 전남 구례군 토지면 문수리 지리산 자락에 지은 정자.

233) 『사촌집(沙村集)』, 제2권, 가사(歌詞), 「효퇴계선생도산육곡(效退溪先生陶山六曲) 작강호연군가(作江湖戀君歌)[자지(自識)]」.

아름다운 매력에 흠뻑 빠지신 것 같습니다. 도산십이곡을 부르며 본인도 모르게 손발이 춤을 춘다는 사촌 선생의 모습이 요즈음의 제 모습을 묘사하는듯하군요. 위의 사촌 선생 글에 나오는 '삼백 편'이라는 단어는 『시경』이라는 고전을 지칭합니다. 『시경』은 기원전 12세기경의 서주 시대부터 춘추시대 초기까지 불렸던 노래 가사의 모음집인데요. 국풍 160편, 소아 80편, 대아 31편, 송 40편인데, 소아 80편 중 6편은 편명만 있고 가사가 없어서 실제로는 305편입니다. '국풍'은 각국의 민요, '아'는 조정의 음악, '송'은 종묘[234] 제사 때 연주하던 곡의 가사입니다.[235] 『사촌집』에서 인용한 글의 첫 문장에 나오는 '평숙(平叔)'은 산천재(山天齋) 이함형(李咸亨, 1550~1586, 본관 전주) 선생의 자(字)이지요. 전라남도 순천에 살던 산천재 선생은 1569년에 퇴계 선생의 제자가 되었습니다.[236] 1569년 9월, 부부 갈등을 겪고 있는 20세의 젊은 산천재 선생에게 69세의 퇴계 선생께서 정성스럽게 편지[237]를 써주기도 했던 제자입니다. 퇴계 선생이 산천재 선생에게 써준 편지는 도산십이곡과는 직접적인 관련이 없고 조금 긴 내용이기도 한데요. 현대인들의 일상 부부생활에도 도움이 될듯하여 특별히 이 편지를 소개해봅니다.

> 공자께서는
> "천지가 있고 난 뒤에 만물이 있고, 만물이 있고 난 뒤에 부부가 있고, 부부가 있고 난 뒤에 부자가 있고, 부자가 있고 난 뒤에 군신이 있고, 군신이 있고 난 뒤에 예의를 베풀 곳이 있다."[238]

---

234) 왕 · 왕비 · 공신의 위패를 국가에서 모시는 사당.

235) 이기동, 『시경강설』(성균관대학교출판부, 2014), 25~26쪽.

236) 이상하, 「고전의 향기: 이백마흔한 번째 이야기, 아내를 소박할 뻔했던 이함형」, 고전포럼, 한국고전번역원, 2012.

237) 『정본퇴계전서(定本退溪全書)』, 서간 8, 서(書)-이함형(李咸亨)-6, 「여이평숙(與李平叔)」.

238) 『주역(周易)』, 「서괘전(序卦傳) 하편(下篇)」.

라고 말씀하셨네. 자사[239]께서는

"군자의 도는 부부에게서 시작되니, 지극함에 이르면 천지에 밝게 드러난다."[240]

라고 말씀하셨고, 또한 시경에

"처자가 화합하여 금슬(거문고와 비파)을 연주하는 듯하다."[241]

라고 하였는데, 이에 대해 공자께서는

"이렇게 되면 부모가 편안하실 것이다."[242]

라고 하셨네. 부부의 도리가 이처럼 중요한 것이니 마음이 잘 맞지 않는다는 이유로 소홀하고 박절하게 대해서야 되겠는가. 대학에

"그 근본이 어지러우면서 지엽이 다스려지는 예는 없으며, 후하게 할 데에 박하게 하면서 박하게 할 데에 후하게 하는 예는 없다."[243]

라고 하였는데, 맹자께서 이 말에

"후하게 할 데에 박하게 한다면, 박하게 하지 않을 데가 없을 것이다."[244]

라고 부연하셨네. 아! 사람됨이 박하고서야 어떻게 부모를 섬길 수 있겠으며, 어떻게 형제 · 친척 · 이웃과 잘 지낼 수 있겠으며, 어떻게 임금을 섬기고 백성을 부릴 수 있겠는가. 공이 금슬이 안 좋다고 들었는데 무슨 이유로 그런 불행이 생긴 것인지 모르겠네.

[孔子曰/공자왈 有天地然後有萬物/유천지연후유만물 有萬物然後有夫婦/유만물연후유부부 有夫婦然後有父子/유부부연후유부자 有父子然後有君臣/유부자연후유군신 有君臣然後禮義有所錯/유군신연후예의유소조 子思曰/자사왈 君子之道/군자지도 造端乎夫婦/조단호부부 及其至也/급기지야 察乎天地/찰호천지 又曰/우왈 詩云/시운 妻子好合/처자호합 如鼓瑟琴/여고슬금 云云/운운 子曰/자왈 父母其順矣乎/부모기순의호 夫婦之倫/부부지륜 其重如此/기중여차 其可以情好之未協/기가이정호지미협 疎而薄之乎/소이박지호 大學曰/대학왈 其本亂而末治者否矣/기본란이말치자부의

239) 공급(孔伋, BC 483?~402?, 자字 자사子思). 공자의 손자.

240) 『중용(中庸)』, 「제12장」.

241) 『시경(詩經)』, 소아(小雅), 「상체(常棣)」.

242) 『중용(中庸)』, 「제15장」.

243) 『대학(大學)』, 「경일장(經一章)」.

244) 『맹자(孟子)』, 「진심장구상(盡心章句上)」.

其所厚者薄/기소후자박 而其所薄者厚/이기소박자후 未之有也/미지유야 孟子申其說/맹자신기설 亦曰/역왈 於所厚者薄/어소후자박 無所不薄也/무소불박야 噫/희 爲人旣薄/위인기박 何以事父母/하이사부모 何以處兄弟宗族州里/하이처형제종족주리 何以爲事君使衆之本乎/하이위사군사중지본호 似聞公有琴瑟不調之歎/사문공유금슬부조지탄 不知因何而有此不幸/부지인하이유차불행]

세상을 들여다보면 이런 문제가 있는 사람이 적지 않으니, 아내의 성품이 나빠 고치기 어려울 수도 있고, 아내의 얼굴이 못생기고 우둔할 수도 있고, 남편이 방종하여 행실이 좋지 않을 수도 있고, 남편의 좋아함과 싫어함이 괴상할 수도 있고, 그 경우들이 많아 일일이 거론할 수가 없네. 그러나 대의로 말한다면, 그중 아내의 성품이 나빠 교화하기 어려워 스스로 소박을 당할만한 죄를 지은 경우를 제외하고는 모두 남편이 스스로 자신을 반성하고 애써 아내를 잘 대해주어 부부의 도리를 잃지 않으면 되네. 그렇게 하면 부부의 큰 인륜이 무너지는 데 이르지 않을 것이고, 자신은 박하게 하지 않을 데가 없는 지경에 빠지지 않을 것이네. 성품이 나빠 고치기 어려울 때도, 몹시 패역하여 인륜의 도리를 어지럽힌 경우가 아니라면 역시 상황에 따라 대처하고 갑자기 인연을 끊어버리지 않는 것이 좋네.
[竊觀世上/절관세상 有此患者不少/유차환자불소 有其婦性惡難化者/유기부성악난화자 有嫫醜不慧者/유모추불혜자 有其夫狂縱無行者/유기부광종무행자 有好惡乖常者/유호오괴상자 其變多端/기변다단 不可勝擧/불가승거 然以大義言之/연이대의언지 其中除性惡難化者實自取見疎之罪外/기중제성악난화자실자취현소지죄외 其餘皆在夫反躬自厚/기여개재부반궁자후 黽勉善處/민면선처 以不失夫婦之道/이불실부부지도 則大倫不至於斁毁/즉대륜부지어두훼 而身不陷於無所不薄之地/이신불함어무소불박지지 其所謂性惡難化者/기소위성악난화자 若非大段悖逆得罪名敎者/약비대단패역득죄명교자 亦當隨宜處之/역당수의처지 不使遽至於離絶/불사거지어리절 可也/가야]

옛날에는 아내와 결별해도 아내가 다른 데 시집갈 수 있었기 때문에 칠거지악을 저지르면 아내를 바꿀 수 있었네. 그러나 오늘날의 아내는 대개 한 지아비만 끝까지 따르니 어찌 마음과 의리가 맞지 않다는 이유로, 남처럼 대하거나 원수처럼 보고, 한 몸처럼 살아야 할 사이가 서로 반목하고, 한 이부자리에서 천리나 떨어진 것처럼 되어, 집안의 도리가 시작될 곳이 없고 만복이 길어질 뿌리가 없게 해서야 되겠는가.
[蓋古之去婦/개고지거부 猶有他適之路/유유타적지로 故七去可以易處/고칠거가이역처 今之婦人/금지부인 率皆從一而終/솔개종일이종 何可以情義不適之故/하가이정의부적지고 而或待若路人/이혹대약로인 或視如讎仇/혹시여수구 牉體歸於反目/반체귀어반목 衽席隔於千里/임석격어천리 使家道無造端之處/사가도무조단지처 萬福絶毓慶之原乎/만복절육경지원호]

대학에
"나에게 없은 후에 남에게 있는 것을 비난하는 것이다."[245]
라고 하였으니 이 문제에 대해 내가 지난날 겪은 것을 말해주겠네. 나는 두 번 장가들었는데 하나같이 아주 불행한 경우를 만났네. 그렇지만 이러한 처지에서도 감히 박절한 마음을 먹지 않고 애써 아내를 잘 대해준 것이 거의 수십 년이었네. 그동안에 마음이 몹시 괴로워 번민을 견디기 어려운 적도 있었네. 그렇지만 어찌 마음 내키는 대로 행동해서 부부의 큰 인륜을 무시하여 홀어머니께 걱정을 끼칠 수 있었겠는가. 질운(郅惲, ?~?)이
"아비도 아들에게 마음대로 하지 못하는 것이다."[246]
라고 한 것은 참으로 인륜의 도리를 어지럽히는 간사한 말이니 이런 말을 핑계로 공에게 충고하지 않을 수는 없네. 공은 돌이켜 다시 깊이 생각하여 잘못을 고쳐야 할 걸세. 이런 잘못을 끝내 고치지 않는다면 학문은 어떻게 하겠으

245) 『대학(大學)』, 「전구장(傳九章)」.
246) 『후한서(後漢書)』, 열전(列傳), 29권, 「신도강포영질운열전(申屠剛鮑永郅惲列傳)」, 〈신은 부부 사이에 좋아하는 일은 아버지도 아들에게 마음대로 하지 못한다고 들었습니다. 臣聞夫婦之好/신문부부지호 父不能得之於子/부불능득지어자〉.

며 실천은 어떻게 하겠는가.

[大學傳曰/대학전왈 無諸己而後/무저기이후 非諸人/비저인 此事請以滉所嘗經者告之/차사청이황소상경자고지 滉曾再娶/황증재취 而一値不幸之甚/이일치불행지심 然而於此處/연이어차처 心不敢自薄/심불감자박 黽勉善處者/민면선처자 殆數十年/태수십년 其間/기간 極有心煩慮亂不堪撓悶者/극유심번려란불감요민자 然豈可循情而慢大倫以貽偏親之憂乎/연기가순정이만대륜이이편친지우호 郅惲所謂/질운소위 父不能得之於子者/부불능득지어자자 眞是亂道邪諂之言/진시란도사첨지언 不可諉此而不忠告於公/불가위차이불충고어공 公宜反覆深思/공의반복심사 而有所懲改焉/이유소징개언 於此終無改圖/어차종무개도 何以爲學問/하이위학문 何可爲踐履耶/하가위천이야]

젊은 제자의 부부 갈등에 대해『주역』,『중용』,『시경』,『대학』,『맹자』,『후한서』등 광범위하게 고전문헌의 내용을 뽑아 인용하고 아울러 퇴계 선생 본인의 아픈 경험까지 담은, 참으로 제자를 사랑하는 마음이 듬뿍 담겨있는 편지입니다. 위의 편지에 칠거지악이라는 용어가 나오는데요. 아주 오래전에는

부인과 결별할 수 있는 일곱 가지 사유가 있으니, 부모에게 불순하거나, 자식을 낳지 못하거나, 음란하거나, 질투하거나, 몹쓸 병에 걸리거나, 수다스럽거나, 도둑질하는 경우이다. 부인과 결별할 수 없는 세 가지 사유가 있으니, 결혼할 당시 친정이 있었으나 지금은 없어진 경우, 함께 삼년상을 치른 경우, 결혼 전 빈천했다가 결혼 후 부귀해진 경우이다.

[婦有七去/부유칠거 不順父母去/불순부모거 無子去/무자거 淫去/음거 妬去/투거 有惡疾去/유악질거 多言去/다언거 竊盜去/절도거 有三不去/유삼불거 有所取無所歸不去/유소취무소귀불거 與更三年喪不去/여경삼년상불거 前貧賤後富貴不去/전빈천후부귀불거][247]

라는 내용에서 보듯, 부인과 결별할 수 있는 7가지 사유(七去/칠거)와 부인과 결별할 수 없는 3가지 사유(三不去/삼불거)가 있었습니다. 성호(星湖) 이익(李瀷, 1681~1763, 본관 여주, 자字 자신自新[248]) 선생은 퇴계 선생의 이 편지에 대해 청대(淸臺) 권상일(權相一, 1679~1759, 본관 안동, 자字 태중台仲) 선생에게

> 일찍이 노선생(퇴계)이 이평숙에게 보낸 편지를 본 적이 있는데 … 저의 생각으로는 스승과 제자의 관계는 그 의리가 아버지와 아들의 관계와 같아서 깊이 권유할 때는 마음속의 모든 것을 다 말할 정도여야 한다고 봅니다. … 이공에게 후사가 없기에 이번에 그 형제의 외손 집을 통해 선생의 수묵들을 도두 입수하였는데, 아마도 이 편지는 이공이 퇴계 선생의 곁을 떠날 때 몰래 준 것으로 보입니다. 그 편지의 봉투에는 길에서 은밀히 열어 보라는 '도차밀계간(道次密啓看)' 다섯 자의 문구가 있었습니다. 제 생각으로는 당시에 사람들이 많은 자리에서 직접 말해 줄 수 없는 상황이고 인륜과 관계된 중대한 일이어서 말하지 않을 수 없는 형편이었으므로 홀로 보고 은밀히 간직하도록 한 것입니다. … (선생의) 자상한 마음이 지금도 사람들에게 감동을 줍니다.
> [曾見老先生與李平叔書/증견노선생여이평숙서 … 妄自忖量/망자사량 師弟間義同父子/사제간의동부자 勉諭之深/면유지심 疑若無所不到/의약무소부도 … 李公無後/이공무후 今於其兄弟之外孫許/금어기형제지외손허 盡得其先生手墨/진득기선생수묵 蓋此紙卽辭退時緘款密付者也/개차지즉사퇴시함관밀부자야 其封皮有/기봉피유 道次密啓看五字/도차밀계간오자 意者煩/의자번 不暇面命耳提/불가면명이제 倫常事重/윤상사중 又不可以不及/우불가이불급 故俾有獨看而秘藏/고비유독간이비장 … 其委曲之意/기위곡지의 尙令人興感/상령인흥감][249]

---

247) 『소학(小學)』, 「명륜(明倫)」; 『대대례기(大戴禮記)』, 「본명(本命)」; 『공자가어(孔子家語)』, 「본명해(本命解)」.

248) 한우근, 「이익(李瀷)」, 『한국민족문화대백과사전』(한국학중앙연구원, 1997)에는 자신(子新)으로 되어있다.

249) 『성호전집(星湖全集)』, 제14권, 서(書), 「여권태중(與權台仲) 기사(己巳)」.

라고 했습니다. 퇴계 선생의 이 편지로 인해 산천재 선생의 부부 사이가 좋아진 모양입니다. 퇴계 선생이 세상을 떠나자 산천재 선생의 부인은

> 이공(이함형)의 부인이 선생(퇴계)의 부음을 듣고 3년 동안 소식했다고 한다. 이는 필시 이공이 선생의 그 비밀 서찰을 보고 깊이 깨달음이 있어, 마음을 굽혀 그 부인에 대해 잘 처리한 까닭일 것이다
> [云李公之夫人/운이공지부인 聞先生喪/문선생상 食素三年/식소삼년 然則李公必因此感悟有/연즉이공필인차감오유 委曲善處者矣/위곡선처자의][250]

에서 보듯 3년 동안 고기를 먹지 않았다고 합니다. 평소 퇴계 선생은 제자에게 편지를 쓸 때

> 덕홍[251]에게 경에 대해 논하여 보낸 답장을 선생(퇴계)도 한 통 베껴서 벽에 걸어 두었다. 월천 조목이 선생을 곁에서 모시고 있다가
> "왜 그렇게 하십니까?"
> 라고 물으니 선생은
> "내 비록 남을 이렇게 가르치기는 했지만 내 몸을 돌이켜 반성해보면 스스로 충분하지 못하기 때문에 이렇게 하는 것이다."
> 라고 말씀하였다.
> [答德弘論敬書/답덕홍논경서 因寫一通/인사일통 揭之于壁/게지우벽 趙月川穆/조월천목 嘗侍左右/상시좌우 問何以若是/문하이약시 曰我雖教人如此/왈아수교인여차 而反諸吾身/이반저오신 猶未能自盡/유미능자진 故然耳/고연이. 李德弘/이덕홍][252]

에서 보듯 온 마음을 다했습니다. 제자들에게 이렇게 정성스럽게 편지를

---

250) 『성호사설(星湖僿說)』, 제14권, 인사문(人事門), 「퇴계재취(退溪再娶)」.
251) 간재(艮齋) 이덕홍(李德弘, 1541~1596, 본관 영천, 자字 굉중宏仲).
252) 『퇴계선생언행록(退溪先生言行錄)』, 유편(類編), 「논지경(論持敬)」.

쓰는 대학자의 모습이 학교 교단에 서 있는 저를 한없이 반성하게 합니다. 다시 도산십이곡 이야기로 돌아갑니다. 사촌 선생이 산천재 선생에게 도산십이곡을 최초 얻었던 시기는 임진왜란 이전이었나 봅니다. 전란을 겪으면서 보관하던 도산십이곡을 잃어버려 애석히 여기다가 후에 인쇄본을 얻어보게 되었다는 내용이 들어있습니다. 사촌 선생은 도산십이곡의 전육곡·후육곡 형식을 본떠서 65세에 '강호연군가'라는 열두 곡의 한글 노래를 짓기까지 하면서, '모모'[253]라는 전설상의 추녀가 '서시'[254]라는 아름다운 미녀를 사랑하고 사모하듯 퇴계 선생의 도산십이곡을 애모하는 마음이라고 표현했더군요.

> **〈퇴계 선생의 도산육곡을 본떠 강호연군가를 짓다〉**[255]
> 삼가 그 형식을 본받아 전육곡과 후육곡을 완성했으니, 하나는 임금에 대한 사랑과 나라를 걱정하는 정성을 말한 것이고, 또 다른 하나는 성현 학문의 올바름을 드러낸 것이다. 끝에 스스로 그 뜻을 말함이 지나쳐 분수에 넘치는 죄를 피할 수 없음을 안다. 그러나 몽매한 어린아이들이 때때로 높은 소리로 노래함으로써 그 돌아가야 할 뜻을 감발하게 한다면, 바람을 읊고 달을 노래하며 방탕하게 흐름을 좇다가 돌아옴을 잊는 것[256]보다 오히려 낫다. 아, 모모가 서시의 고운 웃음을 본떴으나 너무나 멀다. 그러나 본마음이 사랑함과 사모함에 있으니 크게 멀어진 것은 아니다. 여러 군자가 이 분수에 넘친 경솔함을 용서하기를 바라며 죄라고 여기지 않는다면 천만다행이다. 만력임자년(1612년)

---

253) 전설상의 현명한 추녀. 황제 헌원의 넷째 부인.

254) 월나라의 미인 서시가 호수에 얼굴을 비추니 물고기들이 넋을 잃고 헤엄치는 것을 잊어 가라앉아(侵漁/침어) 버렸다 한다.

255) 『사촌집(沙村集)』, 제2권, 가사(歌詞), 「효퇴계선생도산육곡(效退溪先生陶山六曲) 작강호연군가(作江湖戀君歌)[자지(自識)]」.

256) 『맹자(孟子)』, 「양혜왕장구하(梁惠王章句下)」, 〈물길을 따라 아래로 내려가 놀다가 돌아옴을 잊어버리는 것을 '유'라 하고, 물길을 따라 위로 거슬러 올라가 놀다가 돌아옴을 잊어버리는 것을 '연'이라 한다. 從流下而忘反/종류하이망반 謂之流/위지류 從流上而忘反/종류상이망반 謂之連/위지연〉.

봄 2월 상순(1~10일)에 후학 사촌 장경세 삼가 쓰다.

[謹效其體/근효기체 足成前後六曲/족성전후육곡 一以寄愛君憂國之誠/일이기애군우국지성 一以發聖賢學問之正/일이발성현학문지정 末乃自言其志/말내자언기지 極知僭踰無所逃罪/극지참유무소도죄 然使童蒙小子/연사동몽소자 時時高詠/시시고영 以發其歸趣/이발기귀취 則猶勝於吟風詠月流蕩忘返者也/즉유승어음풍영월류탕망반자야 嗚呼/오호 嫫母之效西施姸嗤逈絶/모모지효서시연치형절 而其中心愛慕/이기중심애모 則不啻萬萬也/즉불시만만야 願言諸君子/원언제군자 恕其狂僭/서기광참 不以爲罪/불이위죄 則千萬幸甚/즉천만행심 萬曆壬子春二月上澣/만력임자춘이월상한 後學沙村張經世/후학사촌장경세 謹書/근서]

전육곡

제1곡

요공(瑤空)애 ᄃᆞᆯ ᄇᆞᆰ거ᄂᆞᆯ 일장금(一張琴)을 빗기 안고
난간(欄干)을 디혀 안자 고(古) 양춘(陽春)을 ᄐᆞ온마리
엇더타 님 향ᄒᆞᆫ 시ᄅᆞᆷ이 곡조(曲調)마다 나ᄂᆞ니

　요공(맑은 하늘)에 달 밝거늘 일장금(거문고)을 빗겨 안고
　난간을 딛고 앉아 고(옛) 양춘[257]을 타온마리(연주하니)
　엇더타 님 향한 시름이 곡조마다 나느니

제2곡

홍진(紅塵)의 ᄭᅮᆷ ᄭᆡ연 디 이십년(二十年)이 어제로다
녹양방초(綠楊芳草)애 졀로 노힌 ᄆᆞ리 되여
시시(時時)히 고개ᄅᆞᆯ 드러 님자 그려 우노라

　홍진(속세)의 꿈 깨언 지 이십년이 어제로다
　녹양방초(푸른 버드나무 향기로운 풀)에 절로 놓인 말이 되어
　시시히(때때로) 고개를 들어 님자 그려 우노라

257) 양춘곡은 백설곡(白雪曲)과 함께 초나라의 2대 명곡.

제3곡

시져리 하 슈샹ᄒᆞ이 ᄆᆞᄋᆞᆷ을 둘 ᄃᆡ 업다
교목(喬木)도 녜 ᄀᆞᆺ고 세신(世臣)도 ᄀᆞ자시되
의론(議論)이 여긔져긔 ᄒᆞ이 그ᄅᆞᆯ 몰나 ᄒᆞ노라
　　시절이 하 수상하니 마음을 둘 데 없다
　　교목(중신들)도 예 같고 세신(신하들)도 갖췄으되
　　의론이 여기저기 하니 그를 몰라 하노라

제4곡

엇그제 ᄭᅮᆷ 가온대 광한전(廣寒殿)의 올라가이
님이 날 보시고 ᄀᆞ쟝 반겨 말ᄒᆞ시데
머근 ᄆᆞᄋᆞᆷ 다 ᄉᆞᆲ노라 ᄒᆞ이 날 새ᄂᆞᆫ 줄 모ᄅᆞ로다
　　엊그제 꿈 가운데 광한전(궁궐)에 올라가니
　　님이 날 보시고 가장 반겨 말하시되
　　먹은 마음 다 아뢰려 하니 날 새는 줄 모르로다

제5곡

한문(漢文)이 유도(有道)ᄒᆞ이 가태부(賈太傅)ᄅᆞᆯ 내 운노라
당시사세(當時事勢)야 그리 우연(偶然)ᄒᆞᆯ가
엇더타 긴 ᄒᆞᆫ숨 긋ᄐᆡ 통곡(痛哭)조차 ᄒᆞ던고
　　한문[258]이 유도하니 가태부[259]를 내 웃노라
　　당시 사세야 그리 우연할까
　　엇더타 긴 한숨 끝에 통곡조차 하던고

제6곡

송옥(宋玉)이 ᄀᆞ을ᄒᆞᆯ 만나 므스 이리 슬프던고

---

258) 한나라의 문제(文帝, BC 202~BC 157).
259) 장사왕(長沙王)의 태부(太傅)였던 뛰어난 학자 가의(賈誼, BC 200~168).

한상백로(寒霜白露)ᄂᆞᆫ 하ᄂᆞᆯ희 긔운이라
이 내의 ᄂᆞ몬 져 근심은 봄ᄀᆞ을이 업서라
　송옥[260]이 가을을 만나 무슨 일이 슬프던고
　한상백로(찬 서리와 흰 이슬)는 하늘의 기운이라
　이 내의 남은 저 근심은 봄가을이 없어라

후육곡

제7곡
이구(尼丘)에 일월(日月)이 ᄇᆞᆯ가 누항(陋巷)에 비최엿다
욕기춘풍(浴沂春風)에 기상(氣像)이 엇더턴고
천재(千載)예 위연탄식(喟然嘆息)ᄒᆞ시던 소ᄅᆡ 귀예 ᄀᆞ득ᄒᆞ여라
　이구[261]에 일월이 밝아 누항[262]에 비추었다
　욕기춘풍[263]에 기상이 어떻던고
　천재(천년)에 위연탄식하시던 소리 귀에 가득하여라

제8곡
창전(窓前)에 풀이 프ᄅᆞ고 지상(池上)애 고기쒸다
일반생의(一般生意)ᄅᆞᆯ 아ᄂᆞ 이 긔 뉘런고
어즈버 광풍제월(光風霽月) 좌상춘풍(坐上春風)이 어제로온 ᄃᆞᆺᄒᆞ여라
　창전(창밖)에 풀이 푸르고 지상(연못)에 고기뛴다
　일반생의[264]를 아는 이 그 뉘런고
　어즈버 광풍제월[265] 좌상춘풍[266]이 어제인 듯하여라

---

260) 굴평(屈平, BC 340?~278?, 자字 원原)의 제자.
261) 공자가 태어난 곳.
262) 공자의 제자 안회(顏回, BC 521?~BC 491?, 자字 자연子淵)가 살았던 누추한 골목.
263) 기수에서 목욕하고 봄바람 쐰다는 의미로, 유유자적함을 이르는 말. 앞에서 소개한 퇴계 선생의 〈사시유거호음사수〉 시의 '봄' 편 각주 참조.
264) '생의'는 생(生)을 지향하는 우주적인 의지. ※ 한국민족문화대백과사전.
265) 염계(濂溪) 주돈이(周敦頤, 1017~1073, 자字 무숙茂叔)의 고결한 인품. 『송사(宋史)』, 「도학열전(道學列傳) 주돈이(周敦頤)」, 〈주무숙은 인품이 매우 고결하고 가슴에 품은 생각이 깨끗해서 맑은 날의 바람과 비 갠 뒤의 달과 같다. 周茂叔/주무숙 人品甚高/인품심고 胸懷灑落/흉회쇄락 如光風

제9곡

공맹(孔孟)의 적통(嫡統)이 ᄂᆞ려 회암(晦庵)ᄭᅴ 다ᄃᆞᄅᆞ이
정미학문(精微學文)은 궁리정심(窮理正心) ᄀᆞᆲ일넌ᄂᆡ
엇더타 강서의론(江西議論)은 그를 지리(支離)타 ᄒᆞ던고
　　공맹의 적통이 내려 회암께 다다르니
　　정미학문은 궁리정심 겹일렀네
　　엇더타 강서의론[267]은 그를 지리타 하던고

제10곡

강서(江西)의 의론(議論)이 놉고 다반(茶飯)은 포새(蒲塞)로다
숙속(菽粟)의 맛ᄉᆞᆯ 아던동 모르던동
술ᄅᆡ예 ᄒᆞᆫ 바킈 업ᄉᆞ이 갈 길 몰나 ᄒᆞ노라
　　강서의 의론이 높고 다반은 포새[268]로다
　　숙속(콩과 조)의 맛을 알던동 모르던동
　　수레에 한 바퀴 없으니 갈 길 몰라 하노라

제11곡

장부(丈夫)의 몸이 되여 기한(飢寒)을 둘리것가
일산풍월(一山風月)애 즐거옴미 ᄀᆞ이 업다
ᄂᆡ 마다 부운부귀(浮雲富貴)을 ᄯᅩ올 줄리 이시랴
　　장부의 몸이 되어 기한(굶주림과 추위)을 두려워할까

霽月/여광풍제월〉.

266) 자리 위 봄바람. 명도(明道) 정호(程顥, 1032~1085, 자字 백순伯淳)의 온화한 인품.

267) 회암(晦庵) 주희(朱熹, 1130~1200)와 상산(象山) 육구연(陸九淵, 1139~1192)의 아호사(鵝湖寺) 논쟁에서, 강서학파인 육구연이 주희의 경전과 예를 강조하는 교육 사상을 지리하다고 비판하고, 주희는 육구연의 마음에 대한 집중과 도덕 의지의 문제를 강조하는 교육 방법을 지나치게 간이하다고 비판. ※ 이동욱, 「주희와 육구연의 아호사 논쟁에 나타난 교육철학 연구: 서구 자유교양교육 전통과의 비교」, 『양명학』(한국양명학회, 2012) 제31호, 37~69쪽.

268) 스님에게 공양하는 식물 또는 오계(五戒)를 받은 남자 스님.

일산풍월에 즐거움이 가이 없다
내 마다(거절한) 부운[269]부귀를 따를 줄이 있으랴

제12곡
득군행도(得君行道)ᄂᆞᆫ 군자(君子)의 뜻디로ᄃᆡ
시절(時節) 곳 어긔면 고반(考槃)을 즐겨ᄒᆞᄂᆡ
소담(疎淡)ᄒᆞᆫ 송풍산월(松風山月)이사 나ᄲᅮᆫ인가 하노라
득군행도는 군자의 뜻이로되
시절 곳 어기면 고반(오막살이)을 즐겨하네
소담한(시원하고 맑은) 송풍산월이야 나뿐인가 하노라

그리고 여헌(旅軒) 장현광(張顯光, 1554~1637, 본관 인동) 선생의 『여헌집』에도 도산십이곡과 관련한 내용이 나옵니다. 여헌 선생이 평소 교유하던 낙재(樂齋) 서사원(徐思遠, 1550~1615, 본관 달성, 자字 행보行甫) 선생이 있었는데요. 낙재(樂齋) 선생은 한강(寒岡) 정구(鄭逑, 1543~1620, 본관 청주, 자字 도가道可) 선생의 제자입니다. 여헌 선생이 낙재 선생으로부터 도산십이곡을 받고 답한 편지에

새로 인쇄한 도산곡을 나누어 부쳐 주시니 진중히 여기고 감사함을 어찌 다 말하겠습니까. 후일 책으로 만들어 장경회(張慶回, ?~?, 본관 ?)로 하여금 맑은 밤에 읊고 노래하게 한다면 안석과 자리 사이에서 거문고와 비파를 대신할 수 있을 것이며, 또한 문밖을 나가지 않고도 충분히 강호의 흥취를 맛볼 수 있을 것입니다. 은혜가 이에 이르니 어떠하다 하겠습니까.
[陶山曲新印/도산곡신인 伏荷分寄/복하분기 珍感何勝/진감하승 他日粧卷/타일장권 使張慶回淸夜詠歌/사장경회청야영가 可以代琴瑟於几席之間/가이대금슬어궤석지간 亦可以不出戶庭/역가이불출호정 足剩取江湖之興/족잉취강호지흥 爲賜到此/위사도차 爲如何哉/위여하재][270]

269) 뜬구름처럼 부질없음.
270) 『여헌집(旅軒集)』, 속집, 제2권, 서(書), 「답서행보사원(答徐行甫思遠)」.

라고 맑은 밤에 도산십이곡 노래를 부르는 정경을 '청야영가'로 표현하며, 편안한 의자에 앉아 들으며 자연의 홍취를 맛볼 수 있다는 아름다운 기록이 있습니다. 한편, 퇴계 선생은 도산십이곡의 발문에

> 이 같은 한가한 일이 혹시나 말썽을 일으키는 단서가 될지 알 수 없다.
> [若此等閑事/약차등한사 或因以惹起鬧端/혹인이야기료단 未可知也/미가지야][271]

라며 본인이 만든 한글 도산십이곡 노래가 한글을 저속하게 여기는 선비사회에 '말썽'을 일으킬지 모른다고 걱정했습니다. 실제로 선비사회에서 퇴계 선생의 한글 도산십이곡에 대해 찬반론이 있었음을 극재(克齋) 신익황(申益愰, 1672~1722, 본관 평산) 선생의 문집에서 엿볼 수 있는데요. 극재 선생은, 구암(龜巖) 이정(李楨, 1512~1571, 본관 사천, 자字 강이剛而) 선생이 주자(朱子, 1130~1200)의 시들을 모아 편찬한 『운곡휘음』을 본떠서, 퇴계 선생의 시들을 묶어

> 이 선생(퇴계)은 일생의 언행이 오로지 주자를 배웠으니 시와 문장 역시 이를 본받지 않음이 없었다. 기거하고 도를 강설한 땅인 퇴계 · 도산 · 청량산 등의 아름답고 그윽한 절경이 무이 · 운곡과 더불어 서로 나란하고, 가는 곳마다 읊조렸던 시는 그 맛과 이치의 뜻이 또한 모두 합치한다. … 이에 화음주 이십수와 화추회 십일수를 편의 첫머리로 삼아 「감흥」과 「의고」의 짝으로 삼았고, 독유고산 십일절을 그다음에 두었고, 칠대 삼곡시, 월란암 칠절, 유산서사 십일수, 도산잡영, 산거사시음 십육절을 그다음에 두었으며 합하여 이름하기를 도산휘음이라 하였으니 또한 저 첩(운곡휘음)을 모방한 이유이다.
> [李先生一生言行/이선생일생언행 全學朱子/전학주자 至於詩文/지어시문 亦無不是法/역무불시법 其棲息講道之地/기서식강도지지 如退溪陶山清

271) 『정본퇴계전서(定本退溪全書)』, 시 15, 「도산십이곡발(陶山十二曲跋)」.

凉等處/여퇴계도산청량등처 奇勝幽絶/기승유절 可與武夷雲谷相埒/가여무이운곡상랄 而其隨處賦詠之作/이기수처부영지작 辭旨理趣/사지리취 亦俱同焉/역구동언 … 於是輒取和飮酒二十首/어시첩취화음주이십수 和秋懷十一首/화추회십일수 爲編首/위편수 以爲感興擬古之對/이위감흥의고지대 次之以獨遊孤山十一節/차지이독유고산십일절 次之以七臺三曲詩/차지이칠대삼곡시 月瀾庵七絶/월란암칠절 遊山書事十一首/유산서사십일수 陶山雜詠/도산잡영 山居四時吟十六絶/산거사시음십육절 合而名之曰陶山徽音/합이명지왈도산휘음 亦所以倣彼帖也/역소이방피첩야[272]

라며 『도산휘음』을 편찬했습니다. 극재 선생의 조카사위인 노계(魯溪) 이복환(李復煥, 1682~1727, 본관 재령, 자字 내경來卿) 선생이 〈도산휘음을 읽고 느낌이 있어〉라는 시를 극재 선생에게 보냈지요. 극재 선생은 노계 선생에게 이 시에 대한 차운시를 보내면서

익황이 도산휘음을 편찬함에 … 다만 그 가운데 해설한 부분이 있는데 비록 마음에 느낀 점이 있어 스스로 그만둘 수 없는 데서 나온 것이기는 하나 주제넘는다는 두려움을 감당할 수 없다. … 어떤 사람이 말하기를
"도산십이곡이 아름답다면 아름답다. 그러나 한글을 섞어서 저속하고 우아하지 못하니, 이것을 뽑아 취할 필요는 없다."
라고 하였는데 이 말은 옳지 않다. 대개 시는 뜻을 말하고 노래는 말을 읊는다. 시로써 뜻을 말하는 것이 부족하면 노래로 그것을 한다. 그러나 지금의 시는 예전의 시와 달라서 읊을 수는 있어도 노래하지는 못한다. 이것이 선생(퇴계)께서 이 곡을 지은 이유이며 그 발문에 이미 아이들로 하여금 아침저녁으로 익히고 노래하며 안석에 기대어 듣고 또한 아이들이 스스로 노래하고 스스로 춤추고 뛰게 하면 탕척비린하고 감발융통하여 노래하는 자와 듣는 자가 서로 유익함이 없지 않을 것이라고 하였다. 조월천도 선생(퇴계)의 스스로 만족하는 고아한 정취가 도산 시, 기(記), 및 사시음에서 모두 나타난다고 하고, 도산

272) 『극재집(克齋集)』, 제10권, 「근서운곡도산휘음후(謹書雲谷陶山徽音後)」.

십이곡을 나란히 거론하면서 한가롭게 살며 도를 음미하는 한없는 즐거움을 강조하고 있다고 했으니 (도산십이곡이) 빠져선 안 될 것이 분명하다. 대저 도가 있는 곳이라면 시와 노래가 어찌 귀함이 다르겠는가. 시와 노래가 모두 감발흥기할 수 있는 것인데 어찌 우아함과 속됨을 분간하겠는가. 이것이 내가 도산십이곡을 사랑하고 즐기는 까닭이다. 무이도가[273]에 못지않아 (도산휘음의) 끝에 아울러 수록했다.

[益愰所編陶山徽音/익황소편도산휘음 … 但其中有所論解處/단기중유소론해처 雖亦出於心有所感而不能自已/수역출어심유소감이불능자이 然其僭妄之懼/연기참망지구 有不自勝者/유부자승자 … 或謂/혹위 陶山十二曲/도산십이곡 佳則佳矣/가즉가의 然而雜以方言/연이잡이방언 俗而不雅/속이불아 不必拜取於此/불필배취어차 是不然矣/시불연의 蓋詩言志/개시언지 歌永言/가영언 詩之而不足則歌之/시지이부족즉가지 然今之詩/연금지시 與古之詩異/여고지시리 可詠而不可歌/가영이불가가 此先生之所以有此曲/차선생지소이유차곡 而其跋語旣目以爲欲使兒輩/이기발어기목이위욕사아배 朝夕習而歌之/조석습이가지 隱几而聽之/은궤이청지 亦使兒輩/역사아배 自歌而自舞蹈之/자가이자무도지 庶幾可以蕩滌鄙吝/서기가이탕척비린 感發融通/감발융통 而歌者與聽者/이가자여청자 不能無交有益焉/불능무교유익언 趙月川/조월천 亦稱先生囂囂自得之趣/역칭선생효효자득지취 備見於陶山詩記及四時吟/비현어도산시기급사시음 而幷擧此曲/이병거차곡 以爲極言閒居味道無窮之樂/이위극언한거미도무궁지락 則不可少也明矣/즉불가소야명의 夫道之所在/부도지소재 則詩與歌奚異所貴乎/즉시여가해이소귀호 詩與歌者/시여가자 爲其能感發興起/위기능감발흥기 則雅與俗奚擇/즉아여속해택 此吾所以愛玩此曲/차오소이애완차곡 不減於武夷櫂歌/불감어무이도가 而幷錄於篇末者也/이병록어편말자야][274]

라고, 『도산휘음』에 퇴계 선생의 한시뿐 아니라 도산십이곡을 꼭 넣어야

273) 주자(朱子)의 무이구곡도가.

274) 『극재집(克齋集)』, 제1권, 시, 「차래경독도산휘음유감시운(次來卿讀陶山徽音有感詩韻) 병서(幷序)」.

한다는 견해를 밝히는 내용에서 보듯, 도산십이곡을 한글 노래로 만들었기 때문에 저속하다는 비난론이 있기도 했고, 감동 · 분발하게 하여 선한 본성을 일으키는 마음 치유 효과가 있어서 귀하다는 찬성론이 있기도 했지요. 극재 선생은 『운곡휘음』의 편차를 수정하고, 여기에 『도산휘음』을 덧붙여서 『운곡도산휘음』을 완성했습니다.[275] 또한 극재 선생과 같은 시대의 눌은(訥隱) 이광정(李光庭, 1674~1756, 본관 원주, 자字 천상天祥) 선생은 제자 강좌(江左) 권만(權萬, 1688~1749, 본관 안동, 자字 일보一甫) 선생이 산속에서 말을 탄 채 도산십이곡을 부르는 것을 듣고

> 옛날 우리 이부자(퇴계)께서는 도산에서 조용히 수양하셨는데, 도산이 앞뒤로 둘러싼 데서 지극히 즐기면서 사셨다. 지금 그대가 그 남겨주신 음을 베껴 말 위에서 한 번 부르니 산속의 고요한 마을을 그윽하게 감싸 한가롭다. 한 번 또 한 번 부르니 저절로 도심이 생겨 억지로 잡으려고 하지 않아도 정신의 세계가 일시에 평온해지고, 힘들이지 않고도 칠정이 떨쳐나가니 사특한 생각이 어찌 생기겠는가. 그대는 항상 이 곡을 노래하여 반드시 좌우명으로 즐기라.
> [昔我李夫子/석아이부자 養靜在陶山/양정재도산 陶山前後疊/도산전후첩
> 至樂寓其間/지락우기간 君今寫遺音/군금사유음 馬上試一唱/마상시일창
> 山中寂寞鄉/산중적막향 幽抱爲舒暢/유포위서창 一唱復一唱/일창부일창
> 油然道心生/유연도심생 不勞强把持/불로강파지 靈界一時平/영계일시평
> 七情不勞攘/칠정불로양 邪思何由萌/사사하유맹 君常歌此曲/군상가차곡
> 豈必座右銘/개필좌우명][276]

라며, 고요한 산속에서 도산십이곡을 들으니 저절로 도심 즉 진리가 발하는 선한 마음이 생긴다고 말했더군요. 눌은 선생이 언급한 칠정은 기쁨 ·

---

275) 우지영, 「운곡도산휘음(雲谷陶山徽音)의 편찬 의식에 대한 고찰」, 『남명학연구(南冥學硏究)』(경상국립대학교 경남문화연구원, 2020) 제67집, 63~91쪽.

276) 『눌은집(訥隱集)』, 제2권, 시, 「일보마상영도산육곡(一甫馬上詠陶山六曲)」.

노여움 · 슬픔 · 두려움 · 사랑 · 미움 · 욕심 등 인간의 감정들을 통칭합니다.[277] 동양철학 심성론에서 칠정의 감정은 상황에 따라서 선할 수도 악할 수도 있는, 선과 악이 결정되지 않은 것으로 봅니다. 성호(星湖) 이익(李瀷, 1681~1763, 본관 여주, 자字 자신自新[278]) 선생의 『해동악부』에는 서애(西厓) 유성룡(柳成龍, 1542~1607, 본관 풍산, 자字 이현而見) 선생에 대한 시[279] 속에

천하의 난리 평정한 공 이룬 후	旋乾轉坤功成後/선건전곤공성후
때로 옷깃 풀고 발 뻗고 앉아	有時解衣來盤礴/우시해의래반박
거듭 도산십이곡 노래 읊조리니	重吟陶山十二歌/중음도산십이가
천영운비,[280] 풍광에 움직이네	川泳雲飛動光色/천영운비동광색

라고 서애 선생이 도산십이곡을 거듭 읊조렸다는 문구가 등장합니다. 1728년에 남파(南坡) 김천택(金天澤, 1687?~?, 본관 ?, 자字 백함伯涵 · 이숙履叔) 선생이 엮은 『청구영언』에도 도산십이곡이 나오는데요.[281] '퇴계도산육곡'이라는 제목으로 도산십이곡의 가사 전문과 발문이 수록되어 있습니다. 총 138쪽 분량의 『청구영언』은 한국 최초의 '가집'이지요. 전해오는 시조 580수를 모아서 음악적 특성에 따라 12종류로 분류했습니다. 12종류는 〈초중대엽 · 이중대엽 · 삼중대엽 · 북전 · 이북전 · 초삭대엽 · 이삭대엽 · 삼삭대엽 · 낙시조 · 장진주사 · 맹상군가 · 만횡청류〉인데요. 도산십이곡은

277) 『예기(禮記)』, 「예운(禮運)」, 〈무엇을 사람의 감정이라고 하는가. 희노애구애오욕 일곱 가지는 배우지 않아도 표출할 수 있다. 何謂人情/하위인정 喜怒哀懼愛惡欲/희노애구애오욕 七者弗學而能/칠자불학이능〉.

278) 한우근, 「이익(李瀷)」, 『한국민족문화대백과사전』(한국학중앙연구원 1997)에는 자신(子新)으로 되어있다.

279) 『성호전집(星湖全集)』, 제8권, 해동악부(海東樂府), 「운암곡(雲巖曲)」.

280) 물고기가 시내에서 헤엄치고 새가 구름을 따라 나는 것. ※ 서포(西浦) 김만중(金萬重, 1637~1692, 본관 광산)의 소설 『구운몽(九雲夢)』, 〈서로 뜻이 맞는 즐거움이 물고기가 시내에서 헤엄치고 새가 구름을 따라 나는 듯하였다. 相得之樂/상득지락 如魚川泳而鳥雲飛/여어천영이조운비〉.

281) 『청구영언(靑丘永言)』, 「퇴계도산육곡(退溪陶山六曲)」, 영인편(2017, 국립한글박물관).

'이삭대엽'이라는 항목으로 분류되어 있습니다. 삭대엽은 우리말로 '자진한잎'이며, 이삭대엽(二數大葉)은 자진한잎 중 가장 템포가 느린 '긴 자진한 잎'입니다.[282] 『청구영언』은 악보는 없이 시조의 음악적 유형을 분류하고 가사와 설명을 실은 책입니다. 앞에 '서문', 뒤에 '발문'과 '후발문'이 붙어있더군요. 『청구영언』의 원본이 공개되지 않아 학계에서 안타까워했는데 다행히 2013년 9월에 국립한글박물관에서 귀한 원본을 수집한 모양입니다. 제목 부분의 저자(퇴계)를 설명하는 일부 글자는 알아볼 수가 없군요.

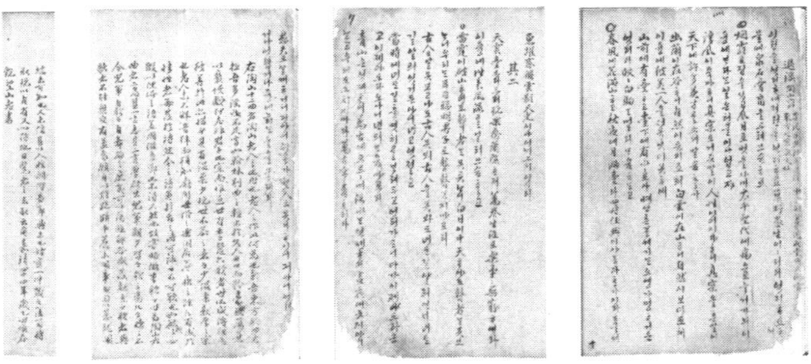

『청구영언』의 도산십이곡 가사와 발문

18세기에 남파 선생이 도산십이곡을 이삭대엽의 노래로 분류한 것은 나름대로 의미가 있지만, 도산십이곡이 만들어진 시점과 이삭대엽 장르가 출현한 시점은 시대적으로 차이가 있습니다.

> 삭대엽이 처음으로 출현하는 악보는 1620년의 현금동문유기(玄琴東文類記)이다. 따라서 삭대엽은 17세기부터 불리기 시작한 전통 성악곡임을 알 수 있다. … 그 뒤 1680년경의 신증금보(新證琴譜)에 이르러서 삭대엽이 각각 1 · 2 · 3으로 증가되고 한금신보(韓琴新譜)에는 제4의 삭대엽이 출현하기에

282) 위키백과, 가곡(한국음악), 「가곡의 종류」.

이른다.[283]

라는 내용을 살펴보면, 17세기 후반에 출현한 이삭대엽 장르는 퇴계 선생의 시대에 있었던 멜로디가 아니며 퇴계 선생이 '국민 누구나 부르는 성가'를 원한 본래의 의도와는 무관합니다. 또한 18세기의 대산(大山) 이상정(李象靖, 1711~1781, 본관 한산, 자字 경문景文) 선생은 도산십이곡의 의미를 인용하여

당시에 편안했던 집 몇 번이나 멀리하고
어디서 방황하다 오늘 돌아왔나.
집안일 이제 다시 잘 다독거려
집 비운 주인 그르다고 하지 않게 하리.
當年安宅幾時違/당년안택기시위
何處彷徨此日歸/하처방황차일귀
家事從今更料理/가사종금갱요리
莫教虛室主人非/막교허실주인비

앞 구절은 퇴계 선생의 도산육곡의 의미를 차용하였다.
[首句/수구 用退陶先生陶山六曲意/용퇴도선생도산육곡의]

라는 시[284]를 지었는데요. 내용을 보니 '당시에 녀던 길을 몇 해를 버려두고 어디 가 다니다가 이제야 돌아온고'라는 도산십이곡 제10곡의 가사가 연상됩니다. 시대를 조금 더 내려와, 해은(海隱) 강필효(姜必孝, 1764~1848, 본관 진주, 자字 중순仲順) 선생은

퇴계 선생의 도산십이곡 원본은 단지 노래 곡으로 소리는 있으나 시가 없다.

283) 황준연, 「삭대엽(數大葉)」, 『한국민족문화대백과사전』(한국학중앙연구원, 1995).
284) 『대산집(大山集)』, 제1권, 시, 「독심경유감우서(讀心經有感偶書)」. ※ '독심경유감우서'는 '『심경』을 읽다가 감회가 있어 우연히 쓰다'.

필효가 그 우리말 인쇄본을 취하여, 고산구곡[285]을 송문정공[286]이 한문으로 옮긴 글과 소리의 특성을 감히 모방하여 한문 가사를 만들어 무이구곡[287]에 덧붙였다. 세상의 군자들이 이 주제넘고 망령된 죄를 용서하고 그 우러러 사모하는 정성만을 취한다면 다행일 뿐이다.

[退溪先生/퇴계선생 陶山十二曲舊本/도산십이곡구본 只是歌曲有聲而無詩/지시가곡유성이무시 必孝就其諺錄印本/필효취기언록인본 敢傍高山九曲宋文正飜文例倚永爲詞/감방고산구곡송문정번문례의영위사 以附于武夷九曲/이부우무이구곡 世之君子/세지군자 幸恕其僭妄之罪/행서기참망지죄 而取裁其景慕之誠云/이취재기경모지성운][288]

라며 한글 도산십이곡을 한문 가사로 번역하기도 했습니다. 해은 선생의 도산십이곡 전체 한문 가사는 〈제12장.〉에 제시했습니다.

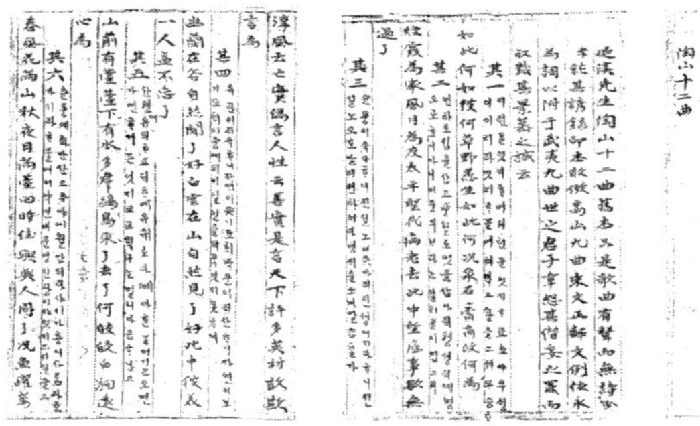

285) 황해도 해주 고산(高山)에 있는 석담(石潭)의 풍광이 뛰어나 1575년 율곡 선생이 아홉 굽이에 이름을 붙이고 시를 지었다. 석담구곡가(石潭九曲歌)라고도 하는데 주자(朱子)의 무이구곡가를 본떴다.

286) 우암(尤菴) 송시열(宋時烈, 1607~1689, 본관 은진, 자字 영보英甫, 시호 문정文正).

287) 주자(朱子)의 무이구곡도가.

288) 『해은별고(海隱別稿)』, 1권, 시, 「도산십이곡(陶山十二曲)」.

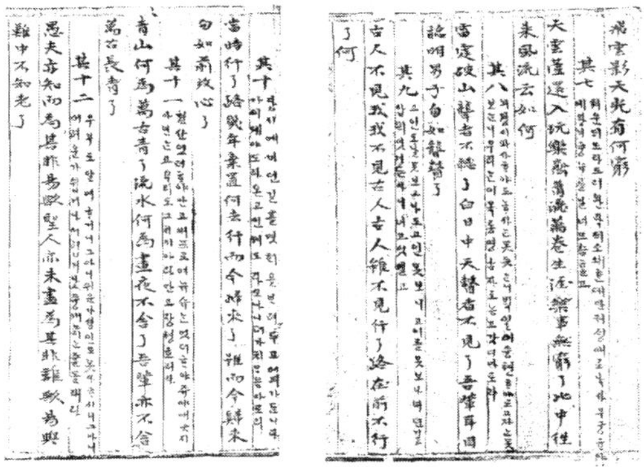

『해은별고』의 도산십이곡 한문 번역 가사

퇴계 선생의 한글 도산십이곡이 당대에 판각됨으로써 도산서원을 찾는 사람들이 손쉽게 탁본하여 활발한 전승과 유포를 가져왔던 반면에, 해은 선생이 언급한 율곡 선생의 한글 고산구곡가는 당대에 판본으로 제작되지 않고 필사본이 극히 일부의 사대부들에게 전해지다가 17세기 말 우암(尤菴) 선생의 주도하에 비로소 판본의 제작이 시작되었습니다.[289] 더 후대에 내려와 조선 말기인 19세기 말에는 독립운동가 향산(響山) 이만도(李晩燾, 1842~1910, 본관 진성, 자字 관필觀必) 선생이 쓴, 그의 스승이자 장인인 기천(杞泉) 권승하(權承夏, 1807~1890, 본관 안동, 자字 윤화胤華) 선생의 행장에

> 아들이 없어 맏형의 차남 재륜[290]으로 대를 이었는데 호가 소헌이며 공의 부친이다. 모친은 진성이씨로, 생원으로서 이조 참판에 추증된 이대순(李大淳, 1766~?, 자字 상초尙初)의 따님이자 현감 이귀석[291]의 손녀이다. … 젖먹이 때부터 모친이 도산가곡과 시장(詩章), 소학의 가언과 선행을 아침저녁으로

289) 이상원, 「조선 후기 고산구곡가(高山九曲歌) 수용양상과 그 의미」, 『고전문학연구』(한국고전문학회, 2003), 2~60쪽.

290) 소헌(疏軒) 권재륜(權載綸, 1785~1844, 본관 안동).

291) 소은(佋隱) 이귀석(李龜錫, 1740~1835, 자字 은서恩瑞).

일러주며 가르쳤다.

[無子/무자 以伯氏次子諱載綸嗣/이백씨차자휘재륜사 號踈軒寔公之皇考也/호소헌식공지황고야 妣眞城李氏/비진성이씨 生員贈吏參大淳女/생원증리참대순녀 縣監龜錫孫/현감귀석손 … 自提抱時/자제포시 母夫人以陶山歌曲/모부인이도산가곡 詩章及小學嘉言善行/시장급소학가언선행 朝夕詔敎/조석조교][292]

라고 진성이씨 어머니로부터 젖먹이 때부터 도산십이곡과 『소학』을 배웠다는 내용이 있군요. 『소학』은 주자(朱子, 1130~1200)의 지시에 따라 제자 유자징(劉子澄, ?~?)이 1187년에 편찬한 책으로, 내편에 「입교」·「명륜」·「경신」·「계고」가 있고, 외편에 「가언」·「선행」이 있지요.

고전문헌에 이러한 기록들이 있는 것으로 보아 퇴계 선생의 제자들과 16~19세기의 선비사회에서 마음공부를 위해 한글 도산십이곡을 불렀음을 알 수 있습니다. 그러나 아쉽게도 일반 국민이 도산십이곡을 불렀다는 기록은 찾을 수 없었습니다. 위의 선비사회 기록들에서 '영(詠)', '음풍(吟諷)', '가(歌)'로 표현한 당시의 도산십이곡 멜로디가 어떠한 형태인지 정확히 알 수는 없습니다. 제가 한문의 의미를 잘 알지 못하여 도산서원 참 공부 모임의 동양대학교 강구율 교수님께 고전문헌에 등장하는 '영', '음풍', '시창', '가' 등의 의미와 멜로디에 대해 가르침을 청했습니다. 한시(漢詩) 분야에 해박하신 강 교수님께서는 바쁘신 와중에도 『서경』의 「순전」, 『예기』의 「악기」 등의 문헌을 검토하시어 자상한 답변을 보내 주셨습니다. 강 교수님의 가르침을 종합해보니 고전문헌의 기록들에서 '영', '음풍', '가'로 표현한 당시의 도산십이곡 멜로디는 아마도 읊조림이나 시창의 형태였을 듯싶습니다.

---

292) 『향산집(響山集)』, 제17권, 「기천권공행장(杞泉權公行狀)」.

5장

후세사람의 작곡을 기다리니

'453년 뛰어넘은 콜라보'

2017년 11월의 어느 날 교수 연구실에서, 도산서원 참 공부 모임에서 며칠 전에 받아온 신간 『도산잡영』[293]이라는 책을 읽다가 아래의

> 노래로 부르려면 우리말로 엮어야 하니 … 또한 노래 곡조에 들어갈지 음절에 화합할지 그렇지 않을지 몰라서, 한동안 한 부를 써서 상자에 넣어 놓고 때때로 꺼내어 즐기며 스스로 고쳤다. 훗날 열람해 보는 자의 취사선택을 기다릴 뿐이다.
> [如欲歌之必綴以俚俗之語/여욕가지필철이리속지어 … 又未信其可以入腔調諧音節與未也/우미신기가이입강조해음절여미야 姑寫一件/고사일건 藏之篋笥/장지협사 時取玩以自省/시취완이자성 又以待他日覽者之去取云爾/우이대타일람자지거취운이][294]

라고 퇴계 선생께서 써놓은 도산십이곡의 발문 내용을 접했습니다. 그 순간 저는 너무나 큰 충격을 받았습니다. 너무나 커다란 감동으로 인해 제

293) 도산서원 참 공부 모임, 『도산잡영(陶山雜詠)』(예인, 2017).
294) 『정본퇴계전서(定本退溪全書)』, 시 15, 「도산십이곡발(陶山十二曲跋)」

온몸이 떨렸습니다. 주로 한문을 사용했던 그 시대에 65세의 노(老) 대학자가 주변 선비들의 비난을 무릅쓰고 국민에게 선물하기 위해 500여 년 전에 '한글 철학노래'를 만들었다니! 더구나 후세사람에게 작곡을 부탁했다니! 마치 벼락을 맞은 것 같았으며 얼어붙은 듯 한동안 말도 나오지 않았고 내 모든 신체활동이 그대로 정지되는 듯했습니다. 도산십이곡 제8곡의 '천둥 · 번개가 산을 부순다'라는 가사처럼 제 몸을 부술듯한 강한 전율이 제 몸에 흐르더군요. 저는 도저히 믿기 어려웠습니다. 그러나, 아무리 눈을 씻고 몇 번이고 읽어봐도 사실이었습니다. 또한, 이렇게 귀하고 아름다운 보석인 '대학자의 노래 선물'이 일부 학자들의 연구논문과 수능시험의 국문학 문제출제자료로만 쓰이면서 국민에게 '온전한 노래'로 전달이 되지 않은 채 퇴계 선생의 상자 속에 그대로 있다는 것이 저의 인문 의학적 관점으로 볼 때 너무나 놀랍고 안타까웠습니다. 대학자의 정성과 당부에도 불구하고 아무도 노래로 만들지 않았다는 현실이 부끄럽고 슬프기까지 했습니다. 이 문구를 접한 이후

> 훗날 열람해 보는 자의 취사선택을 기다릴 뿐이다.
> [又以待他日覽者之去取云爾/우이대타일람자지거취운이][295]

라며 후세사람에게 작곡을 부탁하는 대학자의 절절한 육성(肉聲)이 메아리처럼 계속 저의 머릿속과 가슴속에서 울렸고 제 마음을 온통 차지하고 떠나지 않았습니다. 퇴계 선생의 음성이 귓속에서 고막을 두드리며 계속 저를 따라다니는 통에 저는 심장이 너무 두근거려서 다른 일은 아무것도 제대로 할 수가 없더군요. 무속인들이 흔히

295) 위의 문헌과 동일.

"어느 날 갑자기 신이 내렸다."

라고 하는 표현을 쓰던데요. 그런 상황이라고 보면 맞을지 모르겠습니다. 『시경』에서

> 신이 이르는 것은 예측할 수 없으니
> [神之格思/신지격사 不可度思/불가탁사][296]

라고 말하듯 신이 내리는 것은 알 수 없는가 봅니다. 연세대학교 이광호 교수님께서 2021년 1월 9일의 제31차 도산서원 참 공부 모임 때, 퇴계 선생께서 '신'이라는 개념에 대해 세 가지로 정리한 것이 있다고 알려주신 적이 있는데요. 64세의 퇴계 선생은

> 대개 신은 세 가지로 구별되니, 하늘에 있는 신, 사람에게 있는 신, 제사 지내는 신입니다. … 주자(周子)[297]의 '움직이되 움직임이 없고, 고요하되 고요함이 없다'라는 신,[298] 회암[299]의 '오행의 신', 자사[300]의 '신이 이른다'라는 신,[301] 공자의 '일정한 방향이나 위치가 없다'라는 신은 '이'가 '기'를 타고 출입하는 신이니 곧 이른바 하늘에 있는 신(在天之神/재천지신)입니다. … 정자(程子)의 '응신(한곳에 정신을 집중한 상태)'의 신, 장자(張子)[302]의 '심신(心神)'의 신, 회암의 '사람에게 있어서 이(理)가 된다'라는 신과 '심신(心神)이 안

---

296) 『시경(詩經)』, 대아(大雅), 「억(抑)」.
297) 염계(濂溪) 주돈이(周敦頤, 1017~1073, 자字 무숙茂叔).
298) 『통서(通書)』, 「동정제십육(動靜第十六)」, 〈움직이면 고요함이 없고, 고요하면 움직임이 없는 것이 사물이다. 움직이되 움직임이 없고, 고요하되 고요함이 없는 것이 신이다. 動而無靜/동이무정 靜而無動/정이무동 物也/물야 動而無動/동이무동 靜而無靜/정이무정 神也/신야〉.
299) 회암(晦庵) 주희(朱熹, 1130~1200, 자字 원회元晦 · 중회仲晦).
300) 공급(孔伋, BC 483? ~ 402?, 자字 자사子思). 공자의 손자.
301) 『중용(中庸)』, 「제16장」, 〈시경에 신이 이르는 것은 예측할 수 없다고 했으니. 詩曰/시왈 神之格思/신지격사 不可度思/불가탁사〉.
302) 횡거(橫渠) 장재(張載, 1020~1077, 자字 자후子厚).

정된다'라는 신은 곧 사람에게 있는 신(在人之神/재인지신)입니다. 재천지신과 재인지신 두 가지는 모두 오직 신만 말한 것입니다. 반면에 정 · 신 · 혼 · 백처럼 이름을 달리하는 것들은 모두 사람의 몸(身/신)에서 음과 양을 가리켜 상대적으로 말한 것입니다. 음은 정(精)이 되고 양은 신(神)이 되며, 양의 신은 혼(魂)이 되고 음의 신은 백(魄)이 되므로 그 이름을 달리하지 않을 수 없습니다. 그러나 실상은 둘이면서도 하나이기 때문에 통틀어 신이라 할 수 있습니다.

[大抵神之別有三/대저신지별유삼 有在天之神/유재천지신 在人之神/재인지신 祭祀之神/제사지신 … 周子動無動靜無靜之神/주자동무동정무정지신 晦菴五行之神/회암오행지신 子思神之格思之神/자사신지격사지신 孔子無方之神/공자무방지신 是理乘氣出入之神/시리승기출입지신 卽所謂在天之神也/즉소위재천지신야 … 程子凝神之神/정자응신지신 張子心神之神/장자심신지신 晦菴在人爲理之神/회암재인위리지신 心神安定之神/심신안정지신 卽在人之神/즉재인지신 二者皆單言神也/이자개단언신야 若精神魂魄之異名/약정신혼백지이명 皆就人身上指陰陽而對言之/개취인신상지음양이대언지 陰爲精/음위정 陽爲神/양위신 陽之神爲魂/양지신위혼 陰之神爲魄/음지신위백 所以不得不異其名也/소이부득불이기명야 然其實二而一者/연기실이이일자 故可通謂之是神耳/고가통위지시신이][303]

라고, '하늘에 있는 신', '사람에게 있는 신', '제사 지내는 신'으로 구분했습니다. 하늘에 있는 신은 절대신 즉 절대 진리인 '이(理)'를 지칭하고, 사람에게 있는 신은 절대 진리로부터 부여받은 마음의 신 즉 '성(性)'을 지칭하고, 제사 지내는 신은 몸의 신 즉 '혼 · 백'을 지칭한다고 설명했습니다. '하늘에 있는 신'과 '사람에게 있는 신'은 〈형이상적인 신〉, '제사 지내는 신'은

303) 『정본퇴계전서(定本退溪全書)』, 서간 6, 서(書)-김취려(金就礪)-28-3, 「논이중호갈문시김이정(論李仲虎碣文示金而精) 별지(別紙)」. ※ 잠재(潛齋) · 정암(整庵) 김취려(金就礪, 1526~?, 본관 안산, 자字 이정而精); 이소재(履素齋) 이중호(李仲虎, 1512~1554, 본관 전주, 자字 풍후風后) 선생은 서봉(西峯) 유우(柳藕, 1473~1537, 본관 진주, 자字 양청養淸) 선생의 제자.

〈형이하적인 신〉인 것 같군요. 퇴계 선생께서 설명한 세 종류의 신을 문화적 배경이 많이 다른 서구의 현대언어로 표현하기는 어렵겠지만, 'God'(절대신), 'spirit'(영), 'soul · body'(혼 · 체)라는 단어에 비유해 볼 수 있겠습니다.[304] 여기서 퇴계 선생의 설명을 바탕으로 절대 진리와 인간 존재에 대해 동서양의 언어가 지칭하는 지점을 인문 의학적으로 정리해봅니다.

동서양의 언어가 지칭하는 지점의 유사성

<table>
<tr><th colspan="2">지칭 지점</th><th colspan="2">동양 언어</th><th colspan="2">서양 언어</th></tr>
<tr><td colspan="2">절대 진리</td><td colspan="2">이(理)</td><td colspan="2">God</td></tr>
<tr><td rowspan="3">개별 인간 존재</td><td>형이상</td><td colspan="2">성(性)</td><td colspan="2">spirit(영, pneuma)</td></tr>
<tr><td rowspan="2">형이하</td><td rowspan="2">몸 (身/신)</td><td>천기(혼)</td><td rowspan="2">flesh (육)</td><td>soul(혼, psyche)</td></tr>
<tr><td>지기(백)</td><td>body(체)</td></tr>
</table>

어쨌든, 〈제1장.〉에서 말씀드렸듯 도산십이곡 노래는 저의 운명이었습니다. 퇴계 선생의

> 세속의 음악은 듣기를 싫어하였다.
> [厭聞世俗之樂/염문세속지악][305]

라는 말씀처럼, 저 역시 1982년에 연주 활동을 접은 이후 약 40여 년간 세속의 음악과는 의식적으로 거리를 두고 살아왔는데요. 대학자가 국민에게 주려고 했던 도산십이곡이라는 영적 노래 선물을 이제라도 '온전한 노래'로 완성하여 전달해드려야겠다는 마음이 제 내면의 깊은 곳에서부터 솟구쳐 올랐습니다. 퇴계 선생께서 한글 도산십이곡 노래를 만들면서

304) 〈제9장.〉의 제3곡 참조.

305) 『정본퇴계전서(定本退溪全書)』, 시 15, 「도산십이곡발(陶山十二曲跋)」.

> 다만 나의 이러한 작업이 자못 세상과 맞지 않으니
> [顧自以蹤跡頗乖/고자이종적파괴][306]

라고 '엉뚱한 일'이라고 표현한 것처럼, 의사가 작곡을 시도하는 것도 역시 '엉뚱한 일'이 아닐 수 없지요. 이렇게 작사자와 작곡자가 모두 음악인이 아닌 노래를 탄생시키는 '특이한 콜라보 작업'이 시작되었습니다. 저는 도산십이곡 노래의 작곡 작업을 시작하기 전에 먼저 퇴계 선생께서 어떠한 멜로디를 소망했는지, 도산십이곡에 어떤 멜로디가 필요한지를 알기 위해 도산십이곡의 발문 내용과 목판본 가사를 〈음악적 관점〉으로 자세히 들여다보았습니다. 그리고 동양음악 이론을 이해하기 위해 『예기』라는 고전의 「악기」 편을 위주로 본격적으로 동양음악 공부를 하기 시작했습니다. 『예기』는 총 49편으로 구성된 매우 큰 책이더군요. 제31편은 『중용』으로, 제42편은 『대학』으로 독립했고, 제19편이 「악기」입니다. 『예기』의 심오한 동양음악 이론은 첫 문단부터 〈소리 → 음 → 화음 · 음계 → 악〉으로 나아가는 과정을 다음과 같이

> 모든 음은 사람의 마음으로 인해 생겨난다. … 마음이 만물에 감응하여 움직이므로 '소리'에 형체가 드러난다. 소리가 서로 반응하여 변화가 생기며, 변화가 일정한 모양을 이루는 것을 '음'이라고 한다. 음을 엮어서 그것을 즐기고 도끼와 방패를 들고 깃털로 장식하여 춤을 추는 것을 '악'이라고 한다.
> [凡音之起由人心生也/범음지기유인심생야 … 感於物而動故形於聲/감어물이동고형어성 聲相應故生變/성상응고생변 變成方謂之音/변성방위지음 比音而樂之及干戚羽旄謂之樂/비음이락지급간척우모위지악][307]

라고 설명하며 제게 큰 감동을 주었습니다. 다양한 특성(形/형)의 수많은

306) 위의 문헌과 동일.
307) 『예기(禮記)』, 「악기(樂記)」.

‘소리’ 중에 일정한 주파수의 모양(方/방)을 가진 소리를 ‘음’이라고 하며, 서로 어울리는 음들을 ‘화음’과 음계’라고 하지요. 1도 화음, 4도 화음, 5도 화음 등 다양한 화음이 있고, 장조 음계, 단조 음계, 동양 음계, 블루스 음계 등 많은 음계가 있습니다. 어울리는 음들을 엮어서(比/비) 멜로디를 만들고 거기에 안무가 더해져서 ‘악(樂)’이 되는 것이라고 『예기』는 설명합니다. 퇴계 선생은 도산십이곡에 어떤 멜로디를 붙이기를 원했을까요? 퇴계 선생은 정말 상상을 초월하는 분이시더군요. 퇴계 선생은

> 노인은 본디 음률을 알지 못한다.
> [老人素不解音律/노인소불해음률][308]

라고 겸손하게 말씀했지만, 원하는 멜로디의 모양을 도산십이곡 발둔과 가사에 아주 자세하고 분명하게 표시해놓았습니다. 첫째로, 퇴계 선생은 열두 곡이 같은 멜로디이기를 원했습니다. 저는 처음에 도산십이곡 노래의 열두 곡을 각각의 서로 다른 멜로디로 작곡하려 했었습니다. 그런데 계속 도산십이곡 가사와 발문의 내용을 자세히 탐구하는 과정에서, 퇴계 선생께서 열두 곡의 멜로디가 모두 같게 만들어지기를 원했다는 것을 알게 되었습니다. 저의 이러한 논지는 퇴계 선생께서 도산십이곡 가사를 최종 수정한 부분들에 근거하여 내린 결론입니다. 도산십이곡 가사의 목판본을 확대해보면 여러 곳에 작은 글씨로 수정한 흔적이 보입니다. 〈퇴계 선생의 도산십이곡 가사 수정의 음악적 관점〉이라는 주제에 관해서는 학계의 연구나 발표가 거의 없었던 것으로 생각됩니다. 2020년 1월 2일의 도산서원선비문화수련원 신년 연찬회 특강에서 제가 설명해드린 것이 아마도 최초의 학술적 주장이었을 것 같은데요. 〈성리학과 음악, 그리고

---

308) 『정본퇴계전서(定本退溪全書)』, 시 15, 「도산십이곡발(陶山十二曲跋)」.

도산십이곡〉이라는 주제의 2시간 강의였지요. 이후 2021년 8월에는 학술논문으로도 이 주제를 다루어 발표했습니다.[309] 퇴계 선생은 도산십이곡 발문에

> 노래 곡조에 들어갈지 음절에 화합할지 그렇지 않을지를 몰라서, 한동안 한 부를 써서 상자에 넣어 놓고 때때로 꺼내어 즐기며 스스로 살폈다.
> [又未信其可以入腔調諧音節與未也/우미신기가이입강조해음절여미야 姑寫一件/고사일건 藏之篋笥/장지협사 時取玩以自省/시취완이자성][310]

라고, 완성한 도산십이곡 가사를 노래 곡조와 음절에 맞추려고 때때로 꺼내어 수정했다고 밝혔습니다. 이 문장은 퇴계 선생께서 가사를 완성한 후

- 어느 정도의 기간에 걸쳐(姑/고)
- 여러 번 꺼내어(時取/시취)
- 어떠한 형태로든 직접 즐겁게 흥얼거려보면서(玩/완)
- 검토하며 최종 수정 작업(自省/자성)

을 했음을 의미합니다. 노래를 만들 때 열두 곡 가사의 글자 수를 곡조와 음절에 맞추려고 서로 일정하게 조정하는 작업을 〈음악적 관점〉에서 보면 같은 멜로디를 염두에 두고 하는 작업입니다. 퇴계 선생께서 도산십이곡 가사를 최종 수정한 곳을 자세히 검토해보면, 글자를 추가하고, 아울러 더 쉬운 말로, 그리고 더 적절한 소리의 단어로 수정했음을 알 수 있습니다. 도산십이곡은 열두 곡이 각각 세 행으로 이루어져 있는데요. 퇴계 선생은 1행과 2행의 두 곳에서 글자 수를 조정하고, 3행의 두 곳에서 문구

---

309) 이사미 · 김병일 · 김종성, 「노래로서 도산십이곡의 구현: 악보 및 가사에 담긴 교육적 함의」, 『유학연구』(충남대학교 유학연구소, 2021) 제56집, 31~81쪽.

310) 『정본퇴계전서(定本退溪全書)』, 시 15, 「도산십이곡발(陶山十二曲跋)」.

를 수정했습니다.

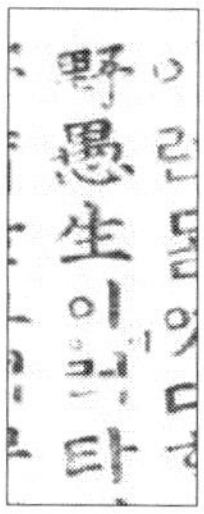

1. 2.

도산십이곡 목판본에서 1행의 글자 수를 수정한 1번 그림은 제4곡 1행의 앞부분입니다.

유란재곡ᄒᆞ니 → 유란이 재곡ᄒᆞ니

로, 여섯 자를 일곱 자로 고친 흔적이지요. 이것은 1행의 앞부분이

제1곡. 이런ᄃᆞᆯ 엇다ᄒᆞ며
제2곡. 연하로 지블 삼고
제3곡. 순풍이 죽다 ᄒᆞ니

처럼, 제1곡~제3곡까지 모두 일곱 자인 것에 맞춘 것입니다. 그 결과, 열두 곡 중 1행의 앞부분이 일곱 자인 곡이 아홉 곡, 여덟 자인 곡이 세 곡입니다. 수정하지 않은 1행의 뒷부분은 일곱 자인 곡이 열 곡, 여섯 자인 곡이 두 곡으로 거의 일정합니다. 2행의 글자 수를 수정한 2번 그림은 제1곡 2행의 앞부분입니다. 이것은

초야우생 → 초야우생이

로, 네 자인 것을 다섯 자로 고쳐서 제2곡 2행 앞부분의

태평성대예

가 다섯 자인 것에 어울리게 한 것입니다. 이렇게 수정함으로써 2행의 앞부분이 다섯 자인 곡이 네 곡, 여섯 자인 곡이 한 곡, 일곱 자인 곡이 네 곡, 여덟 자인 곡이 세 곡입니다. 수정하지 않은 2행의 뒷부분을 살펴보면, 일곱 자인 곡이 열한 곡, 아홉 자인 곡이 한 곡으로 뒷부분은 글자 수가 거의 일정한 편이지요.

3.

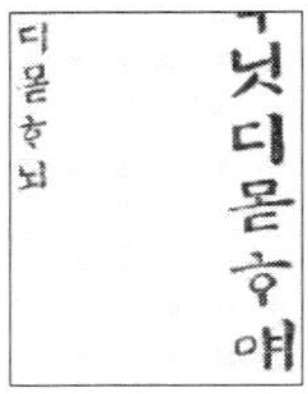
4.

그 외에도 3행의 두 곳에서 문구를 수정했는데요. 3번 그림은 제4곡 3행 앞부분의

彼美一人(피미일인)를 → 고온 ᄒᆞᆫ 니믈

으로 고친 흔적으로, 한문 문구를 같은 다섯 글자의 한글로 고침으로써 대중이 더 쉽게 부를 수 있도록 수정했습니다. 4번 그림은 제4곡 3행의 끝부분을

몯ᄒᆞ애 → 몯ᄒᆞ뇌

로 고친 흔적입니다. 이 부분의 끝맺음 소리로서 '~애'보다는 '~뇌'가 더 어울린다고 본 것이지요. 평소의 퇴계 선생에 대해

> 시 한 수를 읊을 때도 한 글귀 한 글자를 반드시 숙고하여 고치고 정했으며 가볍게 남에게 보이지 않았다.
> [雖偶吟一絶/수우음일절 一句一字/일구일자 必精思更定/필정사경정 不輕示人/불경시인. 李德弘/이덕홍][311]

라고 서술한 것을 보면, 퇴계 선생께서 도산십이곡 가사를 만들 때 얼마나 큰 정성을 들였을지 짐작이 됩니다. 열두 곡 가사를 최종 완성한 후에도 이렇게 검토하며 고쳤는데, 열두 곡 가사를 한 곡씩 써나갈 때는 얼마나 더 많이 수정하며 만들었을까요? 위의 최종 수정 흔적들은 국민의 마음공부를 위해 지극 정성으로 노래 가사를 완성한 퇴계 선생의 마음을 엿볼 수 있는 대목입니다. 둘째로, 퇴계 선생은 선비들의 시조 읊기나 시창이 아닌, 일반 대중이 부를 수 있는 멜로디의 형태를 원했습니다. 저의 이러한 논지 근거는 다음의

> 무릇 마음에 감동이 있는 것을 매번 시로 나타내었다. 그러나 지금의 시는 옛날의 시와는 달라서 읊을 수는 있어도 노래하지는 못한다. … 훗날 열람해 보는 사람의 취사선택을 기다릴 뿐이다.
> [凡有感於情性者/범유감어정성자 每發於詩/매발어시 然今之詩異於古之詩/연금지시이어고지시 可詠而不歌也/가영이불가야 … 又以待他日覽者之去取云爾/우이대타일람자지거취운이][312]

---

311) 『퇴계선생언행록(退溪先生言行錄)』, 유편(類編), 「잡기(雜記)」.

312) 『정본퇴계전서(定本退溪全書)』, 시 15, 「도산십이곡발(陶山十二曲跋)」.

라는 도산십이곡 발문 내용입니다. 만약 퇴계 선생께서 전통적인 시조 읊기나 시창의 형태로 도산십이곡 노래가 불리길 원했다면, 시조 읊기 또는 시창이 선비들의 일상 풍류의 일환이었을 당시의 문화 속에 있던 대학자가 굳이 '영(詠)' 이외의 다른 멜로디 즉 '가(歌)'를 후세사람에게 주문하는 이런 문구를 남기지는 않았을 테지요. 선비들의 시조 읊기 또는 시창이 아닌 대중의 멜로디에는 민요 · 동요를 생각할 수 있고 현대사회에서는 가요 · 성가 등 여러 가지가 해당합니다. 셋째로, 퇴계 선생은 도산십이곡 노래를 들으며 묵상하기에도 적절한 멜로디를 주문했습니다. 발문의

> 안석에 기대어 노래를 듣기도 하고
> [憑几而聽之/빙궤이청지][313]

라는 문구에서 '안석(几/궤)'은 앉아서 편하게 몸을 기댈 수 있는 등받이 방석을 말합니다. 요즈음 말로 이해한다면 푹신한 소파를 연상할 수 있겠습니다. 편한 자세로 앉아 잔잔하게 들으며 묵상할 수 있는 조용한 멜로디를 주문한 것이지요. 넷째로, 퇴계 선생은 노래 부르는 사람이 저절로 흥이 나는 멜로디를 주문했습니다. 도산십이곡 발문의

> 또한 아이들이 스스로 노래하고, 스스로 춤추고 뛰게 하라.
> [亦令兒輩自歌/역령아배자가 而自舞蹈之/이자무도지][314]

라는 구절은 어린이들이 무용하며 즐겁게 부를 수 있는 동요 형태의 멜로디를 연상하게 합니다. 어찌 보면, 네 번째의 '흥이 나는 멜로디'라는 주문

313) 위의 문헌과 동일.
314) 위의 문헌과 동일.

사항은 세 번째에서 주문한 '조용한 멜로디'와는 상충하는 내용인 것 같기도 합니다. '조용하고 신나는 멜로디'를 동시에 충족해달라는 요구인데요. 〈음악적 측면〉에서 보면 해결하기가 쉽지 않은, 참으로 까다로운(?) 주문입니다. 어쨌든, 멜로디에 대한 퇴계 선생의 주문사항을 참작하면 도산십이곡 노래는 조용한 묵상과 신나는 무용이 가능한 멜로디여야 합니다. 다섯째로, 자연풍경과 초야우생의 삶을 노래하는 잔잔함과 소박함 속에 학문에 대한 굳건한 다짐을 노래하는 도산십이곡 전체 가사에는 퇴계 선생의 온유돈후한 이미지가 그대로 투영되어 있습니다. 일반적으로 퇴계 선생 삶의 이미지는 화려함보다는 잔잔함과 소박함이지요. 그리고 그 이면에는 깊이를 알 수 없는 학문의 웅장함과 장엄함이 담겨있습니다. 가사에 깃든 퇴계 선생의 이미지를 멜로디에 담아야 한다는 생각이 들더군요. 퇴계 선생의 학문과 삶이 간직하고 있는 온유돈후한 이미지를 함축하기 위해서는 『예기』에서 언급하는 여러 음 중에

> 소박하고 곧으며 장중하고 정성된 음을 지으면 사람들이 엄숙하고 공경한다.
> [廉直勁正莊誠之音作/염직경정장성지음작 而民肅敬/이민숙경][315]

라고 설명하는, 소박하고 곧으며 장중하고 정성스러운 '성가 멜로디'가 가장 적절합니다. 성가 멜로디여야 한다는 저의 논지는 퇴계 선생께서 한림별곡과 장륙당 육가에 대해

> 한림별곡과 같은 것은 문인의 입에서 나왔으나 교만하고 방탕하며 겸하여 점잖지 못하고 장난기가 있어 더욱 군자가 숭상해야 할 바가 아니다. 오직 근세에 이별의 육가가 세상에 널리 퍼져 가히 그것이 한림별곡보다 좋기는 하나, 역시 세상을 희롱하고 불공한 뜻이 있고 온유돈후한 내용이 적어 애석하다.

315) 『예기(禮記)』, 「악기(樂記)」.

[如翰林別曲之類/여한림별곡지류 出於文人之口/출어문인지구 而矜豪放蕩/이긍호방탕 兼以褻慢戲狎/겸이설만희압 尤非君子所宜尙/우비군자소의상 惟近世有李鼈六歌者/유근세유이별육가자 世所盛傳/세소성전 猶爲彼善於此/유위피선어차 亦惜乎其有玩世不恭之意/역석호기유완세불공지의 而少溫柔敦厚之實也/이소온유돈후지실야.][316]

라고 평가한 문구에서 찾을 수 있습니다. 즉 퇴계 선생이 추구한 노래는 향락적 또는 세상을 풍자·한탄하는 세속적 노래가 아니라, 진리를 향해 나아가며 부르는 온유돈후한 성가입니다. 퇴계 선생이 직설적으로

세속의 노래는 듣기를 싫어하였다.
[厭聞世俗之樂/염문세속지악][317]

라고까지 말씀하면서, 새롭게 온유돈후한 한글 노래를 만들고자 한 것은 '성가(聖歌, Holy Song)'라는 개념이 없던 그 시절에 '성가'를 모색한 것입니다. 음악적 관점에서 참으로 시대를 앞서간 분입니다. 도산십이곡은 대중이 부를 수 있는 많은 멜로디 중에 '성가'를 원한 퇴계 선생의 의도에 맞추어 경건하고 온유돈후한 '성가 멜로디'여야 합니다. 여섯째, 퇴계 선생이 발문에서

아침저녁으로 익혀서 이것을 노래하라.
[朝夕習而歌之/조석습이가지][318]

316) 『정본퇴계전서(定本退溪全書)』, 시 15, 「도산십이곡발(陶山十二曲跋)」.
317) 위의 문헌과 동일.
318) 위의 문헌과 동일.

라고 말씀한 문구는 대중이 들을 뿐 아니라 직접 부르는 노래 즉 어린이나 노인 누구나 쉽게 부르는 노래를 원했음을 나타냅니다. 듣기에는 좋으나 대중이 따라 부르기 어려운, 일명 '전문 가수의 콘서트용' 노래가 아닙니다. 듣기에 좋은 것을 넘어서 대중이 부르기에도 쉬운 노래여야 하지요. 누구나 쉽게 부르게 하려면 『예기』에서

> 훌륭한 노래는 반드시 쉽고 훌륭한 예는 반드시 간편하다.
> [大樂必易/대악필이 大禮必簡/대례필간][319]

라고 강조하는 것처럼 아주 쉬운 멜로디여야 합니다. 즉 일반인의 발성에 무리가 없는 음역이어야 하고 따라부르기 쉬운 박자의 멜로디여야 합니다. 아울러, '성가'이면서도 동요 · 성악 · 국악 · 가요 등 다양한 장르의 노래로 쉽게 변환할 수 있는 특성의 멜로디이면 더욱 좋겠지요. 도산십이곡 노래의 멜로디에 요구되는 위의 여섯 가지 사항[320]을 파악하여 정리하고 나니

> "퇴계 선생께서 참으로 어려운 음악 숙제를 내게 남기셨구나!"

라는 마음이 들더군요. 저는 이 귀하고도 기쁜 숙제를 해결하기 위해, 대학에 입학했을 즈음 힘들었던 제 마음을 한동안 위로해준 40년 전의 그 낡은 일렉트릭 기타를 찾아냈습니다. 그리고는, 저의 온정성을 들여 작곡 작업에 착수했습니다.

---

319) 『예기(禮記)』, 「악기(樂記)」.

320) 이사미 · 김병일 · 김종성, 「노래로서 도산십이곡의 구현: 악보 및 가사에 담긴 교육적 함의」, 『유학연구』(충남대학교 유학연구소, 2021) 제56집, 31~81쪽.

도산십이곡 작곡 작업
(2018년 봄, 교수 연구실)

저는 도산십이곡 작곡 작업을 시작하면서 『예기』에서 설명하는

> 그러므로 뜻이 미약하고 점차 줄어드는 음을 지으면 사람들이 슬퍼하고 근심한다. 느리고 부드러우며 쉽고 아름다우며 간결한 음을 지으면 사람들이 편안하고 즐거워한다. 거칠고 용맹하며 넓은 음을 지으면 사람들이 강하고 씩씩해진다. 소박하고 곧으며 장중하고 정성된 음을 지으면 사람들이 엄숙하고 공경한다. 너그럽고 여유 있으며 순리적이고 화합하는 음을 지으면 사람들이 자애로워진다. 자주 변하고 산만하며 사악함이 넘치는 음을 지으면 사람들이 음란해진다.
> [是故志微噍殺之音作而民思憂/시고지미초쇄음작이민사우 嘽諧慢易繁文簡節之音作而民康樂/천해만이번문간절지음작이민강락 粗厲猛起奮末廣賁之音作而民剛毅/조려맹기분말광분지음작이민강의 廉直勁正莊誠之音作而民肅敬/염직경정장성지음작이민숙경 寬裕肉好順成和動之音作而民慈愛/관유육호순성화동지음작이민자애 流辟邪散狄成滌濫之音作而民淫亂/유벽사산적성척람지음작이민음란][321]

라는 내용을 되새기며, 성가를 원한 퇴계 선생의 뜻을 받들어 기존 음악 장르에는 없는 새로운 장르 즉 가칭 '동양 성가(Oriental Holy Song) 장르'를 개척하기로 했습니다. 독특하고도 다양한 잠재력을 가진, 경건하고 온유돈후한 리듬과 멜로디를 찾기 시작했지요. 그리고 도산십이곡 노래의 멜로디

321) 『예기(禮記)』, 「악기(樂記)」.

에 요구되는 사항들을 〈음악적으로 변환〉하기 위해 음역 · 음계 · 박자의 윤곽을 구체적으로 그려보았습니다. 먼저 도산십이곡 노래의 〈음역〉과 관련하여, 전문 가수뿐 아니라 누구나 쉽게 부르기 위해서는 너무 높은 어려운 음이 없어야 하지요. 특정 전문 가수의 음역이 아니라 대중이 부르기에 부담 없는 음역을 찾아야 했습니다. 다행히(?) 저는 노래를 잘 부르지 못하는데요. 흔히 말하는 음치입니다. 나 같은 음치도 무리 없이 부를 수 있는 노래를 만들기 위해서는 제가 아주 좋은 실험 대상이었습니다. 그러고 보니 저는 여러 면에서, 심지어 '음치'라는 것도 도산십이곡 노래를 위해 태어난 것 같습니다. 만약 제가 노래를 잘 부르는 사람이었다면 대중이 부르기에 좀 어려운 멜로디의 도산십이곡 노래를 만들었을 수도 있었겠지요. 기타를 꺼내 들고 제 목소리의 음역과 가능한 음높이의 범위를 직접 테스트해보니 A(라) ~ A(라) 음역으로, 비교적 무난하게 나오는 가장 높은 음이 'A(라)'였습니다. 따라서 도산십이곡 멜로디의 가장 높은음과 기준 음을 'A(라)' 음으로 설정했지요. 두 번째, 〈음계〉와 관련하여 도산십이곡 노래의 멜로디를 장조(Major) 음계로 선택할지, 아니면 단조(minor) 음계로 선택할지를 고민했는데요. 음계마다 나름대로 특성이 있습니다. 일반적으로 장조 음계(도 · 레 · 미 · 파 · 솔 · 라 · 시 · 도)는 밝고 경쾌하고 가볍습니다. 반면에, 단조 음계(도 · 레 · 미b · 파 · 솔 · 라b · 시b · 도)는 어둡고 애절하고 무거운 느낌을 줍니다. 퇴계 선생의 인간적 삶은 소박하다 못해 애절하기까지 합니다. 반면에 그 학문은 깊이를 알 수 없는 커다란 웅장함입니다. 제가 도산십이곡 노래의 음계를 선택할 때 가장 깊게 고민한 것은 '소박함과 웅장함'을 동시에 담을 수 있는 음계 특히 '웅장함'을 잘 담아내는 음계를 고르는 것이었습니다. 어떻게 보면, 장조 음계가 더 웅장할 것 같기도 한데요. 제가 실제 연주하며 경험한 바로는, 그 웅장함에 있어서 장조 음계가 단조 음계를 따라오지 못합니다. 참고로, 〈제11장.〉에 소개해 드리는

'Dear Teacher(선생께 올림)'라는 묵상 연주곡도 우(라) · 궁(도) · 상(레) · 각(미) · 치(솔) 음으로 이루어진 'A 단조(Am) 펜타토닉 음계'로 구성한 곡입니다. 이 곡을 다른 악기 없이 일렉기타 '솔로'로만 연주했음에도 불구하고, 이 곡을 들으신 분들의 감상 후기에서 보는 것처럼 모두 '장엄하다', '웅장하다', '장중하다', '경건하다' 등의 표현을 많이 쓰셨지요. 도산십이곡 노래의 음계 선택에 대한 깊은 고민 끝에 저는 '소박함과 웅장함'에 비중을 실어서 '단조(minor) 음계'로 결정했습니다. 세 번째, 우리 국민 정서에 가장 무난한 도산십이곡 노래의 〈박자(리듬)〉는 어떤 형태일까를 고민했습니다. 어린이 동요에도 어울려야 하고 때에 따라서는 국악에서 사용하는 여러 전통 악기의 연주와도 어울리는 리듬이어야 했습니다. 아울러, 퇴계 선생께서 말씀한 대로 저절로 어깨를 들썩이며 흥이 나는 리듬이어야 했습니다. 민족의 애환을 담고 전 국민이 애창해온 '아리랑'(경기아리랑), '진도아리랑', '날 좀 보소'(밀양아리랑), '도라지타령' 등의 대표적인 민요들을 살펴보니 모두 '4분음 3박자'의 부드러운 리듬이면서 궁(도) · 상(레) · 각(미) · 치(솔) · 우(라) 장조 5음계로 구성되어 있더군요. 널리 알려진 민요들의 박자와 리듬을 살핀 후에 도산십이곡 성가의 표준박자를 4분음 3박자로 선택했습니다. 최종적으로, 도산십이곡 노래의 〈음역 · 음계 · 박자〉에 관한 음악적 큰 원칙을 〈A~A〉, 〈단조(minor)〉, 〈4분음 3박자〉로 설정할 수 있었습니다. 그 후, 세속적인 노래가 아닌, 이 원칙에 맞는 아주 쉽고 단순하면서 경건하고 온유돈후한 '동양 성가'의 리듬과 멜로디를 구상하기 시작했지요. 밥을 먹는 중에도, 걷는 중에도, 무슨 일을 하든지

'어떤 모양의 경건하고 온유돈후한 리듬과 멜로디를 만들어야 하나?'

하고 계속 고민하며 밤낮으로 애타게 궁리하던 어느 날이었습니다. 문득

제 입에서 부드럽게 한 멜로디와 리듬이 흥얼거려지더군요. 너무나 신기했습니다. 아마도 퇴계 선생께서 제게 어떤 '영감'을 통해 리듬과 멜로디를 전해주셨는가 봅니다. 뛸 듯 기뻐하면서 제가 흥얼거리는 멜로디와 리듬을 휴대폰에 녹음하고, 곧바로 기타를 꺼내어 음을 확인해가며 40여 년 전에 사용하던 제 음악 노트의 오선지에 붓펜으로 음표를 그리기 시작했습니다. 제가 아직 악보를 그리는 컴퓨터 프로그램을 사용할 줄 모릅니다. 제가 어떤 깊은 음악 지식과 이론으로 도산십이곡을 작곡한 것이 아니고, 저는 그저 〈음역 · 음계 · 박자〉라는 음악적 큰 원칙만 정했습니다. 리듬과 멜로디 자체는 알 수 없는 '어떤 힘'이 제게 건네주었습니다. 저는 마음속에 떠오르는 그 리듬과 멜로디를 받아 입으로 소리를 내며 녹음하고 악보에 옮겼을 뿐입니다. 이 모든 것이 기적처럼 한순간에 이루어졌습니다. 4분음 3박자의

| ♩. ♪ ♩ | 𝅗𝅥. |

딴 따다 딴~~

리듬을 기본으로 하는 멜로디였는데요. 반복해서 음미해보니 잔잔하고 경건하면서도 리듬에 반 박자의 음(♪)이 하나 들어있어서 흥을 유발하더군요. 제가 생각해도 너무나 신기했습니다. 먼저, 도산십이곡을 접하면서 처음에 제 마음에 가장 와닿으며 돌아가신 어머님 생각으로 눈물을 흘리게 했던 제9곡의 가사를 멜로디에 실었습니다. 이사미 박사가 제9곡의 가사를 영어로 번역을 해주어서 〈그분들이 가신 길(The Way They've Gone)〉이라는 제목의 고어 · 현대어 · 영어 가사로 구성한 악보를 완성했습니다.

도산십이곡 현대 멜로디 최초 악보(제9곡)[322)]

때마침 계룡시에 사는 김철수 교장 선생님께서 진료를 위해 저의 진료실을 방문했는데요. 이야기를 나누어보니 학교에서 평생 음악을 가르치셨더군요. 제가 작성한 악보를 보여드렸더니

"너무 좋은 멜로디이다."

라고 감탄하시면서 코드에 대해 귀중한 조언을 해주기까지 했습니다. 한편으로는, 제가 선택한 'Am(가 단조) 음계'가 너무 낮지 않을까 염려가 되기도 했습니다. 그래서, 저 같은 음치는 Dm(라 단조) 음계로 높인 멜로디는 절

322) 김종성, 『마음이 편하지 않을 때는 한 걸음 걸어라. 의철학: 퇴계와 히포크라테스의 묵상 대화』(대전: 충남대학교출판문화원, 2018), 239~240쪽.

대 못 부르지만, 대중에게 테스트하기 위해 최초의 악보에는 위의 그림에서 보는 것처럼 Am 음계에 해당하는 코드, 그리고 4도를 높인 Dm 음계에 해당하는 코드를 함께 기록했습니다. 그리고 도산십이곡 노래의 Am 음계 높이에 대해 그 적절성 여부를 주변 사람들에게 계속 테스트해보았습니다. 집에서 아내에게 불러보게 했더니 다행히 성인 여성에게 무난하더군요. 학교에서 제가 학교생활 지도와 학업 상담을 담당하고 있는 의학과의 강부선 · 박유미 · 정호영 · 이재혁 지도학생이 있었는데요. 이 학생들과 지도학생 모임을 할 때 교수 연구실에서 합창해보기도 했습니다. 역시 도산십이곡 노래의 Am 음계가 젊은 남학생과 여학생 모두에게 무난하더군요. 이렇게 만나는 사람마다 노래를 부르게 해보았습니다. 빠르게 부르니 리듬과 멜로디가 경쾌하고 신나는 느낌을 주는 동시에, 느리게 부르니 잔잔하고 경건하면서 웅장한 느낌을 주더군요. 제 마음에 쏙 들었습니다. 마침내 2018년 봄에 도산십이곡 악보의 초본을 완성했습니다. 퇴계 선생께서 도산십이곡을 쓰신 1565년으로부터 453년이 지난 2018년에 비로소 현대 멜로디의 '동양 성가'로 작곡이 완성된 것이지요. 초본을 완성하자마자 가장 먼저 안동의 도산서원선비문화수련원으로 달려가서 2018년 5월 13일에 퇴계 선생께 불러드렸습니다. 여러 감정이 범벅된, 무어라고 글로 묘사하기가 어려운 매우 벅찬 마음이 저를 감싸는 순간이었습니다.

퇴계 선생께 불러드린
도산십이곡(2018.5.13.)

작곡을 완성한 후에도 저는 도산십이곡 노래의 Am 음계 높이가 조금 낮지 않을까 염려되어 도산십이곡 노래를 부르는 행사 현장에서 여러 번 분석해보았습니다. 퇴계 선생 서세 450주년 기념행사의 도산십이곡 개막공연에서는 합창팀이 음계를 Cm(다 단조)와 Dm(라 단조)로 약간 높여서 부르기도 했는데요. 일반인 팀(도산서원선비문화수련원 지도위원팀)과 중창단 팀(후렴합창단)이 함께 제12곡을 Dm 음계로 높여서 합창할 때 일부 고음 영역에서 일반인 팀의 음이 화합하지 못하고 튀는 것이 관찰되더군요. 혼자 연주하거나 노래를 부를 때와 달리, 여러 명이 노래하거나 연주할 때는 전체 소리의 화합이 매우 중요한 요소입니다. 40여 년 전에 제가 밤무대에서 연주하던 시기에는 소리의 이러한 화합을 그 팀의 '사운드(Sound)'라고 표현했었는데요. 제가 경험한 바에 의하면, 각 개개인의 연주 역량이 아무리 뛰어나도 전체 악기의 소리가 화합하지 못하면 그 팀의 연주는 아무런 감명을 주지 못합니다. 반면에 개개인의 연주 역량이 미흡하더라도 전체 소리가 화합하면 아무리 단순한 곡이라도 '머리털이 서고 온몸에 소름이 끼치는 감명'을 줍니다. 연주팀이 업소에 취직할 때는 오디션(audition)이라는 과정을 거쳐야 하는데요. 일종의 입사를 위한 실기시험으로, 곡을 연주하게 해서 실력을 테스트하는 것이지요. 오디션을 볼 때 흔히

"쟤네들은 각자 악기를 다루는 연주실력은 좋은데, 사운드가 안 나와!"

라는 평가를 받으며 탈락하기도 합니다. 언젠가, KBS 1TV에서 '씨엘보이스 앙상블(Ciel Voice Encemble)'이라는 어린이 합창단이 Am 음계로 도산십이곡 노래를 부르는 것을 듣고서야 비로소 음계의 높이에 대한 저의 염려를 없앨 수 있었습니다. 일반적으로 어린이들은 성인보다도 비교적 높은 주파수의 음역으로 노래를 부릅니다. 그런데, 이 어린이들이 Am 음계로 도산

십이곡 노래를 합창할 때 아주 잘 화합하더군요. 저는 도산십이곡 노래의 Am 음계가 노래를 잘 부르는 사람들에게는 약간 낮은 듯하지만, 일반 대중에게는 '조용함과 웅장함'에 더 잘 어울린다는 결론을 얻었습니다. 물론 노래를 잘하시는 분들은 본인의 음역에 맞게 음계를 약간 높여서 부르시는 것이 더 좋겠지요. 아래의 사진은 퇴계 선생께서

> 또한 아이들이 … 스스로 춤추고 뛰게 하라.
> [亦令兒輩/역령아배 … 而自舞蹈之/이자무도지][323)]

라고 하셨기 때문에 이것을 실험해본 장면인데요. 마침 아직 말을 배우기 전인, 태어난 지 1년 6개월 된 제 손녀가 있었습니다. 앉아있는 손녀 옆에서 이 노래의 동영상을 휴대폰으로 틀어보았지요. 제가 아무런 지시를 하지 않았는데도 손녀가 앉아서 노래를 들으며 스스로 손뼉을 치더니 흥에 겨웠는지 일어나서 춤을 추더군요.

도산십이곡
노래 듣다가
춤추는 손녀
(2018.7.2.)

그 뒤로도 손녀는 이 노래만 틀면 스스로 무용을 하며 좋아했습니다. 말을 배운 후부터는 노래까지 예쁘게 잘 부릅니다. 따로 노래를 가르쳐주지도 않았는데도 말이지요. 엄마 · 아빠에게 직접 이 노래를 가르쳐

323) 『정본퇴계전서(定本退溪全書)』, 시 15, 「도산십이곡발(陶山十二曲跋)」.

주기까지 하더니 만 5세가 된 이제는 집안 제사 때 가족들과 함께 즐겁게 합창합니다. 손녀가 퇴계 선생의 말씀대로 아이들이 스스로 춤을 추며 노래하게 하는 멜로디임을 입증해주었습니다. 도산십이곡 노래의 리듬과 멜로디가 전통적인 국악 악기의 연주와도 어울릴 수 있을지 궁금했는데요. 도산서원선비문화수련원의 지도위원 중에 한국동요문화협회의 김종한 이사님이 계셨습니다. 김종한 이사님께서는 2020년 봄에 초등학교 · 중학교 학생들의 교육용으로 국악 반주의 버전으로 편곡하여 도산십이곡 노래의 어린이 동요를 만들어주셨습니다. 도산십이곡 노래의 현대 멜로디가 국악 반주와도 아주 경쾌하게 잘 어울리더군요. 2020년 11월 27일 퇴계 선생 서세 450주년 기념행사 때, 저는 도산십이곡 노래 개막공연 합창단의 최종 리허설(rehearsal)을 살피기 위해 오전에 조금 일찍 내려갔습니다. 리허설이 끝난 후 '후렴합창단' 팀을 지휘하시는 김민성 선생님, 서세 450주년 행사 전체를 기획하고 합창단원으로도 직접 참여하신 한국국학진흥원의 박경환 교수님, 그리고 저, 이렇게 셋이 행사장 근처의 식당에서 고등어구이 점심을 먹으며 이야기를 나누었는데요. 김민성 지휘자님은 성악을 전공한 테너이시더군요. 이때 김민성 선생님께서 저에게

> "지난 몇 달 동안 도산십이곡 노래 합창 연습을 지휘하면서, 작곡자가 누구인지 너무 궁금해서 꼭 만나고 싶었다. 도산십이곡 노래의 멜로디와 리듬이 정말 좋다. 국악이나 성악 모두에 다 아주 잘 맞는다. 성악으로 해도 좋을 것 같다."

라고 말씀하더군요. 작곡을 완성한 후 3년 동안 여러 교육 현장에서 도산십이곡의 현대 멜로디 성가를 어린이, 대학생, 직장인, 일반 시민, 교육계

종사자, 공직자, 종교인을 비롯하여 서원, 향교, 학술대회 등에서 다양한 인구 · 사회학적 특성의 집단에 수백 차례 시험 적용해본 결과,[324] 따로 가르쳐주지 않아도 처음 들어본 사람이 바로 따라 부를 정도로 부르기가 매우 쉬웠습니다. 또한, 그 리듬과 멜로디가 전통적인 국악 악기의 반주와도 잘 어울렸으며, 제9곡은 개신교 예배 시간과 가톨릭 미사 시간의 성가로서 손색이 없었습니다.[325] 아울러, 어린이 동요, 느리고 잔잔한 묵상용 연주, 그리고 빠르고 힘찬 록(rock) 형태의 연주까지[326] 모두 편곡이 가능한 폭넓은 스펙트럼의 잠재력을 가졌다는 점에서 도산십이곡 멜로디에 요구되는 다양한 사항들을 어느 정도 충족한 것으로 감히 평가할 수 있겠습니다. 조금 다른 이야기인데요. 2019년 7월 6일에 한국인들에게 아주 기쁜 일이 있었지요. 아제르바이잔(Azerbaijan)의 수도 바쿠(Baku)에서 개최된 제43차 세계유산위원회(Word Heritage Committee)에서 한국의 서원들이 대거 단체로 무려 아홉 곳이나 유엔의 유네스코(United Nations Educational, Scientific and Cultural Organization, UNESCO) 세계문화유산에 등재가 된 것입니다.[327] 바로 안동의 도산서원과 병산서원, 함양의 남계서원, 달성의 도동서원, 논산의 돈암서원, 영주의 소수서원, 정읍의 무성서원, 경주의 옥산서원, 장성의 필암서원이지요.

---

324) 김종성, 『음(音)은 사람의 마음에서 생겨나는 것이며 악(樂)은 마음의 움직임이다』(대전: 충남대학교출판문화원, 2019), 93쪽.

325) 2018년 8월 19일 충남대학교병원 가톨릭 미사 및 2019년 11월 17일 충남대학교병원 개신교 예배에서 특송으로 부름.

326) 충남대학교의과대학 음악동아리 학생들은 2018년 8월 11일 정기 공연에서 도산십이곡 노래를 록(Rock)으로 편곡하여 연주했다.

327) 문화재청, 「'한국의 서원' 유네스코 세계유산 등재」, 2019.7.6.

도산서원
세계문화유산
등재 증서
(도산서원,
2019.9.21.)

왜 이렇게 한국의 서원들이 한꺼번에 세계문화유산이 되었을까요? 저는 평소 '가장 한국적인 것이 가장 세계적'이라고 생각해왔는데요. 우리의 서원들이 전통의 한국적인 모습과 정신을 훼손하지 않고 소중하게 잘 간직하고 있었기 때문이라고 생각합니다. 바야흐로 한국의 전통 선비정신은 한국인의 것을 넘어서, 지구촌의 건강한 인성 · 영성을 위한 '탁월한 보편적 가치'(Outstanding Universal Value, OUV)가 되었습니다. 당당하게 〈K-spirit〉 또는 〈K-정신〉으로서 세계인의 영적 보석이 된 것이지요. 우리가 자부심도 느끼고 한국의 전통 정신에 관심을 가져야겠다는 생각이 듭니다. 한국의 서원들이 유네스코 세계문화유산에 등재된 것과 함께, 참으로 기쁘게도 2021년 7월에 저의 아주 중요한 오랜 소망 한 가지가 이루어졌습니다. 바로 도산십이곡 영어 노래의 대중교육용 동영상을 충남대학교의과대학의 학생들 그리고 이사미 교수님과 함께 완성한 것이지요. 이제 퇴계 선생의 도산십이곡 성가는 한국을 넘어 온 세상 사람들이 부를 수 있게 되었습니다. 평소 제 공부를 이끌어주시는 김갑중 원장님은

"학문도 수입업만 하지 말고 제조업을 해야 한다."

라며, 퇴계 · 율곡의 심성론을 의학 분야의 정신치료(psychotherapy)에 응용하여 〈덕행 인지 치료〉[328]라는 아주 독창적인 'K-psychotherapy'를 만들어

내기도 했지요. 〈K-spirit〉을 담은 영어 도산십이곡 노래도 본격적으로 제조업을 할 수 있게 되었습니다. 2021년 10월 8일에 문화체육관광부 · 경상북도 · 안동시가 공동 주최하고 한국정신문화재단이 주관한 〈제8회 21세기 인문 가치 포럼〉 행사에서 「도산십이곡 노래 부르기를 통해 본 인류 위기의 원인과 해법」이라는 주제로 발표했는데요. 이때 토론을 맡은 이동원 도산서원선비문화수련원 부원장님께서 아래의 글을 발표해주셨습니다.

〈김종성 교수님의 발표에 대한 소회〉[329)]

김종성 교수님의 논문 발표를 잘 들었습니다. 도산십이곡은 김종성 교수님의 말씀대로 '대학자가 간절한 소망을 담아 국민에게 전달하는 노래 선물'이었습니다만, 곡이 없이 가사로만 450여 년간 전해져 왔습니다. 그러다가 약 3년 전 의과대학 교수이며 의사 선비인 김종성 교수께서 멋진 곡을 붙여 세상에 햇빛을 보게 하였습니다. 교수님은 학생용, 성인용과 영어 노래까지 만들어 TV 방송 출연, 특강, 유튜브, 논문 발표 등을 통해 열심히 세상에 전하고 계십니다. 퇴계학책 열 권을 쓴다 한들 이보다 더 퇴계의 뜻과 정신을 전할 수는 없을 것으로 생각합니다. 퇴계 선생께서 지하에서

"김공(김종성 교수)! 내가 안석에 기대어 비로소 노래를 블러보니 이보다 더 좋을 수가 없소. 고맙고 또 고맙소"

라고 말씀하고 계실 것 같습니다. 김종성 교수님께 감사드립니다. 저는 퇴계 선생을 철학자, 큰선비, 교육자, 시인, 건축가, 그리고 자상한 고을 어른으로 이해해왔습니다만, 최근에는 곡이 붙여진 도산십이곡 노래를 반복해 부르면서 어쩌면 선생께서는 훌륭한 음악가가 아니실까 하는 생각을 가져봅니다. 음악은 사람을 가장 사람답게 만든다고 합니다. 음악을 하는 순간만큼은 악한

---

328) 김갑중 · 김종성, 『알코올중독의 우리 전통 행동 · 인지 치료: 구성주의적 이해와 유학적 접근』(하나의학사, 2005).

329) 제8회 21세기 인문가치포럼(문화체육관광부 · 경상북도 · 안동시 주최, 2021.10.8. 안동 구름에 리조트), 「모색 세션 1」. https://www.youtube.com/watch?v=zhEuvpMHTGA

마음이 결코 일어날 수가 없기 때문입니다. 폴란드 철학자 타타르키비츠는

"음악은 분노한 마음을 가라앉혀서 숭고한 마음으로 고양시켜주고, 성격을 개선시키는 효과를 가지고 있다."

라고 하였습니다. 음악의 효과에 대한 타타르키비츠의 주장보다 이미 2,500년 전에 공자는 음악의 중요성을 설파하였습니다. 논어 태백(論語 太伯)편에서 공자는

"시를 통해 일어나고 예를 통해 서며 음악을 통해 이룬다."

[子曰/자왈 興於詩/흥어시 立於禮/입어례 成於樂/성어악]

라고 하였습니다. 음악으로 인격적 완성을 이룰 수 있다고 본 것입니다. 공자 이후 공자를 따르고 배우는 유학자는 넘쳐나지만, 음악의 기능을 알려고 한 유학자는 들어보지 못하였습니다. 그러나 퇴계 선생께서는 그렇지 않았습니다. 음악의 중요성을 놓치지 않았으며, 직접 열두 곡을 지으셨습니다. 근엄한 도학자 퇴계는 왜 노래를 지었을까 생각해봅니다. 퇴계 선생의 평생소원은 이 세상에 착한 사람이 많아지는 것이었습니다. '소원선인다(所願善人多)'입니다. 그러나 선생께서는 고민이 생겼습니다. 당시 조선 사회에서는 일반 서민들은 글을 알지 못하였습니다. 어린아이, 여성, 서민, 천민들도 이 사회의 소중한 구성원인데 이 사람들을 어찌한단 말인가, 착한 사람으로 만들려면 어떻게 해야 하는가? 오랜 고민 끝에 퇴계는 노래교육법을 생각하였고, 그 결과물이 도산십이곡입니다. 선생의 위대한 인간 존중, 휴머니즘의 발현이 아닐 수 없습니다. 도산십이곡 발문에 퇴계 선생은 노래 지은 목적을

"비루하고 인색한 마음이 씻어지고(탕척비린), 감화되어 분발하고 마음이 화락해진다(감발융통)"

라고 하였습니다. 노래의 효과를 어찌 이토록 꿰뚫고 있는지 놀라지 않을 수 없습니다. 그러나 겸손하고 조심스런 선생께서는 곡을 붙이지 않았습니다.

"후세에 열람해 보는 자의 취사선택을 기다릴 뿐이다"

고 하셨으며, 마침내 김종성 교수에 의해 반 천년 만에 선생의 기다림이 실현된 것입니다. '대학자의 노래 선물'에 대해 곡으로 답을 드리지 못한 '가채'(歌債, 노래 빚)'를 지고 있다는 교수님의 고백에 옷깃이 여며집니다. 또한

"모든 종교에는 노래가 있는데 유학에만 노래가 없다."
라고 하였습니다. 전적으로 동감합니다. 이것이 유학, 성리학이 대중으로부터 멀어져 온 또 하나의 이유가 아닐까 생각합니다. 몇 년 전부터 우리 수련원 임직원과 160여 명 지도위원은 퇴계 선생의 숭고한 뜻을 받들고 '노래 있는 유학'을 위해 수련 입교식, 수료식, 연찬회 때는 물론이고, 퇴계 선생 불천위 제사, 도산서원 행사, 퇴계 선생 마지막 귀향길 행사 등에서 그리고 매일 새벽 걷기 운동할 때조차도 도산십이곡을 열심히 부르고 있습니다. 이 노래가 널리 유행하여 퇴계 선생의 소망대로 '선인다(善人多)' 세상이 되기를 기원합니다. 한 가지 제안을 드린다면, 노래 가사에 나오는 약 20여 개의 어려운 한자 용어를 친숙한 우리말 가사로 바꾸는 데 대한 교수님의 후속 연구를 기다려 봅니다. 감사합니다.

충남대학교의과대학 학생들과 작업하여 한글 및 영어 도산십이곡 성가의 국민교육용 동영상을 만들고, 최종 완성한 도산십이곡의 한글 및 영문 악보와 함께 가사에 담긴 교육·철학적 의미를 현대적으로 일반화하여 2021년 8월에 철학 논문으로 제시함으로써,[330] 3년 반 동안의 도산십이곡 성가 콜라보 작업을 마무리했습니다. 도산서원은 도산십이곡 성가를 공식 채택하여 각종 모임과 행사에서 부르고 있습니다. 노래는 크게 〈① 작사 → ② 작곡 → ③ 편곡 → ④ 노래·연주〉라는 협업을 통해 완성됩니다. 작사와 작곡은 전문 음악인이 아니라도 가능하지요. 도산십이곡 성가는 노(老) 대학자의 정성스러운 기획으로 탄생했습니다. 〈편곡·노래·연주〉는 전문 음악인의 개성과 역량이 발휘되는 매우 중요한 단계입니다. 노래의 멜로디는 아무것도 걸치지 않은 알몸입니다. 뜻있는 전문 음악인의 손으로 우아하게 편곡한 옷을 입은 도산십이곡 성가를 기대합니다. 전문 음악인의 편곡·노래·연주 손길에 따라 동요도 될 수 있고

330) 이사미·김병일·김종성, 「노래로서 도산십이곡의 구현: 악보 및 가사에 담긴 교육적 함의」, 『유학연구』(충남대학교 유학연구소, 2021) 제56집, 31~81쪽.

성악도 될 수 있고 오케스트라가 될 수도 있습니다. 어느 유명 음악인은 '작곡상'보다도 '편곡상'을 더 값지게 여기기도 합니다. 편곡은 음악인의 실력이기 때문이지요. 음악인들이 다양하게 〈편곡 · 연주 · 노래〉하는 도산십이곡 경연대회를 상상해보기도 합니다. 한발 더 나아가, 거대한 교향악단과 국악 연주단의 웅장한 협주, 전통의상과 현대 의상의 합창단이 아름답게 부르는 노래, 전통 춤꾼과 현대 무용수의 우아한 안무, 그리고 국민 떼창이 함께 어우러져 온유 · 돈후하게 울려 퍼지는 도산십이곡의 감동적인 '대(大) 무대'를 저는 그려봅니다. 언젠가는 그런 날이 반드시 올 것입니다. 우리 민족의 엄청난 문화적 역량을 고려할 때, 그런 큰 무대를 만들어내는 큰 음악가들이 나오리라고 믿기 때문입니다. 음악적 관점으로 볼 때 현대 성가가 발달한 서양에서조차 열두 곡의 대규모로 구성한 성가는 찾아보기 힘듭니다. 대학자 퇴계 선생은 동서양에서 그에 견줄만한 유례를 찾기 어려운 '대(大) 성가'를 만들어놓은 '대 음악가'입니다. 열두 곡의 '대(大) 성가'인 도산십이곡은 각 곡에 빠르게 · 느리게 · 솔로 · 합창 · 떼창 · 무반주 · 국악 · 교향악 등 모든 음악적 역량을 쏟아부을 수 있는 장점이 있지요. 가사 역시 고어 · 현대어 · 영어 · 한문으로 모두 되어있으므로 다양하게 혼합할 수 있습니다. 대학자가 소망한 착한 사람 많은 세상은 그냥 만들어지는 것이 아니고 국민의 정성스러운 콜라보 작업을 통해 이룰 수 있습니다. 그러한 콜라보 작업이 노(老) 대학자가

> 훗날 열람해 보는 자의 취사선택을 기다릴 뿐이다.
> [待他日覽者之去取云爾/대타일람자지거취운이][331]

라고 소망하며 쏟아부은 정성과 사랑에 우리가 보답하는 길이지요. 이제

---

331) 『정본퇴계전서(定本退溪全書)』, 시 15, 「도산십이곡발(陶山十二曲跋)」.

퇴계학자들과 도산서원, 그리고 관련 기관들은 음악인들이 이 큰 작업을 완수할 수 있도록 진취적으로 행사를 기획하고 물심양면으로 뒷받침해야 합니다. 그럼으로써 현대 동양 성가 멜로디로 태어난 도산십이곡 노래는 인류에게 더욱 아름다운 영적 성가의 역할을 할 수 있을 것입니다.

6장

스스로 노래하고 춤추고 뛰게 하라

'국민과 함께 노래'

현대 성가 멜로디의 옷을 입고 탄생한 도산십이곡 노래가 2018년 8월 11일에 젊은 학생들에 의해 최초로 공식행사에서 연주되었습니다. 충남대학교의과대학에 '코머스(Comus)'라는 학생 음악동아리가 있는데요. '코머스'라는 이름은 '축제와 술을 주관하는 고대 그리스 신'을 지칭하지요. 1979년 봄에 의예과에 입학하자마자 제가 창단한, 44년의 전통을 가진 록(rock) 음악 연주동아리입니다. 지금 저는 이 동아리의 지도교수를 맡고 있지요. 이 학생동아리는 매년 여름방학에 정기 공연을 합니다. 2018년 8월의 정기 공연에서 이 학생들이 저와 함께 도산십이곡 제9곡을 〈그분들이 가신 길(The Way They' ve Gone)〉이라는 제목으로 연주 · 노래한 것이지요. 히포크라테스(BC 460~370)의 후예들이 대철학자 퇴계 선생의 노래를 록(rock) 버전의 아주 빠른 템포로 〈편곡 · 연주 · 노래〉한 뜻깊은 일이었습니다. 매우 이채롭고 독창적인 모습의 의학과 인문학의 만남이었지요.

충남의대 코머스, 도산십이곡 록(rock) 버전 공연 (대전 인터플레이, 2018.8.11.)

2018년 여름의 어느 날이었습니다. 도산십이곡을 코머스 동아리의 정기 공연 무대에 올리기 위해 학생들과 한참 연습에 몰두하고 있던 때였지요. KBS 1TV에서 연락이 왔습니다. 퇴계 선생의 도산십이곡 노래를 현대 멜로디로 작곡하여 대학생들이 발표한다는 내용이 신기했던 모양입니다. 500여 년 전 65세의 노(老) 대학자와 60세 현대 의사의 콜라보 작업으로 만들어진 노래라는 것이 쉽게 믿어지지 않았나 봅니다. 당연히 그랬겠지요. 저 역시 처음에 퇴계 선생께서 한글로 가사를 써놓고, 후세 사람에게 작곡을 부탁한 글을 읽고는 쉽게 믿을 수가 없었거든요. KBS 1TV의 요청을 받아 코머스 동아리에서 베이스기타를 담당하는 의예과 1학년 양승원 학생과 함께 출연했습니다. 최양락 연예인과 김연수 MC의 진행으로 도산십이곡 노래를 작곡한 경위와 과정을 재미있게 소개했습니다. 이날 도산십이곡 제9곡을 다양한 버전으로 편곡하여 KBS 1TV 제작팀이 준비한 것을 대중에게 알렸는데요.[332][333]

KBS 1TV에 소개한 다양한 버전의 도산십이곡 노래

332) KBS 1TV, 거북이 늬우스, 「노래 만드는 의사 김종성」, 2018.9.26.

333) KBS 1TV, 네트워크 특선, 「동네 특종 카메라, 퇴계 이황 선생님이 500년 전에 쓴 가사로 500년 만에 만들어진 노래」, 2018.9.29.

어린이들로 구성된 씨엘 보이스 앙상블(Ciel Voice Encemble) 합창단의 동요 버전, 공주고등학교 강백호 학생의 랩(rap) 버전, 유준 노래 교실의 주부님들 트로트 떼창 버전, 그리고 오빠딸 밴드팀이 Gm 음계로 높여서 슬로우 록(slow rock) 리듬의 4분음 2박자로 〈편곡 · 연주 · 노래〉한 고음의 블루스 버전을 국민에게 선보였습니다.

453년 뛰어넘은
대학자와 의사의 콜라보
(KBS 1TV 방영 영상)

퇴계 선생의 마지막 귀향 450주년을 기념하여, 2019년 4월 9일부터 4월 21일까지 귀향길 재현 걷기 행사가 열렸는데요. 문화체육관광부 · 문화재청 · 경상북도 · 안동시 · 도산서원이 공동으로 개최한 큰 행사였습니다. 69세의 퇴계 선생은 고향에 내려가기 위해 선조 임금께 여러 번 간청한 끝에 마침내 허락을 얻고 오래도록 소망했던 마지막 귀향길에 올랐습니다. 1569년 음력 3월 4일 정오에 경복궁에서 선조 임금께 하직 인사를 올린 뒤 오후 4시경 출발하여 3월 17일에 안동의 도산서당에 도착했지요. 서울에서 안동까지 가셨던 그 13박 14일 동안의 270여 km 길을 1569년 당시 퇴계 선생의 노정과 일정에 맞춰 그대로 재현한 행사입니다.

퇴계 선생 마지막 귀향길 450주년 재현 걷기 행사(2019년 봄)

퇴계 선생의 마지막 귀향은 450년 전 당시의 조정에 엄청나게 큰 국가적 사건이었지요. 전송 인파가 운집하고, 조정이 텅 빌 정도로 수많은 관료와 선비가 나와서 눈물을 흘리며 시를 지어 대학자와의 이별을 아쉬워했고 선조 임금은 퇴계 선생께 배를 제공했습니다.[334] 여러 선비가 퇴계 선생과 함께 배를 타고 한강을 건넜지요. 이때 퇴계 선생의 제자 고봉(高峯) 기대승(奇大升, 1527~1572, 본관 행주, 자字 명언明彦) 선생은

한강 물 도도히 밤낮 흐르는데
선생의 이번 떠나심 어찌 만류할까
백사장 가에 닻줄 잡고 머뭇거리는 곳에
끝이 없네, 이별의 애끊는 아픔과 만섬 시름
江漢滔滔日夜流/강한도도일야류
先生此去若爲留/선생차거약위류
沙邊挭纜遲徊處/사변경람지회처
不盡離腸萬斛愁/부진이장만곡수

라는 전송 시를 지어 이별의 애끊는 마음을 읊었고,[335] 또 다른 제자 학봉(鶴峯) 김성일(金誠一, 1538~1593, 본관 의성, 자字 사순士純) 선생은 고봉 선생의 시에 화운(和韻)하여

---

334) 이광호 외, 『퇴계의 길에서 길을 묻다』(서울: 푸른역사, 2021), 19~55쪽.
335) 『고봉선생연보(高峯先生年譜)』(석인본).

신선 타신 한 조각배 강물 거슬러 뜨니
바람은 돌아가는 돛단배 쉬지 않고 보내네
나아가고 물러남 본디 정해진 것이니
가시는 길 부질없이 시름 짓지 마소서
仙舟一葉遡江流/선주일엽소강류
風送歸帆不暫留/풍송귀범부잠류
進退行違元筭定/진퇴행위원산정
臨歧莫用枉生愁/임기막용왕생수

말년에 벼슬 물러나는 이 없으니
명예 고삐[336] 벗은 이 몇이나 되리오
이번 떠나심 여유롭고 남은 미련 없으나
하나 걸리는 것은 오히려 조정 떠나는 시름
末路無人退急流/말로무인퇴급류
名韁挽得幾人留/명강만득기인류
此行綽綽無餘憾/차행작작무여감
一念猶關去國愁/일념유관거국수

라는 시를 지어 올리며 퇴계 선생을 전송했습니다.[337] 학봉 선생의 만형이자 퇴계 선생의 제자인 약봉(藥峰) 김극일(金克一, 1522~1585, 자字 백순伯純) 선생도 고봉 선생 시에 화운하여

336) 명강리쇄(名韁利鎖) 즉 명예의 고삐와 이익의 쇠사슬에 얽매임을 의미. 동방삭(東方朔, BC 154?~92?, 자字 만천曼倩)의 「여우인서(與友人書)」, 〈어찌 된 일입니까. 이렇게 삼백 여장의 명함을 가지고 다니는 명리의 노예인 당신과 나를 비교해 본다면, 과연 더 나은 쪽은 누구이겠습니까〉. ※ 충남일보, 「충일시론(忠日時論), 명리(名利)에 꽁꽁 얽매여 있음」, 2010.8.24.

337) 『학봉전집(鶴峯全集)』, 학봉집 제1권, 시, 「강상(江上) 차기고봉(次奇高峯) 대승(大升) 운(韻) 복정퇴계선생행사(伏呈退溪先生行史) 이수(二首) 기사(己巳)」.

오늘 선생께서 급류에서 물러나심에
모든 분이 임금 위해 만류하네
가는 배 점점 사라져 오는 배에서 멀어지고
시름 씻지 못하는 강물이 밉네
今日先生退急流/금일선생퇴급류
群公皆欲爲王留/군공개욕위왕류
歸舟漸沒回舟遠/귀주점몰회주원
江水生憎未滌愁/강수생증미척수

라는 시338)를 지었습니다. 저는 한시의 화운을 잘 모르는데요. 고봉 선생 시에서 네 행의 마지막 글자가 각각 '류(流)', '류(留)', '처(處)', '수(愁)'로 끝나는데 학봉 선생의 시 마지막 글자는 첫수에서 '류(流)', '류(留)', '정(定)', '수(愁)'로, 둘째 수에서는 '류(流)', '류(留)', '감(憾)', '수(愁)'로 끝나는군요. 약봉 선생의 시는 '류(流)', '류(留)', '원(遠)', '수(愁)'로 끝납니다. 1행, 2행, 4행의 끝 글자가 모두 같습니다. 이렇게 끝 글자를 맞추어 화답하는 시를 짓는 것을 화운이라고 하는가 봅니다. 퇴계 선생 역시 제자들의 시에 '류(流)', '류(留)', '연(硯)', '수(愁)'라는 끝 글자로 화운하여

나란히 배에 앉은 이 모두 뛰어난 분들
돌아가려는 마음 온종일 머뭇거리네
원컨대 한강 물로 벼룻물 하여
써내고 싶어라, 이별의 끝없는 시름
列坐方舟盡勝流/열좌방주진승류
歸心終日爲牽留/귀심종일위견류
願將漢水添行硯/원장한수첨행연
寫出臨分無限愁/사출림분무한수

338) 『연방세고(聯芳世稿)』, 2권, 약봉선생문집(藥峰先生文集), 시, 「차명언영공(次明彥令公)」.

라는 시로 답하며[339][340] 사제 간 이별의 아픈 심정을 읊었습니다. 또한 화담(花潭) 서경덕(徐敬德, 1489~1546, 본관 당성, 자字 가구可久) 선생의 문인으로 중년에 퇴계 선생을 스승으로 모신 사암(思菴) 박순(朴淳, 1523~1589, 본관 충주, 자字 화숙和叔) 선생은 '환(環)', '관(關)', '방(放)', '환(還)'이라는 끝 글자를 써서

고향 향한 마음 연이은 고리처럼 끊이지 않더니
한 필 말 오늘 아침 한성 문 나서네
추위가 영남 매화 봄인데도 못 피게 하고
꽃 늦춰 노 신선 돌아오길 기다리네
鄕心未斷若連環/향심미단약연환
一騎今朝出漢關/일기금조출한관
寒勒嶺梅春未放/한륵영매춘미방
留花應待老仙還/유화응대노선환

라는 시를 지어 올렸고[341], 퇴계 선생은 이에 화운하여 '환(環)', '관(關)', '권(眷)', '환(還)'이라는 끝 글자를 써서

물러남 윤허 받으니 쫓겨남과 어이 같으리
어진 분들이 고향 가는 길 전송하네
부끄럽게 네 분 임금[342] 후한 은혜 입고
부질없이 일곱 차례 왔다 떠나네
許退寧同賜玦環/허퇴영동사결환
群賢相送指鄕關/군현상송지향관

---

339) 『정본퇴계전서(定本退溪全書)』, 시 14, 「동호주상(東湖舟上) 기명언선유일절(奇明彥先有一絕) 박화숙계지(朴和叔繼之) 석상제공(席上諸公) 함각증언(咸各贈言) 황림행(滉臨行) 불능진수(不能盡酬) 근용전이절운(謹用前二絕韻) 봉사첨욕상송지후의운(奉謝僉辱相送之厚意云)」.
340) 『고봉선생연보(高峯先生年譜)』(석인본).
341) 『사암집(思菴集)』, 1권, 칠언절구(七言絕句), 「송퇴계선생환향(送退溪先生還鄕)」.
342) 중종(재위1506~1544) · 인종(재위1544~1545) · 명종(재위1545~1567) · 선조(재위1567~1608).

自慙四聖垂恩眷/자참사성수은권
空作區區七往還/공작구구칠왕환

라는 시를 지어[343] 화답하기도 했습니다. 『정본퇴계전서』에 퇴계 선생의 답 시가 위에 소개한 2편만 실려있는 것을 보니, 배 위에서 너무나 많은 선비가 전송 시를 지어 올리는 바람에 퇴계 선생께서 일일이 답 시를 다 지을 수 없는 상황이었나 봅니다. 퇴계 선생 귀향길 450주년 재현 행사의 6일째인 2019년 4월 15일 저녁에 충주시문화회관에서 도산십이곡 연주를 헌정 공연했는데요.[344] 저의 고등학교 시절 담임을 맡으셨던 봉소(鳳巢) 김동기 선생님 내외분을 모시고 아내와 함께 갔습니다. 『청구영언』에서 도산십이곡을 자진한잎 중 템포가 가장 느린 '이삭대엽'으로 분류했기 때문에[345] 제9곡을 8분음 6박자로 아주 느리고 잔잔하게, 그리고 동시에 웅장함을 특징으로 하는 묵상 버전으로 편곡하여 일렉트릭 기타 솔로로 연주했습니다. 우연의 일치였을까요? 이날 2019년 4월 15일이 음력으로는 3월 11일로 저의 환갑 생일이었습니다. 환갑 생일에 '퇴계 선생께 올리는 헌정 공연 연주'를 하다니요? 저에게 참으로 무어라 표현할 수 없는 뜻깊은 일이었습니다. 개인적으로, 저의 60년 삶을 퇴계 선생께 도산십이곡 기타 연주를 올리는 것으로 마무리하는 무대가 되었습니다. 귀향길 재현 행사의 헌정 공연에 몇 달 앞서 큰아들과 며늘아기가 저에게 환갑을 기념하는 외국 여행을 제안했지만, 제가

"도산십이곡 노래의 공연 일정이 너무 바빠서 어렵다."

---

343) 『정본퇴계전서(定本退溪全書)』, 시 14, 「동호주상(東湖舟上) 기명언선유일절(奇明彦先有一絕) 박화숙계지(朴和叔繼之) 석상제공(席上諸公) 함각증언(咸各贈言) 황림행(滉臨行) 불능진수(不能盡酬) 근용전이절운(謹用前二絕韻) 봉사첨욕상송지후의운(奉謝僉辱相送之厚意云)」.

344) 연합뉴스, 「450년 전 퇴계가 걸은 마지막 귀향길 재현한다」, 2019.3.15.

345) 『청구영언(靑丘永言)』, 「퇴계도산육곡(退溪陶山六曲)」, 영인편(2017, 국립한글박물관).

라고 했지요. 그랬더니, 아이들이 제 환갑 기념 선물로 아주 멋진 깁슨(Gibson) 일렉트릭 기타를 사주면서

"재미있게 전국을 돌며 도산십이곡 노래를 많이 연주하시라."

고 하더군요. 환갑이 되어 머리가 허연 의사가, 갓을 쓰고, 도포를 입고, 아이들에게 선물 받은 일렉트릭 기타를 메고, 무대에 올라 직접 연주해드렸습니다.

퇴계 선생 마지막 귀향길 450주년 재현 행사 6일째. 도산십이곡 제9곡 묵상 버전 헌정 공연 (2019.4.15. 충주시문화회관)

아마도 세계 최초의 매우 이채로운 무대 풍경이었을 것으로 생각합니다. 퇴계 선생이 아니면 누가 이런 연출을 기획했겠습니까? 나중에, 묵상 버전으로 편곡한 것을 연구실에서 혼자 연주하며 오래된 제 휴대전화기로 녹음하여 묵상 영상을 만들어보았습니다. 충남대학교병원 가정의학과 전공의 이채진 선생님의 도움을 받아 생전 처음 만들어본 유튜브 영상인데요. 많은 분이 사랑해주셔서 감사할 뿐입니다.

일렉트릭 묵상 연주
The Way They' ve Gone
(도산십이곡 제9곡)

2019년 7월에는 〈MBC TV 생방송 아침이 좋다〉라는 프로그램에서 학생들을 위한 여름방학 특집으로 초대석 코너를 방영했는데요.[346] 「그분들이 가신 길/명품 인간을 만드는 퇴계 선생의 가르침」이라는 제목으로 퇴계 사상과 도산십이곡 노래의 제9곡을 대중에게 소개했습니다.

MBC 생방송 아침이 좋다(2019.7.30.).

가톨릭의 미사 시간과 개신교의 예배 시간에 퇴계 선생의 도산십이곡 성가를 '특송'으로 부르기도 했습니다. 2018년 8월에 충남대학교병원의 병원 성당에서 드리는 미사 시간에 루까 동아리 학생들과 성당 신자들이 도산십이곡 제9곡을 합창했습니다. 가톨릭 신자인 충남대학교의과대학의 송규상 교수님의 정년 퇴임을 기념하는 미사였지요. 스승께서 가신 길을 뒤따르겠다는 도산십이곡 가사 내용이 송 교수님의 정년 퇴임 기념식에도 잘 어울리더군요. 2019년 11월에는 충남대학교병원 개신교 교회의 일요일 예배 시간에 도산십이곡을 불렀습니다. 이날은 장경희 목사님의 요청으로 두 차례나 특송을 했는데요. 충남대학교병원 재활병원에서 열린 오전의 1부 예배와 본관에서 열린 오후의 2부 예배에서 합창했습니다. 저와 며늘아기, 큰아들, 조카 이헌주가 가족 합창으로 기타와 베이스기타를 연주하며 도산십이곡 제9곡과 어머님께서 생전에 즐겨 부르셨던 '내 주를 가까이하려 함은'이라는 제목의 찬송가(구) 162장을 함께 불

346) MBC TV, 생방송 아침이 좋다, 「초대석, 방학 특집-그분들이 가신 길/명품 인간을 만드는 퇴계 선생의 가르침」, 2019.7.30.

렀습니다. 동 · 서양 성가의 아름다운 어울림이었습니다. 선구자를 뒤따르겠다는 도산십이곡 가사 내용이 기독교 예배 의식에 정말 잘 맞더군요. 퇴계 선생의 도산십이곡 성가가 가톨릭 미사와 개신교 예배 시간에 울려 퍼지니 참으로 이상한(?) 생각이 들기도 했습니다. 쉽게 상상하기 어려운 풍경이었지요.

가톨릭 미사에서 도산십이곡 특송
(충남대병원 병원성당, 2018.8.19.)

개신교 예배에서 도산십이곡 특송
(충남대병원 병원교회, 2019.11.17.)

그동안 제가 소속되어 있는 대한가정의학회 학술대회에서는 인문 의학 강의와 함께 여러 번 도산십이곡 노래를 소개해드렸습니다. 제가 속해 있지 않은 타 분야의 한국종교학회, 외과학회, 소아과학회, 이비인후과학회, 정신과학회, 간호학회 … 등 여러 학술대회에서도 인문 의학 학술강의를 요청받아서, 퇴계 사상을 인문 의학에 접목하여 소개해 드리고 도산십이곡 노래의 제9곡을 묵상 버전으로 연주해드리거나 노래로 불러 드렸습니다.

삼남외과학회 인문 의학 강의
(2018.6.29. 대전롯데시티호텔)

대한가정의학회 인문 의학 강의
(2019.4.13. 창원컨벤션센터)

한국종교학회 기조 발표[347] 및 도산십이곡 묵상 연주
(2019.11.15. 경희대학교)

학생 수업, 각종 공직자 연수 프로그램, 여러 직장에서 실시하는 직원 역량교육, 시민 건강교육 등에서도 '의학과 인문학의 만남'이라는 인문 의학 강연을 통해 퇴계 사상을 소개하며 도산십이곡 노래를 연주해 드리고 합창했는데요. 교육계로는 부산 동아대학교, 한밭대학교, 충남대학교, 한국유아교육협회, 경상북도교육청, 제주도교육청, 충청남도교육청, 대전광역시교육청, 전라북도교육청 등에서 도산십이곡 노래를 소개하고 합창했습니다. 행정관청으로는 대전시청, 충남도청, 충청남도선거관리위원회, 대전시선거관리위원회, 농촌진흥청, 충청남도의회 등에서 했습니다. 지자체의 시민교육으로는 대전시청, 계룡시청, 천안시청, 보령시청, 전라남도 담양군청 등에서 했습니다. 그 외 공무원연금공단에서 제주도 · 수안보 · 천안 · 변산 등에서 시행한 공직자 연수 교육을 비롯하여, 진잠향교, 도산서원선비문화수련원, 퇴계학진흥회, 건양대학교병원, 공무원교육원, 제8회 21세기 인문가치포럼 등 일일이 열거할 수 없을 정도로 참으로 많은 곳에서, 퇴계 인문학 강연을 시작할 때마다 도산십이곡 노래의 제9곡 묵상 버전을 연주해드리고, 강연이 끝날 때는 참석자들이 모두 함께 제9곡을 합창했습니다.

347) 김종성, 「의사가 만난 성리학」, 『종교와 의례, 인문 치유』(한국종교학회 추계학술대회 자료집, 2019), 21~28쪽.

수안보상록호텔 공직자 연수(2018.7.5.)

계룡시청 시민교육(2019.5.22.)

보령시청 농민교육(2019.6.19.)

천안상록호텔 공직자
연수(2019.7.4.)

한국유아교육협회 직무연수
(2019.7.11. 세종컨벤션센터)

진잠향교 유교
아카데미(2019.8.15.)

제8회 21세기
인문가치포럼
(안동,
2021.10.8.)

도산서원 참 공부 모임의 권갑현 교수님과 강구율 교수님께서 저의 자(字)를

"세상을 울리라."

라고 하시며 '명지(鳴之)'라고 지어주셨는데요. 그 의미에 맞게 퇴계 선생의 도산십이곡 노래로 세상을 울리고 다닌 것 같습니다. 전국의 곳곳에서 수백 차례, 참으로 많은 국민에게 퇴계 사상을 소개하고 도산십이곡 노래를 함께 불렀습니다. 그런데, 8kg의 무거운 일렉트릭 기타를 어깨에 메고 10kg이 넘는 앰프를 4년 동안 끌고 다니며 연주하다 보니 제 손가락과 무릎에 관절염이 생기더군요. 통증이 너무 심해서 할 수 없이 관절염약을 복용하며 다녔습니다. 힘이 들기도 했지만, 도산십이곡 노래가 저의 운명이라고 생각하니 오히려 신이 나더군요. 저 홀로 도산십이곡 성가를 조용하게 묵상 버전으로 연주하거나 들을 때도 즐겁지만 강연장에서 많은 청중과 함께 이 노래를 합창할 때는 무어라 표현하기 어려운, 정성껏 만든 옷을 부모님께 입혀 드리는 것 같은, 마치 퇴계 선생께 작은 효도를 하는 듯한 큰 기쁨을 느끼기도 합니다.

국민 떼창
그분들이 가신 길
(도산십이곡 제9곡)

2020년 1월 2일은 제 인생에서 잊을 수 없는 날입니다. 온종일 제 손수건이 모두 젖어있을 정도로 감동의 눈물을 많이 흘렸습니다. 안동의 도산서원선비문화수련원에서 지도위원들의 신년 연찬회가 열렸는데요. 전국에서 오신 150여 분의 지도위원님들께 〈성리학과 음악, 그리고 도산십이곡〉을 두 시간 강의했습니다. 강의 마지막에 지도위원님들이 모두 자리에서 일어서서 퇴계 선생께 고유한 후 도산십이곡 성가를 힘차게 합창했습니다. 합창으로는 처음으로 이날 도산십이곡 제1곡에서 제12곡까지 전체를 불렀는데요. 저는 감동의 눈물이 너무 나와서 합창 지휘를 제대로 할 수가 없더군요. 어쩔 수 없이 연단 위에서 '흑흑' 거리면서 쏟아져 내리는 눈물을 손수건으로 닦아야만 했습니다. 오후에는 도산서원선비문화수련원에서 도산십이곡 성가의 합창경연대회까지 열렸습니다.[348)]전국의 각 도를 대표하는 8개 팀의 선비합창단이 참가한 즐거운 시간이었습니다.

도산십이곡 노래 합창경연대회
(도산서원선비문화수련원, 2020.1.2.)

이 행사에 참석한 청하(靑霞) 이근필(李根必) 퇴계 16대 종손께서는 향후 제사와 모든 행사에 앞서 도산십이곡 성가를 합창하도록 선언하셨습니다.[349)] 이날은 음력 12월 8일로 퇴계 선생의 기일이었기에, 저녁에 퇴계 선생 종택에서 퇴계 선생 불천위 제사가 있었습니다. 불천위 제사란 4대를 넘긴 위패를 땅에 묻지 않고 사당에 영구히 모시면서 제사를 지내도록 국가에서 허락한 제사이지요. 퇴계 선생 불천위 제사에 참여한 100여 분이 모두 의관을 갖추고 그 추운 날 종택의 추월한수정[350)] 앞마당에 도

---

348) 이뉴스투데이, 「충남대병원 김종성 교수 작곡한 '도산십이곡' 안동 도산서원 합창경연대회」, 2020.1.6.

349) 조선일보, 「퇴계 선생이 지은 '도산십이곡', 노래로 보급한다」, 2020.1.26.

350) 종택 뒷마당의 건물. 창설재(蒼雪齋) 권두경(權斗經, 1654~1725, 본관 안동, 자字 천장天章) 선생이 1715년에 세움. '추월한수'는 현인의 마음 경지를 의미. 『어찬주자전서(御纂朱子全書)』, 66권, 「재거감흥(齋居感興) 이십수(二十首)」 중 제10수, 〈삼가 천년의 마음 생각하니/가을 달 차가운 물

열하여 퇴계 선생의 위패 앞에서 도산십이곡 성가를 제1곡에서 제12곡까지 어두운 밤하늘을 향해 높이높이 불러올렸습니다. 퇴계 선생께서 성가로 만들어달라고 당부한 도산십이곡을 455년 만에 선생의 제사상에 경건한 합창 제물로 올려드린 것이지요. 참으로 감동적이고 역사적인 장관이었습니다. 전통 유림의 제사 의식에서 성가를 부른다는 것은 처음 있었던 일인 것 같습니다. 퇴계 선생께서 도산십이곡을 만들지 않았다면 이런 장관을 연출할 수 없었겠지요. 불천위 제사에 참여한 분들이 합창하는 동안 또 참을 수 없는 감동의 눈물이 쏟아지더군요. 옆에 같이 서 계시던 김병일 도산서원장님도 하염없이 눈물을 흘리셨습니다. 저는 이날 불천위 제사에서 종헌관을 수행했습니다.

퇴계 선생 불천위 제사에서 도산십이곡 합창 및 종헌관 수행
(퇴계 종택, 2020.1.2.)

'헌관'이란 제사를 지낼 때 제관을 대표해 잔을 올리는 사람으로, 술잔을 올리는 순서에 따라 '초헌관 · 아헌관 · 종헌관'이라고 하지요. 도산서원 이태원 별유사님의 안내에 따라 대학자 퇴계 선생께 경건하게 술을 따라 올리고 절을 드리면서, 의학의 길을 걷는 제 인생에서 전혀 예측하지 못한 인생 일대의 영광되고 감격스러운 순간을 마주했습니다. 퇴계 선생의 불천위 제사까지 마친 후 늦은 밤 홀로 대전으로 올라오며 운전하

비춤이네. 恭惟千載心(공유천재심)/秋月照寒水(추월조한수)〉.

는 중에도 내내 눈물이 쏟아졌습니다. 대학자가 국민에게 커다란 사랑으로 도산십이곡이라는 한글 노래 선물을 주셨음에 감사하는 감동의 눈물이 솟았고, 국민이 500년 동안 대학자의 소망을 제대로 실현하지 않은 현실을 생각하면 할수록 가슴이 미어지기도 했습니다. 눈물 때문에, 제대로 운전할 수가 없어서 고속도로 임시 휴게소마다 들러서 손수건으로 눈물을 닦아내기를 반복하며 겨우겨우 대전에 올라왔습니다. 제가 글을 잘 쓰지 못해서 이날의 감동을 제대로 묘사할 수가 없군요. 행사에 참여한 분 중에 김병규 지도위원님이 계셨는데요. 청주의 상당 고등학교에서 교장 선생님을 하시다가 정년퇴직하셨더군요. 김병규 선생님께서 이날 합창경연대회와 불천위 제사의 감동과 풍경을 신문에 〈도산십이곡 제창기〉라는 제목의 아름다운 글로 기고하셨습니다. 이 글을 참고하시면 좋을 듯합니다.

〈도산십이곡 제창기〉[351]

퇴계 선생의 소망은 이 세상에 착한 사람이 많아지는 것이다. 치열히 공부하시며 3,000여 수의 시를 남겼는데 한시를 지식인들은 즐기겠으나 일반 대중들이 노래하기는 어렵다. 게다가 당시 유행하던 한림별곡과 육가 등의 노래가 문제 있음을 살폈던 선생은 아래와 같이 언문으로 도산십이곡 지은 이유를 밝히셨다.

'이 가사를 지은 것은 무엇인가. 세상에 노래가 많으나 온유돈후한 노래가 적음을 애석하게 여겨 노래로 부르려면 시속 말로 적어야 하니, 아이들로 하여금 조석으로 익혀 스스로 노래하고 춤추고 뛰게 한다면 비루한 마음을 씻어버리고, 감발하여 마음이 화락해져서 노래하는 자와 듣는 자가 서로 유익함이 있을 것이다. 다만, 이 가사가 노래 곡조에 들어가면 음절에 화합할지를 스스로 믿지 못하매 당분간 한 부를 써서 상자 안에 넣어두고 때때로 꺼내어 스스

351) 김병규. 「도산십이곡 제창기」, 충북일보. 2020.1.12.

로 반성해보고 또 훗날에 열람해 보는 자의 취사선택을 기다릴 뿐이다. 도산 노인 쓰다.'(도산십이곡발 중)

도산서원선비문화수련원 지도위원들에게 부여된 금년 1차 연찬회 과제는 도산십이곡 숙지 완창이다. 지도위원들은 대부분 교장이요, 공무원 출신이므로 각종 연수와 자격시험에서 두각을 나타냈던 분들이다. 이제는 암기 실력이 예전 같지 않음에도 이렇게 많은 12곡을 어떻게 외우느냐, 이런 것을 왜 하느냐는 불평도 없이 묵묵히 암기에 돌입하였다. 유튜브를 들어 곡을 익히고, 빼곡히 가사 적은 종이를 주머니 속에나 휴대폰 카메라에 담아 외우고, 방안 곳곳이며 침대 머리맡까지 악보를 두어 눈 갈 때마다 살피는 등 아이디어 백출이다. 선비 교육으로 모이면 가사 다 외웠는가 확인이 인사이고 강사대기실에서는 당연히 도산십이곡 노래가 휴대폰에서 흘러나온다. 8개 지부가 각기 모여 사전 노래 연습도 한 뒤에 2020년 1월 2일에 드디어 상금까지 걸린 제창대회가 열렸다. 화음까지는 여력이 없어 합창이라기보다 떼창이라도 역시 과거 이력에 걸맞게 다들 잘 외워 오셨다. 유치원 어린이 같이 긴장되고 상기된 표정으로 무대 위에 오른 노인들의 모습이 재미있으며, 간혹 악보를 손에 든 팀도 있고 태극 문양 부채 뒷면에 악보를 붙여 사알짝 보는 팀도 있지만, 이 정도는 애교로 치자.

매번 지도위원 연찬회에 참석하시는 퇴계 16대 종손 이근필 옹이 앞으로 퇴계 불천위 제사에 도산십이곡을 헌창하며, 금년은 제사에 참례하는 지도위원들이 올리기를 바라신다. 불천위 제사는 만고의 사표가 되는 훌륭한 어른은 4대 봉사 후에도 계속 제사를 지내도록 하는 것이다. 이에 갓이나 유건과 도포로 의관을 갖춘 지도위원 100여 명이 종택의 추월한수정에서 도산십이곡을 헌창하였다. 퇴계 선생이 듣고 계실 터, 한겨울 매섭게 시린 날바람이 귀와 볼을 얼리는데도 우리의 입김은 서리서리 올라갔고 노랫소리는 깊고도 힘차게 도산 고을에 울려 퍼졌다. 김병일 도산서원 원장께서도 마루에서 당하로 내려와 같이 부르시는데 마침 황포를 입어 행렬 맨 앞줄에 선 덕에 원장님 뺨에 흐르는 눈물이 보인다. 작곡자인 퇴계 16대 외손 김종성 교수는 오전 강의 중 제창 고유로 수강 지도위원들이 노래하는 중에 손수건으로 눈물을 훔치고, 도산십이곡 제창대회를 제안한 이사장님은 겨울 밤바람에 차가울 눈물도 닦지 못하시고. 마당에서 노래 드리는 우리의 발은 시려 와도 뜨거운 감동으로 코가 찡하고.
1565년 3월 16일(음)에 후인이 나의 가사에 곡을 붙인 뒤 이 노래가 세상 사람들에게 익혀 불러지면 좋겠다는 선생의 바람이 2020년 1월 2일에 이루어졌구나. 그것도 도산십이곡이 고비합사[352]로 처음 지내는 선생의 제사에서 영전에 헌창되었다. 세상을 착하게 하려는 노력으로 이 땅에 크게 울려 퍼지는 도산십이곡 고고지성[353]이 아닌가.

2020년 11월 27일~28일 이틀 동안 퇴계 선생 서세 450주년 기념 추모행사가 안동시민회관에서 열렸는데요. 한국국학진흥원 · 도산서원 · 경상북도 · 안동시가 공동으로 개최했습니다. 첫날 11월 27일 개막식에서 도산십이곡 노래 개막공연이 있었습니다. 먼저 퇴계 선생께 올리는 고유문(신령께 아뢰는 글)을 낭독하여 무대를 열었습니다. 아래의 글은 이날 낭독한 고유문입니다.

〈도산십이곡(陶山十二曲) 곡조봉정고유문(曲調奉呈告由文)〉[354]

선생이시여! 삼가 고하나이다. 현대의학으로 치료가 어려운 알코올의존이라는 질병을 치료하기 위해 찾아 헤매다가 선생께서 말씀하신 경(敬)으로 비로소 치료할 수 있었습니다. 선생께서 '경을 통한 이발(理發)'이라는 학문을 완성하신 것은 진리가 발하는 세상, 착한 사람들이 많아지는 세상을 소망하신 것이었습니다. 선생께서는 저희를 선한 세상으로 인도하기 위해 도산십이곡과 성학십도를 남기셨습니다. 선생께서는 도산십이곡을 온유돈후한 마음을 갖기 위한 노래로 만들어서 국민에게 선물해달라고 말씀하셨습니다. 선생의

352) 제사에서 남녀 조상님을 함께 모시는 것.
353) 아기가 세상에 태어나면서 처음 우는 소리.
354) 김종성, 「도산십이곡 개막공연 고유문」, 『군자유종, 세상의 빛이 되다. 퇴계 선생 서세 450주년 추모행사 자료집』(안동: 한국국학진흥원, 2020), 17쪽. ※ 고유문의 한문 제목은 도산서원 이동구 별유사님께서 지어주셨다.

소망을 받들기 위해, 손수 만들어주신 도산십이곡을 선생의 상자 속에서 꺼내어 453년 만에 국민에게 전달하였습니다.

선생이시여! 너무 늦게 전달한 저의 게으름을 크게 질책하여 주소서. 선생께서 정성으로 선물해주신 도산십이곡을 부를 때마다 경쟁과 물질이 만연한 세상에서 허둥대는 무지몽매한 저에게 착한 마음과 삶에 힘이 생기는 것을 느낍니다. 선생께서는 450년 전에 저희를 떠나신 것이 아니고 도산십이곡을 듣고 부르는 저희의 일상과 저희의 마음에 큰 빛을 발하며 저희 곁에 영원히 살아 계십니다.

선생이시여! 오늘 서세 450주년을 맞아, 선생께서 주신 도산십이곡 선물을 저희가 정성으로 부르며 마음속에 깊이 간직하였음을 고유하오니, 기쁘게 받아 주소서.

경자년(개천 5917, 단기 4353) 10월 13일 (서기 2020.11.27.)

후학 김종성(金鍾聲) 삼가 올림

퇴계 선생 서세 450주년 개막공연 행사에서 저는 무대에 올라 퇴계 선생께 올리는 고유문을 낭독할 때부터 목이 메어 제대로 읽을 수가 없더군요. 이어서, 도산서원선비문화수련원의 '지도위원 합창단' 팀이 김순도 선생님의 지휘로 도산십이곡 노래의 제1곡~제6곡을 소박하고 잔잔하게 불렀습니다. 남성 중창단인 '후렴 합창단' 팀은 김민성 교수님의 지휘로 제7곡~제12곡을 힘차고 웅장하게 합창했지요. 마지막 제12곡은 두 팀이 함께 불렀는데요. 안동시민회관이 무너질 듯 웅장하게 퇴계 선생의 도산십이곡 노래가 울려 퍼졌습니다. 저는 무대에서 내려와 두 팀이 도산십이곡 성가를 합창하는 것을 지켜보며 감동의 눈물이 너무 쏟아져서 주체하지 못했습니다.

퇴계 선생 서세 450주년 추모행사 도산십이곡 합창 개막공연
(2020.11.27. 안동시민회관)

개막공연 고유	**퇴계 선생 서세 450주년 개막공연**	도산십이곡 합창

개막행사 중의 쉬는 시간에 이날 참석하신 분들과 잠시 이야기들을 나누었는데요. 참석하신 분들께서도 눈물을 많이 흘렸는가 봅니다. 도산서원 참 공부 모임의 권갑현 교수님께서 웃으시며

> "아니, 준비도 하지 않았는데, 갑자기 사람들을 감동하게 해서 이렇게 울리면 어떡하나? 책임지시라."

고 하시더군요. 그런데, 가만히 생각해보니 몇 년 전에 저의 자(字)를 '세상을 울리라'라며 '명지(鳴之)'로 지어주신 권갑현 교수님과 강구율 교수님께서 책임을 지셔야 할 것도 같더군요. 도산서원선비문화수련원의 지도위원에 의한 초·중·고 학교 현장의 인성교육에서도 도산십이곡을 노래로 학생들에게 보급하고 있습니다. 아울러, 신문·방송 등 여러 언론 미디어[355)][356)]에서도 국민에게 도산십이곡 노래를 소개했습니다. 충남대

355) MBC TV, 뉴스데스크, 「450여 년 만에 노래로 부활한 도산십이곡」, 2020.1.21.

학교의과대학에서는 그동안 의예과 2학년 학생들이 인문 의학 수업에서 한국철학과 퇴계 심성론의 개괄적인 내용을 자기주도학습으로 스스로 공부하여 조별로 발표하고 토론해오고 있었는데요. 2022년부터는 의학과 1학년 인문 의학 과목에 '한국 고전 국문 시가에서 배우는 인문 의학'이라는 주제로, 열두 조로 나누어 조별로 한 곡씩 맡아서 도산십이곡 가사의 인문 의학적 의미를 자기주도학습으로 공부하여 발표하고, 이어서 노래 · 연주 · 안무를 발표하는 수업을 진행합니다. 대학자 퇴계 선생은 정성으로 도산십이곡을 만들며

> 아이들로 하여금 아침저녁으로 이 노래를 익혀서 노래하게 하여 안석에 기대어 듣기도 하고, 또한 아이들이 스스로 노래하고 스스로 춤추고 뛰게 하라.
> [欲使兒輩朝夕習而歌之/욕사아배조석습이가지 憑几而聽之/빙궤이청지 亦令兒輩自歌而自舞蹈之/역령아배자가이자무도지][357]

라고 도산십이곡의 수업방식까지 구체적으로 제시하셨는데요. 『예기』라는 고전에서는

> 종 · 북 · 피리 · 경[358] · 깃털 · 약[359] · 방패 · 도끼는 악의 도구이다. 몸을 굽히고 펴는 것, 고개를 숙이고 쳐드는 것, 제자리를 지키는 것, 느리고 빠름은 악을 장식하는 무늬이다.
> [故鐘鼓管磬羽籥干戚樂之器也/고종고관경우약간척악지기야 屈伸俯仰綴兆舒疾樂之文也/굴신부앙철조서질악지문야][360]

356) MBC TV, 뉴스투데이, 「노래로 부활한 도산십이곡」, 2020.1.23.
357) 『정본퇴계전서(定本退溪全書)』, 시 15, 「도산십이곡발(陶山十二曲跋)」.
358) 옥이나 돌, 또는 놋쇠로 만든 타악기 '경쇠'.
359) 구멍이 세 개인 피리 종류의 악기.
360) 『예기(禮記)』, 「악기(樂記)」.

라고 했습니다. 학생들이 가사의 인문 의학적 의미를 발표한 후 거문고, 피아노, 전자오르간, 바이올린, 첼로, 기타, 일렉 기타, 관악기 등 여러 악기를 연주하며, 한복에, 영어 가사에, 한문 가사에, 안무에, 수화로 무용까지 곁들이며 화음을 넣어서 노래를 부르더군요. 무어라고 표현하기 어려운 감동의 시간입니다. 젊은 학생들의 정성과 재치가 느껴지는 작은 음악회가 되더군요.

제6곡
합창 · 안무 · 연주

인문 의학 수업 통해
학생들 발표 · 연주
영상

제9곡 피아노 · 바이올린
협연

학생들이 노래와 연주 발표를 위해 삼삼오오 모여서 대학자가 만든 노래를 부르며 즐겁게 악기 연주와 무용을 연습하는 모습을 상상만 해도 행복해집니다. 이러한 모습이 퇴계 선생의 간절한 소망에 부응하는 현대의 교육학적 그림이 아닐까요? 이제 퇴계 선생의 도산십이곡 성가는 유튜브에서 '퇴계 노래', '퇴계 가신 길', '의학철학', '인문 의학', 'Dosan 12', '그분들이 가신 길' 등으로 검색하면 어린이 합창 및 독창, 성인 합창 및 독창, 묵상 버전, 고어, 현대어, 영어 노래 등 여러 유형으로 쉽게 접할 수 있습니다. 교육 현장에서 뜻있는 많은 분이 현대의 인성 · 영성 교육이 나아갈 바를 고민하고 있는데요. 바야흐로 '도산십이곡 노래'라는 〈한국적 교육콘텐츠〉의 일반화가 가능한 시점입니다.

7장

노래하는 사람과 듣는 사람이 서로 유익하리니

'마음 치유 효과 온유돈후'

1) 온유돈후

65세의 노(老) 대학자가 여러 어려움을 무릅쓰고 정성을 들여 우리에게 한글 도산십이곡 노래를 선물하면서 무엇을 바라셨을까요? 퇴계 선생이 직접 밝힌 도산십이곡 노래의 제작 목적은

> 노인이 이 곡을 지은 것은 무엇 때문인가. 우리 동방의 노래는 대부분 음란하여 족히 말할 수 없다. 한림별곡과 같은 것은 문인의 입에서 나왔지만, 교만하고 방탕하며 겸하여 점잖지 못하고 장난기가 있어 더욱 군자가 숭상해야 할 바가 아니다. 오직 근세에 이별[361]의 육가가 세상에 널리 퍼져 가히 그것이 한림별곡보다 좋기는 하나, 역시 세상을 희롱하고 불공한 뜻이 있고 온유돈후한 내용이 적어 애석하다.
>
> [老人之作此何爲也哉/노인지작차하위야재 吾東方歌曲/오동방가곡 大抵多淫哇不足言/대저다음왜부족언 如翰林別曲之類/여한림별곡지류 出於文人之口/출어문인지구 而矜豪放蕩/이긍호방탕 兼以褻慢戱狎/겸이설만희압 尤非君子所宜尙/우비군자소의상 惟近世有李鼈六歌者/유근세유이별육가자

361) 장륙당(藏六堂) 이별(李鼈, 1475?~?, 본관 경주, 자字 낭옹浪翁).

世所盛傳/세소성전 猶爲彼善於此/유위피선어차 亦惜乎其有玩世不恭之意/역석호기유완세불공지의 而少溫柔敦厚之實也/이소온유돈후지실야[362]

라는 발문 내용에서 볼 수 있습니다. 즉, 국민이 도산십이곡 노래를 통해 온유돈후한 마음을 갖도록 노력하는 마음공부입니다. 퇴계 선생께서 언급한 '한림별곡'과 장륙당 선생의 '육가'가 어떤 내용의 노래인지 궁금해서 찾아보았습니다. 한림별곡은 고려 고종(재위 1213~1259) 때 한림[363]의 여러 선비가 합작으로 지은, 각 6행으로 구성된 총 여덟 곡의 노래입니다. 가사에서 '정경이 그 어떠합니까?'를 의미하는 '景(경) 긔 엇더ᄒᆞ니잇고'가 후렴으로 반복되어 '경기체가'(景幾體歌)로 불리고, 감탄사 '아~!'를 의미하는 '위'와 '엽'이 반복됩니다.

〈한림별곡〉[364]

제1곡

元淳文 仁老詩 公老四六

李正言 陳翰林 雙韻走筆

冲基對策 光鈞經義 良鏡詩賦

위 試場ㅅ 景 긔 엇더ᄒᆞ니잇고

葉 琴學士의 玉笋門生 琴學士의 玉笋門生

위 날조차 몃 부니잇고

　원순문 인노시 공노사륙

　이정언 진한림 쌍운주필

　충기대책 광균경의 양경시부[365]

---

362) 『정본퇴계전서(定本退溪全書)』, 시 15, 「도산십이곡발(陶山十二曲跋)」.

363) 왕의 말 · 명령을 짓는 관청. 학식 · 문장력이 뛰어난 인물들이 담당.

364) 이진규, 「한림별곡(翰林別曲)의 형성과 성격 연구」, 『어문학』(한국어문학회, 2018) 제139집, 237~261쪽.

365) 유원순(兪元淳, 1168~1232, 본관 인동)의 문장, 쌍명재(雙明齋) 이인로(李仁老, 1152~1220, 본관 경원, 자字 미수眉叟)의 시, 이공로(李公老, ?~1224, 본관 단산, 자字 거화去華)의 사륙문, 백운거

위, 시장(시험장) 경 그 어떠하니잇고

엽, 금학사의 옥순문생[366] 금학사의 옥순문생

위, 날조차(나까지) 몇 분이잇고.

제2곡

唐漢書 莊老子 韓柳文集

李杜集 蘭臺集 白樂天集

毛詩尙書 周易春秋 周戴禮記

위 註조쳐 내 외욻 景 긔 엇더ᄒᆞ니잇고

葉 太平廣記四百餘卷 太平廣記四百餘卷

위 歷覽ㅅ 景 긔 엇더ᄒᆞ니잇고

당한서 장로자 한류문집

이두집 난대집 백락천집

모시상서 주역춘추 주대례기[367]

위, 주(주석)조차 내 외온 경 그 어떠하니잇고

엽, 태평광기[368] 사백여권 태평광기 사백여권

위, 역람(열람하는) 경 그 어떠하니잇고

제3곡

眞卿書 飛白書 行書草書

篆籒書 蝌蚪書 虞書南書

사(白雲居士) 이규보(李奎報, 1168~1241, 본관 황려, 자字 춘경春卿, 벼슬이 정언)와 매호(梅湖) 진화(陳華, ?~?, 본관 홍성)의 서로 운에 맞추어 지은 시, 유충기(劉冲基, ?~?)의 대책문(對策文), 민광균(閔光鈞, ?~?, 본관 여흥)의 경서 풀이, 명암(明庵) 김양경(金良鏡, ?~1235, 본관 경주)의 시(詩)와 부(賦).

366) 고려의 학자 금의(琴儀, 1153~1230, 봉화 금씨의 시조, 자字 절지節之)가 배출한 죽순처럼 많은 제자. 제1곡에 나오는 유원순 · 이인로 · 이공로 · 이규보 · 진화 · 유충기 · 민광균 · 김양경 등이 모두 이에 속함.

367) 당서 · 한서, 장자 · 노자, 한유 · 유종원의 문집, 이백 · 두보의 시집, 한나라 난대령사(蘭臺令使)들의 시문집, 백락천의 문집, 모형(毛亨, ?~?)의 시경 · 서경, 주역 · 춘추, 주(周)의 대대례기 · 소대례기.

368) 송나라의 설화집.

羊鬚筆 鼠鬚筆 빗기 드러
위 딕논 景 긔 엇더ᄒᆞ니잇고
葉 吳生劉生 兩先生의 吳生劉生 兩先生의
위 走筆ㅅ 景 긔 엇더ᄒᆞ니잇고
　진경서 비백서 행서초서
　전주서 과두서 우서남서
　양수필(양 수염 붓) 서수필(쥐 수염 붓) 빗겨 들어
　위, 찍는 경 그 어떠하니잇고
　엽, 오생류생 양선생의 오생류생 양선생의
　위, 주필(빠르게 쓰는) 경 그 어떠하니잇고

제4곡
黃金酒 栢子酒 松酒醴酒
竹葉酒 梨花酒 五加皮酒
鸚鵡盞 琥珀盃예 ᄀᆞ득 브어
위 勸上ㅅ 景 긔 엇더ᄒᆞ니잇고
葉 劉伶陶潛 兩仙翁의 劉伶陶潛 兩仙翁의
위 醉혼ㅅ 景 긔 엇더ᄒᆞ니잇고
　황금주 백자주 송주례주
　죽엽주 이화주 오가피주
　앵무잔 호박배에 가득 부어
　위, 권상(권해 올리는) 경 그 어떠하니잇고
　엽, 유령도잠[369] 양선옹의 유령도잠 양선옹의
　위, 취한 경 그 어떠하니잇고

제5곡
紅牧丹 白牧丹 丁紅牧丹

369) 유령(劉伶, 221~300)과 연명(淵明) 도잠(陶潛, 365~427, 자字 원량元亮).

紅芍藥 白芍藥 丁紅芍藥
御柳玉梅 黃紫薔薇 芷芝冬栢
위 間發ㅅ 景 긔 엇더ᄒᆞ니잇고
葉 合竹桃花 고온 두 분 合竹桃花 고온 두 분
위 相映ㅅ 景 긔 엇더ᄒᆞ니잇고
홍모단 백모단 정홍모단
홍작약 백작약 정홍작약
어류옥매 황자장미 지지동백
위, 간발(어우러져 핀) 경 그 어떠하니잇고
엽, 합죽도화[370] 고온 두 분 합죽도화 고온 두 분
위, 상영(서로 비추는) 경 그 어떠하니잇고

제6곡
阿陽琴 文卓笛 宗武中琴
帶御香 玉肌香 雙伽倻ㅅ고
金善琵琶 宗智嵇琴 薛原杖鼓
위 過夜ㅅ 景 긔 엇더ᄒᆞ니잇고
葉 一枝紅의 빗근 笛吹 一枝紅의 빗근 笛吹
위 듣고아 ᄌᆞᆷ 드러지라
아양금 문탁적 종무중금
대어향 옥기향 쌍가야고
금선비파 종지혜금 설원장고[371]
위, 과야(밤새워 노는) 경 그 어떠하니잇고
엽, 일지홍의 비낀 적취(피리 소리) 일지홍의 비낀 적취
위, 듣고아 잠 들어지라

370) 대나무와 복숭아꽃.
371) 아양의 거문고, 문탁의 피리, 종무의 중금, 명기 대어향 · 옥기향 둘이 뜯는 가야금, 김선의 비파, 종지의 해금, 설원의 장고.

제7곡

蓬萊山 方丈山 瀛洲三山

此三山 紅縷閣 婥妁仙子

綠髮額子 錦繡帳裏 珠簾半捲

위 登望五湖ㅅ 景 긔 엇더ᄒᆞ니잇고

葉 綠楊綠竹 栽亭畔애 綠楊綠竹 栽亭畔애

위 囀黃鶯 반갑두셰라

　　봉래산 방장산 영주삼산

　　차삼산 홍루각 작약선자

　　녹발액자 금수장리 주렴반권[372]

　　위, 등망오호 경 그 어떠하니잇고

　　엽, 녹양록죽 재정반[373]에 녹양록죽 재정반에

　　위, 전황앵(지저귀는 꾀꼬리) 반갑두세라

제8곡

唐唐唐 唐楸子 皀莢 남긔

紅실로 紅글위 ᄆᆡ요이다

혀고시라 밀오시라 鄭少年하

위 내 가논 ᄃᆡ ᄂᆞᆷ 갈셰라

葉 削玉纖纖 雙手ㅅ 길헤 削玉纖纖 雙手ㅅ 길헤

위 携手同遊ㅅ 景 긔 엇더ᄒᆞ니잇고

　　당당당 당추자(호도나무) 조협(쥐엄나무) 나무에

　　홍실로 홍그네 매요이다

　　혀고시라(당기시라) 밀으시라 정소년[374]아

---

372) 아름다운 사람이 금수 휘장 속에서 구슬발을 반쯤 걷어 올리고.

373) 푸른 버드나무 · 대나무가 심어진 정자 있는 언덕.

374) 해이 · 방종하게 나라를 어지럽히던 정나라의 소년들. ※ 황병익, 「〈동동〉'새셔가만ᄒᆞ얘라'와 〈한림별곡〉 '뎡쇼년(鄭少年)'의 의미 재론」, 『정신문화연구』(한국학중앙연구원, 2007) 제30권 제4호, 117~138쪽.

위, 내 가는 데 남 갈세라
엽, 삭옥섬섬(옥을 깎은 듯 고운) 쌍수 길에 삭옥섬섬 쌍수 길에
위, 휴수동유(손잡고 함께 노는) 경 그 어떠하니잇고

한림별곡의 내용을 살펴보니 고려시대의 학자인 금의(琴儀, 1153~1230)가 배출한 문인들의 뛰어난 글솜씨, 방대한 독서에의 긍지, 유명 서체와 글 쓰는 모습, 각종 진귀한 술 마시는 모습, 온갖 꽃이 만발한 풍경, 이름난 연주자들과 기생의 연주 모습, 명산과 누각의 미녀, 그네뛰기 등 여덟 가지 주제의 풍경을 읊었군요. 그런데 사대부를 위한 노래라서 그런지 일반인이 이해하기 어려운 한문 단어가 아주 많습니다. 『조선왕조실록』의

> 술과 고기를 예문관에 내려주었으니 … 임금이 술과 고기를 내려주고 이어서 그대들은 한림별곡을 부르면서 즐기라고 명하였다.
> [賜酒肉于藝文館/사주육우예문관 … 上賜酒肉/상사주육 仍命曰/잉명왈 汝等唱/여등창 翰林別曲/한림별곡 以歡/이환][375]

라는 기록을 보니 한림별곡은 연회의 흥취를 고조시키고 사대부의 과시적 · 향락적인 풍류를 노래하는 내용입니다. 퇴계 선생께서 교만 · 방탕하고 점잖지 않으며 장난기가 있다고 평가한 것이 정확한 것 같습니다. 마지막 8곡 가사의 정나라 소년들을 상징하는 '정소년'이라는 단어가 『예기』에서 설명한 '정나라의 음악'을 연상하게 하는군요. 퇴계 선생의 한림별곡에 대한 평가는 자하(子夏)[376]가 위나라의 초대 제후 문후(文侯, BC ?~BC 396)에게

---

375) 『조선왕조실록(朝鮮王朝實錄)』, 태종실록(太宗實錄), 「태종 13년 7월 18일」.
376) 공자의 제자 복상(卜商, BC 507~?)의 자(字).

정나라의 음은 방종에 흘러 음란한 마음을 만들고, 송나라의 음은 관능적이어서 탐닉하는 마음을 만들며, 위나라의 음은 너무 빨라 번거로운 마음을 만들고, 제나라의 음은 오만하고 편벽하여 교만한 마음을 만듭니다. 이 네 가지 음은 모두 음란하고 덕을 해치기 때문에 제사에 쓰지 않습니다.

[鄭音好濫淫志/정음호람음지 宋音燕女溺志/송음연녀닉지 衛音趨數煩志/위음촉삭번지 齊音敖辟喬志/제음오벽교지 此四者皆淫於色而害於德/차사자개음어색이해어덕 是以祭祀弗用也/시이제사불용야][377]

라며, 정나라의 음악을 '방종에 흘러 음란한 마음을 만들고 덕을 해친다'라고 설명한 것과도 같은 맥락입니다. 한편, 장륙당 선생이 지은 육가는 원래의 여섯 곡 한글 가사가 현재 전하지 않고, 16~17세기를 사신 양서(瀼西) 이광윤(李光胤, 1564~1637, 본관 경주, 자字 극휴克休) 선생이 한문으로 번역한 한시를 통해 그 내용의 윤곽만 알려집니다. 그나마 여섯 수 중에 네 곡만 전해지고 두 곡은 내용조차 잃었더군요.

〈장륙당 육가〉[378][379]

제1곡

내 이미 백구[380] 잊고 백구도 나 잊었네
둘이 모두 서로 잊었으니 누군지 모르리라
어느 때 해옹 만나 가려낼까 이 둘을
我已忘白鷗/아이망백구 白鷗亦忘我/백구역망아
二者皆相忘/이자개상망 不知誰某也/부지수모야
何時遇海翁/하시우해옹 分辨斯二者/분변사이자

377) 『예기(禮記)』, 「악기(樂記)」.

378) 『양서집(瀼西集)』, 양서선생문집 2권, 시, 「번장륙당육가졸제(飜藏六堂六歌拙製)이수일(二首逸)」.

379) 박해남, 「이별(李鼈) '육가(六歌)'의 연원재고(淵源再考)」, 『한국시가연구(韓國詩歌硏究)』(한국시가학회, 2011) 제31권, 167~184쪽.

380) 하얀 망아지. '어진 선비'를 상징. 『시경(詩經)』, 소아(小雅), 「백구(白駒)」. '백구' 시는 〈제9장.〉의 제5곡 참조.

제2곡

붉은 잎 산초나무에 가득하고 빈 강에 떨어질 때
가랑비 오는 낚시터에 낚싯대 하나가 제맛이라
속세 이득 찾는 무리 어찌 서로 알 필요 있을까
赤葉滿山椒/적엽만산초 空江零落時/공강영락시
細雨漁磯邊/세우어기변 一竿眞味滋/일간진미자
世間求利輩/세간구리배 何必要相知/하필요상지

제3곡

내 귀 시끄러우니 네 표주박 버리고
네 귀 씻은 샘물 내 소 먹이지 않으리
공명[381]은 못난 신발 만듦이니 벗어나 스스로 즐기네
吾耳若喧亂/오이약훤란 爾瓢當棄擲/이표당기척
爾耳所洗泉/이이소세천 不宜飮吾犢/불의음오독
功名作弊屨/공명작폐구 脫出遊自適/탈출유자적

제4곡

옥계산 아래 흐르는 물, 연못 이루어 달 담았네
맑으면 내 갓 씻고 흐리면 내 발 씻으리[382]
어찌하여 세상 사람들 모르는가 맑고 흐림 있음을
玉溪山下水/옥계산하수 成潭是貯月/성담시저월
淸斯濯我纓/청사탁아영 濁斯濯我足/탁사탁아족
如何世上子/여하세상자 不知有淸濁/부지유청탁

---

381) 공을 세움과 명예.

382) 굴평(屈平, BC 340?~278?, 자字 원原)의 「어부사(漁父辭)」, 〈굴원이 온 세상 혼탁한데 나 홀로 깨끗하고 사람들이 모두 취해있는데 나 홀로 깨어 있어서 추방당했다고 하니 … 어부가 웃고는 노를 두드려 떠나가며 노래를 불렀다. 창랑의 물 맑으면 내 갓끈 씻고 창랑의 물 흐리면 내 발 씻으리. 屈原曰/굴원왈 擧世皆濁/거세개탁 我獨淸/아독청 衆人皆醉我獨醒/중인개취아독성 是以見放/시이견방 … 漁父莞爾而笑/어부완이이소 鼓而去乃歌曰/고이거내가왈 滄浪之水淸兮/창랑지수청혜 可以濯吾纓/가이탁오영 滄浪之水濁兮/창랑지수탁혜 可以濯吾足/가이탁오족〉.

과시적 · 향락적인 한림별곡과 달리, 장륙당 선생의 육가는 혼탁한 세상을 한탄하며 벼슬을 멀리하고 홀로 은거하는 삶을 즐긴다는 내용입니다. 제3곡에서 요임금으로부터 황제의 자리를 맡아달라는 말을 들은 허유(許由, ?~?)가 자기 귀가 더럽혀졌다고 냇물에 귀를 씻자, 이를 본 친구 소부(巢父, ?~?)는 한술 더 떠서 '더럽혀진 귀를 씻은 물을 내 소에게 먹일 수 없다'라고 하는 옛이야기를 인용합니다. 퇴계 선생은 온유돈후함이 적고 세상을 희롱하며 공손하지 않은 의도가 있다고 평가했습니다. 퇴계 선생이

> 공자가 경쇠를 친 것은 천하를 잊지 못하는 마음이 있기 때문이다. … 경쇠 소리에 (세상을) 탓하고 원망하는 마음이 들어있었다고 하면 어찌 공자라고 할 수 있겠는가.
> [夫子擊磬/부자격경 有不忘天下之心/유불망천하지심 … 若磬聲有怨尤/약경서유원우 何以爲孔子/하이위공자][383)]

라며, 속된 세상을 한탄하고 원망하는 것은 삶의 바람직한 자세가 아니라고 설명한 것도 같은 맥락입니다. 한림별곡과 장륙당 육가는 향락적 또는 세상을 풍자 · 한탄하는 세속적인 노래에 속했던 것이지요. 퇴계 선생이 추구한 진리 향한 온유돈후한 '성가'와는 거리가 있습니다. 일찍이 공자는

> 그 사람됨이 온유돈후한 것은 시 교육의 덕이다.
> [其爲人也/기위인야 溫柔敦厚/온유돈후 詩敎也/시교야][384)]

라고 말했습니다. 퇴계 선생께서 언급한 온유돈후와 관련하여 '온유'는 '온화하고 부드러운 마음'이라고 쉽게 이해할 수 있었는데요. 한문을 모

---

383) 『퇴계선생언행록(退溪先生言行錄)』, 유편(類編), 「강변(講辨)」.
384) 『예기(禮記)』, 「경해(經解)」.

르는 저는 '돈후'라는 말의 의미를 잘 모르겠더군요. '도타울 돈(敦)', '두터울 후(厚)'라는 글자인데요.

'도탑고 두텁다?'

아무리 생각해도 쉽게 이해되지 않았습니다. 애가 타서 도산서원 선비문화수련원 참 공부 모임의 강구율 교수님, 김언종 교수님 등 많은 분께 돈후의 뜻에 대해 가르침을 청하기도 했습니다. 여러 달 동안 틈임 없이 돈후의 의미를 여기저기 찾아 헤매다가 연민(淵民) 이가원(1917~2000) 선생의 논문을 발견했습니다. 퇴계 선생의 온유돈후에 대해서는 연민 선생의

> 퇴계의 시는 유가의 전통적 시 교육인 온유돈후를 하나의 종지로 삼았다. 온유는 온윤(溫潤)·화유(和柔)를 이름이요, 돈후는 독실(篤實)함을 이름이다. 시에는 정(正)과 변(變)이 있으니 정음은 치세지음(治世之音)이요, 변은 쇠세지음(衰世之音)이다. 그러므로 유가에서는 온유적인 음으로써 인류사회를 평화적인 방향으로 이끌어나가려 하며, 또 돈후는 쇠박(衰薄)한 민풍을 순박(醇樸)·독실(篤實)한 방향으로 선도한다.[385]

라는 설명이 친절합니다. 이에 따르면, 돈후는 '순박함과 독실함'입니다. 따라서 퇴계 선생이 말씀한 도산십이곡 노래의 온유돈후라는 마음공부의 목적은 사회를 평화적인 방향으로 이끌어나가고, 민풍을 순박·독실한 방향으로 선도하기 위한 것입니다. 요즈음 말로 '온유돈후한 인성·영성의 사회'라고 표현할 수 있겠습니다. 『예기』에서

> 음악은 성인이 즐기던 것이니 사람들의 마음을 선하게 할 수 있다. 사람들이

385) 이가원, 「퇴계시(退溪詩)의 특징(特徵): 온유돈후(溫柔敦厚)에 대(對)하여」, 『퇴계학보』(퇴계학연구원, 1984), 제43권, 7~17쪽.

> 깊은 감동을 받고 풍속을 바꾸므로 선왕은 악을 가르칠 것을 분명히 했다.
> [樂也者聖人之所樂也/악야자성인지소락야 而可以善民心/이가이선민심 其感人深其移風易俗/기감인심기이풍역속 故先王著其教焉/고선왕저기교언][386]

라고 설명하는 것과 같은 맥락이지요. 이발(理發) 즉 진리가 발하는 세상을 간절하게 소망하며 평생에 걸쳐 '경을 통한 이발'이라는 큰 학문을 통찰한 대철학자가 도산십이곡에서 왜 국민에게 경을 직접 강조하지 않고, 온유돈후한 마음을 갖도록 노력하길 원했을까요? 그것은 온유돈후한 마음을 갖도록 노력하는 것이 진리의 발함을 위한 '경'으로 연결되기 때문입니다. 온유돈후를 '성정(性情)의 순정(純正)인 경'으로 보는 학술적 관점[387]을 수용하여, 퇴계 선생이 도산십이곡에서 목적한 온유돈후 마음공부를 이발을 위한 '경'으로 연결할 수 있습니다. 이러한 논지의 근거는 도산십이곡을 부르며 온유돈후한 마음을 노력함으로써 탕척비린과 감발융통의 효과를 낼 수 있다고 사유한 퇴계 선생의 마음속 그림을, 다음의

> 탕척비린하고 감발융통하여, 노래하는 자와 듣는 자가 서로 유익함이 없지 않을 것이다.
> [庶幾可以蕩滌鄙吝/서기가이탕척비린 感發融通/감발융통 而歌者與聽者/이가자여청자 不能無交有益焉/불능무교유익언][388]

라는 발문 내용에서 엿볼 수 있기 때문입니다. 재물이나 나의 이익만을 탐하여 나누는 데 인색하고 도량이 좁은 옹졸함 즉 '비린'에 해당하는 흠이나 허물 등을 깨끗이 씻어내는 것이 '탕척'이지요. '감발'은 선한 본성이 감동하여 스스로 분발하는 것이며, '융통'은 막힘없이 트이는 것입니다.

---

386) 『예기(禮記)』, 「악기(樂記)」.
387) 최진원, 『한국 고전 시가의 형상성』(서울: 성균관대출판부, 1988), 6~41쪽.
388) 『정본퇴계전서(定本退溪全書)』, 시 15, 「도산십이곡발(陶山十二曲跋)」.

즉 감발융통은 착한 본성이 발하여 본말과 안팎이 융통하는 것이지요. 그러므로 감발융통은 이(理)가 발하는 상태입니다.[389] 이러한 맥락에서 보면, 도산십이곡 노래에서 추구하는 온유돈후 · 탕척비린 · 감발융통으로 이어지는 마음공부 과정이 곧 퇴계 선생이 평생의 학문을 통해 강조한 '경'임을 알 수 있습니다. 인문 의학적으로 '경'은 건강한 인성 · 영성 함양을 위한 일상의 마음공부입니다. 퇴계 선생께서 통찰한 '경'은 일상 속의 끊임없는 노력으로, 마음이 고요할 때나 마음이 움직일 때나 변함없는 지속적인 노력의 속성을 갖습니다. 59세의 퇴계 선생은 제자(금계錦溪 황준량黃俊良, 1517~1563, 본관 평해, 자字 중거仲擧)에게

> 마음이 고요할 때나 마음이 움직일 때나 계속 이어져야 하고, 잠시의 중단을 허용하지 않는 것이 경입니다.
> [則通貫乎未發已發之間/즉통관호미발이발지간 而不容間斷者/이블용간단자 卽所謂敬也/즉소위경야][390]

라고 경의 '잠시도 끊어지지 않아야 함'의 중요성을 설명했습니다. 또한 성학십도의 서문에서도

> 아침저녁으로 변함없이 매일 지속되어야 합니다.
> [朝焉夕焉而有常/조언석언이유상 今日明日而相續/금일명일이상속][391]

라고 강조한 것처럼 경이라는 노력은 그 지속성이 중요합니다. 퇴계 선생께서 도산십이곡 발문에

---

389) 이사미 · 김병일 · 김종성, 「노래로서 도산십이곡의 구현: 악보 및 가사에 담긴 교육적 함의」, 『유학연구』(충남대학교 유학연구소, 2021) 제56집, 31~81쪽.

390) 『정본퇴계전서(定本退溪全書)』, 서간 3, 서(書)-황준량(黃俊良)-48, 「답황중거(答黃仲擧)」.

391) 『정본퇴계전서(定本退溪全書)』, 교·소·차 등(敎·疏·箚 等) 11, 「진성학십도차(進聖學十圖箚)[병도(竝圖)]」.

아이들로 하여금 아침저녁으로 이 노래를 익혀서 노래하게 하라.
[欲使兒輩/욕사아배 朝夕習而歌之/조석습이가지][392]

라고 한 것도 온유돈후 · 탕척비린 · 감발융통으로 이어지는 '경'의 노력을 도산십이곡 노래를 듣고 부르며 아침저녁으로 일상화하라는, 경의 지속성을 강조한 것입니다. 아침저녁으로 도산십이곡 성가를 부르라는 퇴계 선생의 말씀은 개신교 성가의

내 일생 소원은 늘 찬송하면서~ 주(진리)께 더 나가기 원합니다~

라는 가사를 연상하게 합니다. 1856년에 만들어진 이 성가의 원제목은 「Nearer, My God, to Thee」 즉 '더 가까이, 나의 하느(나)님, 당신께'인데요. 한국 가톨릭 『성가집』에 '주여 임하소서'라는 제목으로, 개신교 『찬송가집』(구)에 '내 주를 가까이하려 함은'이라는 제목으로 실려 있습니다.[393] 1912년 타이태닉(Titanic)이라는 초대형 여객선이 침몰할 때 배의 악단이 죽음을 앞에 두고 마지막까지 이 성가를 연주한 것으로도 유명합니다. 성가를 일상화하면서 진리에 가까이 가는 것은 크리스천들이

언제나 모든 나의 노래는 '더 가까이, 나의 하느(나)님, 당신께'일 것입니다.
[Still all my song shall be, nearer, my God, to Thee.][394]

라고 노래하듯 시대 · 종교 · 지역을 초월하여 동일합니다. 진리에 가까이 가게 하는 '경'이라는 철학적 개념을 일반 국민에게 어려운 학술적 언

392) 위의 책, 시 15, 「도산십이곡발(陶山十二曲跋)」.
393) 『가톨릭 성가』, 「151번. 주여 임하소서」; 『찬송가(구)』, 「162장. 내 주를 가까이하려 함은」.
394) 「Nearer, My God, to Thee」, Sarah F Adams(1805~1848) 1841년 작사, Lowell Mason (1792~1872) 1856년 작곡.

어로 직접 설명하는 대신, 더욱 쉽게 '노래'라는 언어로 전달하려는 대학자의 정성이 도산십이곡에 담겨있음을 볼 수 있습니다. 도산십이곡의 이러한 언어적 특성은 퇴계 선생의 같은 만년의 작품인, 난해한 철학적 개념들을 전문학술 용어로 직접 설명한 성학십도와의 큰 차이점이지요. 성학십도가 지식인들을 위한 학술논문이라면, 도산십이곡은 일반 국민을 위한 것이기 때문에 이러한 언어의 차이점이 존재합니다. 퇴계 선생은 평생의 학문을 통해 통찰한 '경'이라는 내용을 학자들과 일반 국민을 위해 서로 다른 언어로 요약해주었습니다. 내적 정서의 순화를 '온유'로, 외적인 행동의 품위를 '돈후'로 이해하는 학술적 관점[395]을 수용해보고 싶습니다. 이러한 시각으로 보면, 전육곡의 주제인 '뜻'과 후육곡의 주제인 '공부'는 도산십이곡 노래의 온유돈후라는 큰 목적을 달성하기 위한 '마음'과 '행(行)'이라는 더욱 분명한 의미를 갖습니다.[396] 연구자에 따라서는 도산십이곡이 추구하는 온유돈후의 의미를 국민의 마음공부라는 측면보다는 당시의 사대부를 비판하는 차원에 더 크게 부여하기도 합니다.[397] 그러나

> 나의 작업이 자못 세상과 맞지 않으니, 이 같은 한가한 일이 혹시나 말썽을 일으키는 단서가 될지 알 수 없다.
> [顧自以蹤跡頗乖/고자이종적파괴 若此等閑事/약차등한사 或因以惹起鬧端/혹인이야기료단 未可知也/미가지야][398]

라고 지식인들의 비난을 예견하면서까지

---

395) 남상호, 「연민 이가원의 온유돈후(溫柔敦厚)의 시학」, 『연민학지(淵民學志)』(연민학회, 2014) 제21권, 11~40쪽.

396) 이사미 · 김병일 · 김종성, 「노래로서 도산십이곡의 구현: 악보 및 가사에 담긴 교육적 함의」, 『유학연구』(충남대학교 유학연구소, 2021) 제56집, 31~81쪽.

397) 최현재, 「도산십이곡(陶山十二曲)의 창작의도와 온유돈후(溫柔敦厚)의 의미」, 『한국문학논총』(한국문학회, 2005) 제39권, 169~195쪽.

398) 『정본퇴계전서(定本退溪全書)』, 시 15, 「도산십이곡발(陶山十二曲跋)」.

노래로 부르려면 반드시 우리말로 엮어야 하니, 대개 나라 풍속의 음절이 그렇게 하지 않을 수가 없는 것이다.
[如欲歌之/여욕가지 必綴以俚俗之語/필철이리속지어 蓋國俗音節/개국속음절 所不得不然也/소부득불연야][399]

라며 도산십이곡 노래를 특별히 한글로 지었다고 한 내용과

훗날에 열람해 보는 자의 취사선택을 기다릴 뿐이다.
[又以待他日覽者之去取云爾/우이대타일람자지거취운이][400]

라고 후세사람에게 작곡을 부탁하는 발문 내용은 도산십이곡이 성리학자뿐 아니라 일반 국민의 마음공부를 목적으로 한 것이라는 근거를 뒷받침합니다. 당시의 사대부를 비판하고자 하는 목적이었다면 선비들의 비난을 무릅쓰며 굳이 한글로 제작할 필요가 없을뿐더러 후세사람에게 작곡을 부탁할 필요도 없지요. 무엇보다도

아이들이 이것을 아침저녁으로 익혀서 노래하게 하여 안석에 기대어 듣기도 하고, 또한 아이들이 스스로 노래하고 춤추고 뛰게 하면 비루한 마음을 씻어버리고 감발융통하여 노래하는 자와 듣는 자가 서로 유익함이 없지 않을 것이다.
[欲使兒輩朝夕習而歌之/욕사아배조석습이가지 憑几而聽之/빙궤이청지 亦令兒輩自歌而自舞蹈之/역령아배자가이자무도지 庶幾可以蕩滌鄙吝/서기가이탕척비린 感發融通/감발융통 而歌者與聽者/이가자여청자 不能無交有益焉/불능무교유익언][401]

라는 퇴계 선생의 말씀은 도산십이곡이 분명하게 국민의 마음공부를 위

399) 위의 문헌과 동일.
400) 위의 문헌과 동일.
401) 위의 문헌과 동일.

한 것임을 직설적으로 밝힌 것입니다.

2) 선비사회와 현대인에서 마음 치유 효과

도산십이곡 노래를 접한 사람들에게 도산십이곡은 어떤 마음 치유 효과를 발휘하고 있을까요? 도산십이곡은 선비사회뿐 아니라 21세기 현대사회에서도 다양하게 마음 치유 효과를 나타내며 시대를 초월한 유연성을 보입니다. 도산십이곡 노래를 접한 현대인들이 각자의 마음 치유 경험을 글로 보내 주신 것이 이루 다 말할 수 없을 정도로 많은데요. 제가 요구한 적도 없고 도산십이곡을 자세히 설명해드리지도 않았는데 자발적으로 보내 주었습니다. 너무 많아서 두서없이 일부만 그 내용을 16~18세기의 선비들이 경험한 마음 치유 효과와 비교하여 소개합니다.

〈경(敬)〉

"마음이 모아지고 경외의 감정이 솟습니다!"

ㅇㅇㅅ, 교수

"이 노래를 들으면 마음이 평온해져요."

ㅇㅈㅁ

"음악이 마음을 차분하게 해줍니다."

ㅇㅅㅇ

"뭔가 뭉클하면서도 마음이 차분해집니다."

ㅇㅅㅎ, 정신과 교수

"들을 때마다 차분하고 고요해집니다."

ㅈㅅㅇ, 전문의

"마음이 편안해지는, 언어를 뛰어넘는 무언가가 있는 것 같습니다!"

ㅈTV

"경건하면서 선을 넘지 않으려는 절제가 있으면서 반전이 있는 노래입니다.

감동입니다^^*"

ㄱㅇㅌ

"담백해서 명상음악으로 쓰면 좋겠습니다!"

ㄱㄱㅈ, ㅇㅈㅇ, ㅈㅇㅇ 등

"마음수련에 꼭 필요한 노래 같아요. 마음 깊은 곳에서부터 차분히 정리되는 느낌입니다."

ㅇㅎㅇ

와 같은 문구들은 퇴계 선생께서 강조했던 마음공부 즉 '경'을 떠올리게 합니다. 명상 · 묵상을 통해 마음을 모으고 차분해지고 고요해지고 경외의 감정이 솟는 것이 바로 경이지요. 선비사회에서 눌은(訥隱) 이광정(1674~1756, 본관 원주) 선생이 제자(강좌江左 권만權萬, 1688~1749, 본관 안동, 자字 일보一甫)에게

억지로 잡으려고 하지 않아도 정신의 세계가 일시에 평온해진다.
[不勞强把持/불로강파지 靈界一時平/영계일시평][402]

라고 말한, 힘들이지 않고도 마음의 세계가 일시에 평온해지는 '영계일시평'의 마음 치유 효과를 연상하게 합니다. 퇴계 선생께서 그렇게 강조한 '경'이 성리학 내용을 잘 모르는 현대인에게 도산십이곡 노래를 통해 달성되는군요. 도산십이곡 가사에는 '경'이라는 글자가 없는데도 말이지요.

〈도심 형성〉

"인생의 의미, 삶의 방향 등을 생각하게 해주는 느낌 있는 노래, 삶이 부질없는 욕심으로 방황할 때 힐링 되는 느낌이에요."

ㅊㅇㅅ, 간호사

---

402) 『눌은집(訥隱集)』, 제2권, 시, 「일보마상영도산육곡(一甫馬上詠陶山六曲)」.

"여러 번 듣고 있는데요. 정말 말로 형용할 수 없는 깊고 심오한 느낌을 받았습니다. … 살면서 그동안 응어리진 가슴, 분노의 마음, 일상에 찌들어 때 묻은 상실의 심성에 까닭 모를 눈물 같은 단비가 내렸습니다."

ㅎㅇㅅ, 외과원장

라는 글들에서 '욕심', '방황', '마음의 응어리', '분노', '일상의 찌든 마음' 등은 동양철학 심성론의 '칠정'이라는 개념에 포함됩니다. 칠정은

> 무엇을 사람의 감정이라고 하는가. 희노애구애오욕 일곱 가지는 배우지 않아도 표출할 수 있다.
> [何謂人情/하위인정 喜怒哀懼愛惡欲/희노애구애오욕 七者弗學而能/칠자불학이능][403]

에서 보는 것처럼 인간의 일곱 가지 즉 기쁨 · 분노 · 슬픔 · 두려움 · 좋아함 · 미움 · 욕심의 정서 또는 행동입니다. 일곱 가지로 이야기했지만, 우리의 감정 · 본능 · 충동을 통틀어 일컫습니다. 인문 의학적 관점에서는 뇌의 변연계를 통해 표출하는 마음이지요.[404] 칠정 자체가 좋은 것이거나 나쁜 것, 즉 선한 것인지 또는 악한 것인지 정해진 것은 아닙니다. 칠정은 상황에 따라 선할 수도 있고 악할 수도 있지요. 현대인들이 보내준 위의 글들은 선비사회의 사촌(沙村) 장경세(1547~1615, 본관 흥성) 선생이

> 사람들에게 그것을 듣게 하니 그 선함을 흥기하며 사악하고 더러움을 씻어내기에 충분하였다.
> [使人聽之/사인청지 足以興起其善端/족이흥기기선단 蕩滌其邪穢/탕척기사예][405]

---

403) 『예기(禮記)』, 「예운(禮運)」.
404) 〈제9장.〉의 제2곡 참조.

라며 마음이 착해지는 '흥기기선단', 사악하고 더러움을 씻어내는 '탕척기사예' 등의 효과를 말한 것과 유사합니다. 또한 눌은(訥隱) 선생의

> 한 번 또 한 번 부르니 저절로 도심이 생겨 … 힘들이지 않고도 칠정이 떨쳐나가니 사특한 생각이 어찌 생기겠는가.
> [一唱復一唱/일창부일창 油然道心生/유연도심생 … 七情不勞攘/칠정불로양 邪思何由萌/사사하유맹][406]

라는 글을 떠올리게 합니다. 눌은 선생은 도산십이곡을 부를 때 저절로 도심이 발생하는 '유연도심생', 힘들이지 않고도 칠정이 떨쳐나가는 '칠정불로양', 사특한 생각이 없어지는 '사사하유맹' 등의 마음 치유 효과를 언급했는데요. 도심은 어질 인(仁)이 그득한 선한 마음입니다. 68세의 퇴계 선생은 '도심'에 대해, 임은(林隱) 정복심(程復心, 1257~1341)의 말을 인용하여 성학십도에서

> 성명에서 근원하여 도심이 된 것이다.
> [原於性命/원어성명 則所以爲道心/즉소이위도심][407]

라며 '성명(性命)에서 비롯한 마음'이라고 설명했습니다. 성명은 절대 진리와 연결된 인간의 형이상적 본질입니다. 인문 의학적 관점에서 보면 도심은 절대 진리로부터 부여받은 인성 · 영성이 발휘되는 건강한 마음이자 뇌의 전두전엽을 통해 표출하는 마음이지요.[408] 도산십이곡 노래를 통

---

405) 『사촌집(沙村集)』, 제2권, 가사(歌詞), 「효퇴계선생도산육곡(效退溪先生陶山六曲) 작강호연군가(作江湖戀君歌)[자지(自識)]」.

406) 『눌은집(訥隱集)』, 제2권, 시, 「일보마상영도산육곡(一甫馬上詠陶山六曲)」.

407) 『정본퇴계전서(定本退溪全書)』, 교 · 소 · 차 등(敎 · 疏 · 箚 等) 11, 진성학십도차(進聖學十圖箚)[병도(竝圖)], 「심학도설(心學圖說)」.

해 건강한 인성·영성의 도심이 발한다는 내용은 눌은 선생이 제자 강좌(江左) 선생에게

> 그대는 항상 이 곡을 노래하여 반드시 좌우명으로 즐기라.
> [君常歌此曲/군상가차곡 豈必座右銘/개필좌우명][409]

라고 당부한 것처럼, 현대인의 일상 마음공부와 인성교육 차원에서 도산십이곡이 매우 중요한 콘텐츠가 될 수 있음을 나타냅니다.

〈종교와 무관하게 유익〉

홍미롭게도 크리스천들께서

"제9곡의 가사가 신앙 선구자들의 삶을 떠오르게 합니다."

ㄱㅈㅅ, 가톨릭 신자

"아멘! 너무나 은혜롭습니다."

ㄱㅈㅇ, ㅇㅇ교회 장로님

"저만 듣기 아까워서 지인들에게 다 보내 주었어요. 묵상 버전은 하느님과 함께 많은 생각을 하게 하네요."

ㅇㅁㅈ, 가톨릭 신자

"악보 좀 보내 주세요. 성당미사에서 연주하려고 합니다!"

ㅇㄱㅇ, 수녀님

ㅎㅈㅎ, 가톨릭 신자

"우리 교회 예배에서 특송으로 불러 주십시오!"

ㅈㅇㅎ, 목사님

---

408) 〈제9장.〉의 제2곡 참조.
409) 『눌은집(訥隱集)』, 제2권, 시, 「일보마상영도산육곡(一甫馬上詠陶山六曲)」.

라고 보내 주신 글은 도산십이곡 노래가 종교와 무관하게 마음 치유 효과를 발휘하고 있음을 나타냅니다. 절대 진리를 향하는 마음이 바로 건강한 인성 · 영성이 발하는 도심을 추구하는 것이지요.

〈눈물 치유〉

"제9곡 노래를 듣다가 대학자의 정성에 울컥하며 눈물이 났습니다."

ㅇㅇㅇ, 세종 ㅇㅇ초등학교 교사

"가슴이 뭉클해지는 느낌을 받았습니다."

ㅈㅇㅅ

"제9곡의 가사를 접하는 순간 눈물이 하염없이 흘렀습니다. 엄청난 삶의 고통 속에서도 기독교 신앙으로 굳건하게 사시며 자녀들을 바른길로 인도해주시고 일찍 돌아가신 홀어머님의 삶의 발자취가 떠올랐습니다."

ㄱㅈㅅ, 크리스천

"아련한 슬픔 같은 것이 느껴지는 것 같아요~"

ㅈㅅㅇ, 전문의

대학자의 정성에 감동의 눈물을 흘렸다는 귀한 내용은 전혀 예상하지 못했는데요. 여느 때처럼, 수안보에서 공직자들께 인문 의학 강연을 시작할 때 제9곡을 불러드리고 강연을 마치면서 참석자들이 합창했었지요. 강연이 끝난 후, 어느 초등학교 교사분이 제게 다가와서 하신 말씀입니다. 진료실에서 경험해보니 눈물은 가장 정갈한 카타르시스이며 마음을 크게 정화합니다. 진료실 상담에서 삶의 힘든 고통을 이야기하며 눈물을 펑펑 흘렸던 분들이 진료실을 나갈 때는 아주 밝은 웃음을 짓습니다. 눈물은 웃음 치유보다도 마음 치유 효과가 더 큰 치유제입니다.

〈묵상 휴식〉

"지친 일상에 잔잔한 휴식 같은 음악이네요."

ㅈㅎㅅ, 신경과 교수

ㅈㅁㅇ, 직장인

"삭막한 일상을 사는 저에게 '마음의 소리'를 들을 수 있게 해주셔서 감사합니다."

ㅊㅇㅅ, ㅇㅇ대학병원 간호부장

라는 글은 현대인의 바쁜 일상에 도산십이곡 노래가 잔잔한 묵상 휴식 시간이 됨을 나타냅니다. 선비사회의 지산(芝山) 조호익(1545~1609, 본관 창녕) 선생 행장에서

> 퇴계의 도산십이곡을 부르게 하니 유연자득하고 즐거워 피곤한 줄 몰랐다. [歌退溪陶山十二曲/가퇴계도산십이곡 悠然自得/유연자득 樂而忘疲/낙이망피]410)

라고 서술한, 도산십이곡을 들을 때 즐거워 일상의 피곤함을 잊는다는 '낙이망피' 효과와 유사한 것 같습니다.

〈서정적 감흥〉

"밤에 들으니 더 좋아요. 밝고 선율이 가사에 녹아드는 것 같아요."

ㅂㅂㄱ, 전문의

라는 현대인의 글은 선비사회에서 사촌 선생이

> 달이 밝은 조용한 밤마다 도산십이곡을 깊게 읊고 노래하며

410) 『지산집(芝山集)』, 부록(附錄), 제2권, 「행장(行狀)[김육(金堉)]」.

[每於靜夜月明/매어정야월명 沈吟之/심음지 永言之/영언지][411]

라고 표현한, 달이 밝은 조용한 밤을 뜻하는 '정야월명', 그리고 여헌(旅軒) 장현광(張顯光, 1554~1637, 본관 인동) 선생이 낙재(樂齋) 서사원(徐思遠, 1550~1615, 본관 달성, 자字 행보行甫) 선생에게

> 새로 인쇄한 도산곡을 나누어 부쳐 주시니 … 맑은 밤에 읊고 노래하여 안석과 자리 사이에서 거문고와 비파를 대신할 수 있을 것입니다.
> [陶山曲新印/도산곡신인 伏荷分寄/복하분기 … 淸夜詠歌/청야영가 可以代琴瑟於几席之間/가이대금슬어궤석지간][412]

라고 말한, 맑은 밤에 도산십이곡을 읊고 노래한다는 '청야영가' 등의 정경들과 유사한 것 같습니다. 또한 현대인의

> "산에 올라서 들으니 신비롭군요. 집사람이 더 좋아합니다!"
>
> ㅇㅅㅎ, 제주도 선장
>
> "빗소리에 음악이 너무 감미로워요."
>
> ㅅㄴㅅ, ㅅㅈㅊ 등
>
> "절에서 내려오며 도산십이곡 부르는데, 절 주변의 풍경 · 분위기와 아주 잘 어울립니다."
>
> ㄱㅂㅇ, ㅇㅇ서원장

와 같은 글들은 선비사회에서 늙은 선생이 제자 강좌 선생에게

> 그대가 지금, 그 남겨주신 음을 베껴 말 위에서 한 번 부르니 산속의 고요한 마

411) 『사촌집(沙村集)』, 제2권, 가사(歌詞), 「효퇴계선생도산육곡(效退溪先生陶山六曲) 작강호연군가(作江湖戀君歌)[자지(自識)]」.

412) 『여헌집(旅軒集)』, 속집, 제2권, 「답서행보사원(答徐行甫思遠)」.

을을 그윽하게 감싸 한가롭다.

[君今寫遺音/군금사유음 馬上試一唱/마상시일창 山中寂寞鄕/산중적막향 幽抱爲舒暢/유포위서창][413]

라고 표현한, 노랫소리가 산속의 고요함을 그윽하게 감싸는 한가로움을 나타내는 '산중적막향 유포위서창' 문구, 또한 여헌 선생이 낙재 선생에게

문밖을 나가지 않고도 충분히 강호의 흥취를 맛볼 수 있을 것입니다.

[可以不出戶庭/가이불출호정 足剩取江湖之興/족잉취강호지흥][414]

라고 말한 자연의 흥취를 의미하는 '강호지흥'이라는 문구, 그리고 지산 선생의 행장에서

화창한 봄날이나 청량한 가을날이면 매번 … 때로는 연못에 배를 띄우고 노래를 잘 부르는 사람에게 퇴계 선생의 도산십이곡을 부르게 하니

[每於春和景明/매어춘화경명 秋日淸涼之時/추일청량지시 … 或泛舟潭上/혹범주담상 使善歌者/사선가자 歌退溪陶山十二曲/가퇴계도산십이곡][415]

라고 표현한 아름다운 낭만적 · 서정적 감흥을 연상하게 합니다. 도산십이곡은 선비들과 현대인들에게 온유한 서정적 시심(詩心)을 유발하는 것 같습니다.

〈삶에 힘을〉

"나중에 저도 멋진 선비가 되어서 지폐에 나올게요! 꼭!"

413) 『눌은집(訥隱集)』, 제2권, 시, 「일보마상영도산육곡(一甫馬上詠陶山六曲)」.
414) 『여헌집(旅軒集)』, 속집, 제2권, 「답서행보사원(答徐行甫思遠)」.
415) 『지산집(芝山集)』, 부록, 제2권, 「행장(行狀)[김육(金堉)]」.

ㄱㅅㅇ, 서울, ㅇㅇ초등학교 4학년

"이 노래는 힘들 때나 힘들지 않을 때나 제 삶에 너무나 귀한 힘이 됩니다."

ㄱㅈㅅ, ㅇㅇ의대 교수

라는 글은 도산십이곡이 현대인의 일상에 꿈과 힘이 되어주는 것을 나타냅니다. 제가 진료하던 한 환자는 암이라는 진단과 함께, 암세포가 주변 장기로 전이되어 외과적 수술과 방사선치료는 할 수 없고 항암치료만 가능하다는 설명을 듣고는 절망에 빠져 마음을 수습하지 못하고 치료 의지까지 상실했습니다. 너무 딱하여 도산십이곡 제9곡을 녹음해서 전해주었는데 병실에서 이틀 동안 듣더니

"교수님, 그 노래 자꾸 들으니 마음이 편안해지고 항암치료 받을 마음이 생겼습니다. 많은 암 환자가 어려움을 이겨내며 이 길을 걸어갔을 것을 생각하니 나도 힘을 내야겠어요."

ㅂㅎㅅ, 암 환자

라며 치료과정에 합류하기도 했습니다. 어떤 주부님은 배우자께서 간경변증으로 오래도록 투병하다가 돌아가셨는데요. 사별한 지 한 달 후

"요즈음 도산십이곡 노래가 큰 위로가 됩니다. 어린이 동요로도 유튜브에서 듣고 있습니다."

ㄱㅇㅇ, 주부

라고 문자를 보내 주기도 하셨습니다. 진료실에서 질병이나 암 등의 신체적 · 정신적 고통을 겪고 있는 환자는 환자대로, 건강한 사람은 건강한 대로 도산십이곡 노래를 듣고 삶에 힘을 얻는 것을 관찰할 수 있습니다. 이

제 저는 진료실을 방문하는 분들께 도산십이곡 노래를 들을 수 있도록 '도산십이곡 QR 코드 명함'을 만들어서 나누어드리고 있습니다.

〈가사와 선율의 감미로움〉

"글과 함께 어울리는 부드러운 애드립 리듬이 알 수 없는 흥분과 차분한 감흥을 불러오는데 함부로 범접할 수 없는 경이로운 세계가 엿보이네요. 우리가 정말 몰랐던 그분 심연의 세계로 안내해주는 등대불 음률입니다. 미지의 유교 문화 철학사상을 예고해주는 존경심이 발로하는 선율입니다."

ㅎㅇㅅ, 홍성

"들을수록 더 감미롭고 글 내용을 곱씹어 보게 되네요."

ㅇㅈㄹ

"듣고 들어 그 뜻을 마음속에 새깁니다."

ㄷㅅㅂ

"영어 가사가 너무 좋습니다!"

ㅇㄱㅎ

"Wowwww I fell in love with the lyrics of this great scholar. Thankyou for translating it in English."

Riya Kumar

"가사와 멜로디가 중독성이 있어요!"

KBS 관계자들

"도산십이곡과 멜로디의 훌륭한 조화입니다!"

ㅁㄱㄷㅎ

"구수해서 듣기 편해요!"

ㄱㅈㅈ

"노래가 자유롭고 편해요~~~"

ㄷㅂ

"따라 부르기 쉽고 우리나라 정서에 잘 맞는 것 같아요."

ㄱㅁㅇ

"가슴 깊이 파고드는 울림의 선율이 감동입니다."

ㅎㅅㅇ

"제발 금영 노래방에 나오게 해주세요."

M—co--

"No one knew that once he played the tune, he had the power to transform audiences into a herd of students."

Andrew Park

등의 글은 가사와 선율의 감미로움에 관한 내용의 글들로 생각됩니다. 선비사회에서 사촌 선생이

> 뜻이 진실하고 음조가 청절하다. … 한번 읊조릴 때마다 가사의 의미심장함을 더욱 깨닫는다.
> [意思眞實/의사진실 音調淸絶/음조청절 … 一番吟諷/일번음풍 益覺意味深長/익각의미심장][416]

라고 표현한, 도산십이곡을 부를 때마다 가사의 의미심장함을 더욱 깨닫는다는 '익각의미심장'이라는 문구를 떠오르게 합니다. 반갑게도, 외국인이 한국 대학자의 아름다운 도산십이곡 가사에 반해 사랑에 빠졌다고 하는 내용도 있군요.

〈행사 의식의 마음 다짐〉

도산서원선비문화수련원에서는 여러 모임에서 도산십이곡 성가를 부르고 있는데요. 도산십이곡 성가는 각종 기념행사에 잘 어울립니

416) 『사촌집(沙村集)』, 제2권, 가사(歌詞), 「효퇴계선생도산육곡(效退溪先生陶山六曲) 작강호연군가(作江湖戀君歌)[자지(自識)]」.

다. 특히 제9곡은 미사, 예배, 세례식, 집안의 제사 또는 추도식, 취임식, 퇴임식, 입학식, 졸업식, 어버이날, 스승의 날, 각종 기념일 행사, 순국선열기념식 등 어떤 행사 상황에도 다 좋습니다. 조상님들의 산소 앞에서 후손들이 경건한 마음으로 불러도 좋고, 명절에 온 식구가 모여 집과 산소에서 추도식(차례) 의식을 할 때마다 조상님을 뵌 적이 없는 아이들에게 조상님의 삶을 간략하게 설명해준 후 제9곡을 부르는 순서를 넣어서 행사를 진행하니 참석자들의 마음 다짐에 아주 좋더군요. 선구자의 삶을 본받는다는 가사 내용이 추모행사에 정말 잘 맞습니다. 좋은 설교나 강연보다 좋은 음악이 더 깊은 감명을 주고 사람들을 혼연일체로 이끕니다. 자하(子夏)[417]가 위나라의 초대 제후 문후(文侯, BC ?~BC 396)에게

> 시경[418]에 엄숙하고 고요함이 울려 퍼지니 선조께서 즐겨 들으신다고 했습니다. 엄숙(肅/숙)은 엄숙하게 공경하는 것이며, 고요함(雍/옹)은 고요하고 온화한 것입니다. 공경하고 온화하면 무슨 일을 못 하겠습니까.
> [詩云/시운 肅雍和鳴先祖是聽/숙옹화명선조시청 夫肅肅敬也/부숙숙경야 雍雍和也/옹옹화야 夫敬以和何事不行/부경이화하사불행][419]

라고 말했듯, 도산십이곡이 경건하고 온유돈후한 '성가'라서 각종 기념행사에 더 잘 어울리는가 봅니다.

〈백수솔무(百獸率舞)〉

그 외에도

---

417) 공자의 제자 복상(卜商, BC 507~?)의 자(字).

418) 『시경(詩經)』, 주송(周頌), 「유고(有瞽)」, 〈엄숙하고 고요함이 울려 퍼지니/선조께서 즐겨 들으시네. 肅雍和鳴(숙옹화명)/先祖是聽(선조시청)〉.

419) 『예기(禮記)』, 「악기(樂記)」.

"전율이 오름을 느낍니다."

ㅈㅁㅅ, ㅇㅇ시의사회장

"한층 퇴계 선생님 곁으로 가는 느낌입니다."

ㅈㅇㅊ, 교수

"정말로 그분의 가셨던 길을 뒤늦게라도 함께하고 싶네요. 기회가 있길 간절히 기다립니다."

ㅎㅇㅅ, 외과원장

"선조님들의 그윽한 멋을 느낍니다. 눈을 감고 듣다 보니 스르륵 잠이 오네요."

ㅈㅅㅁ, ㅇㅇ시의사회장

"김 교수님과 퇴계 선생이 많이 닮으셨다는 느낌입니다!"

ㅎㅇㅌ, ㅇㅇ 대학병원장

ㅈㅇㅊ, 교수

"나무 밑에서 노래 듣는데, 매미들이 더 울고, 비둘기도 와서 듣고, 참새도 와서 의자에 앉아서 들어요. 신기해요!"

ㅊㅇㅅ

등의 글들이 있었는데요. 매미 · 비둘기 · 참새를 언급한 마지막 분의 말씀은 조금 의아하기도 했습니다. 좀 과장된 것 같았거든요. 그런데 저도 유사한 경험이 있긴 합니다. 2022년 7월 29일 먼동이 틀 무렵, 연구실에서 대구의 도산우리예절원 분들이 부르는 도산십이곡 합창을 유튜브로 들으며 책을 쓰고 있었는데요. 어느 순간 바로 옆에서 맑은 새소리가 들리길래 깜짝 놀라 살펴보니, 세상에, 노래가 나오는 창가의 스피커 옆에서 작은 참새가 짹짹거리며 10여 분 동안 같이 노래를 부르다가 도산십이곡 노래가 끝나니 날아가더군요. 신기했습니다. 제가 문헌을 찾아보니 고전에도 비슷한 이야기가 있습니다. 『서경』이라는 고전에서 기夔[420]라

420) 요순시대의 전설적 악사.

는 사람이 순임금[421]에게

> 제가 돌로 된 악기를 두드려 연주하니 온갖 짐승들이 춤을 춥니다.
> [予擊石拊石/여격석부석 百獸率舞/백수솔무][422]

라고 했더군요. 평소에 저는 낚시를 좋아합니다. 2019년 봄 어느 월요일 오전에 제주도교육청에 강연 일정이 있었습니다. 저는 하루 먼저 일요일에 내려가서 제주도 앞바다에서 아내와 함께 잠시 낚시하는 시간을 가졌었는데요. 낚시가 늘 그렇지만 물고기는 못 잡고 물고기에게 밥만 주고 오는 경우가 대부분이지요. 이날도 물고기는 안 잡히고 심심하더군요. 무료해서 도산십이곡 노래의 제9곡 묵상 버전을 틀고 듣기 시작했습니다. 아, 그런데 도산십이곡 노래가 끝나기도 전에 아래의 사진에서 보는 것처럼, 엄청난 물고기가 제 낚싯대를 마구 흔들어대더군요. 그동안 말로만 들었던 1m도 넘는 대방어를 제 손으로 처음 잡은 것이지요. 도산십이곡 노래 때문에 제가 직접 대방어를 잡고 나니 매미·참새·비둘기를 언급한 마지막 분의 말씀이 수긍이 되었습니다. 대학자 퇴계 선생께서 지은 노래이니 '온갖 짐승들'(百獸/백수)을 넘어 산천초목과 곤충(매미)·조류(참새·비둘기)·어류(방어)까지 춤을 추며 응답하는 것이겠지요.

도산십이곡 노래에 응답한 대방어 (제주도 쇠소깍, 2019.3.25.)[423]

421) 전설 속의 삼황오제 중 유우씨. 요임금과 함께 '요순'이라 하여 성군의 대명사.
422) 『서경(書經)』 우서(虞書), 「순전(舜典)」.

이 지점에서

> 훌륭한 노래는 하늘과 땅과 함께 화합한다.
> [大樂與天地同和/대악여천지동화][424]

라는 고전 문구가 떠오릅니다. 이제 저는 낚시 갈 때마다 밑밥은 못 챙겨도 퇴계 선생의 도산십이곡 노래는 꼭 챙겨갑니다. 집어용 겸 묵상용으로 말이지요.

〈노래하는 사람과 듣는 사람이 서로 유익하리니〉

퇴계 선생은 도산십이곡 발문에

> 아침저녁으로 이것을 익혀서 노래하면 … 노래하는 사람과 듣는 사람이 서로 유익함이 없지 않을 것이다.
> [朝夕習而歌之/조석습이가지 … 歌者與聽者/가자여청자 不能無交有益焉/불능무교유익언][425]

라고 말씀했는데요. 그토록 겸손하고 신중한 성정의 대학자가 이처럼 자신 있게 말씀한 이면에는 분명히 무언가 확신하는 부분이 있었을 것입니다. 대학자가

> 천하에 허다영재를 속여 말씀할까.[426]

---

423) 김종성, 『물고기가 우리에게 어떤 도움을 줄까? 의사가 알려주는 생활어보. 물고기, 자연, 그리고 나』(대전: 충남대학교출판문화원, 2021), 520~521쪽.

424) 『예기(禮記)』, 「악기(樂記)」.

425) 『정본퇴계전서(定本退溪全書)』, 시 15, 「도산십이곡발(陶山十二曲跋)」.

426) 위의 책, 시 15, 「도산육곡지일(陶山六曲之一) 기삼(其三)」.

라는 도산십이곡 제3곡의 가사처럼 천하의 수많은 영재를 속여서 말씀했을 리는 없습니다. 일반적으로 평소 조심스럽고 겸손한 사람이 누군가에게 무엇인가를 만들어 선물하면서

"이거 꽤 쓸만하실 겁니다."

라고 자신 있게 말할 때는 두 가지의 의미가 담겨있습니다. 즉 만든 사람이 엄청난 정성을 들여 그것을 만들었음과 그것을 실제로 사용해보고 그 효과를 경험했음을 의미합니다. 퇴계 선생의 '노래하는 사람과 듣는 사람이 서로 유익함이 있을 것'이라는 말씀은 도산십이곡 제작에 그만큼 오랜 시간 동안 지극한 정성을 쏟으며 혼신의 온 힘을 다했음과 퇴계 선생 본인이 이 노래를 직접 읊으면서 그 효과를 체험했음을 의미합니다. 도산십이곡 발문의

한동안 한 부를 써서 상자에 넣어두고 때때로 꺼내어 즐겼다.
[姑寫一件/고사일건 藏之篋笥/장지협사 時取玩/시취완][427]

라는 내용은 퇴계 선생께서 어떠한 형태로든지 도산십이곡 노래를 부르면서 그 효과를 직접 체험한 근거입니다. 성리학을 공부하지 않은 현대인들에게 딱딱하고 어려운 내용의 철학 강의를 하지 않고도 도산십이곡은 온유돈후 · 탕척비린 · 감발융통의 효과를 통해 경(敬)과 건강한 인성 · 영성의 도심(道心)으로 이끌어줍니다. 선비들과 현대인들을 진리가 발하는 이발(理發)의 세상으로 인도하는 도산십이곡의 놀라운 효과를 관찰하면서 저는

427) 위의 책, 시 15, 「도산십이곡발(陶山十二曲跋)」.

'이것이 바로 대학자가 지극한 정성으로 만든 〈대국민 인성 · 영성 함양 성가 프로젝트〉였구나!'

라고 감동합니다.

송(松)

—

가사 해설 '진리 향한 삶'

8장 _ 해석의 지평을 넓혀 현대인의 일상으로
- '성리학과 인문 의학 융합'

9장 _ 첫 번째 것은 뜻을 말한 것이며
- '진리 향한 마음, 제1곡~제6곡'

10장 _ 두 번째 것은 공부를 말한 것이니
- '진리 탐구 공부, 제7곡~제12곡'

11장 _ 해설 마무리 및 선생께 올림

8장

해석의 지평을 넓혀 현대인의 일상으로

'성리학과 인문 의학 융합'

퇴계 선생의 제자 월천(月川) 조목(趙穆, 1524~1606, 본관 횡성, 자字 사경士敬) 선생이 도산십이곡의 의미에 대해

> 도산 사시음[428]과 십이곡을 지어 한가롭게 거하며 진리를 음미하는 한없는 즐거움을 강조하였다.
> [製陶山四時吟及十二曲/제도산사시음급십이곡 極言閒居味道無窮之樂/극언한거미도무궁지락][429]

라고 '한가로이 살며 진리를 음미하는 퇴계 선생의 한없는 즐거움'으로 평가한 이래, 그동안의 현대 연구들은 도산십이곡의 의미를 '퇴계 선생'이라는 한 개인의 주관적 감흥의 차원에서 파악하는 경향이 많았습니다. 벼슬을 버리고 도산의 자연 속에서 펼치고자 한 퇴계 선생의 꿈을 담은 작품이라고 평가한 연구도 있고,[430] 자연에 묻혀 은거 생활을 노래하고

428) 〈제4장.〉에서 소개한, 퇴계 선생이 만년에 도산에 살며 사계절의 감흥을 읊은 시들.
429) 『월천집(月川集)』, 월천선생문집 5권, 잡저(雜著), 「퇴계선생언행총록(溪先生言行總錄)」.
430) 성기옥, 「도산십이곡의 구조와 의미」, 『한국시가연구』(한국시가학회, 2002) 제11권, 195~228쪽.

학문과 수양을 통해 성정을 바로잡는 일을 읊은 작품으로 평가한 연구도 있더군요.[431] 대부분의 도산십이곡에 관한 그동안의 연구가 이와 유사한 논조입니다. 퇴계 선생과 관련한 그 당시의 특정한 시 · 공간적 사실이나 대상 그리고 퇴계 선생의 삶과 감흥의 차원에서 도산십이곡 가사의 의미를 파악하는 것도 현대인들에게 큰 교육적 메시지를 줍니다. 그러나 한 발 나아가, 대학자가 도산십이곡 노래를 국민의 마음공부라는 차원에서 만들었다는 점에서 퇴계 선생의 주관적 감흥 이면에 담겨있는, 현대적으로 일반화한 교육철학 메시지를 추출하여 현대인들에게 전달한다면 퇴계 선생의 국민교육이라는 의도에도 더욱 부합하고, 퇴계 선생과 시대적으로 거리가 있는 현대인들에게 교육적 효과를 높일 수 있다고 생각합니다. 현대적 관점의 작업이 필요한 첫 번째 이유인데요. 도산십이곡 가사를 해석할 때 특히 간과해서 안 될 점은 퇴계 선생의 온후(溫厚)한 성정으로 인해 퇴계 선생의 자기 성찰 속에 후학들에 대한 가르침을 유도하는 도산십이곡 가사의 어조와 화법입니다.[432] 퇴계 선생은 도산십이곡 가사에서 일방적으로 메시지를 하달하는 전달 방식을 취하지 않고, 자신을 돌아보는 어조를 취함으로써 미래의 후학들이 자연스럽게 느끼고 깨달을 수 있도록 유도하고 있습니다. 이러한 점을 고려하면 도산십이곡 노래에 담긴 교육철학 메시지를 현대적 관점에서 일반화하여 추출하는 작업은 매우 의미가 있습니다. 현대적 관점의 작업이 필요한 두 번째 이유입니다. 천석고황[433] 즉 자연을 병적으로까지 사랑하는 은거 생활을 통해 학문에 매진한 퇴계 선생의 삶을 본받기 위해 모든 현대인이 하던 일을 중단하고 산속으로 들어가서 성리학을 공부할 수만은 없다고 생각합니다. 각자의

431) 정경섭, 『고전문학의 이해와 감상 1-시가』(서울: 문원각, 2003), 169쪽.

432) 황병익, 「도산십이곡(陶山十二曲)의 의미 재고(再考) Ⅱ」, 『정신문화연구』(한국학중앙연구원, 2013) 제36권 제2호, 271~299쪽.

433) 자연의 아름다움을 몹시 사랑하고 즐기는 불치의 마음의 병.

삶의 위치에서 인성 · 영성을 지향하며 선한 일상을 노력하는 것이 퇴계 선생이 진정으로 바라는 일일 것입니다. 그런 의미에서 도산십이곡 노래에 담긴 교육철학 메시지를 현대인의 일상적 관점에서 일반화하여 묵상하는 것은 더욱 필요한 작업입니다.

훌륭한 학자들이 남긴 교훈적 시는 수없이 많지요. 그런데 도산십이곡처럼 특별히 긴 발문으로 노래 제작의 배경과 목적, 노래 가사의 주제, 소망하는 멜로디 형태, 노래 교육의 방법, 듣고 부르는 모습, 후세사람에게 당부하는 내용, 세간의 비난에 대한 염려 등에 대해 분명하게 구체적으로 설명을 남긴 예는 매우 희귀합니다. 이렇게 자세한 내용의 발문을 남겼다는 것은 도산십이곡 노래에 담긴 국민교육목적을 위한 퇴계 선생의 간절함이 그만큼 크다는 것으로 해석할 수 있습니다. 퇴계 선생의 간절함이 얼마나 깊었으면, '저속한 한글을 사용한다'라는 당시 선비들의 비난을 예상하면서까지 573자의 한글 가사와 함께 337자의 한문 발문을 따로 작성해 두었을까요? 도산십이곡 노래는 대학자가 자신의 간절한 소망을 담아 국민에게 전달하는 지극 정성의 영적 선물입니다. 이러한 점이 다른 노래와 다른 도산십이곡 노래의 특징입니다. 이러한 특징은 65세의 노(老) 대철학자가 단순하게 자신의 주관적 감흥을 표현한 것이 아니고 국민의 인성 · 영성 함양을 위한 마음공부라는 큰 구도에서 세심하게 고민하여 도산십이곡 노래를 만들었음을 말해줍니다. 따라서, 이러한 구체적 내용의 발문이 없었다면 몰라도 도산십이곡 노래의 전체적 지침인 발문이 있는 이상, 도산십이곡 가사를 문학적 관점 또는 특정 시대 · 공간에 속한 퇴계 선생의 개인적 감흥의 관점에서 살피는 것에서 나아가 현대적 관점에서 일반화한 교육적 함의를 검토하는 것이 필요합니다. 대학입시를 위한 수능 시험에서도 도산십이곡 가사에 대한 국문학적 관점의 문제들이 출제되기도 하고, 도산십이곡 가사의 시적 예술성을 문학적으로 분석하는 연구들도 많은데요. 필수적으로 고려해야 할 점이 있습니다. 퇴계 선생께서 한 편의 '시'로서 도산십이곡을 쓴 것이 아니고 국민노래를 만들기 위해 지은 '가사'라는 점을 참작해야 합니다. 시와 달리, 노래의 가사는 멜로디와 박자 등 여러 음악적 요소를 고려해서 글자 수를 구성해야 합니다. 또한 의미를 전달하기 위해 사용하는 노랫말의 어휘 역시, 그 대상자들이 쉽게 노래로 부를 수 있고 이해하기 쉬운 단어를 선택해야 하는 점이 일반적인 시어(詩語)의 구성과는 크게 다르지요. 도산십이곡 노래의 대상자는 지식인뿐 아니라 남녀노소 즉 국민 누구나 해당합니다. 그러므로, 시를 평가하는 일반적인 학술관점으로만 도산십이곡 가사를 분석하고 평가하려는 시도는 적절하지 않을 수도 있습니다. 노래는 듣거나 부르는 사람에게 다양한 수준의 다양한 방식으로 또 다른 개인의 삶에 실존적 의미를 낳습니다. 도산십이곡 노래는 어찌 보면 퇴계 선생이라는 한 개인의 주관적 감흥을 노래한 것이지만, 국민교육의 차원이라면 도산십이곡 노래를 통해 퇴계라는 한 개인의 실존이 시 · 공을 초월하여 우리 개개인의 실존에 이르러 재탄생한다는 의미가 있지요. 퇴계 선생이 발문에서 의도하고 있는 대로, 〈노래를 통한 국민의 마음공부〉라는 측면에 더 크게 의미를 부여해야 합니다. 즉 도산십이곡은 시가 아니라, 노래의 가사입니다. 퇴계 선생은 도산십이곡 발문에

> 도산육곡이란 것을 지은 것이 둘이니, 그 첫 번째 것은 '지'를 말하고 그 두 번째 것은 '학'을 말한 것이다.
> [作爲陶山六曲者二焉/작위도산육곡자이언 其一言志/기일언지 其二言學/기이언학][434]

434) 『정본퇴계전서(定本退溪全書)』, 시 15, 「도산십이곡발(陶山十二曲跋)」

라며, 앞 여섯 곡의 가사는 '뜻'을 상징하는 것이고 뒤 여섯 곡의 가사는 '공부'를 상징하는 것이라고 밝혔습니다. 퇴계 선생의 이 문장은 열두 곡이 각자 따로 독립된 것이 아니고 일관된 주제의 논지로 묶여있다고 설명한 것이지요. 그러나 도산십이곡 가사에는 '지(志)'와 '학(學)'이라는 글자가 나오지도 않을뿐더러 '뜻을 세우라' 또는 '공부하라'라고 직설적으로 설명하지도 않습니다. 시, 노래, 그림, 조각, 무용, 영화 … 모든 예술은 그 작품의 의미를 '상징'으로 표현합니다. 서구 성가가 직설적으로 절대 진리를 '주님'으로 표현하며 노래하는 것과 달리, 도산십이곡은 성가이면서도 '상징'을 사용한 예술작품입니다. '상징'은 감상하는 사람의 실존과 관점에 따라 다양하게 해석될 수 있는 장점이 있습니다. 도산십이곡 역시 하늘 · 산 · 강 · 들 · 달 · 해 · 구름 · 안개 · 노을 · 사계절 · 밤낮 · 바위 · 꽃 · 물고기 · 갈매기 · 솔개 · 천둥 · 번개 등의 자연을 지칭하는 상징의 언어로 '지(志)'와 '학(學)'을 기술하고 있으므로 '지(志)'와 '학(學)' 두 글자의 의미를 잘 이해해야 합니다. 그렇지 않으면 도산십이곡이 그저 자연 속의 삶을 강조한 것으로 이해하기 쉽습니다. 도산십이곡에 담긴 메시지를 현대적 관점으로 일반화했을 때, 진리 향한 삶의 일상에서 자연과의 접촉이 중요함을 직접적으로 강조한 내용은 열두 곡 중 제7곡 하나뿐입니다. 도산십이곡 가사가 상징하는 '지(志)'와 '학(學)'의 의미를 이해하기 위해서는 퇴계 심성론의 중요한 키워드인 '이(理)' 또는 '이발(理發)'을 고려해야 합니다. 그 이유는 퇴계 선생께서 '이발' 즉 진리의 발함을 중요시하며 착한 사람 많은 세상을 소망한 연장선상에서, '경을 통한 이발'이라는 큰 학술적 통찰을 마무리하는 시점인 65세에 국민의 마음공부라는 목적을 갖고 도산십이곡 노래를 만들었기 때문입니다. 성리학의 세계관은 자연의 진리(理/이)와 인간 삶의 진리(理/이)가 근본적으로 같다고 봅니다. 인간은 자연의 변화를 보면서 절대 진리의 심오한 이치를 배웁니다. 도산십이곡에서 퇴계 선생은 자연을 지칭하는 상징의 언어로 바람직한 인간 삶을 노래합니다. 도산십이곡에서 채택한 '지(志)'와 '학(學)'이라는 주제는 진리를 향해 걸었던 퇴계 선생 본인의 평생 삶에서 경험적으로 가장 중요했던 두 가지를 뽑아낸 것으로 보입니다. 연구자에 따라서는 퇴계 선생이 뜻을 세운 입지(立志) 시기를 『퇴도선생언행통록』의 기록[435]을 근거로 16~17세로 보기도 하더군요.[436] 하지만 퇴계 선생이 12세에 진리에 관심을 표출했다는 기록[437]과 19세에[438] 쓴

〈영회〉[439]
홀로 숲속 오막집에서 만권 책 사랑하며
한결같은 마음 십 년여
근래 근원의 시초 만난 듯
온통 내 마음 하늘의 이치 살피네
獨愛林廬萬卷書/독애림여만권서
一般心事十年餘/일반심사십년여
邇來似與源頭會/이래사여원두회
都把吾心看太虛/도파오심간태허

라는 시의 내용을 묵상해보면, 퇴계 선생은 '진리 향한 삶'이라는 뜻을 이미 10세 경에 세우고 진리 탐구 공부에 매진했음을 알 수 있습니다. 어찌

---

435) 『퇴도선생언행통록(退陶先生言行通錄)』, 제1권, 「실기(實記)」, 〈십육칠 세에 이미 학문에 뜻을 두었다. 年十六七/연십육칠 已志于學/이지우학〉. ※ 『퇴도선생언행통록』은 창설재(蒼雪齋) 권두경(權斗經, 1654~1725, 본관 안동, 자字 천장天章) 선생이 퇴계 선생의 말과 행적을 정리하여 편찬한 책.
436) 권오봉, 『가서(家書)로 본 퇴계의 삶과 사상〈상〉』(삼보문화재단, 2020), 174쪽.
437) 『퇴계선생연보(退溪先生年譜)』, 제1권, 「연보(年譜) 1」. 〈선생 12세에 하루는 이(理)라는 글자에 대해 송재공에게 "모든 일에 있어 옳은 것이 이(理)입니까?"라고 물었다. 先生十二歲/선생십이세 一日/일일 將理字問松齋曰/장리자문송재왈 凡事之是者是理乎/범사지시자시리호〉.
438) 이장환, 『따라 쓰는 퇴계시 칠언(七言)』(디자인더하트, 2018), 24쪽.
439) 『정본퇴계전서(定本退溪全書)』, 시 15, 「영회(詠懷)」.

보면

> 나는 열다섯에 학문에 뜻을 두었다.
> [吾十有五而志于學/오십유오이지우학][440]

라고 말한 공자보다도 더 일찍 학문에 대한 뜻을 세웠다고 볼 수 있습니다. 진리를 향해 초지일관으로 걸어간 퇴계 선생의 삶과 학문이 최종적으로 추구하는 지점이 '이발의 세상' 즉 진리가 발하는 세상임을 감안하면, 65세의 퇴계 선생이 말하는 전육곡의 '지(志)'란 당연히 '진리를 향한 뜻'이며 후육곡의 '학(學)'은 당연히 '진리를 탐구하는 공부'입니다. 따라서, 전육곡과 후육곡의 관계는 진리를 향한 '뜻(마음)'과 '공부(행)'의 관계입니다.[441] 즉 도산십이곡은 진리를 만나고자 하는 구도의 삶을 위해 우리가 '어떤 마음을 갖고'(전육곡) '어떻게 공부해야 하는지'(후육곡)를 설명한 노래입니다. 수많은 철학 주제가 있음에도 퇴계 선생이 '진리를 향한 뜻'과 '진리를 탐구하는 공부'로 도산십이곡의 주제를 선정한 것에 저는 놀라고 감동합니다. 이 지점에서

> 너희가 진리를 알지니 진리가 너희를 자유케 하리라.
> [You will know the truth, and the truth will set you free]
> [爾亦必識眞理/이역필식진리 而眞理將釋爾/이진리장석이][442]

라는 절대자의 음성이 제 마음에 크게 들려왔기 때문입니다. 인문 의학적으로 보면, 진리를 향해 나아가는 것이 바로 인성·영성의 본질이지

---

440) 『논어(論語)』, 「위정(爲政)」.

441) 이사미 · 김병일 · 김종성, 노래로서 도산십이곡의 구현: 악보 및 가사에 담긴 교육적 함의. 『유학연구』(충남대학교 유학연구소, 2021) 제56집, 31~81쪽.

442) 『성경』, 「요한복음」, 8장, 32절.

요.[443] 인성 · 영성의 기능이 제대로 발휘되면 다른 바람직한 항목들은 모두 저절로 따라옵니다. 도산십이곡은 인성 · 영성 함양을 위한 경(敬)을[444] '뜻'과 '공부'로 아주 쉽게 요약한 노래입니다. 500년 전에 대학자가 한글로 만든 도산십이곡 노래를 현대적 관점에서 보면, 문학 · 음악 · 철학 · 역사학 · 교육학 · 심리학 · 언어학 · 정신의학 · 뇌 의학 등 여러 학문 분야와 연결된 〈인성 · 영성 함양 프로그램〉입니다. 저는 도산십이곡 가사의 의미를 현대적 관점에서 일반화하기 위해 500년 전의 성리학적 언어와 함께, 할 수 있는 한 조금 더 넓은 관점의 현대 인문 의학적 언어로 묵상해보고자 합니다. 인문 의학은 실용적 · 과학적 특성이 강한 의학적 관점을 인문학에 결합하기 때문에, 순수 인문학보다 훨씬 더 현대인의 일상 실존에 가까이 다가갈 수 있는 장점이 있기 때문입니다. 의학과 철학은 서로 어떤 관계일까요? 인간의 삶과 행동에 대해 전통적으로 철학은 마음이 관장한다는 '심주설'이고 의학은 뇌가 관장한다는 '뇌주설'로 서로 이질적인 관점이지요.[445] 그런데 흥미롭게도 대철학자 아리스토텔레스(BC 384~322)는

> 모든 자연철학자는 의학을 공부함으로써 끝난다.
> [Most natural philosophers end in studying medicine.][446]

라고 했더군요. 올바른 철학이 되기 위해서는 의학 공부가 '필수'라는 이야기 같은데요. 철학을 전공하는 분들께서 듣기에 약간 의아하고 언짢은

---

443) 김종성, 「의료인문학: 인성(human nature)과 영성(spirituality) 개념의 의철학적 관점」, 『가정의학』(대한가정의학회, 2021) 11(4 Suppl), S142~S147.

444) 도산십이곡의 목적인 온유돈후 마음공부가 경에 연결됨은 〈제7장.〉에서 설명하였다.

445) 김종성, 『마음이 편하지 않을 때는 한 걸음 걸어라. 의철학: 퇴계와 히포크라테스의 묵상 대화』(충남대학교출판문화원, 2018), 110~130쪽.

446) 『On the Soul, Parva Naturalia, On Breath』, 「On sense and sensible objects」

내용일 수도 있겠습니다. 그러나 약 500여 년 뒤의 대의(大醫) 갈레노스(Galenos, AD 129~217)[447]는

> 최고의 의사는 또한 철학자이다.
> [The best physician is also a philosopher.][448]

라며, 올바른 의학이 되기 위해서는 철학 공부가 '필수'라고 철학자분들을 위로(?)하기도 했습니다. 철학 · 의학 분야의 큰 선구자들의 말을 들어보니, 철학과 의학은 분리할 수 없는 밀접한 관계의 학문인가 봅니다. 마치 성리학에서

> '이'와 '기'는 결단코 두 가지이다. 다만 사물에서 본다면 두 가지가 한 덩어리가 되어 따로 떼어 각각 한곳에 있게 할 수 없다.
> [理與氣決是二物/이여기결시이물 但在物上看則二物渾淪/단재물상간즉이물혼륜 不可分開各在一處/불가분개각재일처][449]

라며 서로 뗄 수 없다고 말하는 '이'와 '기'처럼 말이지요. 실제로 대철학자 퇴계 선생은 30대 중반에 『활인심방』[450]이라는 책을 통해 건강한 삶을 위해 중화탕[451]과 화기환[452]이라는 마음 처방뿐 아니라 놀랍게도 서

---

447) 히포크라테스 이후 고대 로마의 최고 의학자. 마르쿠스 아우렐리우스 등 4명의 황제 주치의. 해부학 · 생리학 · 병리학 · 약리학 · 신경학 · 논리학 · 철학 등에 큰 업적을 남기며 고대 의학을 집대성.

448) Galenos, 『That the Best Physician is Also a Philosopher』.

449) 『정본퇴계전서(定本退溪全書)』, 잡저(雜著) 12, 「비이기위일물변증(非理氣爲一物辯證)」. 주자(朱子)가 유숙문(劉叔文, ?~?)에게 답한 편지글을 퇴계 선생이 인용한 것.

450) 주권(朱權, 1378~1448)의 『활인심(活人心)』 상 · 하권 중 퇴계가 상권을 필사 · 첨언한 유묵집. 문화재청 국가문화유산포털, 「이황필적-선조유묵첩」, 〈30세 중반의 자필(自筆)과 자화(自畫)로 기록되어 있는 점에서 특기할 가치가 있다〉.

451) 30가지 약재를 달여서 꾸준히 복용하는 마음의 탕약. 30가지 약재는 거짓 없음(思無邪/사무사), 좋은 일 실천(行好事/행호사), 마음을 속이지 않음(莫欺心/막기심), 적절한 방법 적용(行方便/행방편), 본분 지킴(守本分/수본분), 질투하지 않음(莫嫉妬/막질투), 교활 · 간사하지 않음(除狡詐/제교사), 성실(務誠實/무성실), 대자연 이치에 순응(順天道/순천도), 생명의 한계 지각(知命限/지

여주 · 지황주 · 무술주 등의 〈건강 술〉 처방, 백탕 · 유죽 · 녹각죽 · 산서죽 · 산서면 등의 〈음식〉 처방과 더불어 〈체조〉 처방까지 남기셨지요. 아래의 그림은 퇴계 선생이 직접 그린 체조 방법들입니다. 요즈음 말로 운동처방이라고 할 수 있겠습니다.

『활인심방』의 체조 그림들[453]

체조의 내용은 〈① 아래 · 윗니 부딪치기 36회 및 귀 뒤 두드리기 24회(叩齒集神/고치집신) ② 손목 잡고 목 돌리기 좌우 각 24회(搖天柱/요천주) ③ 혀로 입안 양치질(36회)하여 침을 만든 후 세 번에 나누어 삼키고 두 손 들어 올리기(舌攪/설교) ④ 양손으로 허리 뒤 콩팥 부위 주무르기 36회(摩腎堂/마신당) ⑤ 한 손 주먹 쥐어 허리에 대고 어깨 돌리기 좌우 각 36회(單關轆轤/단관녹로) ⑥ 양손 주먹 쥐어 허리에 대고 어깨 돌리기 36회(雙關轆轤/쌍관녹로) ⑦ 양손 맞비

명한), 맑은 마음(淸心/청심), 욕심 줄임(寡慾/과욕), 인내(忍耐), 누드럽고 순함(柔順/유순), 겸손 · 화목(謙和/겸화), 주어진 것에 만족(知足/지족), 청렴 · 삼감(廉謹/염근), 어진 마음 보존(存仁/존인), 절약 · 검소(節儉/절검), 치우치지 않게 처신(處中/처중), 불필요한 살생 경계(戒殺/계살), 성냄 경계(戒怒/계로), 난폭 경계(戒暴/계포), 탐욕 경계(戒貪/계탐), 신중 · 성실(愼篤/신독), 사물의 기미 포착(知機/지기), 지키고 사랑(保愛/보애), 편안히 물러남(恬退/염퇴), 고요함을 지킴(守靜/수정), 남모르게 선행(陰櫛/음즐).

452) '참을 인(忍)' 자로 만든, 필요할 때 한 알씩 복용해 즉효를 보는 마음의 환약.

453) 『활인심방(活人心方)』, 퇴계선생유묵(退溪先生遺墨), 전남대학교도서관 소장본.

비며 '호ㅓ(呵)~' 소리 5회 후 깍지 끼어 손바닥 밀어 올리기 9회(兩手按頂/양수안정) ⑧ 발 잡아당기기 12회(鉤攀/구반)〉 입니다. 거기에 더해 도산십이곡이라는 음악 처방까지 남겼으니 저는 그저 놀랄 뿐입니다. 한편, 현대의학의 아버지 히포크라테스(Hippocrates, BC 460~370), 고대 의학을 집대성한 갈레노스(Galenos, AD 129~217), 현대의 분석심리학적 심성론을 구축한 칼 구스타프 융(Carl Gustav Jung, 1875~1961)[454] 등 의학이라는 산맥의 큰 봉우리를 형성한 많은 선구자 역시 의학뿐 아니라 철학을 함께 공부했습니다. 철학이 삶의 본질을 탐구한다면 의학은 생명의 본질을 탐구하지요. 또 다른 측면으로 보면, 철학이 본질의 원리를 탐구하고 체득하는 것에 비중을 두고 있다면 의학은 실존 일상 즉 매일의 진료실에 원리를 적용하는 실용성에 비중을 두고 있습니다. 철학과 의학은 서로 뗄 수 없는 상호보완적인 관계의 학문이라는 선구자들의 가르침에 따라 저는 도산십이곡 가사의 의미를 성리학적 관점과 더불어 인문 의학을 융합한 관점으로 살펴보고자 합니다. 그러나 어떤 '본질'을 융합적 관점으로 살핀다는 것이 쉽지는 않더군요. 인간은 무엇인가를 경험할 때 늘 각자가 소유한 관점을 위주로 해석하는 경향이 있기 때문입니다. 예를 들어 외국의 어느 특정 도시를 방문했을 때 건축가는 그 도시 건물들의 설계구조와 건축 방법에 관한 분석을, 의료인은 그 도시의 의료체계와 병원의 분포에 대한 분석을, 낚시인은 그 지역의 강·호수 등의 지형과 물고기들을 분석하지요. 같은 영화를 보아도 마찬가지입니다. 자신의 관심과 전공 분야에 따라 영화를 해석하고 분석하는 관점이 다릅니다. 다행히 저는 현대의학의 여러 분야를 접목하여 융합적 관점으로 진료(적용)하는 가정의학의 길을 평생 걸어왔기에 융합적 적용이라는 것에 약간은 익숙한 편입니다. 의학의 아버지 히포크라테스는

454) 목사의 아들로 태어난 스위스 의사. 『도덕경』 등 동양의 고전들과 수행체험을 섭렵하면서 서양과 동양의 학문 사이에 다리를 놓음.

창조는 한 가지 것으로부터는 이루어질 수 없습니다. 한 가지 것이 다른 것과 결합함이 없이 어떻게 창조할 수 있겠습니까?

[Generation cannot take place from a unity. How could a unity generate, without copulating?][455]

라며 창조를 위한 융합의 중요성을 말했습니다. 제가 경험한 융합적 시야의 큰 학술적 장점은 어떤 본질이나 대상을 '지금 여기(here and now)의 실제(practice)'를 중심으로 사유하게 하여 새로운 창조로 이어진다는 것입니다. 그렇기에 부족한 제가 진료 현장에서 사용할 수 있는 '알코올중독환자의 병식 평가척도'[456]를 개발하고, '한국인의 적정 음주 가이드라인'[457]을 만들었으며, 도산십이곡을 작곡할 수 있었나 봅니다. 정신의학자들이 알코올중독이라는 질병에서 환자의 병식(insight, 자신의 질병에 대한 깨달음)이 치료과정의 중요한 요소임을 인지했으나 진료 현장에서의 '실제적 사용'(practical use)이라는 부분을 미처 간과하고 있었지요. 또한 진료 현장에서 국민 건강에 영향을 미치는 음주 습관을 평가할 때 미국 정부가 발표한 적정 음주 가이드라인을 사용하고 있었는데요. 아쉽게도 미국인은 한국인과 체형이 많이 다름을 모두가 알고는 있었지만, 이 점을 간과하고 미국 가이드라인을 그대로 사용하는 문제점이 '실제적 사용'을 중요시하는 저의 융합적 시야에 보였던 것입니다. 도산십이곡도 마찬가지입니다. 도산십이곡과 관련하여 학자들이 미처 간과하고 있었던, 현대인의 일상에서 '실제적 사용의 중요성'이라는 부분이 저의 융합적 시야에 포착되었던 것이지

455) 『Hippocrates Corpus(히포크라테스 전집』, 「Nature of Man(인간의 본질)」.

456) Kim JS, Kim GJ, Lee JM, Lee CS, Oh JK. HAIS (Hanil Alcohol Insight Scale): Validation of an insight-evaluation instrument for practical use in alcoholism. Journal of Studies on Alcohol 1998; 59: 52-55.

457) Lee SM, Kim JS, Jung JG, Oh MK, Chung TH, Kim JH. Korean Alcohol Guidelines for Moderate Drinking Based on Facial Flushing. Korean J Fam Med 2019; 40: 204-211.

요. 퇴계 선생께서 도산십이곡을 제작한 간절한 목적이

> 아이들로 하여금 아침저녁으로 이 노래를 익혀서 노래하게 하라.
> [欲使兒輩/욕사아배 朝夕習而歌之/조석습이가지][458]

에서 보듯 '국민의 일상에서 실제적 사용'이었음에도 불구하고, 안타깝게도 퇴계학자들은 퇴계 선생의 그 중요한 목적을 알고 있었음에도 간과하고 실행하지 않았습니다. 각 분야의 전문적인 관점(專/전)과 융합적인 관점(總/총) 역시 상호보완의 관계인 것 같습니다. 500년 전 퇴계 선생이 도산십이곡에서 말하는 구도의 삶 즉 진리 향한 삶이라는 내용을 현대의학적 심성론으로는 어떻게 해석할 수 있을지 궁금해집니다.

---

458) 『정본퇴계전서(定本退溪全書)』, 시 15, 「도산십이곡발(陶山十二曲跋)」.

9장

첫 번째 것은 뜻을 말한 것이며

'진리 향한 마음, 제1곡~제6곡'

제1곡~제6곡(전육곡)의 구성에 대해, 그간의 연구들은 제1곡 '삶의 자세', 제2곡 '소망', 제3곡 '도의 본질', 제4곡 · 제5곡 '연근과 꾸준한 노력', 제6곡 '최고의 경지'로 해석한 논문도 있고,[459] 전육곡의 전반부는 '자연에서 세상으로', 후반부는 '세상에서 자연으로'라고 파악한 논문도 있더군요.[460] 또한, 자연-사회라는 기본 틀에서 '병치 · 대조 · 점층의 원리에 의한 짜임'으로 이해한 논문도 있습니다.[461] 매우 흥미롭게도 『주역』 돈괘(遯卦)의 여섯 효(爻)로 이해하고자 하는 연구자도 있더군요.[462] 이렇게 연구자마다 나름대로 전육곡의 구조를 보는 학술적 관점의 틀을 다르게 적용했습니다. 제1곡~제6곡은 퇴계 선생의

459) 정재호, 「도산십이곡의 구조」, 『민족문화연구』(고려대학교 민족문화연구원, 1996) 제29권, 1~31쪽.

460) 김상진, 「도산십이곡의 창작배경과 작품세계」, 『한양어문연구』(한국언어문화학회, 1993) 제11권, 294~312쪽.

461) 성기옥, 「도산십이곡의 구조와 의미」, 『한국시가연구』(한국시가학회, 2002) 제11권, 195~228쪽.

462) 안동준, 「도산십이곡의 함의와 도학정신」, 『제29차 퇴계학국제학술회의 자료집』(문화체육관광부 · 국제퇴계학회, 2022).

도산육곡이란 것을 지은 것이 둘이니, 그 첫 번째 것은 뜻을 말한 것이다.
[作爲陶山六曲者二焉/작위도산육곡자이언 其一言志/기일언지][463]

라는 설명에서 보듯 '뜻'에 대한 내용입니다. 그렇다면 도산십이곡에서 말하는 '뜻'은 어떤 의미일까요? 64세의 퇴계 선생은 '뜻'과 관련하여 제자(잠재潛齋 · 정암整庵 김취려金就礪, 1526~?, 본관 안산, 자字 이정而精)에게

주자가 말하기를 '뜻'은 마음이 지향하는 바를 한 길로 똑바로 나아가는 것이라고 했습니다. … 공이 어렵고 험함을 따지지 않고 이토록 먼 곳까지 온 것이 바로 '뜻'입니다.
[朱子曰/주자왈 志是心之所之一直去底/지시심지소지일직거저 … 如公之不計艱險/여공지불계간험 作此遠遊/작차원유 志也/지야][464]

라고 주자(朱子, 1130~1200)의 말을 인용하여 설명했으며, 또한

"공부하는 사람이 처음에 무엇을 해야 합니까?"
하고 물으니, 선생(퇴계)께서
"뜻을 세우는 것을 먼저 해야 한다. 그러나 그 뜻하는 바가 어떤 일인지도 살펴보아야 한다."
라고 하였다.
[問/문 學者之初/학자지초 何者爲先/하자위선 先生曰/선생왈 立志爲先/입지위선 然觀其所志者亦何事/연관기소지자역하사. 金晬/김수[465]][466]

선생(퇴계)께서
"뜻이라는 것은 한 길로 똑바로 나아가는 것이다."

463) 『정본퇴계전서(定本退溪全書)』, 시 15, 「도산십이곡발(陶山十二曲跋)」.
464) 위의 책, 서간-6, 서(書)-김취려(金就礪)-26, 「답김이정(答金而精)」.
465) 몽촌(夢村) 김수(金晬, 1547~1615, 본관 안동, 자字 자앙子盎).
466) 『퇴계선생언행록(退溪先生言行錄)』, 유편(類編), 「교인(敎人)」.

라고 하였다.

[先生曰/선생왈 志者/지자 一直去底/일직거저. 李德弘/이덕홍[467]][468]

라고, '가장 먼저 해야 할 일'이 뜻을 세우는 것이며 그 뜻이 '한 길로 똑바로 나아가야 함'의 중요성을 강조했습니다. 무엇을 향해 하나로 똑바로 나아가는 '뜻'이겠습니까? 평생 진리 향한 길을 걸으며 '경을 통한 이발'이라는 큰 학문을 통찰한 65세의 퇴계 선생이 삶의 끝자락에서 진리가 발하는 세상을 소망하며 강조하는 '지(志)'란 당연히 진리를 향한 뜻입니다. 따라서 전육곡은 '진리 향한 뜻'이라는 일관된 논지의 주제로, 진리를 향하는 우리의 마음을 노래합니다.

제1곡. 내 삶에 담긴 진리 향해

(고어)
이런ᄃᆞᆯ 엇다ᄒᆞ며 뎌런ᄃᆞᆯ 엇다ᄒᆞ료
초야우생이 이러타 엇다ᄒᆞ료
ᄒᆞ믈며 천석고황을 고텨 므슴ᄒᆞ료

(현대어)
이런들 어떠하며 저런들 어떠하료
초야우생이 이렇다 어떠하료
하물며 천석고황을 고쳐 무엇하료

(영어)
What about living this way, what about living that way.
What about living a humble life in the countryside.

467) 간재(艮齋) 이덕홍(李德弘, 1541~1596, 본관 영천, 자字 굉중宏仲).
468) 『퇴계선생언행록(退溪先生言行錄)』, 유편(類編), 「강변(講辨)」.

Why should I end my love desperate for nature.[469)]

(한문)

如此如何/여차여하 如彼如何/여피여하

草野愚生/초야우생 如此如何/여차여하

况泉石膏肓/황천석고황 改何爲/개하위[470)]

대부분 연구자가 해석했던 것처럼, 어찌 보면 제1곡이 '이런들'에 해당하는 '자연 속의 삶'을 강조하는 것 같기도 합니다. 하지만, 1행의 '이런들 어떠하며 저런들 어떠하료'(What about living this way, what about living that way)라는 가사를 자세히 묵상해보면, 퇴계 선생은 '이런들'에 해당하는 삶만을 강조한 것이 아닙니다. '저런들 어떠하료'라고 하면서 '저런들'에 해당하는 '세상 속의 삶'에 대해서도 긍정하고 있지요. 성리학적으로, 선비가 어려서는 글을 읽고 자라서는 세상을 다스리는 경세(經世) 사업을 이룩하는 것이 곧 참된 학문입니다. 제자(학봉鶴峯 김성일金誠一, 1538~1593, 본관 의성, 자字 사순士純)가 선비의 세상에 나아감에 대해 의견을 묻자[471)] 퇴계 선생은

> 홀로 선함을 지키며 세상을 아예 잊는다면 하늘의 진리는 누가 밝히고 백성의 도리는 누가 바로잡겠는가. 천하가 끝내 좌임[472)]이 되어도 구할 수 없을 것이다. [若獨善而果於忘世/약독선이과어망세 則天理誰明/즉천리수명 民彝誰正/민이수정 天下其終爲左衽/천하기종위좌임 而莫之救矣/이막지구의. 金誠一/김성일][473)]

469) 이사미 · 김병일 · 김종성, 「노래로서 도산십이곡의 구현: 악보 및 가사에 담긴 교육적 함의」, 『유학연구』(충남대학교 유학연구소, 2021) 제56집, 31~81쪽.

470) 『해은별고(海隱別稿)』, 1권, 시, 「도산십이곡(陶山十二曲) 기일(其一)」.

471) 원나라의 노재(魯齋) 허형(許衡, 1209~1281, 자字 중평仲平)이 벼슬한 것에 대해 질문.

472) 저고리의 왼쪽 섶. 옷깃의 섶을 거꾸로 여미는 풍습 즉 '미개'한 상태를 의미.

473) 『퇴계선생언행록(退溪先生言行錄)』, 유편(類編), 「논인물(論人物)」.

라고 대답하며, '저런들'에 해당하는 '벼슬하는 삶'도 중요하게 보았습니다. 세상을 등지고 홀로 사는 착한 삶이 아니라 세상에 긍정적 영향을 주는 착한 삶을 강조한 것이지요. 혼탁한 세상을 한탄하며 세상과 단절하고 홀로 은거하는 삶을 노래하는 장륙당 선생의 육가를 퇴계 선생이 온유돈후함이 적다고 비평한 것도 같은 맥락입니다. 또한 60세의 퇴계 선생은 제자(금계錦溪 황준량黃俊良, 1517~1563, 본관 평해, 자字 중거仲擧)에게

> 사람이 벼슬을 하는 것도 분수 밖의 일은 아닙니다. 하고 말고는 인연에 따르는 것입니다. … 다만 명성과 이익의 세계는 사람이 빠지기 쉬운 것이기에 먼저 자신을 지켜서 몸을 욕되게 하지 않는 것이 가장 먼저 할 도리입니다. [人生仕宦/인생사환 亦非分外事/역비분외사 流行坎止聊爾隨緣/유행감지료이수연 … 但聲利海中/단성이해중 易以溺人/이이익인 最是能自守不辱身/최시능자수불욕신 爲第一義耳/위제일의이][474]

라고 편지를 쓰며, 벼슬을 하더라도 '나'를 굳게 지키는 '자수(自守)'가 필수적이라고 했습니다. 1행에서 '이런들'이나 '저런들'의 삶을 모두 긍정하는 퇴계 선생은 2행에서 '초야우생이 이렇다 어떠하료'(What about living a humble life in the countryside)라고 하며 '이런들'에 해당하는, 속세 차원에서 보면 초라하다고 생각할 수 있는 초야우생의 삶을 선택합니다. '초야'는 '풀이 난 들'이라는 뜻으로 궁벽한 시골을 의미하고, '우생'은 '어리석은 사람'이라는 뜻이지요. 〈전육곡 = 진리를 향한 뜻〉이라는 큰 맥락에서 묵상해보면, '이런들'에 해당하는 삶이나 '저런들'에 해당하는 삶이 모두 진리에 가까이 갈 수 있습니다. 다만 '저런들'에 해당하는 삶이 퇴계 선생에게 맞지 않았을 뿐이지요. 당시의 시대적 환경과 여러 정황 때문이었을 수도 있겠습니다. 3행에서 퇴계 선생은 '하물며 천석고황을 고쳐서 무엇하료'(Why

474) 『정본퇴계전서(定本退溪全書)』, 서간 3, 서(書)-황준량(黃俊良)-57, 「답황중거(答黃仲擧)」.

should I end my love desperate for nature)라고까지 말하면서 자연을 사랑하는 자신의 병 즉 자신이 선택한 삶을 고칠 뜻이 없음을 말합니다. 의학적으로 볼 때, 질병에 걸린 환자가 그 병을 고칠 의향이 없다면 그 병은 심각한 불치의 병이지요. '천석고황'이라는 문구가 조금 어려울까요? 천석고황이라는 단어는

> 당 고종이 친히 문에 이르러
> "선생의 여기 생활이 어떠합니까?"
> 라고 물으니
> "저는 천석고황 연하고질에 걸린 사람입니다. 어진 임금이 다스리는 시대를 만나 행복하게 소요하고 있습니다."
> 라고 답하였다.
> [唐高宗親至其門問/당고종친지기문문 先生此佳否/선생차가부 答曰/답왈 臣所謂/신소위 泉石膏肓煙霞痼疾者也/천석고황연하고질자야 旣逢聖代/기봉성대 幸得逍遙/행득소요][475]

에서 보듯, 산중의 생활이 어떠냐고 묻는 당나라의 제3대 황제 고종(628~683)에게 은거하여 사는 선비 전유암(田遊巖, ?~?)이 '천석고황 연하고질자'라고 답한 내용에서 유래합니다. 천석은 '샘 천(泉)' · '돌 석(石)'으로 물과 돌로 이루어진 아름다운 자연이며 '연하'는 안개와 노을입니다. 고황은 '기름 고(膏)', '명치끝 황(肓)'이라는 글자인데요. '고'는 심장의 아랫부분을, '황'은 횡격막의 윗부분을 말합니다.[476] 해부학적으로 '고황'은 아래의 그림에서 보듯 심장(heart)과 횡격막(diaphragm)의 사이로, 정상적으로 약간의 지방이 있는 부위입니다. 예전에는 고황에 병이 생기면 낫기 어려운 병이라고들

---

475) 『구당서(舊唐書)』, 192권, 「전유암전(田遊巖傳)」.
476) 네이버 국어사전.

했습니다. 현대의학에서는 이 부위에 종양이 생기더라도 치료할 수 없을 것 같지는 않군요. '고황'은 인체의 해부학적 위치라기보다는 '마음의 깊은 부위'를 상징합니다. 즉, 천석고황은 자연의 아름다움을 몹시 사랑하고 즐기는 불치의 마음의 병을 말합니다.

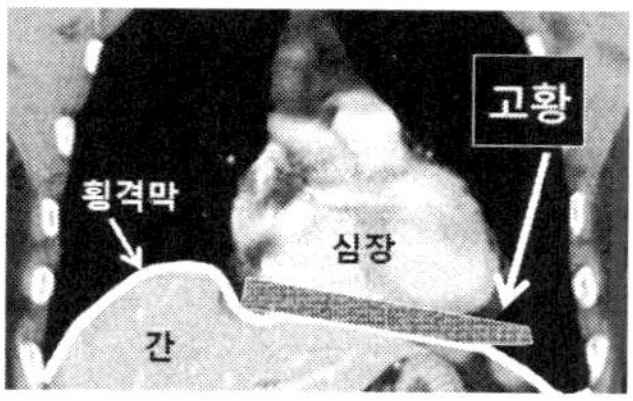

심장과 횡격막 사이의 고황 부위

그토록 진리를 사랑한 대철학자가 3행에서 이처럼 자연을 사랑한 이유는 무엇일까요? 제1곡이 그저 '자연 사랑'을 강조한 것일까요? 〈전육곡 = 진리를 향한 뜻〉이라는 큰 맥락에서 묵상해보면, 쉽게 답이 나옵니다. 그 속에 진리가 담겨있기 때문이지요. 즉 '천석'은 진리를 상징합니다. 퇴계 선생은 초야우생 즉 자신이 선택한 삶에 담긴 진리를 사랑하는 간절한 마음을 천석고황이라는 단어로 표현했습니다. 인문 의학적 관점에서 보면 1행의 '이런들'(living this way)과 '저런들'(living that way)이란 다양한 형태의 삶의 모습입니다. 현대 정신의학의 핵심을 이루는 분석심리학이라는 분야가 있는데요. 다양한 형태의 삶의 모습이란, 분석심리학의 창시자인 융(Carl Gustav Jung, 1875~1961)의 인간 심성론에서 말하는 '페르소나(persona, 외적인 인격)'[477]입니다. 융은 스위스 사람으로, 목사의 아들로 태어난 의사입니다. 놀랍게도 융은 『도덕경』 등 동양의 고전들과 수행체험을 섭렵하면서 서양과 동양의 학문 사이에 다리를 놓은 사람이기도 하지요. 한때

477) 이부영, 『분석심리학: C. G. Jung의 인간 심성론』(서울: 일조각, 1991), 42~43쪽.

지그문트 프로이트(Zigmund Freud, 1856~1939)와 함께 정신분석연구를 하기도 했던 융은 기독교 심성론의 '절대자', 동양 심성론의 '도', 의학적 심성론의 '의식 · 무의식'을 융합하여 독자적인 심성론을 구축했습니다. 융은 우리 마음의 세계에 대해 의식의 중심인 '자아(自我, I)'보다도 더 큰, 전체마음(의식+무의식)의 중심인 '자기(自己, self)'를 강조하면서

> 서구에 살면서 '자기'를 그리스도라 불러야 할지 모른다. 중동에서는 카디르(Chadir), 극동에서는 아트만(atman) · 도 · 붓다, 극서에서는 토끼 · 몬다민(Mondamin), 그리고 유대 신비 철학에서라면 티페렛(Tifereth)이라 불러야 할 것이다.

라며, 분석심리학 심성론의 핵심 개념인 '자기'의 상징으로 늘 노자의 '도'를 제시했습니다.[478] 즉 융의 심성론에서 말하는 '자기'에는 인간의 마음에 절대 진리가 존재한다는 개념이 들어있습니다. 융의 '자기'는 '진정한 나', '참 나', '온전한 나', '큰 나', '전체의 나', '본래의 나'의 중심입니다. 1행의 '이런들 어떠하며, 저런들 어떠하료'를 인문 의학적 관점으로 묵상해보면, 페르소나의 차이에 의해서는 즉 우리의 삶에서 이것을 하든 저것을 하든 직업의 종류 또는 일 종류의 차이에 의해서는 진리와의 관련성이 변화되지 않음을 말합니다. '페르소나'라는 외면보다는 '전체의 나'가 중요한 것이지요. '페르조나'에만 이끌려 사는 것은 건강하지 못한 삶입니다. 어떤 대상에 빠져(溺/닉) '진정한 나'를 잃고 이리저리 끌려다니며 사는 병적인 상태를 정신의학적으로는 '의존'(dependence)이라고도 하는데요. 무엇을 하든 '진정한 나'를 지키지 못하면 건강하지 않은 삶입니다. 『중용』에

---

478) Jung CG, 『Ein modernes Mythus(1958)』(Olten: Walter Verlag, 1974)의 내용을 〈이부영, 『노자와 융』(한길사, 2019), p.16.〉에 인용한 것을 재인용함.

한 부분에 지극하면 정성이 있게 되고, 정성스러우면 모양을 갖추게 되고, 모양이 갖추어지면 분명해지며, 분명해지면 밝아진다.
[致曲/치곡 曲能有誠/곡능유성 誠則形/성즉형 形則著/형즉저 著則明/저즉명][479]

라는 문구가 있지요. 우리가 이 세상에 태어나 '무엇을 하느냐'가 중요한 것이 아닙니다. 무엇을 하든 그것을 '얼마나 깊이 있게 정성으로 행하는지'가 진리와의 관련성 즉 인성 · 영성의 건강과 관련성이 높습니다. 낚시, 바둑, 요리, 연구 … 우리의 삶에서 어떠한 모습의 페르소나를 선택하든 '자기'를 살피며 지극 정성으로 그것을 할 때, 자기 삶의 터전인 낚시터에서, 바둑판에서, 밥솥에서, 연구실에서 삶의 진리를 깨닫게 됩니다. 융의 분석심리학 심성론에서 가장 중요하게 강조하는 것이 '자기실현(individuation)'인데요. 자기실현은 외적인 역할과 관련된 '페르소나'라는 좁은 '자아'를 벗어나 '전체 나'의 중심인 '자기'를 일상(페르소나)에 실현하는 것으로, '진리'에 입각한 삶입니다. 융의 심성론에서 말하는 '자기실현'은 퇴계 선생께서 벼슬을 하더라도 본연의 나를 지키는 '자수(自守)의 삶'을 강조한 것과 같은 맥락입니다. 철학적으로는 '도' 또는 '절대 진리'의 실현이라고 할 수 있습니다. 인성 · 영성을 실현하는 삶이지요. 페르소나라는 외면의 모습에 얽매이지 않고 자기완성을 위한 자기실현의 길을 걷는 것이 건강한 인성 · 영성의 삶의 모습입니다. 〈전육곡 = 진리를 향한 뜻〉이라는 큰 맥락에서 제1곡의 가사에 담긴 의미를 인문 의학적으로 일반화하면, 어떤 형태의 삶이든 그 삶에 담긴 진리를 향하는 것이 중요하다는 메시지입니다.

479) 『중용(中庸)』, 「제23장」.

제1곡에 담긴 메시지[480]

퇴계의 주관적 감흥 차원	초야우생의 삶을 선택한 퇴계의 자연을 사랑하는 마음
일반화한 교육 · 철학적 차원	어떤 형태의 삶이든, 자신의 삶에 담긴 진리를 향하는 마음

제2곡. 무욕과 도심으로 진리 향해

(고어)

연하로 지블 삼고 풍월로 버들 사마

태평성대예 병오로 늘거가뇌

이 듕에 브라는 이른 허므리나 업고쟈

(현대어)

연하로 집을 삼고 풍월로 벗을 삼아

태평성대에 병으로 늙어가네

이 중에 바라는 일은 허물이나 없고자

(영어)

Living in haze and sunset glow, living with the moon and the wind,

I'm growing old and sick in the times of peace.

All I wish for now is that I could have no faults and flaws.[481]

(한문)

煙霞爲家/연하위가 風月爲友/풍월위우

太平聖代/태평성대 病老去/병로거

480) 이사미 · 김병일 · 김종성, 「노래로서 도산십이곡의 구현: 악보 및 가사에 담긴 교육적 함의」, 『유학연구』(충남대학교 유학연구소, 2021) 제56집, 31~81쪽.

481) 위의 문헌과 동일.

此中望底事/차중망저사 欲無過了/욕무과료482)

1행에서 안개와 노을을 '집'으로(living in haze and sunset glow), 바람과 달을 '친구'로 삼고(living with the moon and the wind), 2행에서는 '태평성대에 병으로 늙어가네'(I' m growing old and sick in the times of peace)라고 하면서 소박하게 늙어가는 퇴계 선생의 삶을 표현합니다. 자연을 집과 친구로 삼고 살아가는 '욕심 없는' 삶이지요. 제2곡에서 욕심 없는 소박한 삶을 강조한 이유는 무엇일까요? 〈전육곡 = 진리를 향한 뜻〉이라는 큰 맥락에서 묵상해보아야 합니다. 『도덕경』에서

그러므로 항상 무욕으로 그 오묘함(진리)을 바라본다.
[故常無欲/고상무욕 以觀其妙/이관기묘]483)

라고 말하는 것처럼 스스로 욕심을 버린 사람이 진리의 신비한 정수를 만날 수 있습니다. 욕심 없음을 통해 진리에 가까이 간다는 내용은 『통서』의

성(聖)을 배울 수 있는 것인지 물으니
"그렇다."
라고 답했다. 요체가 있는지 물으니
"있다."
라고 말했다. 청하여 물으니
"하나가 요체인데 그 하나는 무욕이다. 무욕하면 고요할 때 텅 비게 되고 움직일 때 곧게 된다. 고요할 때 텅 비워지면 밝아지고, 밝아지면 통하게 된다. 움직일 때 곧으면 고르게 되고, 고르게 되면 넓어진다. 밝고 통하며 고르고 넓어지면 성(聖)에 가까운 것이다."

---

482) 『해은별고(海隱別稿)』, 1권, 시, 「도산십이곡(陶山十二曲), 기이(其二)」.
483) 『도덕경(道德經)』, 「제1장」.

라고 대답했다.

[聖可學乎/성가학호 曰/왈 可/가 曰/왈 有要乎/유요호 曰/왈 有/유 請聞焉/청문언 曰/왈 一為要/일위요 一者無欲也/일자무욕야 無欲則/무욕즉 靜虛動直/정허동직 靜虛則明/정허즉명 明則通/명즉통 動直則公/동직즉공 公則溥/공즉보 明通公溥/명통공보 庶矣乎/서의호][484]

와도 같은 맥락입니다. 〈무욕 → 고요할 때 마음이 비워짐 → 밝아짐 → 통함〉이라는 과정을 통해 진리와 만나고 진리가 발현하는 것이지요. 3행의 '이 중에 바라는 일은 허물이나 없고자'(All I wish for now is that I could have no faults and flaws)라는 가사는 일상에 허물이 생기지 않도록 조심하는 퇴계 선생의 마음입니다. 위의 『통서』에서 말하듯, 무욕을 통해 움직일 때 바르게 되면 허물이 없겠지요. 무욕이 고요할 때 마음을 비우게 하고 움직일 때 마음을 곧게 하는 '정허동직'이라는 효과를 묵상하다 보니, 마음이 고요할 때와 마음이 움직일 때의 마음공부인 '경'이 연상됩니다. 일상에 허물이 생기지 않도록 삼가고 조심하는 것을 다른 말로 '경'이라고 할 수 있겠습니다. 경은 '이발' 즉 우리의 마음에 진리가 발하게 하는 마음공부이지요. 퇴계 선생이 도산십이곡 발문에

탕척비린하고 감발융통하여

[蕩滌鄙吝/탕척비린 感發融通/감발융통][485]

라고 말씀한 것처럼, 재물이나 나의 이익만을 탐하여 나누는 데 인색하고 도량이 좁은 옹졸함 즉 '비린'에 해당하는 흠이나 허물 등을 씻어내는(탕척) 작업을 통해 진리가 발하는 세상으로 나아갑니다. '감발'은 선한 본성이

---

484) 『통서(通書)』, 「성학제이십(聖學第二十)」.

485) 『정본퇴계전서(定本退溪全書)』, 시 15, 「도산십이곡발(陶山十二曲跋)」.

감동하여 스스로 분발하는 것이며, '융통'은 막힘없이 트이는 것입니다. 즉 감발융통은 착한 본성이 발하여 본말과 안팎이 융통하는 것이지요. 그러므로 감발융통은 이(理)가 발하는 상태입니다. 허물이란 무엇일까요? 법이나 규정을 어기면 허물일까요? 3행의 '허물없는' 삶과 관련하여, 공자의

> 마음이 내키는 대로 행해도 법도에 어긋나지 않았다.
> [從心所欲/종심소욕 不踰矩/불유구][486]

라는 말을 주목해야겠습니다. 공자가 70세를 지칭한 '종심'의 '심(心)'은 도심입니다. 그런데 동양철학 심성론에서는

> 인심은 위태롭고 도심은 은미하다.
> [人心惟危/인심유위 道心惟微/도심유미][487]

라며, 인심이 도심을 방해할 수 있으므로 도심을 키우는 노력이 필요하다고 말합니다. 도심이란 무엇일까요? 68세의 퇴계 선생은 성학십도에서 도심을 '성명(性命)에서 비롯한 마음'이라고 설명했습니다.[488] 성명은 절대 진리가 부여한 인간의 형이상적 본질입니다. 인문 의학적으로 도심은 절대 진리가 발하는 마음 즉 건강한 인성 · 인성의 마음입니다. 절대 진리로부터 부여받은 인간의 형이상적 본질이 인성 · 영성이기 때문입니다.[489] 건강한 인성 · 영성이 발한 '도심'의 사람에게는 법이나 규정 같은 것이

---

486) 『논어(論語)』, 「위정(爲政)」.

487) 『서경(書經)』, 우서(虞書), 「대우모(大禹謨)」.

488) 『정본퇴계전서(定本退溪全書)』, 교 · 소 · 차 등(敎 · 疏 · 箚 等) 11, 진성학십도차(進聖學十圖箚)[병도(竝圖)], 「심학도설(心學圖說)」. 〈성명에서 근원하여 도심이 된 것이다. 原於性命/원어성명 則所以爲道心/즉소이위도심〉. 임은(林隱) 정복심(程復心, 1279~1368, 자字 자현子見)의 말을 성학십도에서 인용.

489) 이 내용은 제3곡에서 설명한다.

필요하지 않겠지요. 법이나 규정의 문구를 따지기 이전에, 진리를 향하는 마음에서 벗어나는 일상 행동이 허물이 아닐까요? 우리의 행동이나 선택을 결정하는 것은 마음입니다. 그 마음이 '나' 중심의 욕심의 마음인지, 아니면 '진리'를 향하는 인성 · 영성의 마음인지는 우리 스스로 알 수 있습니다. 내 마음이 진리를 향하는 선한 마음이라면 그저 그 마음이 시키는 대로 살아가면 허물이 없겠지요. 70세의 퇴계 선생은 조카(원암遠庵 이교李寯, 1531~1595, 자字 군미君美)에게 보낸 편지에서

> 고요할 때 기르지 않을 수 없는 것은 움직일 때 살피지 않을 수 없는 것과 같다. 그러므로 존양과 성찰의 경중을 나눌 수는 없다. 존양은 오로지 고요할 때를 말한 것이고, 함양은 움직일 때와 고요할 때를 겸하여 말한 것이다.
> [靜之不可不養/정지불가불양 猶動之不可不察/유동지불가불찰 故存養省察/고존양성찰 不可分輕重也/불가분경중야 存養專以靜言/존양전이정언 涵養兼動靜言/함양겸동정언][490]

라며 인성 · 영성의 함양을 위해 존양과 성찰을 강조했습니다. 존양과 성찰은 경의 구체적인 두 얼굴입니다. 퇴계 심성론에서, 진리가 발하는 세상으로 나아가기 위해 가장 중요한 방법이 경인데요. 경은 마음이 고요할 때의 '존양'과 마음이 움직일 때의 '성찰'을 통해 우리의 인성 · 영성을 함양합니다. 인문 의학적으로, 우리 일상의 정서 · 행동 표출에 대해 존양은 사전유입(feedforward)의 역할로, 성찰은 사중유입(feednow)과 사후유입(feedback)의 역할로 제어합니다. 사전유입은 일이 없을 때 묵상 · 명상 등의 마음챙김(mindfulness)을 통해 선한 마음을 갖도록 노력하는 것이고, 사중유입은 일을 시행할 때 정성으로 집중하는 것이며, 사후유입은 일이 끝난 후 어

490) 『정본퇴계전서(定本退溪全書)』, 서간 9, 서(書)-이교(李寯)-18, 「답교질문목(答寯姪問目)[중용(中庸)]」.

긋남이 없는지 되돌아보는 것입니다. 영어사전에는 feednow(사중유입)라는 단어가 없는데요. 제가 한국철학 심성론의 '성찰' 개념을 묵상하던서 만든 단어입니다.[491]

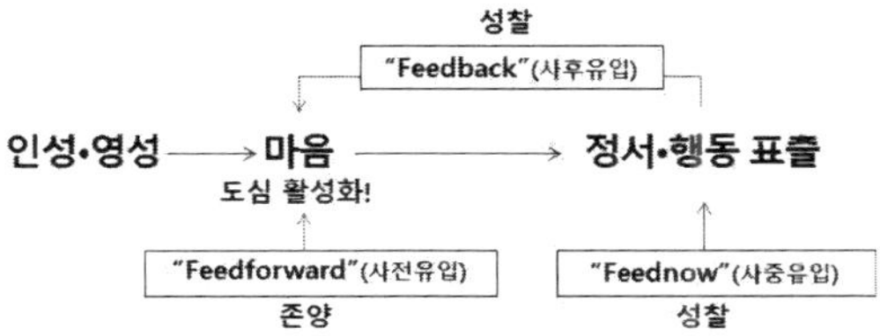

존양 · 성찰이 정서 · 행동 표출을 제어하는 3 Feed's 경로.

아침 묵상으로 하루를 시작하고(feedforward), 낮에 정성으로 살며(feednow), 자기 전에 하루를 되돌아봄으로써(feedback), 존양과 성찰을 일상화할 수도 있지요. '허물이나 없고자'라는 3행은 행동이나 선택을 결정하는 마음이 '나' 중심의 인심인지 '진리' 중심의 도심인지 성찰 · 존양함으로써 선한 본성을 함양하며 진리를 지향하는 삶입니다. 욕심 없음, 그리고 존양 · 성찰을 통한 도심 형성 노력이라는 제2곡의 주제와 관련하여 인문의학적으로 조금 더 묵상해보려고 합니다. 뇌에 대한 컴퓨터 단층촬영(CT, computed tomography)과 자기공명영상(MRI, Magnetic Resonance Imaging) 기술의 발달로, 마음에 대한 현대 뇌 의학 분야의 학문이 많이 발전했습니다. 현대심리학은 인간의 도덕 기능이 손 · 발처럼 뇌 속의 신경회로로 내장된 채 태어난다고 보기도 합니다.[492] 『맹자』에서

491) 김종성, 『인문 의학: 한국철학 심성론과 현대의학의 융합적 관점. 의사가 만난 퇴계, 6판』(궁미디어, 2022), 319쪽.
492) Michael Tomasello(유강은 역), 『A Natural History of Human Morality(역제: 도덕의 기원)』, 이데아, 2018, 14쪽.

사람에게 사단(四端, 선한 삶의 모습)이 있는 것은 팔다리가 있는 것과 같다.
[人之有是四端也/인지유시사단야 猶其有四體也/유기유사체야][493]

라고 말하는 것과 매우 유사한 관점이지요. 뇌의 기능은 매우 복잡한 신경 그물망 구조와 신경전달물질의 상호 유기적인 작용을 통해 이루어지기 때문에 해부학적 구조물로 그 기능을 단정적으로 설명하기는 어렵습니다. 그러나, 의학적 심성론 측면에서 이 주제와 관련이 깊은 해부학적 뇌 구조물은 전두전엽과 변연계입니다.

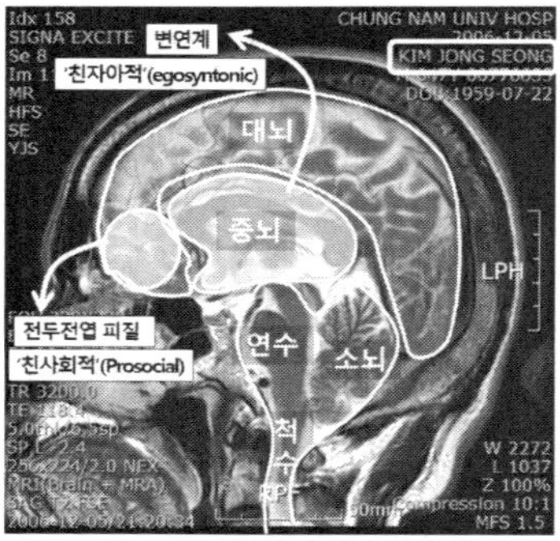

김종성 뇌
MRI 사진
(2006.12.5.)

위의 그림은 언젠가 촬영한 저의 뇌 자기공명영상(MRI) 사진인데요. 다행히 큰 이상은 없답니다. 전두전엽은 대뇌의 앞부분에, 변연계는 뇌의 한가운데에 자리 잡고 있습니다. 2000년에 노벨 생리학 · 의학상을 받은 신경학자이자 의학박사인 에릭 리처드 칸델(Eric Richard Kandel, 1929~)은 자신의 저서에서 마크 솜스(Mark Solms, 1961~)의 이론을 소개하고 있는데요.[494] 정신분석학을 창시한 프로이트(Sigmund Freud, 1856~1939)의 인간 심성

493) 『맹자(孟子)』, 「공손추장구상(公孫丑章句上)」.
494) Kandel ER(이한음 역), 『The Age of Insight(역제: 통찰의 시대)』, 알에이치코리아(RHK), 2014, 444~445쪽.

론에서 제시하는 주요 개념들을 마크 솜스는 뇌의 기능 · 해부학적 측면으로 설명하기도 합니다.[495] 즉, 본능적 충동의 이드(Id)를 변연계의 기능으로, 행동의 주체인 자아(ego)를 대뇌 피질의 기능으로, 도덕적 완성과 의미 · 가치 · 이상을 추구하는 초자아(superego)를 전두전엽의 기능으로 연결하더군요. 다음의 그림처럼 요약할 수 있습니다.

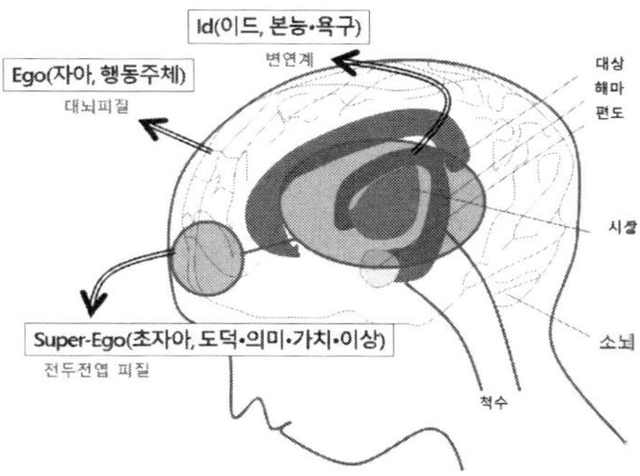

프로이트 심성론의 이드 · 자아 · 초자아와 뇌 부위의 기능적 연결

아래의 표에서 보는 것처럼, 전두전엽은 스스로 성찰하는 기능을 비롯하여 여러 친사회적(pro-social) 기능을 발휘하는 반면에, 변연계는 감정 · 충동 · 본능 · 기억 등의 친자아적(egosyntonic) 기능을 표출합니다.

495) Solms M. 「Freud returns」. Scientific American 2004; 290(5): 82~8.

전두전엽 피질(prefrontal cortex)과 변연계(limbic system)[496]

	전두전엽	변연계
1. 기능	자기 조절 자기 성찰 통찰 이성적 사고 전략적 사고	본능 충동 감정 생리적 욕구 기억
2. 행동 유형	친사회적 행동 prosocial	친자아적 행동 egosyntonic
3. 대인 관계	상호의존적	자기중심적

전두전엽의 〈친사회적 기능〉과 변연계의 〈친자아적 기능〉으로 설명하는 뇌 의학적 심성론은 신기하게도 율곡(栗谷, 1537~1584, 본관 덕수) 선생 심성론의

> 정이 발할 때 '도'와 '의'를 위해 발하는 것이 있으니 어버이에게 효도하려 하는 것, 임금에게 충성하고자 하는 것, 어린애가 우물에 빠지는 것을 볼 때 측은히 여기는 것, '의'가 아닌 것을 볼 때 부끄러워하고 미워하는 것, 종묘를 지나갈 때 공경하는 것들이 이것이다. 입과 몸을 위해 발하는 것이 있으니 배고플 때 먹으려 하는 것, 추울 때 입으려 하는 것, 힘들 때 쉬고자 하는 것, 정력이 왕성하면 배우자를 생각하는 것들이 이것이다.
> [情之發也/정지발야 有爲道義而發者/유위도의이발자 如欲孝其親/여욕효기친 欲忠其君/욕충기군 見孺子入井而惻隱/견유자입정이측은 見非義而羞惡/견비의의이수오 過宗廟而恭敬之類/과종묘이공경지류 是也/시야 有爲口體而發者/유위구체이발자 如飢欲食/여기욕식 寒欲衣/한욕의 勞欲休/노욕휴 精盛思室之類/정성사실지류 是也/시야][497]

496) 김종성, 『인문 의학: 한국철학 심성론과 현대의학의 융합적 관점. 의사가 만난 퇴계, 6판』(궁미디어, 2022), 232쪽.
497) 『율곡전서(栗谷全書)』, 14권, 「인심도심도설(人心道心圖說)」.

라는 설명과 아주 유사합니다. 의학을 전공한 저는 한국철학 심성론의 〈사단 · 칠정〉이라는 개념을 뇌 의학적 심성론으로 도상해보기도 합니다. 사단은 측은지심 · 수오지심 · 사양지심 · 시비지심으로 인간의 선한 마음이지요. 칠정은 기쁨 · 노여움 · 슬픔 · 두려움 · 사랑 · 미움 · 욕심으로[498] 인간의 감정들을 통칭하며, 상황에 따라 선할 수도 있고 악할 수도 있습니다.[499] 뇌 의학적으로 사단과 칠정의 마음 표출은, 전두전엽과 변연계라는 서로 다른 위치에서 발하며 해부학적으로 '불상잡'(不相雜, 섞이지 않음)의 원칙을 따르고, 기능적으로는 유기적으로 한 덩어리가 되어 작동하는 '불상리'(不相離, 떨어지지 않음)의 원칙을 따릅니다. 전두전엽은 해부학적으로 변연계와 연결되어 있습니다. 흥미롭게도 뇌 의학은 타인을 배려하고 '공감하는 마음'을 표출하는[500] 전두전엽의 일부 구조 즉 안와전두피질(orbitofrontal cortex) 등을 변연계에 분류합니다.[501][502][503] 그러니까 이 구조물은 전두전엽과 변연계 모두에 속하는 것이지요. 그러므로 현재의 뇌 의학적 심성론은 인간의 마음 즉 사단칠정의 표출에 대해, 68세의 퇴계 선생이 성학십도에서

498) 『예기(禮記)』, 「예운(禮運)」, 〈무엇을 사람의 감정이라고 하는가. 희노애구애오욕 일곱 가지는 배우지 않아도 표출할 수 있다. 何謂人情/하위인정 喜怒哀懼愛惡欲/희노애구애오욕 七者弗學而能/칠자불학이능〉.

499) 『정본퇴계전서(定本退溪全書)』, 서간 3, 서(書)-기대승(奇大升)-4, 「답기명언(答奇明彦)[논사단칠정제1서(論四端七情第一書)]」, 〈사단은 모두 선한 것이고 … 칠정은 선악이 정해지지 않은 것입니다. 四端皆善也/사단개선야 … 七情善惡未定也/칠정선악미정야〉.

500) Uribe C, Puig-Davi A, Abos A, Baggio HC, Junque C, Segura B. Neuroanatomical and functional correlates of cognitive and affective empathy in young healthy adults. Front Behav Neurosci 2019; 13: 85. doi: 10.3389/fnbeh.2019.00085. eCollection 2019.

501) 대한신경정신의학회, 『신경정신의학 제2판』(중앙문화사, 2005), p.25.

502) Sadock BJ, Sadock VA. Kaplan & Sadock's Comprehensive Textbook Of Psychiatry, 8th edition. Philadelphia: Lippincott Williams & Wilkins, 2005, p.27.

503) Ropper AH, Samuels MA. Adams And Victor's Principles Of Neurology, 9th edition. USA: McGraw-Hill Companies, 2009, pp.493-504.

사단의 정은 이가 발하여 기가 따르는 것이고, 칠정은 기가 발하여 이가 타는 것입니다.
[四端之情/사단지정 理發而氣隨之/이발이기수지 七者之情/칠자지정 氣發而理乘之/기발이리승지][504)]

라며, 각각 발한다고 설명한 '호발론'과 전체적인 맥락을 같이 하며, 율곡 선생이 우계(牛溪) 성혼(成渾, 1535~1598, 본관 창녕, 자字 호원浩原) 선생에게 보낸 편지에서

호발이라고 말할 수 없습니다. … 이른바 기가 발함에 이가 탄다는 말은 옳습니다. 칠정만 그러한 것이 아니라 사단 역시 기가 발함에 이가 타는 것입니다.
[不可謂互發也/불가위호발야 … 所謂氣發而理乘之者可也/소위기발이리승지자가야 非特七情爲然/비특칠정위연 四端亦是氣發而理乘之也/사단역시기발이이승지야][505)]

라며 주장한 '일원론'의 일부를 수용하기도 합니다. 뇌 의학적으로는, 선한 사단의 마음과 선악이 결정되지 않은 칠정이라는 마음이 전두전엽과 변연계에서 각각 표출하여 한 덩어리로 기능한다고 볼 수도 있고, 일부는 변연계라는 한 곳에서 표출한다고 볼 수도 있기 때문입니다. 그런데 뇌 의학의 변연계라는 개념은 감정(emotions)의 표출과 관련한 일종의 '기능적 묶음'으로서, 변연계의 해부학적 정의(범위)는 학술적으로 가변적입니다. 현재의 뇌 의학으로서는 전두전엽 일부가 전두엽과 변연계 모두에 속하지만, 언젠가 뇌 과학자들이 이 구조물들까지 변연계에서 떼어내 전두엽으로만 분리하는 시대가 올지도 모르겠습니다. 이 지점에서 저는 의학도

504) 『정본퇴계전서(定本退溪全書)』, 교 · 소 · 차 등(敎 · 疏 · 箚 等) 11, 진성학십도차(進聖學十圖箚)[병도(竝圖)], 「심통성정도설(心統性情圖說)」.
505) 『율곡전서(栗谷全書)』, 제10권, 서(書), 「답성호원(答成浩原) 임신(壬申)」.

로서 한국철학의 사단칠정론을 펼친 퇴계 · 고봉 선생과 더불어 이에 이의를 제기한 율곡 선생께 감탄하지 않을 수 없습니다. 해부학도 없던 그 시대에 과학적 근거를 기반으로 하는 현대의 뇌 의학과 일치하는 심성론들을 펼쳤기 때문입니다. 한국철학에서는 학파가 갈라질 정도로 치열했던 심성론이었으나 중국철학에서는 볼 수 없는 독보적인 'K-철학' 이론들이지요. 세 분은 정말 세계적인 뇌 과학자들입니다. 인문 의학적 관점에서 볼 때, 전두전엽의 친사회적 기능은 변연계의 '나' 중심적인 충동과 조화를 이루며 인간을 인간답게 하는 아주 고차원의 기능을 발휘합니다. 뇌 의학에는 '신경전달물질(neurotransmitters)'이라는 조금 어려운 개념이 있는데요. 뇌세포 사이에서 분비되는 화학물질들이 인간의 감정과 정서를 조절합니다. 신기하지요? 예를 들어 우울증이라고 하면 세로토닌(serotonin)과 같은 신경전달물질이 부족해서 나타나는 증상입니다. 항우울제라는 약을 투여하면 뇌세포 사이의 세로토닌 수치가 올라갑니다. 약물로 우울증을 치료하는 것이지요. 마약은 뇌에서 오피오이드(opioids)라는 물질을 증가시켜 황홀감을 느끼게 합니다. 의학적으로 쾌락적인 상황이라고 함은 뇌에서 오피오이드 또는 세로토닌과 같은 신경전달물질을 많이 분비하는 상태를 말합니다. 현대의학은 쾌락적인 상황에 과도하게 집착할 때 전두엽의 기능이 약해진다고 말하고 있습니다. 대표적인 질병이 알코올중독 · 마약중독이지요. 알코올중독환자와 마약중독환자의 뇌를 '기능적 자기공명영상(functional MRI)'으로 촬영해보면 전두엽 기능이 많이 약해진 것을 관찰할 수 있습니다.[506][507] 알코올과 마약이 아니더라도 물질과 경쟁

---

506) Pfefferbaum A, Sullivan EV, Mathalon DH, Lim KO. Frontal lobe volume loss observed with magnetic resonance imaging in older chronic alcoholics. Alcohol Clin Exp Res 1997; 21: 521-529.

507) Schlaepfer TE, Lancaster E, Heidbreder R, Strain EC, Kosel M, Fisch HU, Pearlson GD. Decreased frontal white-matter volume in chronic substance abuse. Int J Neuropsychopharmacol 2006; 9(2): 147-53.

이라는 쾌락적인 상황에 과도하게 집착하면 마찬가지로 전두엽 기능이 약해지겠지요. '물질중독' 또는 '경쟁중독'이라고 할 수도 있겠습니다. 전두엽 기능이 손상된 상태를 의학적으로는 전두엽 증후군(frontal lobe syndrome)이라고 합니다. 뇌 의학적 심성론으로 보면 물질과 경쟁에 대한 욕심을 버려야 뇌가 건강해질 것 같군요. 동양철학 심성론은 이미 1,000년 전에

> 사람들이 어리석고 어리석어 물욕에 가렸기 때문이다.
> [衆人蚩蚩/중인치치 物欲交蔽/물욕교폐][508]

라며 물욕이 인간의 본성을 해친다고 말했습니다. 또한, 『성경』은 무려 2,000년 전에

> 욕심이 잉태한즉 죄를 낳고, 죄가 장성한즉 사망을 낳느니라.
> [Then desire conceives and brings forth sin, and when sin reaches maturity it gives birth to death.]
> [慾孕生惡/욕잉생악 惡成生死/악성생사][509]

라며 물욕이 영성의 사망(spiritual death)을 초래한다고 말했더군요. 어쩌면 이렇게 의학 · 철학 · 기독교적 심성론이 똑같이 '물욕'을 경계하라고 이야기할까요? 신기합니다. 경쟁과 물욕에 과도하게 집착하는 것이 우리 인성 · 영성의 순수성을 해치는 가장 큰 적인가 봅니다. 현대 정신의학의 융의 심성론으로 보면 무욕이란 '자아(自我, I)'를 비우는 태도를 말합니다. 페르소나(persona)로서의 '나(I)'에 집착하는 것이 욕심이지요. 자아에 대한 집

508) 『정본퇴계전서(定本退溪全書)』, 교·소·차 등(敎·疏·箚 等) 11, 진성학십도차(進聖學十圖箚)[병도(竝圖)], 「소학제사(小學題辭)」. ※ 소학제사는 주자(朱子, 1130~1200)가 『소학(小學)』을 편찬한 취지를 쓴 글로, 퇴계 선생이 성학십도에 인용함.

509) 『성경』, 「야고보서」, 1장, 15절.

착을 버리면 우리 전체마음의 중심인 '자기(自己, self)' 즉 '절대 진리'에 다가갈 수 있습니다.[510] 뇌 의학적 심성론으로는 물질 · 경쟁의 세속적 가치를 의식하는 변연계가 주도하는 삶이 아니라, 형이상적 가치를 추구하는 전두전엽이 활성화된 삶이겠지요. 무욕과 건강한 인성 · 영성은 뗄 수 없는 관계인가 봅니다. 〈전육곡 = 진리를 향한 뜻〉이라는 논지에서 일반화한 제2곡의 인문 의학적 함의는 욕심을 버리고 도심으로 진리를 향하는 마음입니다.

제2곡에 담긴 메시지[511]

퇴계의 주관적 감흥 차원	연하 · 풍월과 함께 소박하게 늙어 가는 퇴계의 삶과 허물을 조심하는 마음
일반화한 교육 · 철학적 차원	무욕과 도심으로 진리를 향하는 마음

제3곡. 선한 진리 향해

(고어)
순풍이 죽다 ᄒᆞ니 진실로 거즈마리
인성이 어디다 ᄒᆞ니 진실로 올ᄒᆞᆫ 마리
천하애 허다영재를 소겨 말솜ᄒᆞᆯ가

(현대어)
순풍이 죽다 하니 진실로 거짓말
인성이 어질다 하니 진실로 옳은 말
천하에 허다영재를 속여 말씀할까

510) 이부영, 『노자와 융』(한길사, 2019), 53쪽.

511) 이사미 · 김병일 · 김종성, 「노래로서 도산십이곡의 구현: 악보 및 가사에 담긴 교육적 함의」, 『유학연구』(충남대학교 유학연구소, 2021) 제56집, 31~81쪽.

(영어)

It's all lies in very deed good manners are dead.
It's all true in very deed good nature stays in us.
There's no way to tell a lie to all those learned ones.[512)]

(한문)

淳風云亡/순풍운망 實僞言/실위언
人性云善/인성운선 實是言/실시언
天下許多英材/천하허다영재 敢欺言爲/감기언위[513)]

1행의 '순풍(good manners)'은 순박하고 인정이 많은 선한 풍속을 말합니다. 퇴계 선생 당시의 세상은 무오사화(1498년), 갑자사화(1504년), 기묘사화(1519년), 을사사화(1545년) 등 연이어 벌어진 사화 사태로 인해 많은 선비가 화를 당했고, 복잡한 정치 상황 등 각박하고 험악한 현실이었지요. 실제로 퇴계 선생의 친형인 온계(溫溪) 이해(李瀣, 1496~1550, 자字 경명景明) 선생도 을사사화에 연루되어 아무런 잘못도 없이 억울하게 참혹한 고문으로 희생되었습니다.[514)] 퇴계 선생 본인이 견뎌내기 어려운 참담한 상황을 직접 겪고 있었지요. 그럼에도 불구하고 놀랍게도 세상을 한탄하거나 원망하지 않을뿐더러 이러한 세태에 대해 선(善)과 정의 같은 것이 '모두 죽었다'라고 비평하는 사람들의 말을 퇴계 선생은 '진실로 거짓말'(It' s all lies in very deed) 이라고 하며 부정합니다. 순풍이 죽었다 하니 거짓말이라니요? 본인이 처한 그런 참담하고 절망적인 상황에서 어떻게 이런 가사가 나올 수 있는지 저는 너무나 충격적입니다. 퇴계 선생이 존경한 주자(朱子, 1130~1200)조차도

512) 위의 문헌과 동일.
513) 『해은별고(海隱別稿)』, 1권, 「도산십이곡(陶山十二曲), 기삼(其三)」.
514) 이동식, 『온계이해평전』(휴먼필드, 2020).

순풍 망하고 죽었으니　　　　淳風反淪喪/순풍반륜상
어지럽고 어지러움 어찌하리　　　擾擾胡爲哉/요요호위재[515]

라고 '순풍이 죽었다'라면서 세상을 한탄했지만, 온유돈후한 퇴계 선생은 세상을 원망하지 않고 참으로 긍정적인 신념을 표출합니다. '순풍이 죽었다'(good manners are dead)라고 표현하는 상황은 물질과 무한경쟁을 강조하는 현대사회에서 더욱 심각할 수도 있지요. 선함과 올바름의 가치가 실종되고 도덕과 인륜이 땅에 떨어진 것 아니냐는 위기의식은 현대사회에서도 흔합니다. 사회의 각 분야가 마찬가지이겠지만, 의료분야에서도 국민의 건강을 최우선으로 하지 못하게 하는 불합리한 여건이 많은 참으로 속상한 현실이지요. 이러한 세태를 음악적으로는 쇠세지음(衰世之音)이라고 표현할 수 있겠습니다. 그러나 2행의 '인성이 어질다 하니 진실로 옳은 말'(It's all true in very deed good nature stays in us)이라는 가사에서 보듯, 대학자 퇴계 선생은 진리의 선한 속성을 평생의 학문을 통해 확고하게 통찰한 것이지요. 3행의 '천하에 허다영재를 속여 말씀할까'(There's no way to tell a lie to all those learned ones)라는 가사는 59세의 퇴계 선생이

> 대학에 이르러 곧 천하를 위해 공통법칙을 세웠으니 성인이 어찌 천하의 영재들을 속이겠습니까.
> [至於大學/지어대학 乃爲天下立通法/내위천하입통법 聖人豈可誣天下之英才/성인기가무천하지영재][516]

라고 제자(금계錦溪 황준량黃俊良, 1517~1563, 본관 평해, 자字 중거仲擧)에게 보낸 편지 문구

515) 『어찬주자전서(御纂朱子全書)』, 66권, 「재거감흥(齋居感興) 이십수(二十首)」.
516) 『정본퇴계전서(定本退溪全書)』, 서간 3, 서(書)-황준량(黃俊良)-41, 「답황중거논백록동규집해(答黃仲擧論白鹿洞規集解)」.

와 『퇴계선생언행록』의

> 성현이 어찌 알기 어렵고 행하기 어려운 것으로 나를 속이겠는가.
> [聖賢豈以難知難行者/성현기이난지난행자 欺我哉/기아재. 金富倫/김부륜[517]][518]

라는 말씀, 그리고 퇴계 선생의

> 어찌 내 마음 위로할까　　何以慰吾心/하이위오심
> 성현 말씀 나 속이지 않으리　　聖言不我欺/성언불아기[519]

라는 시구절을 떠올리게도 합니다. 퇴계 선생은 3행의 가사를 통해 각박한 세상으로 인해 실의에 빠진, 진리가 죽은 것 아니냐고 하는 사람들에게 선한 진리를 향한 뜻을 버리지 말고 용기를 내라고 말하며 이끌어주고 있습니다. 인문 의학적 관점에서 제3곡에 담긴 가장 중요한 메시지는 2행의 '인성이 어질다 하니 진실로 옳은 말'이라는 가사입니다. 도산십이곡 가사에 등장하는 유일한 철학 용어인 '인성'이란 인간의 본성을 말하지요. 인간의 본성(本性, Original Nature)이 선하다는 의미인데요. 도산십이곡의 모든 가사가 퇴계 심성론의 핵심 내용을 함축하고 있지만, 특히 이 구절은 '착한 사람 많은 세상'을 소망한 퇴계 심성론의 뿌리이자 중요한 뼈대입니다. 이 부분에서 존재론과 심성론에 대한 인문 의학적 묵상이 조금 더 필요할 것 같습니다. 동양 사상에서는 인간뿐 아니라 모든 존재가 형이상의 '이'와 형이하의 '기'가 합쳐진 것으로 봅니다. 즉

---

517) 설월당(雪月堂) 김부륜(金富倫, 1531~1598, 본관 광산, 자字 돈서敦敍).
518) 『퇴계선생언행록(退溪先生言行錄)』, 유편(類編), 「독서(讀書)」.
519) 『정본퇴계전서(定本退溪全書)』, 시 14, 「화도집(和陶集) 이거(移居) 운이수(韻二首)」.

존재 = 이(理)(원리, 변하지 않는 진리) + 기(氣)(실재, 물질, 변하는 현상)

라고 보는 이기론적 존재론이지요. 저는 이기론의 '이'를 묵상할 때마다 『성경』의 '말씀'이라는 단어가 떠오르더군요. 헬라어 '로고스(logos)'를 아래와 같이 『한글 성경』에서는 '말씀'으로, 『영어 성경』에서는 'the Word'라는 단어로 표현하며 절대 진리를 지칭합니다. 이 단어를 『한문 성경』에서는 '도(道)' 또는 '언(言, 말씀)'으로 번역하고 있습니다. 세상에, 1912년에 미국 선교사들이 상해에서 발간한 『한문 성경』[520]에 절대 진리를 지칭하는 '도(道)'·'상제(上帝)'라는 글자가 있었습니다!

> 한 처음(태초에) 천지가 창조되기 전부터 말씀이 계셨다. 말씀은 하느(나)님과 함께 계셨고 하느(나)님과 똑같은 분이셨다. 말씀은 한 처음(태초에) 천지가 창조되기 전부터 하느(나)님과 함께 계셨다. 모든 것은 말씀을 통하여 생겨났다. [In the beginning was the Word, and the Word was with God, and the Word was God. He was in the beginning with God. All things came to be through the him,]
> [太初有道(道或作言下同)/태초유도(도혹작언하동) 道與上帝同在/도여상제동재 道卽上帝/도즉상제 是道/시도 太初與上帝同在/태초여상제동재 萬物以道而造/만물이도이조][521]

성리학의 이기론이라는 만물의 존재론을 개별 존재 측면에서는 '성기론(性氣論)'이라고도 할 수 있습니다. 왜냐하면 『중용』에서

> 하늘이 명한 것을 성이라고 한다.

---

520) 김경수 편, 『1912년에 발간된 漢文聖經(한문성경)』(서예문인화, 2013).
521) 『성경』, 「요한복음」, 1장, 1~3절.

[天命之謂性/천명지위성][522]

라고 하기 때문입니다. '하늘'은 절대 진리 즉 '이'를 지칭합니다. '절대 진리'인 하늘에서 인간에게 부여한 것을 인간의 '성(性)' 즉 인성(人性)으로 보는 것이지요. 이기론 · 성기론적 관점에서 볼 때 '인성'은 인간 존재의 형이상적인 부분으로, 절대 진리인 '이'와 연결된 부분입니다. 그렇기에 동양철학 심성론에서는

성이 곧 '이'이다. '이'라고 불리는 것이 성이다. 천하의 '이'가 생겨난 곳으로 거슬러 올라가면 선하지 않은 것이 없다.
[性卽理也/성즉리야 所謂理/소위리 性是也/성시야 天下之理/천하지리 原其所自/원기소자 未有不善/미유불선][523]

라고 하면서 우리의 본성을 잘 들여다보면 절대 진리와 연결된다고 합니다. '성(性)이 곧 이(理)'라는 의미의 '성즉리'라는 문구에서 '성리학'이라는 말까지 생겼지요. 즉, 우리의 본성에 '절대 진리'의 선한 성분이 들어있다는 것입니다. 불가에서도

모든 중생에게 불성이 갖추어져 있다.
[一切衆生/일체중생 悉有佛性/실유불성][524]

라고 같은 논조로 이야기하더군요. 제1곡에서 살펴보았듯 현대정신의학의 융의 심성론에서도 '자기(自己, self)'라는 개념을 통해 우리의 마음속에 절대 진리가 존재한다고 보고 있습니다. 인간의 형이상적 본질과 절대 진리

---

522) 『중용(中庸)』, 「제1장」.
523) 『이정전서(二程遺書)』, 22권, 상(上).
524) 『대반열반경(大般涅槃經)』.

의 연결성에 대해서는 서구 기독교적 심성론도 같은 시각입니다. 기독교 심성론에는 '모상(模像)'이라는 개념이 있는데요. '모상'은 '닮은 존재'를 의미합니다.

> 하느(나)님께서 당신의 모습대로 사람을 지어내셨다. 하느(나)님의 모습대로 사람을 지어내시되
> [God created man in his image; in the divine image he created him]
> [上帝遂按己像造人/상제수안기상조인 造之乃肖上帝像/조지내초상제상][525]

> 하느(나)님께서 사람을 지어내시던 날, 하느(나)님께서는 당신 모습대로 사람을 만드셨다.
> [When God created man, he made him in the likeness of God]
> [當上帝造人時/당상제조인시 乃肖上帝像造之/내초상제상조지][526]

> 사람은 하느(나)님의 모습으로 만들어졌으니
> [For in the image of God has man been made]
> [緣上帝造人/연상제조인 乃肖己像也/내초기상야][527]

라고 창세기에서 말하는 것처럼 크리스천들에게는 '인간은 하느(나)님의 모상'이라는 신앙적 믿음이 있습니다. 인간의 어떤 부분이 하느(나)님과 닮았을까요? 기독교적 인간 존재론에서는 인간 존재의 할 이상적인 부분에 대해 '영(spirit)'이라는 단어를 사용하여

> 육에서 나온 것은 육이며, 영에서 나온 것은 영이다.
> [What is born of flesh is flesh and what is born of spirit is spirit.]

525) 『성경』, 「창세기」, 1장, 27절.
526) 『성경』, 「창세기」, 5장, 1절.
527) 『성경』, 「창세기」, 9장, 6절.

[由肉軀生者肉軀也/유육구생자육구야 由靈生者靈也/유령생자령야][528]

여러분의 영과 혼과 체를 완전하고 흠 없게 하여
[May you entirely, spirit, soul, and body, be preserved blameless]
[保守爾靈與魂與體/보수이령여혼여체][529]

라고 합니다. 다시 말하면, 인간이라는 존재에 대해 기독교적 존재론은

인간 = spirit(靈/영, pneuma) + flesh(육, 肉軀/육구)

이라는 '이분설'(dichotomy)의 〈영 · 육〉론, 또는

인간 = spirit(靈/영, pneuma) + soul(魂/혼, psyche) + body(體/체)

의 '삼분설'(trichotomy)로 보는 〈영 · 혼 · 체〉론을 취하고 있지요. 기독교적 존재론의 이분설 · 삼분설 및 영(spirit)과 혼(soul)의 구별에 대해서는 신학적으로 논란이 많은 것 같습니다.[530][531][532][533] 그런데 〈영 · 육〉론이든 〈영 · 혼 · 체〉론이든

내가 그에게 내 영을 주어
[Upon whom I have put my spirit]

---

528) 『성경』, 「요한복음」, 3장, 6절.
529) 『성경』, 「데살로니카전서」, 5장, 23절.
530) 송인규, 「삼분설에 대한 비판적 고찰(I)」, 『신학정론』(합동신학대학원대학교 출판부, 2002) 제20권 2호, 425~453쪽.
531) 송인규, 「이분설과 영육 관계(I)」, 『신학정론』(합동신학대학원대학교 출판부, 2001) 제19권 2호, 453~475쪽.
532) 송인규, 「이분설과 영육 관계(II)」, 『신학정론』(합동신학대학원대학교 출판부, 2002) 제20권 1호, 90~117쪽.
533) 정대성, 「번역과 표상 – 그리스어 psyche와 pneuma의 번역을 중심으로」, 『기독사회윤리』(한국기독교사회윤리학회, 2020) 제47집, 233~258쪽.

[我將以我靈賦之/아장이아령부지][534]

내가 모든 사람에게 나의 영을 부어 주리니
[I will pour out a portion of my spirit upon all flesh]
[我將以我靈賦畀萬民/아장이아령부비만민][535]

하느(나)님께서 우리의 마음속에 당신 아들의 영을 보내 주셨습니다.
[God sent the spirit of his Son into our hearts]
[上帝則遣其子之靈於爾心/상제즉견기자지령어이심][536]

그분은 진리의 영으로 … 그분이 너희와 함께 사시며 너희 안에 계실 것이기 때문이다.
[the Spirit of truth … because it remains with you, and will be in you]
[卽眞理之靈/즉진리지령 … 因彼偕爾居/인피해이거 亦將在爾衷/역장재이충][537]

에서 보는 것처럼, 인간 존재의 형이상적인 부분 즉 '영(spirit)'을 '성령(the Holy Spirit)'으로부터 부여받은 것으로 설명합니다. 그럼 성령이란 무엇일까요? 기독교 심성론에서는 '절대 존재'를 성부(the Father), 성자(the Son), 성령(the Holy Spirit)이라는 서로 다른 세 가지의 구체적인 이름으로 표현합니다. 흔히 '삼위일체'라고 하는 개념이지요. 삼위일체? 아버지가 아들이다? 약간 이상하게 들릴 수도 있는데요. 의학적 심성론에서 말하는 '페르소나'의 개념으로 이해하면 쉬울 것 같습니다. 융의 심성론으로 보면, '삼위일체'란 서로 다른 세 가지의 페르소나(외면의 모습)이지만 본질적으로는 하나의 절대

534) 『성경』, 「이사야」, 42장, 1절.
535) 『성경』, 「사도행전」, 2장, 17절.
536) 『성경』, 「갈라디아서」, 4장, 6절.
537) 『성경』, 「요한복음」, 14장, 17절.

존재라는 의미지요. 예를 들어 '김종성'이라는 사람은 외면적으로 의사, 교수, 아들, 아버지, 남편, 삼촌 등 수많은 명칭의 페르소나를 갖지만 본래 '김종성'이라는 하나의 본질입니다. 동양철학에서도 절대 존재를 도(道), 천(天), 이(理), 상제(上帝), 신(神) 등의 여러 이름으로 부르지만, 하나의 절대 진리를 지칭하지요. 기독교적 심성론에서 '성령'은 곧 절대 진리입니다. 그러므로 성령이라는 절대 진리가 인간에게 부여한 '영(spirit)'이라는 개념은 성리학적 심성론에서 절대 진리로부터 부여받은 것을 지칭하는 '성(性)'에 해당합니다. 한편, 앞에서 인용한 대로 기독교적 존재론은 인간의 형이하적인 부분을 flesh(육, 肉軀/육구)라고 하고, 더 구체적으로는 soul(魂/혼)과 body(體/체)로 나누기도 합니다. 동양의 인간 존재론 역시 형이하의 '기(氣)'를 더 구체적으로 천기(天氣)와 지기(地氣)로 나누기도 합니다. 우리의 몸(身/신)이 천기와 지기가 모여있는 것(몸=모음)이라는 의미이지요. 천기는 코로, 지기는 입으로 들어오기에 천기와 지기가 만나는 코와 입의 사이를 '인중'(人中, philtrum), 즉 사람의 중심이라고 부릅니다. 몸이 죽은 후에 하늘로 되돌아가는 천기를 혼(魂)으로, 땅으로 되돌아가는 지기를 백(魄)으로 부르지요. 한국인들이 죽음을 '돌아가셨다'라고 표현해온 이면에는 이와 같은 존재론적 철학 내용이 담겨있습니다. 제사에서 향을 피우는 '분향'은 혼을 초청하는 것이고 모사(茅沙, 그릇에 담은 모래와 거기에 꽂은 띠의 묶음)에 술을 붓는 '관주'는 백을 초청하는 의식이지요. 분향과 관주가 끝나면 조상님의 혼백이 오신 것으로 가정하고 후손들이 모두 절을 하여 예를 표한 후 초헌 · 아헌 · 종헌의 순서로 술을 따라 올립니다. 그러고 보니 한국에서 인간의 형이하적인 측면의 천기를 지칭하는 '혼(魂)'이라는 글자와 기독교적 존재론의 'soul(혼)'이라는 단어도 상당히 유사한 지점을 지칭하는군요.[538] 한편, 59세의 퇴계 선생은 제자에게

---

538) 〈제5장.〉의 '동서양의 언어가 지칭하는 지점의 유사성' 제목의 표 참조.

마음은 진실로 '이'와 '기'가 합한 것입니다.
[心固理氣之合也/심고리기지합야][539]

라고 우리의 마음이 형이상적 본질과 형이하적 본질로 구성되었다고 설명했습니다. 존재론을 심성론으로 확장한 것이지요. 동양철학 심성론의 '인성', 융 심성론의 '자기', 그리고 종교적 심성론의 '영성 · 불성'이라는 개념을 조용히 묵상해보면, '하늘'로부터 부여받은 인간의 형이상적 본질을 일컫는 점에서 같습니다. 한국 가톨릭은 절대 진리를 '하늘'을 의미하는 '하느님'으로 호칭합니다. 이 지점에서 깜짝 퀴즈 시간을 가져보겠습니다. 의학 분야의 칼 구스타프 융에게

"절대 진리가 내 마음의 어디에 있습니까?"

라고 물어보면 무어라고 대답할까요? 융은 당연히

"〈자기(self)〉라고 하는 우리의 마음속에 있습니다."

라고 대답하겠지요. 다시 한국철학의 퇴계 선생께

"절대 진리가 내 마음의 어디에 있습니까?"

하고 여쭈면 무어라고 대답하실까요? 퇴계 선생은

"〈인성(人性)〉이라고 하는 우리의 마음속에 있습니다."

539) 『정본퇴계전서(定本退溪全書)』, 서간 3, 서(書)-기대승(奇大升)-4, 「답기명언(答奇明彦)[논사단칠정제1서(論四端七情第一書)]」.

라고 대답하겠지요. 같은 질문을 종교적 심성론에 물어보면

"〈영성(spirituality) · 불성(佛性)〉이라고 하는 우리의 마음속에 있습니다."

라고 대답하겠군요. 그러고 보니 내가 걸어야 할 삶의 길을 안내해줄 등불이 이미 내 마음속에 있었습니다! 그 등불을 환하게 켜고 사는 사람도 있고, 그 등불을 밝히지 않고 어둠 속에서 사는 사람도 있겠지요. 수많은 철학적 · 의학적 · 종교적 심성론을 지식적으로 공부하는 것보다 일상에서 내 마음속에 존재하는 등불 즉 '진리'를 잘 살피며 착하게 사는 것이 중요하겠습니다. 서구의 '영적 건강(spiritual health)'이라는 단어는 성리학적으로는 '성(性)적 건강'이라는 말과 같습니다. 현대인들에게 '영적 건강'이라는 용어는 그나마 약간 친숙하지만 '성적 건강'이라는 문구는 아주 낯설지요. 동양철학 · 의학 · 서구 기독교적 심성론은 우리의 일상 삶이 '인성 · 영성'이라는 형이상적 본질을 추구하며 나아갈 때 아름다운 삶이 된다고 다음과 같이 이구동성으로

아래의 것을 공부하여, 위에 도달합니다.
[下學而上達/하학이상달][540]

보이는 것에 의해, 보이지 않는 것에 대한 깨달음을 얻습니다.
[By the visible, it gets knowledge of the invisible.][541]

우리는 보이는 것을 구하지 않고, 보이지 않는 것을 구합니다.
[We look not to what is seen but to what is unseen.]
[我所務者/아소무자 非可見之事/비가견지사 乃不可見之事/내불가견지사][542]

---

540) 『논어(論語)』, 「헌문편(憲問篇)」.
541) 『Hippocrates Corpus(히포크라테스 전집』, 「Regimen(섭생)」.

라고 말합니다. 공자(BC 551~479), 히포크라테스(BC 460~370), 사도바울(AD 5년경~64?) 세 선구자의 말이 언어만 다르지 마치 베낀 것처럼 내용이 똑같군요. 융의 심성론이 강조하는 자기실현(individuation)과 같은 맥락입니다. 현대과학은 인간의 선한 본성이 선천적이라는 것을 더 구체적으로 실험합니다. 태어나서 아직 아무것도 모르는 생후 6개월의 아기들 앞에서 등산하는 인형 모형을 보여줍니다. 한 사람은 등산하는 인형을 방해하고 또 다른 한 사람은 등산하는 인형을 도와주는 모습을 보여준 후에, 두 사람이 동시에 아기들 앞에서

"아기야, 나에게 오렴."

하고 아이들에게 선택을 요청하자 아이들이 인형을 도와주었던 착한 사람을 선택하는 결과를 보였습니다.[543] 위 논문이 실린 'Nature'(네이처)라는 학술 잡지는 현대의학 · 과학계에서 최고의 권위를 갖는 학술지이지요. 생후 18개월의 아이들 앞에서 시행한 또 다른 실험에서는 빨래집게나 책을 떨어뜨려 쩔쩔매는 상황을 연출하자, 도와달라고 하지 않았는데도 아이들이 모두 스스로 도와주는 모습을 보였습니다.[544] 이 세상에 나와서 아직 아무것도 모르는 아기들이 보여준 위의 두 실험 결과는 퇴계 선생의 '인성이 어질다 하니 진실로 옳은 말'(It's all true in very deed good nature stays in us)이라는 2행의 가사를 마치 아기들이 몸으로 합창하는 듯하군요. 이러한 실험 결과들은 타인을 배려하는 인간의 착한 마음이 어떤 대가나 보답을 바

542) 『성경』, 「고린도후서」, 4장, 18절.

543) Hamlin JK, Wynn K, Blomm P. Social evaluation by preverbal infants, Nature 2007; 450(7139): 557~559.

544) Roots of altruism show in babies' helping hands, http://www.nbcnews.com./id/11641621

라는 것이 아니고, 팔 · 다리처럼 태어날 때부터 장착한 본연의 순수한 본성임을 나타냅니다. 또한, 이러한 결과는 의학의 아버지 히포크라테스(BC 460~370)가

> 모든 본성은 학습된 것이 아니다.
> [The natures of all are untaught.][545)]

라고 말하듯 인간의 선한 본성이 학습에 의한 것이 아님을 나타냅니다. 맹자(BC 372?~289?) 역시

> 인의(仁義)라는 본성에서 저절로 행하는 것이지, 인위적으로 인의(仁義)를 행하는 것이 아니다.
> [由仁義行/유인의행 非行仁義也/비행인의야][546)]

라며 히포크라테스의 말에 동의합니다. 아래의 그림에서 보는 것처럼 인간이 태어날 때부터 절대자로부터 또는 자연적으로 부여받은, 내면에 간직하고 있는 '선'(善)한 요소인 '인성 · 영성 · 불성 · 자기'가 밥 먹고 떠들고 잠자고 용변 보는 우리의 하루하루 일상의 의사소통에 잘 표출될 때 아름다운 '미'(美)의 삶이 되지요. 우리의 아름다운 삶을 위해 의학 · 철학 · 종교적 심성론이 서로 가리키는 지점만 다를 뿐 모두가 같은 선상에서 이야기하고 있습니다.

---

545) 『Hippocrates Corpus(히포크라테스 전집)』, 「Nutriment(영양)」.
546) 『맹자(孟子)』, 「이루장구하(離婁章句下)」.

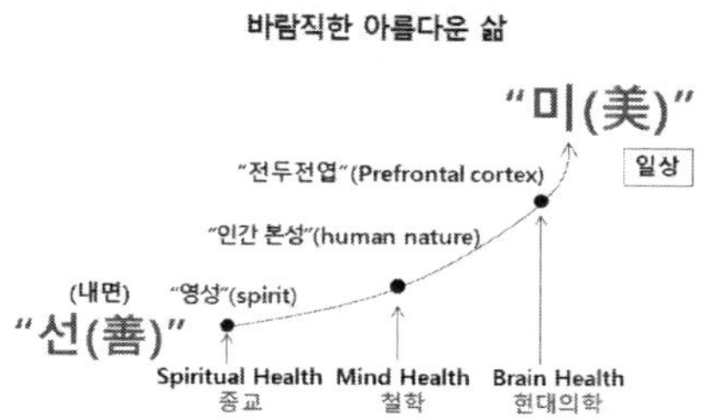

아름다운 삶을 위해 의학 · 철학 · 종교적 심성론이 강조하는 지점들[547]

의학적 심성론은 객관적 실험과 과학적 근거를 통해 인간의 '뇌'를, 철학적 심성론은 논리적 학문 탐구를 통해 인간의 '본성(인성)'을, 종교적 심성론은 주관적 체험과 신앙을 통해 인간의 '영성'이라는 지점을 가리킵니다. 뇌가 건강하게, 인성이 건강하게, 영성이 건강하게 기능해야 아름다운 삶이 되는 것이지요.

동양의 인성과 서구의 영성 개념

	인성(人性)	영성(spirituality)
기원	하늘(天)	성령(The Holy Spirit)
존재론의 틀	〈이 · 기〉론 또는 〈성 · 천기 · 지기〉론	〈영 · 육〉론 또는 〈영 · 혼 · 체〉론
지향점	절대 진리 '이(理)'	절대 진리 '하느(나)님'
존재 위치	마음의 형이상적 본질	
기능	아름다운 삶의 씨앗	
표출	뇌 전두전엽	

저는 이 지점에서

547) 김종성, 『음(音)은 사람의 마음에서 생겨나는 것이며 악(樂)은 마음의 움직임이다』(대전: 충남대학교출판문화원, 2019), 111쪽.

어린아이와 같이 되지 않으면 결코 하늘나라에 들어가지 못할 것이다.
[unless you turn and become like children, you will not enter the kingdom of heaven]
[爾若不改變不成/이약불개변불성 如此孩提/여차해제 則不得入天國/부득입천국][548]

라는 절대자의 음성을 한동안 묵상합니다. 바로 앞 제2곡에서 뇌 의학적 심성론이 말하는 '전두전엽'의 친사회적(pro-social) 기능을 설명한 바 있습니다. 이 기능은 동양철학 심성론으로는 인간이 타고난 선한 '인성'의 기능이며, 서구 기독교적 심성론으로는 절대자로부터 부여받은 '영성'의 기능이겠지요. 그러고 보니

영성 건강(spirit health) = 인성 건강(nature health) = 뇌 건강(brain health)

입니다! 현대인들이 '순풍이 죽었다'라며 각박한 현실을 한탄하지만 말고, '착하면 손해 본다' 또는 '착하면 바보 된다'와 같은 말에 유혹되지 말고, 50세의 퇴계 선생이

내 소원 착한 사람 많은 세상	所願善人多/소원선인다
이것이 천지의 벼리[549]이니	是乃天地紀/시내천지기[550]

라고 소망한 것처럼, 선함(착함)의 가치를 가장 중요시하는 사회를 만들면 좋겠습니다. 그런 사회가 인성 · 영성이 제대로 발하는 사회이겠지요. 온

548) 『성경』, 「마태복음」, 18장, 3절.
549) 그물코를 꿴 굵은 줄. 가장 중요한 것을 의미.
550) 『정본퇴계전서(定本退溪全書)』, 시 14, 「화도집(和陶集) 음주(飮酒) 이십수(二十首), 기십구(其十九)」.

국민의 영적 스승이셨던 스테파노 옹기(甕器) 김수환(金壽煥, 1922~2009, 본관 광산) 추기경은 스스로 그린 자화상을 '바보야'라고 부르며 겸손한 삶을 살았습니다.[551] 명예 · 부 · 권력 등의 세속적 가치를 중요시하는 세상 즉 '순풍이 죽은 사회'에서 손가락질을 받을 수도 있는, 자신을 낮추는 '착한 삶'이 인성 · 영성을 중요시하는 올바른 사회에서는 가장 거룩한 삶입니다. 제자들이 예수님께

> 하늘나라에서는 누가 가장 위대합니까?
> [Who is the greatest in the kingdom of heaven?]
> [在天國誰爲至大/재천국수위지대][552]

라고 묻자, 예수님은

> 하늘나라에서 가장 위대한 사람은 자신을 낮추어 이 어린다이와 같이 되는 사람이다.
> [Whoever humbles himself like this child is the greatest in the kingdom of heaven]
> [故凡自謙似此孩提者/고범자겸사차해제자　彼在天國爲至大/피재천국위지대][553]

라고 대답했습니다. 〈전육곡 = 진리를 향한 뜻〉이라는 큰 맥락에서 보면, 제3곡의 가사에 담긴 인문 의학적 메시지는 '각박한 현실 속에서도 선한 속성의 진리를 향하는 마음'으로, 퇴계 선생의 주관적 감흥 차원과 현대적 · 일반화 차원의 메시지가 동일합니다.

---

551) 중앙일보, 「김수환 추기경 자화상 '바보야' 설명」, 2007.10.19.
552) 『성경』, 「마태복음」, 18장, 1절.
553) 『성경』, 「마태복음」, 18장, 4절.

제3곡에 담긴 메시지[554]	
퇴계의 주관적 감흥 차원	각박한 현실 속에서도, 선한 속성의 진리를 향하는 마음
일반화한 교육 · 철학적 차원	

제4곡. 위기지학으로 진리 향해

(고어)
유란이 재곡ᄒᆞ니 자연이 듣디 됴해
백운이 재산ᄒᆞ니 자연이 보디 됴해
이 듕에 고온 ᄒᆞᆫ 니믈 더옥 닛디 몯ᄒᆞ뇌

(현대어)
유란이 재곡하니 자연히 듣기 좋아
백운이 재산하니 자연히 보기 좋아
이 중에 고운 한 님을 더욱 잊지 못하네

(영어)
Fragrant orchids bloom in valley, it's just so good to feel.
White clouds filled the mountain, it's just so good to see.
Amid all of this, I miss my dear even more.[555]

(한문)
幽蘭在谷/유란재곡 自然聞了好/자연문료호
白雲在山/백운재산 自然見了好/자연견료호
此中彼美一人/차중피미일인 益不忘了/익불망료[556]

---

554) 이사미 · 김병일 · 김종성, 「노래로서 도산십이곡의 구현: 악보 및 가사에 담긴 교육적 함의」, 『유학연구』(충남대학교 유학연구소, 2021) 第56집, 31~81쪽.

555) 위의 문헌과 동일.

556) 『해은별고(海隱別稿)』, 1권, 시, 「도산십이곡(陶山十二曲), 기사(其四)」.

1행의 '유란이 재곡하니'(Fragrant orchids bloom in valley)에서 '유란'은 골짜기에 그윽한 난초의 향기를 말하지요. 난초 향기에 대해 퇴계 선생께서 사용한 '듣기 좋아'라는 가사와 관련하여, 저는 처음에

'향기를 들을 수 있는가?'

라는 의문을 가졌었는데요. '듣는다'라는 옛 국어에 '소리를 듣는다'라는 의미뿐 아니라 '냄새를 맡는다'라는 의미가 있더군요. '들을 문(聞)'이라는 한자에도 '냄새를 맡는다'라는 뜻이 있습니다.[557] 2행에서는 '백운이 재산하니 자연히 보기 좋아'(White clouds filled the mountain, it' s just so good to see)라는 가사로 흰 구름이 걸쳐있는 아름다운 산의 모습을 표현합니다.

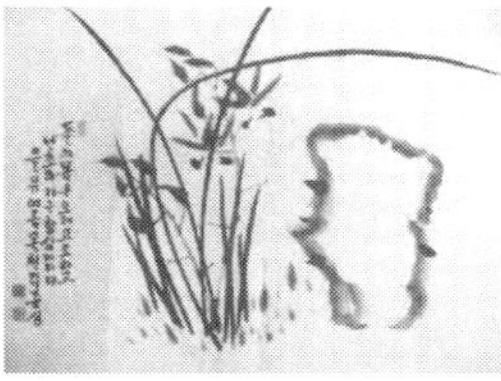

난초.
2005년 봄, 필자의 그림

흰 구름 덮인 산.
20여 년 전, 선자(宣齋) 송혜정 벗님께서 선물해주신 그림

1~2행의 이 아름다운 자연 속에 있는 퇴계 선생은 3행에서 '이 중에 고운 한 님을 더욱 잊지 못하네'(Amid all of this, I miss my dear even more)라고 노래합니다. 3행을 보는 시각에 따라 당시의 임금 또는 주자(朱子, 1130~1200) 등 특정 유학적 성현을 그리워하는 마음을 표현한 것으로 이해하기도 합니다. 그러나 〈전육곡 = 진리를 향한 뜻〉이라는 큰 맥락에서 인문 의학적

557) 네이버 사전.

으로 묵상해보면, 3행의 '님'(my dear)은 시대적 한정성을 갖는 '특정 임금'이나 '특정 성현'을 초월하여 당연히 '진리'를 상징합니다. 자연의 아름다움을 느끼며 진리의 세계에 다가가는 것은 종교와 시대를 초월하여 동서양의 문화가 한가지인 것 같습니다. 자연을 노래하며 진리를 향하는 도산십이곡의 가사를 묵상하다 보니 문득 제가 어려서 즐겨 부르던 성가 하나가 떠오르는군요. 1915년에 만들어진 이 찬송가 역시 지구의 음악(music of the spheres), 바위(rocks), 나무(trees), 하늘(skies), 바다(seas), 새의 노래(birds carols), 아침 햇빛(morning light), 백합꽃(lily white), 풀(grass) 등의 언어를 사용하며, 자연의 아름다움을 통해 절대 진리와 대화합니다. 한글 번역 가사는 영어 성가 원문과 매우 다르지만, 원문의 깊은 내용을 잘 함축합니다.

〈This is My Father's World〉[558]

This is my Father's world, and to my listening ears
all nature sings, and round me rings, the music of the spheres.
This is my Father's world. I rest me in the thought
of rocks and trees, of skies and seas, his hand the wonders wrought.

This is my Father's world. The birds their carols raise.
The morning light, the lily white, declare their Maker's praise.
This is my Father's world. He shines in all that's fair
In the rustling grass I hear him pass. He speaks to me everywhere.

〈아름다운 주님의 세계〉[559]

참 아름다워라. 주님의 세계는

---

558) 「This is My Father's World」. Maltbie Davenport Babcock(1858~1901) 목사 1901년 작사, Franklin Lawrence Sheppard(1852~1930) 1915년 작곡.

559) 『찬송가(구)』, 65장, 「아름다운 주님의 세계」. 전영택(1894~1968) 목사 1935년 번역.

저 솔로몬[560]의 옷보다 더 고운 백합화
주 찬송하는 듯 저 맑은 새소리
내 아버지의 지으신 그 솜씨 깊도다.

참 아름다워라. 주님의 세계는
저 아침 해와 저녁노을 밤하늘 별들이
망망한 바다와 늘 푸른 봉우리
다 주 하나님 영광을 잘 드러내도다.

〈전육곡 = 진리를 향한 뜻〉이라는 큰 맥락에서 묵상해보면, 제4곡의 '유란'(fragrant orchids)과 '백운'(white clouds)은 자연의 아름다운 모습을 묘사한 것에서 나아가, 여건의 어려움이나 주변의 칭찬 등에 연연해하지 않고 굳건한 인성 · 영성으로 진리를 향해 나아가는 모습을 상징합니다. 한글을 저속하게 여기는 주변 선비들이 알아주지 않아도 개의치 않고, 국민을 위해 꿋꿋하게 아름다운 한글 도산십이곡을 제작한 퇴계 선생의 모습도 여기에 속하겠지요. 1행과 2행에 나오는 '자연'이라는 단어는 '스스로 자(自)', '그럴 연(然)' 자입니다. 즉 '스스로 그렇게'(it' s just so) 아름다움을 표출하는 '그윽한 난초'와 '흰 구름이 걸쳐있는 산'은 자신이 아름답다는 것도 모르지요. 누구에게 잘 보이기 위해 치장을 하는 것도 아닙니다. 아무런 의도적인 행위 없이 저절로 그렇게 있는 것이 순수한 아름다움이지요. 『성경』에서도

나에게 제단을 쌓을 때 다듬지 않은 돌로 쌓아라. 거기에 정을 대면 부정을 타게 된다.
[If you make an altar of stone for me, do not build it of cut stone, for by putting

560) 솔로몬(Salomon)은 이스라엘의 제3대 왕(재위 BC 970~931).

a tool to it you desecrate it.]
[如以石爲我建祭臺/여이석위아건제대 不可用已鑿之石而建/불가용이착지석이건 蓋一經鐵器則汚矣/개일경철기즉오의][561)]

라며 잘 보이기 위해 치장하는 것을 '부정한' 것으로 취급합니다. 아무도 알아주지 않아도 나의 모습 그대로 내가 있어야 할 자리에 존재하는 것 자체가 아름다움이지요. 퇴계 선생은

깊은 산 우거진 숲속에 있는 한 떨기 난초가 온종일 향기를 피우지만 스스로는 자신이 향기롭다는 것을 모르는 것이, 군자의 위기지학이라는 뜻에 꼭 맞는 말이니 마땅히 깊이 본받아야 할 것이다.
[如深山茂林之中/여심산무림지중 有一蘭草/유일란초 終日薰香而不自知其爲香/종일훈향이부자지기위향 正合於君子爲己之義/정합어군자위기지의 宜深體之/의심체지. 李德弘/이덕홍][562)]

라고 설명했습니다. 위 인용 문구의 '위기지학'이라는 말이 조금 어려울까요? 위기지학은 자기완성과 수양을 위한 학문입니다. 위인지학 즉 남에게 보이기 위한 학문에 반대되는 개념이지요. 위기지학과 위인지학에 대해 퇴계 선생은

위기지학은 도리를 마땅히 알아야 할 것으로 삼고 덕행을 마땅히 해야 할 것으로 삼아 가까운 것과 내면의 공부를 통해 마음으로 터득해서 탐구하고 실천하기를 다짐하는 것이다. 위인지학은 마음으로 터득해서 탐구하고 실천하기를 힘쓰지 않고 거짓으로 꾸미고 외형을 추구하여 명성이나 칭찬을 구하는 것이다.

561) 『성경』, 「출애굽기」, 20장, 25절.
562) 『퇴계선생언행록(退溪先生言行錄)』, 유편(類編), 「교인(敎人)」.

[爲己之學/위기지학 以道理爲吾人之所當知/이도리위오인지소당지 德行爲吾人之所當行/덕행위오인지소당행 近裏著工/근리저공 期在心得而躬行者/기재심득이궁행자 是也/시야 爲人之學/위인지학 則不務心得躬行/즉불무심득궁행 而飾虛徇外/이식허순외 以求名取譽者/이구명취예자 是也/시야. 金富倫/김부륜[563]][564]

라고 설명했습니다. 인문 의학적 관점에서 현대의학의 융의 심성론으로 보면, 위인지학은 나의 외면인 페르소나(persona)를 위한 학문이고 위기지학은 '참 나'의 중심인 자기(self)를 위한 학문이라고 할 수 있겠군요. 우리의 삶에서 '페르소나'만을 위해 정신없이 매달려가다가는 알맹이 없는 껍데기만의 빈곤한 삶이 되어버리고 맙니다. 늘 '전체 나'의 중심인 '자기'를 살피며 본인에게 주어진 '페르소나'의 삶에 '전체 나'의 중심인 '자기'를 펼칠 때, 융의 심성론이 강조하는 '자기실현(individuation)'이라는 건강한 삶이 되겠지요. 누구나 참된 위기지학을 노력하며 자기 삶을 진리의 눈으로 바라보면 하루하루의 내 삶에 펼쳐지는 정경들이 얼마나 아름다운 '난초의 그윽한 향기'이며 얼마나 멋진 '흰 구름'인가요? 내가 만나는 사람, 나누는 대화, 하는 일, 지나가는 사람의 모습, 내가 보는 풍경 … 모두가 아름다운 '유란(Fragrant orchids)'이며 '백운(white clouds)'입니다. 〈전육곡 = 진리를 향한 뜻〉이라는 큰 맥락에서 제4곡의 가사에 담긴 인문 의학적 메시지를 현대적 관점에서 일반화하면, 참된 위기지학을 통해 자기 삶의 아름다움을 느끼며 진리를 향하는 마음입니다.

563) 설월당(雪月堂) 김부륜(金富倫, 1531~1598, 본관 광산, 자字 돈서敦敍).
564) 『퇴계선생언행록(退溪先生言行錄)』, 유편(類編), 「교인(敎人)」.

제4곡에 담긴 메시지[565)]

퇴계의 주관적 감흥 차원	자연의 아름다움을 느끼며 특정인을 그리워하는 퇴계의 마음
일반화한 교육 · 철학적 차원	위기지학을 통해 삶의 아름다움을 느끼며, 진리를 향하는 마음

제5곡. 일상의 진리 향해

(고어)

산전에 유대ᄒᆞ고 대하에 유수ㅣ로다

떼 만ᄒᆞᆫ ᄀᆞᆯ며기ᄂᆞᆫ 오명 가명 ᄒᆞ거든

엇다다 교교백구ᄂᆞᆫ 머리 ᄆᆞ솜 ᄒᆞᄂᆞᆫ고

(현대어)

산전에 유대하고 대하에 유수로다

떼 많은 갈매기는 오명 가명 하거든

어쩌다 교교백구는 멀리 마음 하는고

(영어)

A lookout stands in mountain, and a stream flows below.

So many gulls in the sky come and go here and there.

Why the clean and white horses try to stay away from here.[566)]

(한문)

山前有臺/산전유대 臺下有水/대하유수

多羣鷗鳥/다군구조 來了去了/내료거료

565) 이사미 · 김병일 · 김종성, 「노래로서 도산십이곡의 구현: 악보 및 가사에 담긴 교육적 함의」, 『유학연구』(충남대학교 유학연구소, 2021) 제56집, 31~81쪽.

566) 위의 문헌과 동일.

何皎皎白駒/하교교백구 遠心爲/원심위567)

1행은 아름다운 자연 풍경을 표현하고 있는데요. '산전에 유대하고'(A lookout stands in mountain)는 산 앞에 대(臺)가 있다는 의미이지요. '대'는 사방을 바라볼 수 있는 전망대 같은 곳입니다. 정자(pavilion) 같은 건물이 있을 수도 있고 없을 수도 있지요. 전망이 좋은 바위 또는 언덕 등을 지칭하기도 합니다. 또한 '대하에 유수로다'(a stream flows below)는 '대' 밑으로 유유히 흐르는 물의 모습입니다. 2행의 '떼 많은 갈매기는 오명 가명 하거든'(So many gulls in the sky come and go here and there)이라는 가사에서 '오며 가며'를 의미하는 '오명 가명'이라는 경상도 옛말의 시어가 참으로 정겹군요. 3행에서는 '어쩌다 교교백구는 멀리 마음 하는고'(Why the clean and white horses try to stay away from here)라면서 교교백구에게 먼 곳에 마음을 두지 말라는 메시지를 줍니다. '교교백구'는 『시경』이라는 고전의

새하얀 망아지 우리 논 어린싹 뜯어 먹네
붙들어 매고 싶어 오늘 아침 내내
내 마음의 귀한 분 여기에서 놀아주오
皎皎白駒/교교백구 食我場苗/식아장묘
縶之維之/집지유지 以永今朝/이영금조
所謂伊人/소위이인 於焉逍遙/어언소요

새하얀 망아지 우리 밭 콩잎 뜯어 먹네
붙들어 매고 싶어 오늘 저녁 내내
내 마음의 귀한 분 여기에 머무소서
皎皎白駒/교교백구 食我場藿/식아장곽

567) 『해은별고(海隱別稿)』, 1권, 시, 「도산십이곡(陶山十二曲), 기오(其五)」.

縶之維之/집지유지 以永今夕/이영금석
所謂伊人/소위이인 於焉嘉客/어언가객

새하얀 망아지 어서 달려와
공작 후작 봉하여 기약 없이 즐기리니
노니는 일 신중하고 숨는 일 조심하오
皎皎白駒/교교백구 賁然來思/분연래사
爾公爾侯/이공이후 逸豫無期/일예무기
愼爾優遊/신이우유 勉爾遁思/면이둔사

새하얀 망아지 저 빈 골짜기에 있네
싱싱한 꼴 한 단 줄까 옥같이 고운 분
그대 명성 중시하여 나 멀리하지 마오
皎皎白駒/교교백구 在彼空谷/재피공곡
生芻一束/생추일속 其人如玉/기인여옥
毋金玉爾音/무금옥이음 而有遐心/이유하심

라는 시[568]에서 '어진 사람'을 상징하는 단어입니다. 어진 사람을 교교백구 즉 '깨끗한 하얀 망아지'로 지칭했지요. 『시경』의 이 시는 어진 선비를 내 곁에 붙들어두고 싶은 마음을 표현했습니다. 연구자에 따라서는 3행의 '멀리 마음'을 가치적 관점에서 세속적 가치인 '벼슬에 대한 욕망'으로 이해하기도 합니다. 이러한 시각에서는 벼슬이나 세상 길에 마음을 둔 '당시의 일부 선비들을 교교백구로 지칭하고, 이들을 꾸짖는 의미'[569]의 약간 불편한 논조로 해석하더군요. 그러나, 3행을 이렇게 가치적 관점에

---

568) 『시경(詩經)』, 소아(小雅), 「백구(白駒)」. 한글 번역은 〈이기동, 『시경강설』(서울: 성균관대학교 출판부, 2014), 438쪽.〉을 참조함.
569) 최현재, 「도산십이곡(陶山十二曲)의 창작의도와 온유돈후(溫柔敦厚)의 의미」, 『한국문학논총』(한국문학회, 2005) 제39권, 169~195쪽.

서 벼슬에 마음을 두지 말라는 뜻으로 해석하면 몇 가지 오류가 도출됩니다. 첫째, 제1곡에서 퇴계 선생이 '저런들 어떠하료'라며 벼슬하는 삶을 긍정했던 내용과 상충합니다. 둘째, 2행의 끝부분과 3행의 첫 부분을 살펴보면 '~하거든, 어쩌다~'로 연결되고 있는데요. 이 형태는 2행에서 어떤 조건적인 상황을 제시한 후 이에 어울리는 3행의 내용으로 연결되는 것이지요. 즉 '갈매기가 왔다 갔다 하는 상황인데, 어찌하여 멀리 마음을 두는가'에서, 2행의 갈매기가 상징하는 것과 1행의 '자연 풍경'이 상징하는 것에 대한 해석이 모호해집니다. 셋째, 『시경』에서 교교백구가 '어진 사람'을 상징하는 본래의 의미와도 상충합니다. 벼슬에 욕망이 있는 사람을 어진 사람이라고 할 수는 없지요. 〈전육곡 = 진리를 향한 뜻〉이라는 큰 맥락에서 묵상해보면, 제5곡은 진리를 향하는 마음이 지향해야 할 '방향적 관점'입니다. 1행과 2행은 '지금 여기(here and now) 일상의 진리'를 상징합니다. 퇴계 선생은 제자(운암雲巖 김명일金明一, 1534~1570, 본관 의성, 자字 언순彦純)에게

> 선생(퇴계)께서 명일에게 이르기를 "진리는 가까이 있는데 사람이 살피지 못할 뿐이다. 어찌 일상생활 속의 사(事)와 물(物)을 떠나서 별도의 다른 진리가 있겠는가?" 하였다.
> [先生謂明一曰/선생위명일왈　道在邇而人自不察耳/도재이이인자불찰이
> 豈日用事物之外/기일용사물지외　別有一種他道理乎/별유일종타도리호.
> 金明一/김명일][570]

라고 설명했으며, 58세 때 화담(花潭)·복재(復齋) 서경덕(徐敬德, 1489~1546 본관 당성, 자字 가구可久) 선생의 문인이자 한국 최초의 양명학자[571]인 동강(東岡) 남언경(南彦經, 1528~1594, 본관 의령, 자字 시보時甫) 선생에게 보낸 편지에도

570) 『퇴계선생언행록(退溪先生言行錄)』, 유편(類編), 「교인(敎人)」.
571) 유명종, 「남언경(南彦經)」, 『한국민족문화대백과사전』(한국학중앙연구원, 1995).

이 진리는 일상생활 곳곳에 가득 차 있습니다.
[蓋此理/개차리 洋洋於日用者/양양어일용자][572]

라고 했습니다. 59세의 퇴계 선생은 제자(금계錦溪 황준량黃俊良, 1517~1563, 본관 평해, 자字 중거仲擧)에게

대체로 유자의 학문은 높은 곳을 오르려면 반드시 낮은 곳에서부터 시작하고, 먼 곳을 가려고 하면 반드시 가까운 곳에서부터 가야 합니다. 무릇 낮은 곳과 가까운 곳에서부터 하는 것이 본디 멀고 느린 것 같지만 이것을 버리고 또 어찌 높고 먼 곳으로 가겠습니까.
[大抵儒者之學/대저유자지학 若升高必自下/약승고필자하 若陟遐必自邇/약척하필자이 夫自下自邇/부자하자이 固若迂緩/고약우완 然舍此又何自而爲高且遐哉/연사차우하자이위고차하재][573]

라고 편지를 보내기도 했지요. 또한 68세의 퇴계 선생은 선조 임금에게도 조강에서

연평[574] 선생이 주자에게 "이 진리는 오로지 날로 행하는 데서 익혀야 하니, 일상의 움직임과 고요, 말과 침묵 사이에 드러나는 것이 모두 하늘의 진리이다."라고 하였습니다.
[延平先生語朱子曰/연평선생어주자왈 此道理全在日用處熟/차도리전재일용처숙 日用動靜語默之間發見處/일용동정어묵지간발현처 皆天理也/개천리야. 堂后日記/당후일기[575]][576]

---

572) 『정본퇴계전서(定本退溪全書)』, 서간 2, 서(書)-남언경(南彦經)-6-1, 「답남시보별지(答南時甫別紙)」.
573) 위의 책, 서간 3, 서(書)-황준량(黃俊良)-41, 「답황중거논백록동규집해(答黃仲擧論白鹿洞規集解)」.
574) 연평(延平) 이통(李侗, 1093~1163, 자字 원중愿中).
575) 승정원의 주서(注書)가 기록한 어전 회의 일기. 주서의 방이 '당후'라서 당후일기라 함.
576) 『퇴계선생언행록(退溪先生言行錄)』, 유편(類篇), 「고군진계(告君陳誡)」.

라고 말하면서, 고원심대(高遠深大)하고 거창한 곳이 아니라 일상의 사소한 곳에서 진리를 탐구하라고 했습니다. 퇴계 선생의 이러한 설명은 『중용』의

> 군자의 도(道)는, 비유하면 먼 곳에 가는 것이 반드시 가까운 데서부터 출발하는 것과 같으며, 비유하면 높은 곳에 가는 것이 반드시 낮은 데서부터 출발하는 것과 같다.
> [君子之道/군자지도 辟如行遠必自邇/비여행원필자이 辟如登高必自卑/비여등고필자비][577]

라는 내용, 그리고 『맹자』에서

> 진리는 너에게 있는데 먼 곳에서 구한다.
> [道在爾而求諸遠/도재이이구저원][578]

라고 말하는 것과도 같은 맥락입니다. 〈전육곡 = 진리를 향한 뜻〉이라는 큰 논지에서 제5곡을 '지금 여기 일상의 진리'라는, 마음이 지향해야 할 방향적 관점에서 보면 1행에서 3행까지 그 내용이 자연스럽게 연결됩니다. 1행의 '산전에 유대하고 대하에 유수로다'는 내가 지금 보고 있는, 즉 체험하고 있는 '지금 여기의 아름다운 일상'을 상징합니다. 또한, 2행은 이 일상에 '갈매기의 오고 감' 즉 진리의 유행이 있다고 말하는 것이지요. 갈매기는 진리를 상징합니다. 이때 3행의 '교교백구'는 벼슬길을 욕망하는 특정 선비집단이 아니라 '진리에 뜻을 둔 선비'를 상징합니다. 또한, 3행의 '멀리 마음 하지 말라'는 표현은 진리를 갈구하는 사람에게, 먼 곳에서 진리를 찾으려 하지 말고 가까운 곳 즉 일상의 실존에서 진리를 찾으

---

577) 『중용(中庸)』, 「제15장」.
578) 『맹자(孟子)』, 「이루장구상(離婁章句上)」.

라는 메시지를 주는 것입니다. 이렇게 해석해야 『시경』에서 '어진 사람'을 상징하는 본래의 '교교백구' 의미와 상통합니다. 이렇게 이해할 때 2행의 끝부분 '~하거든'과 3행의 시작 부분인 '어찌하여~'가 '여기에 진리가 있거든 어찌하여 멀리 마음 하는가'의 의미로 연결되어 내용이 부드럽게 이어집니다. 즉 인문 의학적 관점에서 '멀리 마음'은 '벼슬'이라는 속세적 가치가 아니라 진리를 향하는 마음의 방향을 의미하는 시어(詩語)로, '일상과 떨어진 곳'을 상징합니다. '멀리 마음'은 자연에 있는 사람에게는 '세상'일 수 있고, 세상에 있는 사람에게는 '자연'일 수 있습니다. 속세에 있는 사람은 속세에서, 자연에 있는 사람은 자연에서 진리를 향하는 것이지요. 40세의 퇴계 선생은 큰아들(첨정공僉正公 이준李寯, 1523~1583, 자字 정수廷秀)에게도

> 공부를 어찌 장소를 가리겠는가. 한양에서 하든 시골에서 하든 오직 그 뜻을 어떻게 세우는가에 달렸을 뿐이다.
> [讀書豈擇地乎/독서기택지호 在鄕在京/재향재경 惟立志如何耳/유립지여하이][579)]

라고 했습니다. 제5곡을 '집 앞에 분명한 자연의 질서가 보이고 성인의 길을 찾을 수 있는데 왜 멀리 마음을 두느냐'라고 해석하는 관점[580)]도 저의 해석을 지지합니다. 3행의 '멀리 마음 하지 말라'는 가사는 '자연과 속세'라는 공간적 방향뿐 아니라, 학문의 분야라는 질적 방향도 포함합니다. 즉 삶의 진리를 찾기 위해, 꼭 철학·종교 분야와 관련된 학문을 해야 한다고 '멀리 마음'하는 것이 아니라, 각자가 지금 맡은 의학·예술·과학·공학·어업·농업·주부 … 등 여러 분야에서 그 일을 정성으로 수

579) 『정본퇴계전서(定本退溪全書)』, 서간 9, 서(書)-이준(李寯)-5, 「여자준(與子寯)[경자(庚子)]」.
580) 신연우, 「도산십이곡의 '마음'과 현대적 수용의 문제」, 『퇴계학논집』(영남퇴계학연구원, 2019) 제24호, 7~27쪽.

행하며 그 길에서 진리를 향하는 것이지요. 퇴계 선생이

> 만물이 모두 오묘한 한 하늘 담았네
> 物物皆含妙一天/물물개함묘일천[581]

라고 노래했듯, 미나리는 미나리대로 소나무는 소나무대로 아름다움과 진리를 담고 있습니다. 서로를 부러워하지 말고 본인의 '지금 여기' 일상에 담긴 진리를 사랑해야 합니다. 미나리가 쑥의 향기를 부러워하고 소나무가 벚꽃의 아름다움을 부러워하며 미나리 · 소나무로 살아가는 자기 삶을 불평하는 것은 건강하지 못한 삶이지요. 제5곡의 가사를 묵상하다 보니, 우리가 노력해야 할 '인성 · 영성'과 삶의 진리라는 것을 거창하고 심오한 학문에서 찾을 수도 있겠지만 사소한 하루하루의 내 일상과 내 마음에서 찾아보는 것이 더 중요해집니다. 〈전육곡 = 진리를 향한 뜻〉이라는 큰 맥락에서 제5곡에 담긴 인문 의학적 메시지는 진리를 향하는 마음 즉 구도지지(求道之志)가 지향해야 할 지점이 일상과 동떨어진 추상적 개념적 진리가 아니라, 개개인이 처한 삶의 위치인 '지금 여기'에 있는 실존적 진리를 향하는 마음입니다. 퇴계 선생의 주관적 감흥 차원과 현대적 · 일반화 차원의 메시지가 같습니다.

제5곡에 담긴 메시지[582]

퇴계의 주관적 감흥 차원	먼 곳이 아닌, 지금 여기 일상의 진리를 향하는 마음
일반화한 교육 · 철학적 차원	

581) 『정본퇴계전서(定本退溪全書)』, 시 14, 도산잡영십팔절(陶山雜詠十八絕), 「정우당(淨友塘)」. 이 시는 〈제2장.〉에 소개했다.

582) 이사미 · 김병일 · 김종성, 「노래로서 도산십이곡의 구현: 악보 및 가사에 담긴 교육적 함의」, 『유학연구』(충남대학교 유학연구소, 2021) 제56집, 31~81쪽.

제6곡. 조화롭고 무한한 진리 향해

(고어)
춘풍에 화만산ᄒᆞ고 추야애 월만대라
사시가흥ㅣ 사롬과 ᄒᆞᆫ가지라
ᄒᆞᄆᆞᆯ며 어약연비운영천광이ᅀᅡ 어늬 그지 이슬고

(현대어)
춘풍에 화만산하고 추야에 월만대라
사시가흥이 사람과 한가지라
하물며 어약연비운영천광이야 어느 끝이 있을꼬

(영어)
Flowers fill mountains in spring breeze, the moon fills hills at autumn night.
The joy of four seasons are with the human beings.
Fish jumping, birds flying, cloud shadowing, sky shining, all give us endless joy.[583]

(한문)
春風花滿山/춘풍화만산 秋夜月滿臺/추야월만대
四時佳興/사시가흥 與人同了/여인동료
況魚躍鳶飛雲影天光/황어약연비운영천광 有何窮/유하궁[584]

1행의 '춘풍에 화만산하고'(Flowers fill mountains in spring breeze)는 봄바람에 산을 가득 채운 꽃들을 표현하는 것이지요. 이어서 '추야에 월만대라'(the moon fills hills at autumn night)라는 문구로 가을밤에 전망대를 환하게 비추는 달을

583) 위의 문헌과 동일.
584) 『해은별고(海隱別稿)』, 1권, 시, 「도산십이곡(陶山十二曲), 기육(其六)」.

노래합니다. 퇴계 선생은 여러 꽃 중에 특히 매화를 매군(梅君) · 매형(梅兄) · 매선(梅仙)으로 호칭하면서 매우 사랑했는데요. 매화를 노래하는 107수의 시를 짓고 그중 91수를 추려서 『매화시첩』을 엮기도 했습니다.[585] 퇴계 선생의 『매화시첩』은 한국 한문학 역사상 단일 소재에 대한 최초의 자작시집이라는 의미가 있기도 합니다.[586]

도산서당의 매화(2021.3.14.)

필자의 매화 그림(2005년 늦봄)

저는 퇴계 선생의 많은 시 중에 매화와 퇴계 선생이 주고받는 형식의 시들이 매우 인상 깊고 크게 공감이 갔습니다. 제가 일상에서 자연을 좋아하기 때문에 그런 것 같습니다. 물가에 낚싯대를 펼쳐놓고 한가롭게 앉아 도산십이곡 노래를 듣고 있으면 물고기들과 주변의 자연이 제게 늘 속삭이며 말을 겁니다. 낚시라기보다는 '자연과의 대화'라고 해야 맞을 것 같더군요. 1569년 봄에 모든 것을 내려놓고 한양에서 고향 땅 안동으로 마지막 귀향한 퇴계 선생에게 매화가

〈매증주〉[587]

부귀와 명예 어찌 님에게 맞으리

585) 김태오, 「퇴계의 매화 사랑과 매화시의 교육적 함의」, 『한국학논집』(계명대학교 한국학연구원, 2013) 제50집, 157~191쪽.

586) 홍우흠, 「퇴계의 매화시첩(梅花詩帖)에 대한 연구」, 『인문연구』(영남대 인문과학연구소, 1983) 4권, 85~120쪽.

587) 『정본퇴계전서(定本退溪全書)』, 시 14, 「매증주(梅贈主)」.

백발로 속세 가신 지 해 넘겨 걱정했는데
이제 다행히 물러남 윤허 받아
님께서 때맞춰 오셨네, 내가 피는 봄날
寵榮聲利豈君宜/총영성리기군의
白首趨塵隔歲思/백수추진격세사
此日幸蒙天許退/차일행몽천허퇴
況來當我發春時/황래당아발춘시

와 같은 아름다운 시를 쓰기도 했지요. '매증주'라는 제목은 '매화가 주인에게 주다'라는 의미인데요. 퇴계 선생께서 매화의 입장을 취해서 쓴 시입니다. 퇴계 선생은 세상을 떠나던 1570년 음력 12월 8일 아침에도

8일 아침에 "매화에 물을 주라"고 하셨다.
[八日朝/팔일조 命/명 灌盆梅/관분매. 李德弘/이덕홍][588)]

라고 했을 정도로 매화를 사랑했습니다. 그렇기에 도산십이곡 가사에 매화가 한 번쯤 나올 법도 한데 이상하게 매화가 전혀 언급되지 않더군요. 매화 입장에서는 그렇게 친하게 지냈던 퇴계 선생에게 좀 서운할 수 있겠다는 생각도 들었습니다. 왜 그럴까 하고 약간 의문이 들기도 했지요. 2021년 3월의 제32차 도산서원 참 공부 모임 때 새벽에 도산서원을 함께 거닐며 산책하던 이강호 선생님께서는 저의 의문에 대해

"아마도 도산십이곡 노래가 퇴계 선생께서 부르시기 위한 것이 아니라, 국민이 부르는 노래이기 때문에 일반성을 확보하기 위해 그러지 않으셨을까요?"

라는 답을 주시더군요. 1행에서 봄 · 가을의 정취를 읊은 후, 2행에서는

588) 『퇴계선생언행록(退溪先生言行錄)』, 유편(類編), 「고종기(考終記)」.

‘사시가흥이 사람과 한가지라’(The joy of four seasons are with the human beings)라고 하며 봄 · 여름 · 가을 · 겨울이 보여주는 사계절 자연의 아름다움과 인간 실존의 어울림을 노래합니다. 2행의 가사는 명도(明道) 정호(程顥, 1032~1085) 선생의

한가로워 조용하지 않은 일 없고
잠 깨니 동창에 해 이미 붉네
만물 고요히 바라보니 모두 스스로 얻고
사계절 아름다운 흥취 사람과 함께 하네
도(道)는 유형의 천지 밖에 통하고
생각은 들어가네, 바람과 구름의 변화 속에.
부귀에 빠지지 않고 빈천 즐기니
남아 이에 이르면 바로 영웅호걸이네
閑來無事不從容/한래무사부종용
睡覺東窗日已紅/수각동창일이홍
萬物靜觀皆自得/만물정관개자득
四時佳興與人同/사시가흥여인동
道通天地有形外/도통천지유형외
思入風雲變態中/사입풍운변태중
富貴不淫貧賤樂/부귀불음빈천락
男兒到此是豪雄/남아도차시호웅

라는 시[589]에서 넷째 줄에 언급되는 ‘사시가흥여인동’이라는 구절입니다. 3행에서는 ‘하물며 어약연비운영천광이야 어느 끝이 있을꼬’(Fish jumping, birds flying, cloud shadowing, sky shining, all give us endless joy)라고 했는데요. ‘어약연비’는

589) 『이정전서(二程全書)』, 54권, 명도문집(明道文集), 「추일우성(秋日偶成)」. ※ ‘추일우성’은 ‘가을날 우연히 짓다’.

물고기가 뛰고 솔개가 나는 풍경을, '운영천광'은 구름 그림자와 빛나는 하늘을 묘사한 너무나 멋진 자연풍경입니다. '어약연비'는 『시경』의

저 한산 기슭 바라보니 개암나무 싸리나무 우거졌고
우아하고 고상하신 님 벼슬하신 모습 고상하셨네
瞻彼旱麓/첨피한록 榛楛濟濟/진호제제
豈弟君子/개제군자 干祿豈弟/간록개제

고운 저 옥돌 술잔 노란 술 흘러넘치고
우아하고 고상하신 님 복과 록 내리었네
瑟彼玉瓚/슬피옥찬 黃流在中/황류재중
豈弟君子/개제군자 福祿攸降/복록유강

솔개 하늘 날며 물고기 연못에서 뛰고
우아하고 고상하신 님 인재 고루 쓰셨네
鳶飛戾天/연비여천 魚躍于淵/어약우연
豈弟君子/개제군자 遐不作人/하부작인

맑은 술 빚어 올리고 붉은 수소 잡아
신들과 조상에게 제사 받들어 크나큰 복 비셨네
淸酒旣載/청주기재 騂牡旣備/성모기비
以享以祀/이향이사 以介景福/이개경복

우거진 두릅나무 떡갈나무 백성들이 베어 불피우고
우아하고 고상하신 님 신령들도 위로하고 치하하네
瑟彼柞棫/슬피작역 民所燎矣/민소료의
豈弟君子/개제군자 神所勞矣/신소로의

싱싱하게 돋아난 칡넝쿨 나뭇가지 사이로 뻗어 오르고
우아하고 고상하신 님 구한 복 어김없으리
莫莫葛藟/막막갈류 施于條枚/이우조매
豈弟君子/개제군자 求福不回/구복불회

라는 시[590]의 3연에 나오는 '솔개 하늘을 날며 물고기 연못에서 뛴다'라는 의미의 '연비여천 어약우연'이라는 구절에서 인용한 문구입니다. 또한, '운영천광'은 '구름 그림자와 하늘빛'이라는 뜻으로, 희암(晦庵) 주희(朱熹, 1130~1200) 선생의

반 이랑 네모 연못에 거울 하나 열리니
하늘빛 구름 그림자 함께 떠도네
묻노니 어찌 그리 맑은가
살아있는 물 흘러나오는 근원 있어서라네
半畝方塘一鑑開/반무방당일감개
天光雲影共徘徊/천광운영공배회
問渠那得清如許/문거나득청여허
為有源頭活水來/위유원두활수래

라는 시[591]의 2행에 나오는 '천광운영공배회' 구절입니다. 이 시에서 주자(朱子)는 책을 네모난 작은 연못에 비유했군요. 첫 행의 '이랑'은 갈아놓은 밭의 두둑과 고랑을 말하기도 하고, 약 백 평 넓이의 작은 논밭을 말하기도 하지요.[592] 퇴계 선생은 제자들에게 '연비려천어약우연'이라는 문구에 대해

---

590) 『시경(詩經)』, 대아(大雅), 「한록(旱麓)」. 한글 번역은 〈이기동, 『시경강설』(서울: 성균관대학교 출판부, 2014), 588쪽.〉을 참조함. ※ '한록'은 '한산 기슭'.
591) 『주자대전(朱子大全)』, 2권, 「관서유감(觀書有感) 기일(其一)」. ※ '관서유감'은 '책을 읽는 감흥'.
592) 네이버 국어사전.

이 말은 진실한 진리의 오묘한 작용이 위와 아래에 밝게 드러나고 흘러 움직이며 가득 차 있음을 뜻한다.
[此則實道之妙用/차즉실도지묘용 上下昭著流流動充滿之義/상하소저류동충만지의. 李德弘/이덕홍][593]

솔개가 날고 물고기가 뛴다는 말은 만물을 만들어내고 기르는 작용의 흘러 다님이 위아래에 환히 나타나는 것을 형용한 것인데, 이 이치의 작용이 아닌 것이 없다. 하늘은 오직 욕심이 없으므로 '이'와 '기'가 자연히 흘러 다녀서 한순간도 쉬지 않는다.
[鳶飛魚躍/연비어약 狀化育流行上下昭著/상화육류행상하소저 莫非此理之用/막비차리지용 天惟無欲/천유무욕 故理氣流行自然無一息間斷/고리기류행자연무일식간단. 金誠一/김성일][594]

라고 설명했습니다. '어약연비운영천광'은 쉬지 않고(不息/불식) 흘러 다니는(流行/유행) 진리의 오묘함 즉 절대 진리의 조화롭고 무한한 작용의 모습을 상징합니다. 인문 의학적 관점에서, '어약연비운영천광'으로 표현한 진리의 조화로운 모습은 하늘 · 물 · 산 등의 '거시적(macro) 자연 세계'에만 있는 것이 아니라 '미시적(micro) 자연 세계'인 우리의 몸에도 있지요. 인간이 보고, 듣고, 냄새 맡고, 먹고, 자고, 걸어가고 … 그 다양한 기능을 의학적으로 세밀하게 들여다보면 너무나 신비합니다. 콩나물이 어떻게 나의 몸이 되고, 고등어가 어떻게 나의 살이 되며, 물이 어떻게 나의 피가 되는지, 만물이 내게 들어와 나의 몸으로 변화되는 것을 공부하며 묵상하다 보면 '만물과 내가 하나'라는 깨달음과 함께 너무나 경이롭습니다. 나의 몸 역시 죽으면 콩나물이 되고, 고등어가 되고, 물이 됩니다. 마치 마술처럼, 모든 자연 존재가 나와 '한 몸'입니다. 나의 '몸' 자체가 세포 속의

593) 『퇴계선생언행록(退溪先生言行錄)』, 유편(類編), 「논이기(論理氣)」.
594) 위의 문헌과 동일.

DNA(deoxyribonucleic acid)라는 유전정보저장 물질을 통해 영겁의 우주 역사를 고스란히 간직해온 역사책입니다.

〈한 몸 마술〉
컵에 담긴 물이
논에 살던 쌀알이
들에 자라던 나물이
내 속에 들어와 내가 됩니다.

나는 흙 속으로 들어가
물이 되고
쌀알이 되고
나물이 되겠지요.

사람, 강, 들, 산, 바위, 바다
모두가 별개인 것 같지만
나는 너
너는 나
하나이군요.

생명의 세계에서
만물을 한 몸으로
움직이는 당신은
한 치의 오차도 없는
으뜸 마술사입니다.
(2016. 2. 14. 김종성 묵상 일기)

수정된 세포가 '스스로 그렇게' 엄마 뱃속에서 분열해나가고, 꼼지

락거리며 심장·뇌·팔·다리 등을 형성해나가는 과정을 초음파영상으로 들여다보고 있으면 생명의 신비함에 할 말을 잃습니다. 똑같은 영양분을 섭취함에도 인체 부위의 유전자에 따라 머리카락·손톱·뼈·근육·지방 등 제각각의 모습으로 변화되는 비밀도 신기합니다. 각기 다른 모양의 세포 속에 존재하는 수많은 효소와 각각의 오묘한 생명 현상들을 공부해보면, 생(生)·노(老)·병(病)·사(死)를 겪는 인간의 몸이야말로 그 자체로 한순간도 쉬지 않는 조화롭고 무한한 우주이며 '어약연비운영천광'입니다. 자세히 들여다보면 인간뿐 아니라 풀, 꽃, 나무, 물고기 … 등 모든 생명의 신비가 마찬가지이겠지요. 〈전육곡 = 진리를 향한 뜻〉이라는 맥락에서 제6곡의 가사에 담긴 인문 의학적 메시지는 자연과 인간의 실존 속에 담긴 조화롭고 무한한 모습의 진리를 향하는 마음을 표현한 것이며, 퇴계 선생의 주관적 감흥 차원과 현대적·일반화 차원의 메시지가 동일합니다.

제6곡에 담긴 메시지[595)]

퇴계의 주관적 감흥 차원	자연과 인간의 삶 속에 담긴, 조화롭고 무한한 모습의 진리를 향하는 마음
일반화한 교육·철학적 차원	

595) 이사미·김병일·김종성, 「노래로서 도산십이곡의 구현: 악보 및 가사에 담긴 교육적 함의」, 『유학연구』(충남대학교 유학연구소, 2021) 제56집, 31~81쪽.

10장

두 번째 것은 공부를 말한 것이니

'진리 탐구 공부, 제7곡~제12곡'

제7곡~제12곡(후육곡)의 구성에 대해 어느 연구자는 제7곡 '삶의 자세', 제8곡 '소망', 제9곡 '도의 본질', 제10곡 · 제11곡 '연군과 끄준한 노력', 제12곡 '최고의 경지'라며 전육곡과 같은 구성이라고 보았고,[596] 후육곡의 전반부는 '침잠에서 경계 · 수덕으로', 후반부는 '역순으로' 되었다고 해석한 연구도 있습니다.[597] 또한, 『주역』 이괘(履卦)의 여섯 효(爻)로 이해하는 연구도 있고[598], '배움의 당위성과 연속성이라는 덕목을 가지고 점층 · 대조의 원리에 의한 짜임'으로 이해한 연구도 있더군요.[599] 이렇게 연구자마다 후육곡 구조를 보는 학술적 관점의 틀을 다르게 적용했습니다. 제7곡~제12곡은 퇴계 선생의

596) 정재호, 「도산십이곡의 구조」, 『민족문화연구』(고려대학교 민족문화연구원, 1996) 제29권, 1~31쪽.
597) 김상진, 「도산십이곡의 창작배경과 작품세계」, 『한양어문연구』(한국언어문화학회, 1993) 제11권, 294~312쪽.
598) 안동준, 「도산십이곡의 함의와 도학정신」, 『제29차 퇴계학국제학술회의 자료집』(문화체육관광부 · 국제퇴계학회, 2022).
599) 성기옥, 「도산십이곡의 구조와 의미」, 『한국시가연구』(한국시가학회, 2002) 제11권, 195~228쪽.

도산육곡이란 것을 지은 것이 둘이니 … 그 두 번째 것은 공부를 말한 것이다.
[作爲陶山六曲者二焉/작위도산육곡자이언 … 其二言學/기이언학][600]

라는 설명에서 보듯, '공부'에 관한 내용입니다. 도산십이곡에서 말하는 공부는 무엇에 관한 공부일까요? 진리의 발함을 중요시한 퇴계 심성론을 고려하는 큰 맥락에서 보면 후육곡의 학(學)은 '진리를 탐구하는 공부'입니다. 이러한 저의 논지는 『근사록』의

공부를 말하면 곧 진리에 뜻을 두는 것이다.
[言學便以道爲志/언학변이도위지][601]

라는 문구에서도 그 근거를 찾을 수 있습니다. 전육곡이 절대 진리를 향해 서 있는 실존자의 마음(志/지)을 묘사했다면 후육곡은 우리가 진리 탐구 공부를 어떻게 해야 할지를 묘사하고 있지요. 퇴계 선생이 말하는 진리 탐구 공부는 어떤 공부일까요? 퇴계 심성론은 일상의 실존을 강조하는 철학으로, 책으로 공부하는 것을 넘어서 우리의 일상 삶에서 진리를 탐구하는 공부입니다. 퇴계 선생은 〈깨달음(知/지)〉과 〈행(行)〉의 관계에 대해 선지후행 · 선행후지 · 지행호진 등 많은 철학 이론을 설명했는데요. 인문의학적으로 볼 때, 61세의 퇴계 선생이 제자(구암龜巖 이정李楨, 1512~1571, 본관 사천, 자字 강이剛而)에게

먼저 깨닫고 후에 행동한다는 것이 있으니 대학과 맹자 같은 것들입니다.
[有先知而後行者/유선지이후행자　大學與孟子之類是也/대학여맹자지류시야][602]

---

600) 『정본퇴계전서(定本退溪全書)』, 시 15, 「도산십이곡발(陶山十二曲跋)」.
601) 『근사록(近思錄)』, 2권, 「위학(爲學)」. 『근사록』은 회암(晦庵) 주희(朱熹, 1130~1200, 자字 원회元晦)와 동래(東萊) 여조겸(呂祖謙, 1137~1181, 자字 백공伯恭)이 지은 책.

라고 설명한 선지후행 이론은 현대의학에서 환자의 행동을 바람직한 방향으로 변화시키기 위해 진료실에서 질병에 대한 환자교육을 중요시하는 것과 같은 맥락입니다. 저희 연구팀은 깨달음을 통해 행동이 변한다는 퇴계 선생의 선지후행 이론을 알코올중독환자들의 깨달음 상태에 따른 단주 성적 결과를 1년간 관찰하고 의학적으로 검증하여 국제학술지에 게재한 바 있습니다.[603] 한편, 퇴계 선생의 선행후지 이론은 의학 교과서에는 없는 이론인데요. 퇴계 선생이

> 먼저 행하고 후에 깨달음을 얻는다는 것이 있으니 중용과 답회숙서 같은 것들입니다.
> [有先行而後知者/유선행이후지자 中庸與答晦叔書之類是也/중용여답회숙서지류시야][604]

라고 구암(龜巖) 선생에게 설명한 선행후지 이론은 『대학』에서

> 핏덩이 갓난아기를 돌보듯 하라. … 아이 기르는 법을 배운 후에 시집가는 자는 없다.
> [如保赤子/여보적자 … 未有學養子而后嫁者也/미유학양자이후가자야][605]

라고 말하는 '갓난아기를 돌보듯' 하는 정성이 필요합니다. 『중용』에서

> 정성을 다하면 밝아진다.

---

602) 『정본퇴계전서(定本退溪全書)』, 서간 4, 서(書)-이정(李楨)-41, 「답이강이문목(答李剛而問目)」.

603) Kim JS, Park BK, Kim GJ, Kim SS, Jung JG, Oh MK, Oh JK. The role of alcoholics' insight in abstinence from alcohol in male Korean alcohol dependents. Journal of Korean Medical Science 2007; 22: 132-137.

604) 『정본퇴계전서(定本退溪全書)』, 서간 4, 서(書)-이정(李楨)-41, 「답이강이문목(答李剛而問目)」.

605) 『대학(大學)』, 「전구장(傳九章)」.

[誠則明矣/성즉명의][606]

라고 말하는 것처럼 우리의 사소한 일상에 지극한 정성을 다할 때 깨달음을 얻고 진리가 발하는 세상으로 들어갑니다. 저희 연구팀은 퇴계 선생의 선행후지 이론을 정신치료 분야의 〈덕행 인지 치료 프로그램〉으로 만들어 입원한 알코올중독환자들에게 적용하고,[607] 일상 언행의 정성을 통해 질병에 대한 깨달음이 개선되는 효과를 의학적으로 증명하여 국제학술지에 논문으로 발표하기도 했습니다.[608] 퇴계 선생이 말하는 진리 탐구 공부는 학자들만 하는 것이 아닙니다. 누구나 일상에서 하는 공부이지요. 매일 우리가 건네는 인사, 밥 먹는 것, 걸어가는 것, 숨 쉬는 것, 보는 것, 대화하는 것, 잠자는 것, 용변, 세수, 청소, 전화, 카톡 … 나의 모든 일상과 의사소통, 매 순간의 삶 전체가 정성으로 진리를 탐구하고 진리의 세상으로 나아가는 인성 · 영성 공부입니다. 후육곡은 이 공부를 어떻게 해나가는지를 설명합니다.

제7곡. 책과 자연을 통한 즐거운 공부

(고어)

천운대 도라드러 완락재 소쇄ᄒᆞᆫ듸
만권생애로 낙사ㅣ무궁ᄒᆞ애라
이 듕에 왕래풍류를 닐어 므슴ᄒᆞᆯ고

(현대어)

---

606) 『중용(中庸)』, 「제21장」.

607) 김갑중 · 김종성, 『알코올중독의 우리 전통 행동 · 인지 치료: 구성주의적 이해와 유학적 접근』(하나의학사, 2005).

608) Im SB, Yoo EH, Kim JS, Kim GJ. Adapting a cognitive behavioral program in treating alcohol dependence in south Korea. Perspectives in Psychiatric Care 2007; 43: 183-192.

천운대 돌아들어 완락재 소쇄한데
만권생애로 낙사무궁하여라
이 중에 왕래풍류를 닐어 무엇할꼬

(영어)
Going around the Cheonundae, Wanlakjae is pure and clean.
I am full of endless joy reading thousands of books.
Above all, more than a joy is walking around for a while.[609]

(한문)
天雲臺還入/천운대환입 玩樂齋蕭灑/완락재소쇄
萬卷生涯/만권생애 樂事無窮了/낙사무궁료
此中往來風流/차중왕래풍류 云如何/운여하[610]

1행의 '천운대 돌아들어'(Going around the Cheonundae)는 도산서당 어귀의 천운대 주변의 아름다운 자연 풍경을 가슴에 고이 담으며 도산서당을 향해 걸어가는 퇴계 선생의 모습입니다. '천운대'는 퇴계 선생의

천광운영대는 단지 천운대라고도 부른다.
[天光雲影臺/천광운영대 或只稱天雲臺/혹지칭천운대][611]

라는 설명에서 보듯 '천광운영대'의 약칭이지요. 천광운영은 '하늘빛 구름 그림자'라는 의미이며, 경치를 감상하기에 좋은 곳을 '대'라고 하지요. 도산서원 앞에는 큰 강이 유유히 흐르고 있습니다. 낙천 또는 낙강이라고

609) 이사미 · 김병일 · 김종성, 「노래로서 도산십이곡의 구현: 악보 및 가사에 담긴 교육적 함의」, 『유학연구』(충남대학교 유학연구소, 2021) 第56집, 31~81쪽.
610) 『해은별고(海隱別稿)』, 1권, 시, 「도산십이곡(陶山十二曲), 기칠(其七)」.
611) 『정본퇴계전서(定本退溪全書)』, 시 14, 「도산잡영십팔절(陶山雜詠十八絶)」.

하더군요. 낙동강의 상류 하천이지요. 낙동강이라는 이름에 대해, 2021년 3월 14일 제32차 도산서원 참 공부 모임에서 원광대학교 조용헌 교수님께서 경상북도 상주의 옛 이름이 낙양(洛陽)이었고, '낙양 동쪽에 있는 강'이라는 의미라고 설명해주셨습니다.

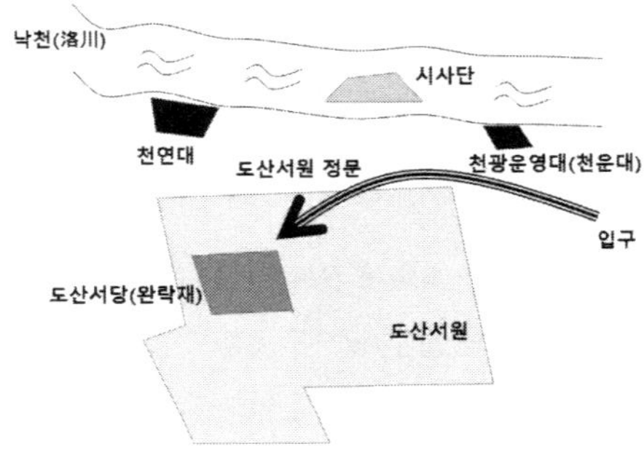

도산서당 주변 개요

위의 그림에서 보듯 도산서당 앞 낙천 강변에 두 개의 '대'가 있는데요. 동쪽에 '천연대'가 있고, 서쪽에 '천광운영대(천운대)'가 있습니다. 안동댐으로 인해 낙천의 수위가 높아진 지금은 천운대에서 왼쪽으로 돌아 50m 정도의 가까운 거리에 도산서당이 있지만, 낙천의 수위가 낮았던 옛날에는 거리가 제법 되는 오르막길이었을 것 같습니다. '천광운영대'와 '천연대'에 대해 그 이름을 지으신 퇴계 선생께 직접 설명을 요청해볼까요? 61세의 퇴계 선생께서는

> 서당 앞에 출입하는 곳을 사립문으로 가리고 이를 유정문이라 하였다. 문밖의 오솔길로 시내를 따라 내려가 어귀에 이르면 양쪽 산기슭이 마주 대한다. 그 동쪽 기슭 옆에 바위를 깔고 터를 닦으니 작은 정자 하나를 지을 만하나 힘이 모자라 짓지 못하고 자리만 남겨 두었다. 이곳에 산의 출입문 같은 바위가 있

어서 곡구암이라고 하였다. 여기서 동으로 몇 걸음 돌면 산기슭이 끊기는 곳에 탁영담에 이르는데, 그 못가에 커다란 바위가 깎아 세운 듯 서 있으니 여러 층으로 포개진 것이 10여 장[612]은 됨직하다. 그 위를 쌓아 대를 만드니 우거진 소나무는 해를 가리며, 위로는 하늘 아래는 물이어서 새와 물고기가 날고뛰며, 물에 비친 좌우 취병산의 그림자가 흔들거린다. 강산의 경치를 한눈에 다 볼 수 있으니 '천연대'라고 하였다. 서쪽 산기슭에도 이것을 본떠서 대를 쌓고 그 이름을 '천광운영대'라 하였다. 그 훌륭한 경치가 천연대에 못지않다.

[堂前出入處/당전출입처 掩以柴扉/ 엄이시비 曰幽貞門/왈유정문 門外小徑緣澗而下/문외소경연간이하 至于洞口/지우동구 兩麓相對/양록상대 其東麓之脅/기동록지협 開巖築址/개암축지 可作小亭/가작소정 而力不及/이력불급 只存其處/지존기처 有似山門者/유사산문자 曰谷口巖/왈곡구암 自此東轉數步/자차동전수보 山麓斗斷/산록두단 正控濯纓潭/정공탁영담 上巨石削立/상거석삭립 層累可十餘丈/층루가십여장 築其上爲臺/축기상위대 松棚翳日/송붕예일 上天下水/상천하수 羽鱗飛躍/으린비약 左右翠屛/좌우취병 動影涵碧/동영함벽 江山之勝/강산지승 一覽盡得/일람진득 曰天淵臺/왈천연대 西麓亦擬築臺/서록역의축대 而名之曰天光雲影/이명지왈천광운영 其勝槪當不減於天淵也/기승개당불감어천연야][613]

라고 아주 자세하게 설명해주시는군요. 도산서당으로 향하는 길목에는 위의 글에서 보듯 천연대 · 천운대 · 곡구암 · 탁영담 · 동취병산 · 서취병산 등 묵상하기에 좋은 자연경관이 한껏 펼쳐져 있었습니다. 퇴계 선생은 이 자연물들에 이름을 지어주고 거기에 더해 모두 진리 탐구 공부를 주제로 시를 쓰셨더군요. 심지어 도산서당의 작은 사립문에도 이름을 짓고 시를 쓰셨습니다.

---

612) 한 장(丈)은 열 자로 약 3m에 해당.

613) 『정본퇴계전서(定本退溪全書)』, 시 14, 「도산잡영(陶山雜詠)[병기(幷記)]」.

천연대

천광운영대(2021.3.14.)

〈천연대〉[614]

날갯짓 비늘 자랑 누가 시켰는지 縱翼揚鱗孰使然/종익양린숙사연
하늘과 못에서 진리 활발히 유행하네 流行活潑妙天淵/유행활발묘천연
강둑에서 종일 마음 눈 열고 江臺盡日開心眼/강대진일개심안
반복하여 명성편[615]의 큰 뜻 묵상하네 三復明誠一巨編/삼복명성일거편

〈천광운영대(천운대)〉[616]

흐르는 물에 하늘 구름 그림자 비치니 活水天雲鑑影光/활수천운감영광
책 읽는 깊은 뜻 네모 연못[617]에 있네 觀書深喩在方塘/관서심유재방당
나 지금 맑은 못가에서 뜻 얻으니 我今得意淸潭上/아금득의청담상
흡사 당시에[618] 깊이 감탄한 것 닮았네 恰似當年感歎長/흡사당년감탄장

〈곡구암〉[619]

동으로 강둑 밟고 북으로 구름에 드니 東躡江臺北入雲/동섭강대북입운
골짜기 입구 숲 일궈 산의 문 삼네 開荒谷口擬山門/개황곡구의산문
이 이름 마침 옛 현인[620] 살던 곳과 같으니 此名偶似前賢地/차명우사전현지
밭 갈며 숨어 산 높은 인품 어찌 쉽게 논하리 耕隱風聲詎易論/경은풍성거이론

---

614) 위의 책, 시 14, 도산잡영십팔절(陶山雜詠十八絕), 「천연대(天淵臺)」. ※『시경(詩經)』, 대아(大雅), 「한록(旱麓)」, 〈솔개 하늘 날며 물고기 연못에서 뛰고. 鳶飛戾天/연비여천 魚躍于淵/어약우연〉.

615) 『중용(中庸)』, 「제21장」, 〈정성스러우면 밝아지고 밝아지면 정성스러워진다. 誠則明矣/성즉명의 明則誠矣/명즉성의〉.

616) 『정본퇴계전서(定本退溪全書)』, 시 14, 도산잡영십팔절(陶山雜詠十八絕), 「천광운영대혹지칭천운대(天光雲影臺或只稱天雲臺)」. ※『주자대전(朱子大全)』, 2권, 「관서유감(觀書有感) 기일(其一)」, 〈하늘빛 구름 그림자 함께 떠도네. 天光雲影共徘徊/천광운영공배회〉.

617) 제6곡에 소개한 회암(晦庵) 주희(朱熹, 1130~1200)의 「관서유감(觀書有感)」 시 참조.

618) 회암(晦庵) 주희(朱熹) 지칭.

〈탁영담〉[621]

어부가 당시 홀로 깨어 있는 이[622] 비웃으니 漁父當年笑獨醒/어부당년소독성
어찌 공자의 간절한 경계[623]와 같을까 何如孔聖戒丁寧/하여공성계정녕
내가 와서 노 두드리며 풍월 읊으니 我來叩枻吟風月/아래고예음풍월
도리어 기쁘게 맑은 못에 갓끈 씻을 수 있네 却喜淸潭可濯纓/각희청담가탁영

〈동취병산〉[624]

봉긋봉긋 뭇 봉우리 왼쪽 푸른 병풍 簇簇群巒左翠屛/족족군만좌취병
맑은 날 아지랑이 때때로 흰 구름 두르네 晴嵐時帶白雲橫/청람시대백운횡
어느새 변하여 비 날리니 斯須變化成飛雨/사수변화성비우
이것이 영구[625]의 붓끝에서 나왔을까 疑是營丘筆下生/의시영구필하생

〈서취병산〉[626]

우뚝우뚝 뭇 봉우리 오른쪽 푸른 병풍 嶷嶷羣峯右翠屛/억억근봉우취병
가운데 난야[627] 품고 아래에는 정자[628] 中藏蘭若下園亭/중장난야하원정
시 읊고 앉아 저녁 바라보기 정말 좋으니 高吟坐對眞宜晚/고음좌대진의만
뜬구름[629] 맡기고 만고에 푸르네 一任浮雲萬古靑/일임부운만고청

---

619) 『정본퇴계전서(定本退溪全書)』, 시 14, 도산잡영십팔절(陶山雜詠十八絕), 「곡구암(谷口巖)」.

620) 한나라의 곡구자진(谷口子眞) 정박(鄭樸, ?~?)이 '곡구'에서 농사짓고 살았음. 양웅(揚雄, BC 53~AD 18, 자字 자운子雲)의 『법언(法言)』, 「문신(問神)」 편. ※ 도산서원 참 공부 모임, 『도산잡영(陶山雜詠)』(예인, 2017), 25쪽.

621) 『정본퇴계전서(定本退溪全書)』, 시 14, 도산잡영십팔절(陶山雜詠十八絕), 「탁영담(濯纓潭)」. '탁영담'은 '갓끈 씻는 연못'.

622) 굴평(屈平, BC 340?~278?, 자字 원原)의 「어부사(漁父辭)」, 〈굴원이 온 세상 혼탁한데 나 홀로 깨끗하고 사람들 모두 취해있는데 나 홀로 깨어 있어서 추방당했다고 하니 … 어부가 웃고는 노를 두드려 떠나가며 노래를 불렀다. 창랑의 물 맑으면 내 갓끈 씻고 창랑의 물 흐리면 내 발 씻으리. 屈原曰/굴원왈 擧世皆濁/거세개탁 我獨淸/아독청 衆人皆醉我獨醒/중인개취아독성 是以見放/시이견방 … 漁父莞爾而笑/어부완이이소 鼓而去乃歌曰/고이거내가왈 滄浪之水淸兮/창랑지수청혜 可以濯吾纓/가이탁오영 滄浪之水濁兮/창랑지수탁혜 可以濯吾足/가이탁오족〉.

623) 『맹자(孟子)』, 「이루장구하(離婁章句下)」, 〈공자가 "얘들아, 저 노래를 들어보아라. 물이 맑으면 갓끈을 씻고 물이 흐리면 발을 씻는다는 것이니 스스로 그렇게 만든 것이다"라고 말했다. 孔子曰/공자왈 小子聽之/소자청지 淸斯濯纓/청사탁영 濁斯濯足矣/탁사탁족의 自取之也/자취지야〉.

624) 『정본퇴계전서(定本退溪全書)』, 시 14, 도산잡영십팔절(陶山雜詠十八絕), 「동취병산(東翠屛山)」.

625) 송나라의 영구(營丘) 이성(李成, 919~967, 자字 함희咸熙). 산수화가.

1행의 '완락재 소쇄한데(Wanlakjae is pure and clean)'는 도산서당에 도착한 퇴계 선생께서 도산서당의 사립문(유정문)을 지나 맑고 깨끗한 '완락재'에 오르는 모습입니다. 도산서당은 '완락재'라는 작은 방 즉 퇴계 선생의 연구실과 '암서헌'이라는 마루로 구성되어 있습니다.

도산서당의 소박한 사립문(유정문). 2021.3.14.

예전의 도산서당

도산서당의 완락재(방)와 암서헌(마루). 2021.3.14.

〈유정문〉[630]

한공의 큰 거북[631] 빌릴 필요 없이	不待韓公假大龜/부대한공가대귀
새 거처 어렴풋이 사립문에 비치네	新居縹緲映柴扉/신거표묘영시비
산길, 띠풀에 막힐까 걱정 없으나[632]	未應山徑憂茅塞/미응산경우모색
길이 유정한 곳에 있어 평탄함 깨닫네	道在幽貞覺坦夷/도재유정각탄이

---

626) 『정본퇴계전서(定本退溪全書)』, 시 14, 도산잡영십팔절(陶山雜詠十八絕), 「서취병산(西翠屛山)」.

627) '절'을 이르는 아란야(阿蘭若)의 약칭. 고요하여 고뇌와 번민이 없는 곳을 의미. ※ 도산서원 참 공부 모임, 『도산잡영(陶山雜詠)』(예인, 2017), 28쪽.

628) 농암(聾巖) 이현보(李賢輔, 1467~1555, 본관 영천, 자字 비중菲仲)의 애일당(愛日堂).

629) 뜬구름과 아침 이슬(浮雲朝露/부운조로)처럼 부질없는 세상사.

630) 『정본퇴계전서(定本退溪全書)』, 시 14, 도산잡영십팔절(陶山雜詠十八絕), 「유정문(幽貞門)」. '유정'은 '그윽하고 바름'. 『주역(周易)』, 「천택리(天澤履)」, 〈평탄한 길 밟으니 숨은 선비가 곧고 길하리라. 履道坦坦/리도탄탄 幽人貞吉/유인정길〉.

631) 창려(昌黎) 한유(韓愈, 768~824, 자字 퇴지退之)의 「복지부(復志賦)」, 〈큰 거북 빌려 조짐을 봄이여,

〈완락재〉[633]

주로 경(敬)공부 해도 의(義)공부 모아야 하며　　主敬還須集義功/주경환수집의공
잊지 않고 조장하지 않으면[634] 점차 통하리　　非忘非助漸融通/비망비조점융통
반드시 염계[635] 태극도 묘리 이르러　　恰臻太極濂溪妙/흡진태극렴계묘
비로소 알리 천년토록 이 즐거움 같음을　　始信千年此樂同/시신천년차락동

〈암서헌〉[636]

증자가 안연을 찼으면서 빈듯하다 했으니[637]　　曾氏稱顔實若虛/증씨칭안실약허
병산[638]은 이것으로 주자 처음 이끌었네　　屛山引發晦翁初/병산인발회옹초
늦게야 바위틈에 사는 뜻 엿봤으니　　暮年窺得巖栖意/모년규득암서의
박약[639] 연빙[640] 허술할까 두렵네　　博約淵冰恐自疎/박약연빙공자소

'완락재'라는 이름은 주자(朱子, 1130~1200)의 「명당실기」에 들어있는

그윽히 은거할 곳 구함이네. 假大龜以視兆兮/가대귀이시조혜 求幽貞之所廬/구유정지소려〉.

632) 『맹자(孟子)』, 「진심장구하(盡心章句下)」, 〈작은 산길은 한동안 사용하면 길을 이르지만 한동안 사용하지 않으면 띠풀이 그것을 막는다. 지금 띠풀이 그대의 마음을 막고 있다. 山徑之蹊/산경지계 間介然用之而成路/간개연용지이성로 爲間不用則茅塞之矣/위간불용즉모색지의 今茅塞子之心矣/금모색자지심의〉

633) 『정본퇴계전서(定本退溪全書)』, 시 14, 도산잡영십팔절(陶山雜詠十八絶), 「완락재(玩樂齋)」.

634) 『맹자(孟子)』, 「공손추장구상(公孫丑章句上)」, 〈마음에 잊지도 말며 조장하지도 말라. 心勿忘勿助長也/심물망물조장야〉.

635) 염계(濂溪) 주돈이(周敦頤, 1017~1073, 자字 무숙茂叔).

636) 『정본퇴계전서(定本退溪全書)』, 시 14, 도산잡영십팔절(陶山雜詠十八絶), 「암서헌(巖栖軒)」.

637) 『논어(論語)』, 「태백편(泰伯篇)」, 〈증자가 '잘해도 잘하지 못한 이에게 묻고, 많아도 적은 이에게 물으며, 있으면서 없는 듯, 찼으면서 빈 듯, 무례해도 따지지 않으니, 옛날 나의 벗이 일찍이 이것을 해냈다'라고 말했다. 曾子曰/증자왈 以能問於不能/이능문어불능 以多問於寡/이다문어과 有若無/유약무 實若虛/실약허 犯而不校/범이불교 昔者/석자 吾友嘗從事於斯矣/오우상종사어사의〉. ※ 증자(曾子)는 증삼(曾參, BC 505~435, 자字 자여子輿)의 존칭. 안연(顔淵)은 안회(顔回, BC 521?~491?)의 자(字)인 '자연(子淵)'을 따서 부른 것.

638) 주자를 가르쳤던 병옹(病翁)·병산(屛山) 유자휘(劉子翬, 1101~1147, 자字 언충彦冲).

639) 넓게 배우고 예로써 요약함. 『논어(論語)』, 「옹야편(雍也篇)」, 〈넓게 배우고 예로써 요약하면 어긋남이 없을 것이다. 博學於文/박학어문 約之以禮/약지이례 亦可以弗畔矣夫/역가이불반의부〉.

640) 연못의 살얼음 위를 걷듯 조심한다는 의미. 『시경(詩經)』, 소아(小雅), 「소민(小旻)」, 〈깊은 못에 다다라 살얼음 위를 걸어가듯. 如臨深淵/여림심연 如履薄冰/여리박빙〉.

‘낙이완지’(樂而玩之)라는 문구에서 따온 것으로,[641] ‘즐겁게 진리를 공부하는 방’이라는 의미가 담겨있습니다. ‘암서헌’이라는 이름은 주자(朱子)의 운곡이십육영[642] 중 14번째 ‘회암’이라는 시

옛 병산 노인 생각하니	憶昔屛山翁/억석병산옹
내게 한마디 가르침[643] 보여주셨네	示我一言敎/시아일언교
잘하지 못함을 스스로 믿은 지 오래되었으니	自信久未能/자신구미능
바위틈에 살며 작은 효과 바라네	巖栖冀微效/암서기미효

의 마지막 구절에 있는 ‘암서(巖栖)’에서 따온 것인데요. ‘바위에서 살다’라는 의미로 은거를 지칭합니다. 완락재에 오른 퇴계 선생은 2행에서 ‘만권 생애로 낙사 무궁하여라’(I am full of endless joy reading thousands of books)라며 수많은 책 속에 파묻혀 진리를 탐구하는 공부의 끝없는 즐거움을 노래합니다. 퇴계 선생의 제자 학봉 선생은

> 선생(퇴계)은 읽지 않은 책이 없었다.
> [先生於書無所不讀/선생어서무소부독][644]

라고 기술했습니다. 저는 퇴계 선생의 글이나 시를 묵상할 때 항상 크게 감동하는 부분이 있는데요. 글이나 시에 인용되는 수많은 고전의 내용들입니다. 요즈음 말로 참고문헌이지요. 퇴계 선생의 참고문헌 목록이 도대체 몇 천 권, 몇 만 권에 이르는지 그 방대한 학문의 깊이를 저는 감히

---

641) 〈제2장〉 참조.

642) 『주자대전(朱子大全)』, 제20권, 「운곡이십육영(雲谷二十六詠)」; 신두환, 「도산잡영(陶山雜詠)의 미의식(美意識)과 운곡이십육영(雲谷二十六詠)의 비교 연구(硏究)」, 『한문학논집』(근역한문학회, 2013) 제36권, 153~185쪽.

643) 증자가 안연에게 ‘찼으면서 빈듯하다’라고 한 것. 바로 앞의 ‘암서헌’ 시 참조.

644) 『퇴계선생언행록(退溪先生言行錄)』, 유편(類編), 「독서(讀書)」.

짐작조차 할 수가 없더군요. 퇴계 선생은

> 선생(퇴계) 6세 때 … 이웃 노인이 제법 천자문을 알고 있었으므로, 선생이 가서 배웠다. 아침이면 반드시 세수하고 머리를 빗고 가서 울타리 밖에서 가만히 전날 배운 것을 여러 차례 속으로 외어 본 후에 들어가 엎드려 배우기를 마치 엄격한 스승에게 하듯 하였다.
> [先生六歲/선생육세 … 隣有老夫/ 인유노부 頗解千字文/파해천자문 先生就學/선생취학 朝必洗櫛至籬外/조필세즐지리외 默誦前授數遍而後入/묵송전수수편이후입 俯伏聽受如嚴師焉/부복청수여엄사언][645)]

에서 보듯 어려서 글을 배울 때부터, 스승의 집에 들어가기 전에 전날 배운 것을 울타리 밖에서 모두 외운 후에 스승에게 나아갔습니다. 평소 책을 읽을 때는

> 나(퇴계)는 12세 때 숙부 송재 선생에게 논어를 배웠다. … 일 권을 배워 마치면 일 권 전체를 암송하고, 이 권을 마친 뒤에도 이 권 전체를 암송했다. 이렇게 하기를 오래 하니, 차츰 처음 배울 때와 달라졌다. 그래서 삼 권, 사 권을 읽게 될 즈음에는 때로 혼자서도 알게 되는 곳이 있었다.
> [吾十二歲/오십이세 受魯論於叔父松齋先生/수로논어숙부송재선생 … 一卷既畢/일권기필 通誦一卷/통송일권 二卷既畢/이권기필 亦通誦二卷/역통송이권 若此之久/약차지구 漸與初學不同/점여초학부동 讀至三四卷/독지삼사권 間有自通解處矣/간유자통해처의. 李德弘/이덕홍][646)]

> 선생(퇴계)의 집에 주자전서 사본 한 질이 있었다. 매우 오래되고 글자의 획이 거의 희미했는데 선생이 읽어서 그렇게 된 것이었다.
> [先生家/선생가 有朱子書寫本一帙/유주자서사본일질 卷帙甚舊/권질심그

645) 『퇴계선생연보(退溪先生年譜)』, 제1권, 「연보(年譜) 1」.
646) 『퇴계선생언행록(退溪先生言行錄)』, 유편(類編), 「독서(讀書)」.

字畫幾刓/자획기완 乃讀而然也/내독이연야. 金誠一/김성일][647]

처럼, 책 전체를 완전히 암송할 수 있을 때까지 반복하여 정독했기 때문에 책이 너덜너덜해질 정도였습니다. 제자들이 퇴계 선생의 나빠진 눈을 걱정하며 독서를 쉴 것을 권유하자

"책을 보지 않으면 병이 생긴다."
[若不觀書/약불관서 病輒乘之/병첩승지][648][649]

라며 손에서 책을 놓지 않았지요. 독서가 질병을 예방한다는 대학자의 말씀을 들으니 의사인 제 눈이 확 떠집니다. 그동안 진료실에 오는 환자분들에게 책을 선물해드리곤 했는데요. 환자분들에게 책을 더 많이 선물해야겠다는 생각이 듭니다. 3행의 '이 중에 왕래풍류를 닐어 무엇할꼬'(Above all, more than a joy is walking around for a while)에서 '닐어 무엇할꼬'는 '말해 무엇할꼬'라는 뜻이지요. 신라의 대학자 최치원(崔致遠, 857~?, 본관 경주, 자字 고운孤雲) 선생은 고조선 고유 사상 속의 바람처럼 흐르는 멋과 흥, 신명이 나는 삶을 풍류(風流)라 하고, 풍류의 원리를 접화군생(接化群生) 즉 뭇 생명과 만나 화(化, 감화, 조화)하는 것으로 설명했습니다.[650] 여러 풍류 중에 퇴계 선생의 '왕래풍류(walking around for a while)'는 수많은 책 속에 파묻혀 진리 탐구 공부를 하다가 도산서당 주변의 자연을 거닐며 오가는 여유로운 삶으로, 학문과 수양의 한 부분입니다. 퇴계 선생께서 즐겼던 자연 풍류의 모습에 대해 직접 설명한 아래의 글을 묵상하니, 마치 '노인과 자연'이라는 제목의 잔잔한 한 폭의

647) 위의 문헌과 동일.
648) 『간재선생문집(艮齋先生文集)』, 6권, 「기선총록(記善總錄)」.
649) 『퇴도선생언행통록(退陶先生言行通錄)』, 제2권, 유편(類編), 「독서지법(讀書之法)」.
650) 김성우, 「한국 전통사상에 나타난 자유분방과 그 현대적 의미」, 『문화재청 소식지』(문화재청, 2015.7.20.).

동영상을 감상하는 듯합니다.

나는 늘 고질병을 달고 있어 비록 산에서 살더라도 마음껏 책을 읽을 수 없었다. 근심과 걱정을 조식[651]한 후 때때로 몸이 가뿐하고 마음이 상쾌하여 우주를 굽어보고 우러러보다가 마음에 느낌이나 감동이 생기면, 책을 덮고 지팡이를 짚고 나가서 암서헌에서 정우당을 구경하기도 하고, 단에 올라 절우사를 찾기도 하며, 밭을 돌면서 약초를 심기도 하고, 숲을 헤치며 꽃을 따기도 했다. 혹은 바위에 앉아 샘물 구경도 하고, 대에 올라 구름을 바라보거나, 낚시터에서 고기를 구경하고, 배에서 갈매기와 가까이하면서, 마음대로 이리저리 노닐다가 좋은 경치 만나면 흥취가 절로 일어 한껏 즐기다가 집으로 돌아오면 고요한 방 안에 책이 가득 쌓여있어 책상을 마주하여 잠자코 앉아 삼가 마음을 잡고 이치를 궁구하고 …… 또 산새가 울고 초목이 무성하며 바람과 서리가 차갑고 눈과 달빛이 어리는 등 사철의 경치가 다 다르니 흥취 또한 끝이 없었다. 너무 춥거나 너무 덥거나 큰바람이 불거나 큰비가 올 때가 아니면 어느 날이나 어느 때나 나가지 않은 날이 없었다.

[余恆苦積病纏繞/여긍고적병전요 雖山居/수산거 不能極意讀書/불능극의독서 幽憂調息之餘/유우조식지여 有時身體輕安/유시신체경안 心神灑醒/심신쇄성 俛仰宇宙/면앙우주 感慨係之/감개계지 則撥書攜笻而出/즉발서휴공이출 臨軒玩塘/임헌완당 陟壇尋社/척단심사 巡圃蒔藥/순포시약 搜林擷芳/수림힐방 或坐石弄泉/혹좌석롱천 登臺望雲/등대망운 或磯上觀魚/혹기상관어 舟中狎鷗/주중압구 隨意所適/수의소적 逍遙徜徉/소요상양 觸目發興/촉목발흥 遇景成趣/우경성취 至興極而返/지흥극이반 則一室岑寂/즉일실잠적 圖書滿壁/도서만벽 對案嘿坐/대안묵좌 兢存研索/긍존연색 …… 若夫山鳥嚶鳴/약부산조앵명 時物暢茂/시물창무 風霜刻厲/풍상각려 雪月凝輝/설월응휘 四時之景不同/사시지경부동 而趣亦無窮/이취역무궁 自非大寒大暑大風大雨/자비대한대서대풍대우 無時無日而不出/무시무일이불출][652]

651) 정신을 평안하게 하는 일종의 호흡법.

위 인용문에 정우당과 절우사가 나오는데요. 정우당은 도산서당 동쪽에 연꽃을 심어놓은 작은 연못입니다. '정우'는 '깨끗한 벗'이라는 의미로 연꽃을 지칭합니다. 절우사는 매화 · 대나무 · 소나무 · 국화를 심어놓은 도산서당의 화단으로 암서헌(마루)과 마주 보는 동쪽에 있습니다. '절우'는 '절개가 있는 벗들'이라는 의미로, 퇴계 선생은 이들과 바람과 서리를 함께 이겨내자는 언약을 맺었지요. 퇴계 선생은 매(梅) · 죽(竹) · 송(松) · 국(菊) · 연(蓮)을

> 여섯 벗이 마음에 흡족하네. 송죽매국련이 나와 벗이 되었다.
> [六友是心降/육우시심항 松竹梅菊蓮己爲友/송죽매국련기위우][653]

라며 본인과 함께 '여섯 벗'으로 표현하기도 하고, 68세의[654] 퇴계 선생은

> 내 벗은 다섯 군자이니
> 서로 사귀는 정 담담하여 싫지 않네
> 我友五節君/아우오절군
> 交情不厭淡/교정불염담[655]

라며 이들을 '나의 다섯 벗'으로 노래하기도 했습니다. '정우당'과 '절우사'에 대한 퇴계 선생의 시는 〈제2장.〉에 소개해드렸습니다. 퇴계 선생의 자연 풍류와 관련하여 두 편의 시를 추가로 소개합니다. 64세 때, 청량산에 같이 오르기로 약속했던 친구 벽오(碧梧) 이문량(李文樑, 1498~1581, 본관 영천, 자

---

652) 『정본퇴계전서(定本退溪全書)』, 시 14, 「도산잡영(陶山雜詠)[병기(幷記)]」.
653) 위의 책, 시 14, 「계당우흥십절(溪堂偶興十絕)」.
654) 이장환, 『따라 쓰는 퇴계시 오언(五言)』(디자인더하트, 2018), 152쪽.
655) 『정본퇴계전서(定本退溪全書)』, 시 14, 「차운김돈서매화(次韻金惇敍梅花)」.

字 대성大成) 선생을 강가에서 기다리다가 친구가 오지 않자

산봉우리 봉긋봉긋 물 졸졸 煙巒簇簇水溶溶/연만족족수용용
새벽 여명 걷히니 해 붉어지려 하네 曙色初分日欲紅/서색초분일욕홍
강가에서 님 기다리다 님 오지 않아 溪上待君君不至/계상대군군부지
고삐 잡고 먼저 들어가네, 그림 속에 擧鞭先入畫圖中/거편선입화도중

라는 시[656]를 남기고 산에 오릅니다. 마지막 행의 '나 먼저 고삐 잡고 그림 속으로 들어가네'라는 의미의 '거편선입화도중'이라는 시구가 너무나 아름답게 제게 다가옵니다. 저 역시 이런 경험이 많아서 그런가 봅니다. 낚시하러 가기로 한 벗을 새벽에 약속 장소에서 기다리다가 벗이 급한 사정이 생겨 오지 못하면 저 혼자 운전대를 잡고 물가의 자연이라는 '예쁜 그림' 속에 들어가곤 하지요. 또 하나는 64세에 쓴[657]

책 읽는 것이 산 유람 같다고들 말하지만
지금 보니 산 유람이 책 읽는 것 같네
공부 힘 다할 때 본래 스스로 내려오고
얕고 깊음 아는 것 모두 이로 말미암네
앉아서 이는 구름 보며 진리 알게 되고
샘물 근원[658]에 발길 이르러 비로소 처음을 깨닫네
절정 높이 찾기를 그대들에게 권하며
늙고 힘없어 중도에 그치니 깊이 부끄럽네

656) 위의 책, 시 14, 「도천사(到川沙) 대이대성미지(待李大成未至)」. '도천사 대이대성미지'는 '강가에 도착하여 오지 않는 이대성을 기다리며'.

657) 이장환, 『따라 쓰는 퇴계시 칠언(七言)』(디자인더하트, 2018), 146쪽.

658) 『주자대전(朱子大全)』, 2권, 「관서유감(觀書有感) 기일(其一)」. 〈묻노니 어찌 그리 맑은가/살아있는 물 흘러나오는 근원 있어서라네. 問渠那得淸如許(문거나득청여허), 為有源頭活水來(위우원두활수래)〉.

讀書人說遊山似/독서인설유산사
今見遊山似讀書/금견유산사독서
工力盡時元自下/공력진시원자하
淺深得處摠由渠/천심득처총유거
坐看雲起因知妙/좌간운기인지묘
行到源頭始覺初/행도원두시각초
絶頂高尋勉公等/절정고심면공등
老衰中輟愧深余/노쇠중철괴심여

라는 시[659]인데요. 둘째 행에서 산을 즐기는 것이 책을 읽는 것과 같다고 했습니다. 퇴계 선생은 자연 풍류조차 그냥 즐기지 않고, 진리 탐구 공부를 위한 지극한 정성을 들였지요. 즉 '등산'이라는 자연 풍류를 책을 통한 학문 탐구와 대등하게 여겼습니다. 퇴계 선생께서 오갔던 도산서당 주변과 청량산을 제가 직접 한가롭게 걸으며

너무 춥거나 너무 덥거나 큰바람이 불거나 큰비가 올 때가 아니면 어느 날이나 어느 때나 나가지 않은 날이 없었다.
[自非大寒大暑大風大雨/자비대한대서대풍대우　無時無日而不出/무시무일이불출][660]

라고 한 퇴계 선생의 일상 자연 풍류 공부를 묵상하다 보니, 저도 자연 속에서 즐기는 풍류 공부를 더 열심히 해야겠다는 생각이 듭니다. 저는 연구실에서 강의 준비자료를 만들거나 논문 작업, 또는 책을 저술하는 일에 몰두하다가 자연에 나가 낚싯대를 펼치고 앉아서 한가롭게 도산십이곡 노래를 들으며 산천초목, 물고기, 새들과 대화하다 보면 잘 풀리지 않던

---

659) 『정본퇴계전서(定本退溪全書)』, 시 14, 「독서여유산(讀書如遊山)」.
660) 위의 책, 시 14, 「도산잡영(陶山雜詠)[병기(幷記)]」.

부분이 말끔하게 정리되고, 좋은 창조적 생각이 떠오르는 것을 자주 경험합니다. 또한 자연에 갈 때마다 내가 조금씩 더 착해지고, 언제나 활짝 두 팔 벌려 반갑게 맞아 주는 자연의 너그러운 품에 안기면 어린아이가 어머니에게 어리광을 부리는듯한 순수한 동심(童心)으로 돌아가는 느낌입니다. 자연 그 자체가 아름다운 책이고 자연 그 자체가 늘 내 삶을 치유해주는 것이지요. 위의 퇴계 선생 시구절을 빌리자면

> 지금 보니 낚시 즐기는 것이 책 읽는 것과 같네
> 今見遊釣似讀書/금견유조사독서

라고 표현할 수 있겠습니다. 평소 낚시를 즐기는 저는 퇴계 선생도 낚시를 좋아하셨을까 궁금했는데요. 퇴계 선생께서 쓴

〈낚시터〉[661]

강가 이끼 낀 돌에 나가	臨江苔石/임강태석
한 올 실, 바람에 날리네	一絲颺風/일사양풍
미끼 탐하면 매달리고	貪餌則懸/탐이즉현
이익 꾀하면 무너지네	冒利則訌/모리즉홍
해질녘 낚싯대 거듭 흔들리니 즐겁고	弄晚竿仍裊/농만간잉뇨
자주 오니 돌 또한 부드러워지네	來多石亦溫/래다석역온
물고기 푸른 버들가지에 꿰고	魚穿靑柳線/어천청류선
도롱이 두르니 안개 자취 푸르구나	蓑帶綠烟痕/사대록연흔

661) 위의 책, 시 14, 도산잡영(陶山雜詠), 이십육절(二十六絕), 「조기(釣磯)」. ※ 도산잡영 26절 제목. 1. 몽천(蒙泉) 2. 열정(洌井) 3. 정초(庭草) 4. 간류(磵柳) 5. 채포(菜圃) 6. 화체(花砌) 7. 서록(西麓) 8. 남반(南沜) 9. 취미(翠微) 10. 요랑(寮朗) 11. 조기(釣磯) 12. 월정(月艇) 13. 역천(櫟遷) 14. 철원(漆園) 15. 어량(魚梁) 16. 어촌(漁村) 17. 연촌(煙村) 18. 설경(雪徑) 19. 구저(鷗渚) 20. 학정(鶴汀) 21. 강사(江寺) 22. 관정(官亭) 23. 장교(長郊) 24. 원수(遠岫) 25. 토성(土城) 26. 교동(校洞).

〈낚시(釣魚/조어)〉[662]

태평 시절 병 많아 일찍부터 한가하니
온갖 일 낚싯대에 맡기고 마음 쓰지 않네
작은 배 젓다 말고 달빛 아래 잠들고
찬 낚싯줄 챙겨 바람맞으며 밥 먹네
갈대꽃 단풍잎 가을 언덕 감추고
대삿갓 도롱이 두르니 여울에 가랑비
우습구나, 예전에 발 잘못 디뎌
불그레한 티끌 흙에 높은 갓 빠뜨렸네
淸時多病早投閒/청시다병조투한
萬事漁竿本不干/만사어간본불간
小艇弄殘宜月宿/소정롱잔의월숙
寒絲收罷任風餐/한사수파임풍찬
荻花楓葉深秋岸/적화풍엽심추안
篛笠簑衣細雨灘/약립사의세우탄
可笑從前閒失脚/가소종전한실각
軟紅塵土沒高冠/연홍진토몰고관

라는 아름다운 시와 간재(艮齋) 이덕홍(李德弘, 1541~1596, 본관 영천, 자字 굉중宏仲) 선생의

선생(퇴계)께서는 냇가에서 낚시할 때마다 고기를 잡으면 다시 놓아 주셨다.
[先生/선생 每釣于溪/매조우계 得魚而還放/득어이환방][663]

라는 글귀를 보니, 퇴계 선생도 어지간히 낚시를 좋아하셨습니다. 낚시터의 바위가 반들반들해질 정도로 자주 즐겼고, 비옷인 도롱이까지 두르

662) 위의 책, 시 14, 화자중한거이십영(和子中閒居二十詠), 「조어(釣魚)」. ※ '화자중한거이십영(和子中閒居二十詠)'은 제자 문봉(文峯) 정유일(鄭惟一, 1533~1576, 본관 동래, 자字 자중子中)의 '한거(閒居)' 시에 화답하여 지은 20수의 시라는 의미. 이 시는 그중 12번째.

663) 『간재선생문집(艮齋先生文集)』, 6권, 「계산기선록(溪山記善錄) 하(下)」.

신 것을 보니 비가 오는 날에도 낚시하셨습니다. 저는 그동안 비 오는 날에는 낚시하지 않았는데요. 퇴계 선생을 본받아 비가 오는 날에도 해봐야겠습니다. 민물의 물고기들은 해 뜰 무렵이나 해가 질 무렵에 입질을 많이 하지요. 저는 주로 해 뜰 무렵에 낚시하는데요. 퇴계 선생은 해질녘의 물고기 입질을 즐기셨나 봅니다. 15세의 퇴계 선생이 산속 샘에 사는 가재를 보고

〈가재〉[664]
돌 지고 모래 파니 절로 집 되고
앞으로 가고 뒤로 달리며 다리도 많네
평생 한 줌 산샘 속에 살며
강 호수의 물 얼마나 많은지 묻지 않네
負石穿沙自有家/부석천사자유가
前行却走足偏多/전행각주족편다
生涯一掬山泉裏/생애일국산천리
不問江湖水幾何/불문강호수기하

라며 진리 향한 오롯한 마음을 노래한 것을 보니, 퇴계 선생은 일찌부터 물과 산을 모두 좋아한 것 같습니다. 위의 시구 '미끼 탐하면 매달리고 이익 꾀하면 무너지네', '평생 작은 샘에 살며 강 호수의 물 얼마나 많은지 묻지 않네'에서 보듯, 퇴계 선생은 '낚시'라는 자연 풍류를 통해 삶의 이치를 깨닫는 진리 탐구 공부를 했습니다. 공자(BC 551~479)는

지혜로운 사람은 물을 좋아하고, 어진 사람은 산을 좋아한다.
[智者樂水/지자요수 仁者樂山/인자요산][665]

664) 『정본퇴계전서(定本退溪全書)』, 시 15, 「석해(石蟹)」.
665) 『논어(論語)』, 「옹야편(雍也篇)」.

라고 자연의 마음 치유기능을 말했는데요. 의학의 아버지 히포크라테스(BC 460~370) 역시

> 자연은 그 자체로 가장 훌륭한 의사이다.
> [Nature itself is the best physician.][666]

라며 자연의 '대의(大醫)' 역할을 말하기도 했습니다. 3행의 '왕래 풍류'라는 가사는 진리 탐구 공부에 자연과의 접촉이 중요함을 강조합니다. 〈후육곡 = 진리를 탐구하는 공부〉라는 큰 맥락에서 일반화한 제7곡의 인문 의학적 메시지는, 진리 탐구에 있어서 책을 통한 공부와 자연을 통한 공부가 상호보완적으로 깨달음과 끝없는 즐거움을 선물한다는 것입니다.

제7곡에 담긴 메시지[667]

퇴계의 주관적 감흥 차원	도산서당에서 진리 탐구 공부에 매진하는 퇴계의 끝없는 즐거움과 오가는 풍류의 즐거움
일반화한 교육 · 철학적 차원	책과 자연의 상호보완을 통해 끝없는 즐거움을 느끼는 진리 탐구 공부

제8곡. 편협하지 않은 공부

> (고어)
> 뇌정이 파산ᄒᆞ야도 농자ᄂᆞᆫ 몯 듣ᄂᆞ니
> 백일이 중천ᄒᆞ야도 고자ᄂᆞᆫ 몯 보ᄂᆞ니
> 우리ᄂᆞᆫ 이목총명남자로 농고 ᄀᆞᆮ디 마로리

666) 김종성, 『마음이 편하지 않을 때는 한 걸음 걸어라. 의철학: 퇴계와 히포크라테스의 묵상 대화』(대전: 충남대학교출판문화원, 2018), 162쪽.

667) 이사미 · 김병일 · 김종성, 「노래로서 도산십이곡의 구현: 악보 및 가사에 담긴 교육적 함의」, 『유학연구』(충남대학교 유학연구소, 2021) 제56집, 31~81쪽.

(현대어)
뇌정이 파산하여도 농자는 못 듣나니
백일이 중천하여도 고자는 못 보나니
우리는 이목총명남녀로 농고 같지 말으리

(영어)
Thunder and lightning breaks the mountain, but the deaf cannot hear.
The sun glows down, but the blind cannot see.
With our bright eyes and ears, we shall hear and see all the Truth.[668]

(한문)
雷霆破山/뇌정파산 聾者不聽了/농자불청료
白日中天/백일중천 瞽者不見了/고자불견료
吾輩耳目聰明男子/오배이목총명남자 勿如聾瞽了/물여롱고료[669]

1행의 '뇌정이 파산하여도'(Thunder and lightning breaks the mountain)는 천둥·번개가 산을 부순다는 의미입니다. 2행의 '백일이 중천하여도'(The sun glows down)는 밝은 태양이 하늘 한가운데 있다는 뜻이지요. 〈후육곡 = 진리를 탐구하는 공부〉라는 논지에서 천둥·번개·태양은 '진리'를 상징합니다. 눈을 감으면 하늘의 태양이 보이지 않습니다. 그러나 보이지 않는다고 해서 태양이 거기에 없는 것은 아닙니다. 이처럼 우리 앞에 진리가 확연히 드러나 있는데도 '못 듣나니'와 '못 보나니' 가사처럼 꽉 닫힌 마음 때문에 깨닫지 못한다면 얼마나 안타까울까요? 공자(BC 551~479)는

마음이 거기에 있지 않으면, 보아도 보이지 않으며, 들어도 들리지 않으며, 먹

668) 위의 문헌과 동일.
669) 『해은별고(海隱別稿)』, 1권, 시, 「도산십이곡(陶山十二曲), 기팔(其八)」.

어도 그 맛을 알지 못한다.
[心不在焉/심부재언 視而不見/시이불견 聽而不聞/청이불문 食而不知其味/식이부지기미][670]

라며 진리를 체험하기 위해서는 마음의 눈과 귀가 열려있어야 한다고 강조했습니다. 의학의 아버지 히포크라테스(BC 460~370) 역시

눈에 보이지 않는 것은 마음의 눈으로 통달합니다.
[What escapes the eyesight is mastered by the eye of the mind.][671]

거룩한 것은 거룩한 사람에게만 보입니다.
[Things that are holy are revealed only to men who are holy.][672]

라며 진리를 보기 위해서는 마음의 눈(the eye of the mind)을 밝게 뜨는 것이 중요하다고 말했습니다.

〈마음의 눈〉
육체의 눈으로
글씨와 그림을
나무와 물고기를
돌과 물을
사람과 하늘을 봅니다.

마음의 눈으로
그 글씨와 그림의 탄생을

670) 『대학(大學)』, 「전칠장(傳七章)」.
671) 『Hippocrates Corpus(히포크라테스 전집)』, 「The Art(의술)」.
672) 위의 책, 「Law(법)」.

그 나무와 물고기의 성장을
그 돌과 물의 과거와 미래를
그 사람의 삶과 당신을 봅니다.

영혼의 눈으로
삶의 노래를
만물의 합창을
당신의 아름다운 연주를 봅니다.

(2016. 6. 30. 김종성 묵상 일기)

어떤 분은 도산십이곡 가사의 '농자(聾者, 듣지 못하는 사람)', '고자(瞽者, 보지 못하는 사람)', '남자(男子)'라는 단어에 대해 인간 평등의 차원에서 충분히 설득력 있는 이의를 제기하기도 합니다. 그러나 제8곡 가사에 나오는 이러한 시어들이 사람의 신체적 특성이 아니라 마음 또는 영적 상태를 상징하는 것임을 누구나 이해할 수 있지요. 신기하게, 『성경』에도 '농자'와 '고자'라는 단어가

너희 듣지 못하는 자들아, 들어라. 너희 보지 못하는 자들아, 눈을 똑바로 뜨고 보아라
[You who are deaf, listen, you who are blind, look and see!]
[爾聾者當聽/이농자당청 爾瞽者當視/이고자당시][673]

눈이 있어도 보지 못하고 귀가 있어도 듣지 못하는 이 백성을 불러 모아라
[Lead out the people who are blind though they have eyes, who are deaf though they have ears]
[以有目而瞽/이유목이고 有耳而聾之民/유이이농지민 悉擕之出/실휴지출][674]

673) 『성경』, 「이사야」, 42장, 18절.

저들이 알지도 못하고 깨닫지도 못함은 그들의 눈이 닫혀 보지 못하며 그 마음이 어두워 깨닫지 못함이라

[The idols have neither knowledge nor reason; their eyes are coated so that they cannot see, and their hearts so that they cannot understand.]

[惟彼不知不悟/유피부지불오 目塗不見/목도불견 心蔽不明/심폐불명][675]

라고 영적 장애를 상징하는 언어로 나오는군요. '소경'이나 '귀머거리'와 같은 단어들은 현대의 국어에서 신체적 장애를 비하하는 말로 분류합니다.[676] 현대의학에서는 이러한 용어들을 쓰지 않고 시각장애인, 청각장애인이라는 공식 명칭을 씁니다. 『영어 성경』에 나오는 'blind'와 'deaf'는 신체장애에 대해 차별적 또는 부정적 태도를 담지 않은 중립적 의미의 단어라고 하는군요.[677] 『한문 성경』과 도산십이곡 가사에 나오는 '농자(聾者)'와 '고자(瞽者)'라는 한문 단어는 어떨까요? 중국 현지에서 '~子(자)', '~者(자)', '~人(인)'이라는 용어를 어떻게 사용하는지 알아보았습니다.[678] '~子'는 대학자에게 공자(孔子), 맹자(孟子), 정자(程子), 주자(朱子)처럼 '큰 스승'에게 '존경'의 의미를 담아서 존칭으로 사용하기도 하지만 현대 중국 사회에서 장애인에게 '~子'를 사용하여 청각장애인에게 '농자(聾子, 롱즈)'라고 하면 매우 비하하는 말이며, 청각장애인에게 '~人'을 사용하여 '농인(聾人, 롱런)'이라

674) 『성경』, 「이사야」, 43장, 8절.

675) 『성경』, 「이사야」, 44장, 18절.

676) 채은하, 「장애인 호칭의 비교와 대안 연구: 히브리어 성경, 칠십인 역과 한글 공인 번역 성경들을 중심으로」, 『성경원문연구』(대한성서공회, 2017) 제40호, 95~116쪽.

677) 채은하, 「부적절한 장애인 호칭들의 문제와 대안: 공인 번역 성경들을 중심으로」, 『장신논단』(장로회신학대학교, 2020) 제52권 2호, 37~59쪽.

678) 고려대 한문학과 김언종 교수님께서 중국 제자에게 문의하여 보내 준 내용, 그리고 중국에서 고등학교까지 마치고 충남대학교의과대학에 진학한 필자의 지도학생 김호영 학생에게 문의하여 얻은 내용을 종합한 것임. 김호영 학생은 중국의 장애인 관련 다양한 사이트의 홈페이지들과 중국 사전을 검색하기까지 하여 자세한 내용을 보내 주었음.

고 하면 전혀 비하하지 않는 표준어라고 하더군요. 반면에 '~者'를 사용하는 '농자(聾者, 롱즈어)'라는 단어는 일상의 대화에서는 거의 사용하지 않는 문어체의 표기라고 합니다. 한국에서는 '~者'를 환자 · 보호자 · 격리자 · 계약자 · 합격자 · 수상자 · 배우자 · 관계자 · 입대자 · 등승자 · 운전자 · 대표자 · 발표자 · 대기자 · 참석자 · 후보자 · 기자 · 피해자 · 가해자 … 등 많은 공식적인 단어에서 '~하는 사람'이라는 의미로 널리 사용하고 있습니다. 따라서, 『한문 성경』과 도산십이곡 가사의 '농자(聾者)'와 '고자(瞽者)'라는 단어는 신체장애를 비하하는 부정적 태도가 비교적 개입되어 있지 않은 단어로 보아야 할 것 같습니다. 퇴계 선생은

> 자기를 버리고 남을 따르지 못하는 것이 공부하는 사람의 큰 병이다. 세상의 의(義)와 진리가 무궁한데 어찌 자기만 옳고 남은 그르다고 할 수 있겠는가. [不能舍己從人/불능사기종인 學者之大病/학자지대병 天下之義理無窮/천하지의리무궁 豈可是己而非人/기가시기이비인. 禹性傳/우성전[679]][680]

라며 '편협한 마음'을 공부하는 사람이 경계해야 할 '큰 병'으로 보았습니다. 즉 제8곡 가사의 '농자'와 '고자'라는 단어는 학자의 '대병(大病)'을 상징하는 퇴계 선생의 '시어'입니다. '진리를 탐구하는 공부'에 편협한 마음이 얼마나 크게 방해가 되길래 퇴계 선생께서 이런 '시어'를 사용해야만 했을까를 묵상해보는 것도 중요합니다. 글자 한 자를 쓸 때도 점 하나, 획 하나를 살피며 한 단어 한 글자까지 세심하게 숙고를 거듭하여 가볍게 남에게 보이지 않는 성정을 가진[681] 온유한 65세의 노(老) 대학자가 얼마나

---

679) 추연(秋淵) · 연암(淵庵) 우성전(禹性傳, 1542~1593, 본관 단양, 자字 경선景善).

680) 『퇴계선생언행록(退溪先生言行錄)』, 유편(類編), 「강변(講辨)」.

681) 위의 책, 유편(類編), 「잡기(雜記)」. 〈선생은 비록 글자 한 자를 우연히 쓰더라도 점이나 획은 반드시 정돈하였고 글씨는 방정 · 단정했다. 시 한 수를 읊을 때도 한 글귀 한 글자를 반드시 숙고하여 고치고 정했으며 가볍게 남에게 보이지 않았다. 先生雖偶書一字/선생수우서일자 莫不整頓點畫/

망설이며 이 '시어'들을 조심스럽게 선택했을까요? 1559년 1월 5일, 59세의 퇴계 선생은 26살의 나이 차이를 극복하고 후학 고봉(高峯) 기대승(奇大升, 1527~1572, 본관 행주, 자字 명언明彦) 선생에게

> 또 선비 벗들을 통해 공이 논한 사단칠정에 대한 설을 전해 들었습니다. 나 역시 그렇게 말한 것이 온당하지 못함을 문제로 여기고 있었는데 공의 지적을 받고는 잘못되었다는 것을 더욱 절감하였습니다. 그래서 곧바로 … 라고 고쳤는데 이렇게 하면 문제가 없을지 모르겠습니다.
> [又因士友間/우인사우간 傳聞所論四端七情之說/전문소론사단칠정지설 鄙意於此亦嘗自病其下語之未穩/비의어차역상자병기하어지미온 逮得砭駁益知疎繆/체득폄박익지소유 卽改之云/즉개지운 … 未知如此下語無病否/미지여차하어무병부][682]

라며 자신의 주장을 고집하지 않고 후학이 제기한[683] 학술적 의견을 받아들여 수정함으로써 그 유명한 사단칠정론을 시작하여 8년에 걸쳐 완성했습니다. 또한 돌아가시기 며칠 전인 1570년 11월 17일에도

> 기묘에 기명언의 편지에 회답하여 치지격물설을 고치다.
> [己卯/기묘 答奇明彦書/답기명언서 改致知格物說/개치지격물설][684]

> 종래의 물격설과 무극이태극설은 나의 견해가 잘못되었으므로 이미 설을 고쳐 정사하여 영공에게 전하라고 이정[685]에게 부쳤으나, 아마도 전해지지 않

막부정돈점획 字體方正端重/자체방정단중 雖偶吟一絕/수우음일절 一句一字/일구일자 必精思更定/필정사경정 不輕示人/불경시인. 李德弘/이덕홍〉.

682) 『정본퇴계전서(定本退溪全書)』, 서간 3, 서(書)-기대승(奇大升)-2, 「여기명언(與奇明彦)[기미(己未)]」.

683) 1558년 11월 초 고봉 선생이 사단칠정 논변을 제기했다. ※ 도산서원 참 공부 모임, 『도산잡영(陶山雜詠)』(예인, 2017), 105쪽.

684) 『퇴계선생연보(退溪先生年譜)』, 제2권, 「연보(年譜) 2」.

685) 잠재(潛齋) · 정암(整庵) 김취려(金就礪, 1526~?, 본관 안산, 자字 이정而精).

은 듯하므로 지금 한 통의 글을 올리는 바이니 밝게 양찰하기 바랍니다. [向來物格說/향래물격설 無極而太極說/무극이태극설 鄙見皆誤/비견개오 亦已改說/역이개설 寄于而精/기우이정 恐或失傳/공혹실전 故今呈一紙/고금정일지 照諒/조량][686][687]

에서 보듯 '제 견해가 잘못되었습니다'라고 후학에게 고백하기도 했습니다.[688] 이 내용은 진리가 스스로 발현한다는 이론인데요. 위의 글에서 먼저 부쳤다고 하는 편지는 한 달 전인 1570년 10월 15일에 보낸 편지로 다음의 내용입니다.

전에 내가 잘못된 설을 고집했던 이유는 단지 주자의 '이(理)는 정감과 의지가 없고, 계획과 헤아림도 없고, 창조와 작위도 없다'라는 설만을 알고 지켜서, '내'가 물리의 지극한 곳을 궁구하여 이를 수는 있어도 '이'가 어찌 스스로 지극한 곳에 이르겠는가 생각했습니다. 그러므로 물격의 격(格)과 무부도의 도(到)를 모두 '내'가 격(格)하고 '내'가 도(到)하는 것으로 보았습니다. 지난날 서울에 있으면서 '이(理)가 이른다'라는 설로 깨우쳐 주심을 받고 반복해서 생각을 모았으나 의혹을 풀지 못했는데, 최근에 김이정이 전해 준, 영공께서 뽑아주신 '이도(理到)'에 대한 주선생의 언급 서너 개 조목을 보고 비로소 나의 견해가 잘못됨을 두려워하고, 이에 관한 이전의 견해를 다 씻어 버리고 마음을 비우고 자세히 생각하여 먼저 '이'가 스스로 이를 수 있는 까닭을 찾아보았습니다. … 단지 본체가 작용이 없는 줄만 알고 진리의 용(用)이 뚜렷이 행할 수 있다는 것은 알지 못하여 '이'를 거의 죽은 물건으로 인식하였으니, 진리에서 너무도 멀리 떨어진 것이 아니겠습니까. 이제 영공의 높은 식견으로 누차 일깨워주시어 망령된 견해를 버리고 새로운 의미를 깨닫고 새롭게 격을 높이

686) 『정본퇴계전서(定本退溪全書)』, 서간 3, 서(書)-기대승(奇大升)-85, 「답기명언(答奇明彦)」.

687) 『고봉전서(高峯全書)』, 양선생(兩先生) 왕복서(往復書), 3권, 「배답상장(拜答上狀) 기승지택(奇承旨宅)」.

688) 김영두, 『퇴계와 고봉, 편지를 쓰다』(소나무, 2003).

게 되었으니 매우 다행입니다.

[前此滉所以堅執誤說者/전차황소이견집오설자 只知守朱子理無情意無計度無造作之說/지지수주자리무정의무계탁무조작지설 以爲/이위 我可以窮到物理之極處/아가이궁도물리지극처 理豈能自至於極處/이기능자지어극처 故硬把物格之格/고경파물격지격 無不到之到/무부도지도 皆作己格/개작기격 己到看/기도간 往在都中/왕재도중 雖蒙提諭理到之說/수몽제유리도지설 亦嘗反復紬思/역상반복주사 猶未解惑/유미해혹 近金而精傳示/근김이정전시 左右所考出朱先生語及理到處三四條/좌우소고출주선생어급리도처삼사조 然後乃始恐怕己見之差誤/연후내시공파기견지차오 於是/어시 盡底裏濯去舊見/진저리탁거구견 虛心細意/허심세의 先尋箇理所以能自到者如何/선심개리소이능자도자여하 …… 但有見於本體之無爲/단유견어본체지무위 而不知妙用之能顯行/이부지묘용지능현행 殆若認理爲死物/태약인리위사물 其去道不亦遠甚矣乎/기거도불역원심의호 今賴高明提諭之勤/금뢰고명제유지근 得去妄見/득거망견 而得新意/이득신의 長新格/장신격 深以爲幸/심이위행][689]

위의 편지에서 보듯, 퇴계 선생은 '격물'과 '물격'이라는 단어를 해석하는 과정에서 '물격'을 본인이 주장했던 '물(物)을 격(格)한 뒤에'가 아니라 후학이 주장한 '물(物)이 격(格)한 뒤에'가 옳다는 결론을 내립니다.[690] 그럼으로써 격물을 통해 사물에 내포된 진리가 스스로를 드러낸다는 〈이자도설(理自到說)〉을 생애 마지막에 완성합니다.[691] 퇴계 선생의 '이자도설'에 대해서는 여러 학술적 관점이 있지만,[692][693] 진리의 발함이라는 '이발설'

---

689) 『정본퇴계전서(定本退溪全書)』, 서간 3, 서(書)-기대승(奇大升)-82-1, 「답기명언(答奇明彦) 별지(別紙)」.

690) 권오봉, 『퇴계 선생 일대기-가을하늘 밝은 달처럼』(교육과학사, 2013), 308쪽.

691) 김종석, 「선독: 대학선독」, 『도산서원 선비 아카데미 전문과정교재』(경상북도 · 안동시 · 도산서원선비문화수련원, 2021), 187~200쪽.

692) 문석윤, 「퇴계에서 이발(理髮)과 이동(理動), 이도(理到)의 의미에 대하여: 이(理)의 능동성 문제」, 『퇴계학보』(퇴계학연구원, 2001) 제110집, 161~201쪽.

693) 강경현, 「퇴계(退溪) 이황(李滉)의 이발(理發)과 이자도(理自到)에 대한 연속적 이해」, 『철학논집』

을 뒷받침하는 매우 중요한 이론으로 생각합니다. 퇴계 선생은 타인의 학술적 주장을 무조건 따르지는 않았습니다.

> 타인과 변론할 때 의견이 맞지 않으면 자기(퇴계)의 의견이 혹시 미흡하지 않은가 하여 자기의 선입견을 고집하지 않았다. 남과 자기 소견을 구별하지 않고 마음을 비우고 이리저리 따지되 의리에 비추어 보고 옛 책을 참고하였다. 자기 말이 이치에 맞으나 이의가 있으면 다시 변론해서 마침내 상대의 의혹을 풀어 주었고, 자기의 소견에 혹 미흡한 점이 있으면 자기의 견해를 버리고 남의 의견을 따랐기 때문에 사람들이 모두 기꺼이 순응하였다.
> [與人論辯/여인논변 有所不合/유소불합 則猶恐己之所見或有未盡/즉유공기지소견혹유미진 不主先入/부주선입 不分人己/불분인기 虛心紬繹/허심주석 求之於義理/구지어의리 質之於典訓/질지어전훈 己言合理而有稽/기언합리이유계 則更與辨說/즉갱여변설 期於解彼之惑/기어해피지혹 舊見或有未安/구견혹유미안 卽舍己而從人/즉사기이종인 故人莫不悅服/고인막불열복. 李德弘/이덕홍][694]

라는 글에서 보듯, 의견이 맞지 않을 때 본인의 마음을 비운 후 여러 문헌을 살피고 깊이 생각한 후에 자신의 주장을 고치는 편협하지 않은 공부의 모범을 스스로 보였습니다. 3행의 '우리는 이목총명남자로 놓고 같지 말으리'(With our bright eyes and ears, we shall hear and see all the Truth)라는 가사에서 '이목총명'은 마음의 귀와 눈의 밝음을 의미하지요. 영문 가사 마지막의 정관사와 대문자를 사용한 'the Truth'는 '절대 진리'라는 의미입니다. '이목총명남자'라는 문구는 안락선생(安樂先生) 소옹(邵雍, 1011~1077, 자字 요부堯夫, 시호 강절康節)의 시[695]

(서강대학교 철학연구소, 2015) 제40집, 145~170쪽.

694) 『퇴계선생언행록(退溪先生言行錄)』, 유편(類編), 「강변(講辨)」.

695) 『격양집(擊壤集)』, 16권, 「관물음(觀物吟)」. ; 『주역전의(周易傳義)』, 상(上), 「역본의도(易本義圖)」, 〈복희육십사괘방위지도(伏羲六十四卦方位之圖)[부록(附錄)]〉.

눈 귀 총명한 남자의 몸
하늘이 내려주니 궁색하지 않네
달 동굴[696] 살펴본 후 만물 아니
하늘 끝[697] 밟지 않고 어찌 사람을 알까
건괘와 손괘 만날 때 달 동굴 보고
지괘와 뇌괘 만나는 곳에서 하늘 끝 보네
하늘 끝과 달 동굴 한가롭게 왕래하니
삼십육궁[698] 모두 봄이네
耳目聰明男子身/이목총명남자신
洪鈞賦予不爲貧/홍균부여불위빈
須探月窟方知物/수탐월굴방지물
未躡天根豈識人/미섭천근기식인
乾遇巽時觀月窟/건우손시관월굴
地逢雷處見天根/지봉뇌처견천근
天根月窟閒往來/천근월굴한왕래
三十六宮都是春/삼십육궁도시춘

의 첫 구절입니다. 인성 · 영성을 중요시하며 진리를 탐구하는 사람들에게 '마음눈 · 귀의 총명'은 매우 중요한 요소이지요. 진리를 탐구하는 사람은 배타적이지 않아야 합니다. 우리가 사는 이 사회에는 동양 사상과 서양 사상, 보수와 진보, 고전과 현대, 철학과 의학, 종교와 철학, 과학과 인문학 등 수많은 이질적 가치들이 존재합니다. 어떤 때는 서로 대립하면서 서로의 학문이 잘못되었다고 비난하기도 합니다. 안타깝게도 한국은 이질적 가치로 인해 남북으로 나라가 갈라져 있기도 합니다. 그러나 의학의 아버지 히포크라테스(BC 460~370)는

696) 월굴(月窟)은 주역의 구괘(姤卦)를 가리킨다고 함.
697) 천근(天根)은 주역의 복괘(復卦)를 가리킨다고 함.
698) 한나라 때 궁정의 서른여섯 개 궁전. 제왕의 궁전이 많음을 비유.

반대의 것이 반대의 것을 치유한다.
[Opposites are cures for opposites.][699]

라고 말했습니다. 이질적인 가치들이 마음의 눈과 귀를 닫은 채, '내 것만 옳다'라고 주장하며 대립하지 말고, 비난하지 말고, 싸우지 말고, 마음을 열고 서로 화합 · 존중하는 공부를 통해 함께 성장하는 것이 중요하다는 의미입니다. 인문학과 의학의 융합 즉 '인문 의학'의 중요성도 여기에 해당하겠지요. 조선이 몰락한 이면에도 지나친 자부심으로 다른 문명을 받아들이지 않고 정체 · 안주 · 퇴보한 한 이유가 있지 않을까요? 서산대사[700]가 퇴계 선생을

복희[701]의 수리는 삼재[702]의 주인	伏羲數理三才主/복희수리삼재주
공자의 강상[703]은 만세의 스승이네	孔子綱常萬世師/공자강상만세사
충서경성을 공께서 이미 통달했으니	忠恕敬誠公已達/충서경성공이달
해동 천지 제일가는 분이네	海東天地一男兒/해동천지일남아

라며 '바다 동쪽 세상에 제일가는 분'이라고 표현한 것을 보니,[704] 진리를 탐구하는 공부는 종교라는 벽을 허물기도 하는가 봅니다. 스테파노 옹기(甕器) 김수환(金壽煥, 1922~2009, 본관 광산) 추기경은 독립유공자 심산(心山) 김창숙(金

699) 『Hippocrates Corpus(히포크라테스 전집)』, 「Breaths(호흡)」.
700) 최여신(崔汝信, 법명 휴정休靜, 1520~1604, 본관 완산, 자字 현응玄應, 호 청허淸虛 · 서산西山). 제63대 조사, 임진왜란 때 제자 사명당 유정과 승병을 일으켜 큰 전공을 세움.
701) 전설 속의 세 황제 중 한 사람. 주역의 기초인 팔괘를 창제했다고 전해짐.
702) 하늘 · 사람 · 땅의 이치. 『주역(周易)』, 「계사전하(繫辭傳下)」, 〈하늘의 이치가 있고 사람의 이치가 있으며 땅의 이치가 있다. 세 이치를 둘로 포개었기 때문에 여섯이 된다. 有天道焉/유천도언 有人道焉/유인도언 有地道焉/유지도언 兼三材而兩之/겸삼재이양지 故六/고륙〉.
703) 삼강(三綱, 지도자와 구성원, 부모와 자녀, 부부 사이의 도리)과 오상(五常, 인의예지신). 곧 사람이 지켜야 할 도리.
704) 『청허당집(淸虛堂集)』, 청허집 3권, 칠언절구(七言絕句), 「서퇴계권(書退溪卷)」. ※ '서퇴계권'은 '퇴계의 책에 쓰다'.

昌淑, 1879~1962, 본관 의성) 선생의 묘소에서 흔쾌히 묵념이 아닌 유교적 의식에 맞추어 큰절을 올리는 아름다운 모습을 보이기도 했습니다.

동아일보(2000.5.24.)[705]

대구의 어느 성당에서는 신자들이 피정(避靜, retreat)[706] 장소를 도산서원의 선비문화수련원으로 택하여 다녀가기도 하더군요.[707] 편협하지 않은 진리 탐구 공부를 몸소 실천하는 참으로 감동적인 모습입니다. 가톨릭에서는

> 가톨릭교회는 … 다른 종교인들의 생활양식과 행동 방식뿐 아니라 그 계율과 교리도 진심으로 존중한다. 그것이 비록 가톨릭교회에서 주장하고 가르치는 것과는 여러 가지로 다르더라도 … 다른 종교의 신봉자들과 대화하고 협력하면서 … 다른 종교인들의 정신적 도덕적 자산과 사회 문화적 가치를 인정하고 보호하며 증진하도록 모든 자녀에게 권고한다.[708]

라고 합니다. 개신교도 마찬가지입니다. 대한예수교 장로회 장로님들이

---

705) 동아일보, 「심산(心山) 김창숙 묘소 고유제서 김(金) 추기경 여섯 번 큰절」, 2000.5.24.

706) 세상에서 물러나 조용한 곳에서 묵상 · 기도를 통해 자신을 살피고 고요함을 찾는 일. 피세정념(避世靜念) 또는 피속추정(避俗追靜)의 줄임말. ※ 가톨릭 뉴스 지금 여기, 「피정이 뭔가요?」, 2017.8.23.

707) 이데일리, 「김병일의 선비 이야기, 선비체험에 몰입하는 천주교인들」, 2021.12.3.

708) 한국천주교주교회의 · 한국천주교중앙협의회. 「비그리스도교와 교회의 관계에 대한 선언: 우리 시대」(Declaratio De Ecclesiae Habitudine Ad Religiones Non-Christianas: Nostra Aetate). 1965. 10. 28. 제2차 바티칸 공의회. eBook.

기독선비정신을 추구하며 도산서원에서 선비체험에 몰입하기도 합니다.[709] 한국적 기독 신학을 모색하는 기독 지식인들은 실질적인 삶과 행동에 바탕을 둔 실천 신학의 길을 퇴계 선생과 율곡 선생의 교육에서 찾기도 하고,[710] 한국 신학의 발전을 위해 퇴계 심성론의 경(敬)과 율곡 심성론의 성(誠)에 초점을 둔 '경(敬) 신학'[711]과 '성(誠) 신학'[712]을 제시하기도 합니다.[713] 도산십이곡이 그렇듯, 퇴계 심성론은 진리를 추구하는 신앙생활과 상충하지 않으며 오히려 큰 도움이 되지요. 퇴계 선생의 진리 향한 '경' 공부가 종교적 색채의 수행 또는 신앙생활의 핵심을 포함하기 때문입니다. 장로회신학대학교 어느 교수는

> 오늘 기독 지식인으로 스스로를 정위하는 수많은 학자는 어떠한가를 생각해 본다. 수기와 치인에 충실한 학자, 퇴계와 같은 대사상가요 수기와 치인에 충실한 학자가 한국 신학계에 더 많이 등장하는 것이 서구 신학의 한계를 뛰어넘고 한국적 신학이 세계적 신학으로 우뚝 서는 가장 중요한 첩경이 될 수 있다고 생각한다. …'한 수 배움'의 열린 마음속에 소통도 일어나고 연대도 가능하고 존중도 가능하다고 본다. 자신의 삶에서는 하늘과의 조그마한 틈새도 허용하지 않으려 수기적 노력을 하면서도, 동시에 이 땅 조선을 대동사회로 만들기 위해 노년에 떨리는 손을 진정시켜 가며 『성학십도』를 올린 퇴계의 수양과 열정을 배워야 하리라고 본다. 바로 이것이 이 시대 기독 지식인의 사회적 책무이기 때문이다.[714]

---

709) 김병일, 「장로님들이 몰입한 선비체험」, 대한경제, 2022.10.25.

710) Lee SJ, 「Seeking a Holistic Theological Education: From a Comparative Study on T'oegye and Yulgok's Education」, 『Korean Journal of Christian Studies』(Korean Association of Christian Studies, 2013) Vol. 89, pp.235-248.

711) 김하태, 『마음 머물 곳을 찾아서』(종로서적, 1991).

712) 윤성범, 『기독교와 한국사상』(대한기독교서회, 1998).

713) Lee CS, 「Two Models of Christian-Confucian Dialogue in Korea: Toward An Indigenized Korean Theology」, 『Korean Journal of Christian Studies』(Korean Association of Christian Studies, 2013) Vol. 89, pp.153-173.

714) 배요한, 「기독 지식인의 사회적 책무에 관한 소고: 퇴계의 수양론과 그 사회적 함의를 중심으로」,

라며, 기독인들이 퇴계 선생의 진리 향한 삶을 본받음으로써 한국적 신학이 세계적 신학으로 거듭나기를 소망하기도 하더군요. 3행에 나오는 '남자'라는 단어와 관련하여, 동양고전에

> 옛사람들은 "암탉은 새벽에 울지 않아야 한다. 암탉이 새벽에 울면 집안이 망한다"라고 말했다.
> [古人有言曰/고인유언왈 牝雞無晨/빈계무신 牝雞之晨/빈계지신 惟家之索/유가지삭][715]

라고 한 이래 여성의 사회적 역할에 대한 잘못된 부정적 관념이 동양에 오래도록 존재해왔던 것도 사실입니다. 〈남자〉라는 가사에 대해 도산서원 참 공부 모임 회원들이 뜨거운 찬반 논란 끝에

> "〈남녀〉로 부르는 것이 좋겠다."

고 하셔서 저도 이 의견을 수용했는데요. 퇴계 선생께서 아시면 무어라고 말씀할지 궁금합니다. 잘했다고 하실지, 아니면 왜 나의 깊은 뜻을 모르느냐고 하실지. 아마도 제 생각에는

> 세속의 예를 따라 하는 것이 무슨 잘못이겠는가.
> [依俗例爲之/의속례위지 又何不可/우하불가. 李國弼/이국필[716]][717]

라고 하실 것 같기도 합니다. 〈후육곡 = 진리를 탐구하는 공부〉라는 큰

『한국기독교신학논총』(한국기독교학회, 2009) 제65집, 227~248쪽.

715) 『서경(書經)』, 주서(周書), 「목서(牧誓)」.

716) 이국필(李國弼, ?~?, 본관 한성, 자字 비언棐彥).

717) 『퇴계선생언행록(退溪先生言行錄)』, 유편(類編), 「논예(論禮) 관혼상제(冠婚喪祭)」.

맥락에서 제8곡의 인문 의학적 함의는 마음의 눈과 귀를 열고 편협하지 않은 마음으로 진리 탐구 공부를 해나갈 것을 강조한 것으로, 퇴계 선생의 주관적 감흥 차원과 일반화 차원의 메시지가 동일합니다.

제8곡에 담긴 메시지[718)]

퇴계의 주관적 감흥 차원	편협하지 않은 마음으로 진리를 탐구하는 공부
일반화한 교육 · 철학적 차원	

제9곡. 선구자의 길을 본받는 공부

(고어)
고인도 날 몯 보고 나도 고인 몯 뵈
고인를 몯 봐도 녀던 길 알픠 잇닉
녀던 길 알픠 잇거든 아니 녀고 엇뎔고

(현대어)
옛사람도 날 못 보고 나도 옛사람 뵙지 못해
옛사람 뵙지 못해도 가시던 길 앞에 있네
가시던 길 앞에 있으니 아니 가고 어쩌겠나

(영어)
Someone you never met me before, someone I never met you before.
Though we never met ever before, what lies ahead is their way.
As the way lies ahead, with a favor I will follow them.[719)]

718) 이사미 · 김병일 · 김종성, 「노래로서 도산십이곡의 구현: 악보 및 가사에 담긴 교육적 함의」, 『유학연구』(충남대학교 유학연구소, 2021) 제56집, 31~81쪽.
719) 위의 문헌과 동일.

(한문)

古人不見我/고인불견아 我不見古人/아불견고인
古人雖不見/고인수불견 行了路在前/행료로재전
行了路在前/행료로재전 不行了何/불행료하[720]

1행의 '고인도 날 몯 보고 나도 고인 몯 뵈'(Someone you never met me before, someone I never met you before)에서 '고인'은 '옛사람'입니다. '고인'이라는 단어는 퇴계 선생이 스스로 쓴 본인의 묘갈명[721]과 『시경』[722]에도

나 옛사람 생각하며 실로 내 마음 빼앗겼네
我思古人/아사고인 實獲我心/실획아심

라고 나오는데요. 퇴계 선생의 주관적 감흥의 차원에서 '고인'은 퇴계 선생이 마음속으로 존경한 특정 시대의 유학적 스승입니다. 더 넓게 정자(程子), 주자(朱子, 1130~1200)를 비롯하여 유학의 도를 지키며 높은 뜻을 지닌 성현을 두루 일컫는다고도 볼 수 있지요.[723] 인문 의학적으로 일반화한 관점에서는, '고인'을 여러 학술 분야에서 학문적 삶을 걸어간 대학자, 자신을 희생하며 나라를 위해 구국의 삶을 걸었던 위인, 신앙적 삶을 걸어간 종교 분야의 선구자, 그리고 집안의 바람직한 인물 등 우리의 마음을 빼앗아 사로잡은 분들로 해석할 수 있습니다. 퇴계 선생이

---

720) 『해은별고(海隱別稿)』, 1권, 시, 「도산십이곡(陶山十二曲), 기구(其九)」. 해은별고 원문에는 2행의 '행료로재전(行了路在前)' 가사가 한 번만 나온다. 해은 선생께서 놓치신 부분인 것 같아서 저자가 3행에 한 번 더 추가했다.

721) 『퇴계집(退溪集)』, 퇴계선생연보 3권, 부록(附錄), 「묘갈명(墓碣銘)」.

722) 『시경(詩經)』, 국풍(國風), 「녹의(綠衣)」.

723) 황병익, 「도산십이곡(陶山十二曲)의 의미 재고(再考) Ⅱ」, 『정신문화연구』(한국학중앙연구원, 2013) 제36권 제2호, 271~299쪽.

어찌 알까 후세사람 지금의 내게 마음 뺏기지 않을지

寧知來世/영지내세 不獲今兮/불획금혜[724]

라고 본인의 묘비 글에 표현한 것처럼, 현대인에게 고인은 퇴계 선생 본인일 수도 있습니다. 더 나아가 그분이 유명하거나 유명하지 않거나 상관없이 국민 개개인의 실존에서 각자 마음속에 본받을 만한 삶의 큰 스승을 상징하지요. 2행의 '녀던 길'은 '걸었던 길'이라는 의미로 선구자가 진리를 향해 걸었던 삶의 길입니다. 〈후육곡 = 진리를 탐구하는 공부〉라는 논지에서 '녀던 길'(the way they' ve gone)은 선구자가 삶에서 마주했던 수많은 역경과 고민의 이미지를 상징할 뿐 아니라, 그것에 굴하지 않고 표출한 진실한 가치를 향한 엄청난 노력, 희생, 초지일관의 태도(attitude) 등 다양한 이미지를 상징합니다. 옛사람 즉 선구자들을 직접 만날 수는 없지만(Though we never met ever before), 그분들이 어려운 여건에서도 진리를 향해 걸어갔던 그 삶의 길이 우리 앞에 놓여있는 것이지요(what lies ahead is their way). 3행의 '녀던 길 앞에 있거든 아니 녀고 어쩔꼬'(As the way lies ahead, with a favor I will follow them)에서 '아니 녀고 어쩔꼬'라는 문구는 마치, 삶의 여건이 힘들어 주저앉아 있을 때 빨리 일어나서 진리를 향해 함께 걸어가자고 하며 손을 내밀어 잡아주고 우리의 어깨를 두드려주는 퇴계 선생의 모습을 연상하게 합니다. 인문 의학적 관점에서 볼 때 3행은 완벽한 의미치료(logotherapy)입니다. 의미치료는 유태인이자 오스트리아 의사인 빅터 에밀 프랭클(Viktor Emil Frankl, 1905~1997)이 2차 세계대전 중 유태인 강제 수용소에 끌려가 있는 동안에 죽음을 앞에 두고 이론의 기초를 완성했습니다.[725] 의미치료는 삶이 안겨주는 '현재의 고통 또는 무거운 짐'을 '삶의 값진 의미'로 바

---

724) 『퇴계집(退溪集)』, 퇴계선생연보 3권, 부록(附錄), 「묘갈명(墓碣銘)」.

725) Frankl VE, 『Man's Search for Meaning: an introduction to logotherapy』(Beacon Fress, 2006)(originally published in 1946).

꾸는 실존적 기법이지요. 예수님이 십자가에서 몸소 보여주셨듯 그 고통이 설사 죽음일지라도, 그것을 '삶의 귀한 보석'으로 바꾸어 기꺼이 마주하고 이겨내게 합니다. 의미치료를 제2곡에서 소개했던 뇌 의학적 심성론으로 해석하면, 변연계에 의한 세속적 가치의 삶을 전두전엽에 의한 영적 가치의 삶으로 한 차원 높게 변화시키는 것입니다. 선구자의 삶을 묵상하는 것은 힘든 내 일상에 커다란 힘을 줄 뿐 아니라 나의 힘든 일상을 내 삶의 귀한 의미로 바꾸어줍니다. 3행의 가사는 현재의 내 삶을 선구자와 함께 즐겁게 걸어가게 합니다.

제9곡은 어찌 보면 평이하게 보이는 문학성의 가사이지만, 개개인의 실존 일상에서는 누구를 막론하고 삶에 큰 힘을 주는 커다란 반향을 일으킵니다.[726] 제9곡은 대중 친화성이 매우 높아서 열두 곡 중 가장 먼저 '그분들이 가신 길(The Way They' ve Gone)'이라는 제목의 현대적 노래로 만들어졌습니다. 일반화한 관점에서 '고인'이 다양한 의미를 갖기 때문에 그런 것 같습니다. 저는 처음에 제9곡의 가사를 접하는 순간, 너무나 일찍 돌아가신 어머님이 떠오르더군요. 어머님께서 걸어가셨던 험난한 삶의 길을 묵상하니, 어머님 생전에 효도 한번 못해본 저는 하염없이 눈물이 났습니다. 딸만 계속 낳으셨던 어머님께서는, 집안의 후사를 이을 아들을 원하시는 아버님으로 인해 삶의 커다란 고통을 겪으셨지요. 아버님께서 작은 어머님을 들여 따로 살림을 차리시는 통에 어머님께서는 삼십대 초반부터 아버님과 떨어져 살면서 늦게서야 39세에 저를 낳으셨습니다. 이러한 상황으로 인해 저는 아버님 삶의 울타리를 멀리서 기웃거리기만 했고 어머님의 보살핌으로만 성장했습니다. 어머님께서는 당신의 '금

726) 신연우, 「도산십이곡 연구의 현황과 과제」, 『퇴계학논집』(영남퇴계학연구원, 2007) 제1호, 57~85쪽.

싸라기 같은 외아들'인 저를 기독교 신앙과 성경으로 스무 살까지 인도해 주시고 돌아가셨습니다. 삶의 엄청난 고통 속에서도 어머님은 그 아픔을 신앙으로 이겨내며 흔들림 없는 영성으로 자신에게 주어진 가시밭길을 걸어가셨습니다. 어머님께서 걸어가신 삶의 모습은 제 일상이 힘들 때나 즐거울 때나 제 마음을 떠나지 않고 제 평생 삶을 온유돈후하게 적셔주는 영적 샘물이 되었지요. 제9곡의 가사를 읽는 순간 제 마음에 어머님 삶의 영상이 펼쳐지더군요.

어머님과 필자
(1978년 충남대 입학식)

진료실에서 삶의 어려운 여건으로 인해 마음이 아픈 환자는 물론이고 심각한 질병으로 인해 절망하고 치료를 포기했던 환자에게도 제9곡의 가사가 큰 힘을 주는 것을 관찰할 수 있었습니다. 제9곡의 가사를 기독교인들에게 읽어주었을 때는 한결같이 저절로 '아멘'이라는 소리가 나오면서

"너무나 은혜롭다. 도대체 누가 쓴 가사냐?"

라고 질문하더군요. 500년 전에 퇴계 선생이 쓴 가사라고 설명해주면 모두 크게 놀랐습니다. 아마도 이 가사에서 신앙 선구자들의 삶이 떠오르면서 영적인 힘을 주는 메시지에 마음이 공명했나 봅니다. 같은 주파수의 소리굽쇠들이 서로 울리는 것을 '공명'이라고 하지요. 진리를 향해 걸었던 선구자의 삶을 묵상하며 힘을 얻는 것은 종교와 문화, 그리고 시대를 초월하여 건강한 인성 · 영성에 공통적인 주파수인가 봅니다. 가톨릭에서는 마음에 둔 신앙 선구자의 삶을 따르기 위해 그 선구자의 이름을 자신의 세례명으로 짓습니다. 예를 들어 '김종성'이라는 사람이 세례를 받으면 '요셉 김종성'이 되어 요셉이라는 선구자의 삶을 본받으며 신앙생활을 해나가는 것이지요. 제9곡은 개신교의 예배 시간과 가톨릭의 미사 시간에 '특송'으로 불리기도 했습니다. 세례명을 받는 세례식(영세식) 행사 때 제9곡의 노래가 잔잔하게 울려 퍼지면 참으로 멋진 행사가 될듯합니다. 제9곡 노래는 추도식, 제사, 성묘 의식, 입학식, 졸업식, 취임식, 정년 행사, 어버이날, 스승의 날, 순국선열기념행사 등 모든 행사에서 참여자들의 마음 다짐에 큰 도움이 됩니다. 2021년 3월의 제32차 도산서원 참 공부 모임에서 이은선 교수님 · 황상희 박사님과 함께 새벽에 선비문화수련원에서 출발하여 도산서원 주변을 산책했는데요. 두 분께서 제9곡에 관한 저의 이런 경험적인 이야기를 들으시고는

"너무 좋은 생생한 간증이다."

라고 말씀하시더군요. 선구자의 공부를 뒤따른다는 제9곡의 내용을 묵상하다 보니 『논어』의

> 옛것을 익혀 새로운 것을 깨닫는다.
> [溫故而知新/온고이지신][727]

---

727) 『논어(論語)』, 「위정(爲政)」.

라는 문구가 떠오릅니다. 모든 분야가 마찬가지이지만 의학에도 엄청나게 많은 새로운 지식이 쏟아져나옵니다. 심지어 어느 시점에 표준치료법으로 제정되었던 내용에 대해 불과 2~3년 뒤에 그런 치료를 하면 안 된다고 하는 정반대의 표준진료지침이 나오기도 하지요. 새로운 지식을 수용하기에도 너무나 바쁜 현대인의 일상이기에 이전 선구자들의 공부를 들여다볼 마음의 여유가 없는 현실이기도 합니다. 그러나 의학의 선구자 히포크라테스(BC 460~370)는

> 기존의 발견들을 알고 이것들을 출발점으로 삼아야 한다.
> [With knowledge of the discoveries already made, and make them his starting point.][728]

라고 말했으며 한국철학의 선구자 퇴계 선생은 68세 때 선조 임금에게 석강에서

> 옛것을 익히는 공부가 깊고 지극하면 새것을 아는 공부도 또한 여기에서 벗어나는 것이 아닙니다.
> [溫故之功深至/온고지공심지 則知新之功/즉지신지공 亦不出於此矣/역불출어차의][729]

라고 했습니다. 두 분의 말씀은 앞으로 나아가기 위해서는 옛것을 공부하는 것 또한 중요하다고 강조하는 것이지요. 앞으로 나아가는 공부의 뿌리가 먼저 걸어간 선구자의 공부에 있습니다. 이 지점에서 제9곡을 다시 한번 들어보면 괜찮을 것 같습니다. 제가 느리고 잔잔하게 편곡하여 일렉트

---

728) 『Hippocrates Corpus(히포크라테스 전집)』, 「Ancient Medicine(전통 의학)」.
729) 『퇴계선생연보(退溪先生年譜)』, 제2권, 「연보(年譜) 2」.

릭 기타로 연주한 묵상 버전, 그리고 국민과 함께 부른 떼창 버전입니다.

일렉기타 묵상 연주

The Way They' ve Gone (그분들이 가신 길) 제9곡

떼창

묵상 버전은 제가 연구실에서 노래 없이 혼자 연주한 것입니다. 떼창 버전은 2019년 4월 13일에 창원컨벤션센터에서 열린 대한가정의학회 춘계학회 때 인문 의학 강의 중에 부른 영상과 2019년 7월 11일에 세종컨벤션센터에서 열린 한국유아교육협회 단체장 직무연수 강연 중에 청중들과 함께 부른 영상을 합친 것입니다. 유아교육을 전문적으로 담당하시는 분들이라서 그런지 노래를 정말 잘 부르시더군요. 〈후육곡 = 진리를 탐구하는 공부〉라는 논지에서 일반화한 제9곡 가사의 인문 의학적 메시지는, 각자의 마음속 큰 스승인 선구자의 삶을 생각하며 진리를 탐구하는 공부입니다.

제9곡에 담긴 메시지[730]

퇴계의 주관적 감흥 차원	퇴계의 마음속 큰 스승인 특정 선구 유학자의 삶을 본받으며, 진리를 탐구하는 공부
일반화한 교육 · 철학적 차원	각자의 마음속 큰 스승인 선구자의 삶을 본받으며, 진리를 탐구하는 공부

730) 이사미 · 김병일 · 김종성, 「노래로서 도산십이곡의 구현: 악보 및 가사에 담긴 교육적 함의」, 『유학연구』(충남대학교 유학연구소, 2021) 제56집, 31~81쪽.

제10곡. 세속 유혹에 흔들리지 않는 공부

(고어)

당시예 녀던 길흘 몃 ᄒᆡ를 ᄇᆞ려두고
어듸 가 ᄃᆞᆫ니다가 이제ᅀᅡ 도라온고
이제 나 도라오나니 년 듸 ᄆᆞᄉᆞᆷ 마로리

(현대어)

당시에 녀던 길을 몇 해를 버려두고
어디 가 다니다가 이제야 돌아온고
이제 나 돌아오나니 딴 데 마음 말으리

(영어)

With the way I walked along left behind for several years,
where did I go and wander, and found myself here again.
I am back here and now, and won't give my mind elsewhere.[731)]

(한문)

當時行了路/당시행료로 幾年棄置/기년기치
何去行/하거행 而今歸來了/이금귀래료
雖而今歸來/수이금귀래 勿如前放心了/물여전방심료[732)]

1행의 '당시에 녀던 길을 몇 해를 버려두고'(With the way I walked along left behind for several years)에서 '당시에 녀던 길'은 퇴계 선생의 주관적 감흥의 차원에서 진리 탐구를 위해 젊은 시절에 했던 공부입니다. 조금 더 구체적으로 30대의 젊은 퇴계 선생이 『심경』을 공부하던 시절로 보기도 합니

731) 위의 문헌과 동일.
732) 『해은별고(海隱別稿)』, 1권, 시, 「도산십이곡(陶山十二曲), 기십(其十)」.

다.[733] 『심경』은 송나라의 서산(西山) 진덕수(眞德秀, 1178~1235)가 선현의 글을 모아 편찬한 책이지요.[734] 『서경』의 한 장, 『시경』의 두 장, 『역경』의 다섯 장, 『논어』의 두 장, 『중용』의 두 장, 『대학』의 두 장, 『예기』의 악기편 세 장, 『맹자』의 열두 장 등 29장이 실려 있고, 염계(濂溪) 주돈이(周敦頤, 1017~1073)의 「양심설」과 『통서』의 「성가학장」, 이천(伊川) 정이(程頤, 1033-1107)의 「사잠」, 범준(范浚, 1102~1151)의 「심잠」, 회암(晦庵) 주희(朱熹, 1130~1200)의 「경재잠」·「구방심재잠」·「존덕성재잠」 등 7편이 실려 있습니다. 젊은 시절의 퇴계 선생은 침식을 잊고 진리 탐구 공부에 매진하는 바람에 20세경에 몸을 크게 상하기까지 했습니다.[735] 퇴계 선생의 주관적 감흥 차원에서 2행의 '어디 가 다니다가'(where did I go and wander)는

> 중년에 망령되이 세상 길에 나가 바람과 티끌이 뒤엎는 속에서 나그네로 여러 해를 보내다가, 스스로 돌아오지도 못하고 죽을 뻔하였다. … 비로소 굴레에서 벗어나 전원에 몸을 던지니 이른바 산림의 즐거움이라는 것이 뜻밖에 내 앞에 펼쳐졌다.
> [中年妄出世路/중년망출세로 風埃顚倒/풍애전도 逆旅推遷/역려추천 幾不及自返而死也/기불급자반이사야 … 乃始脫身樊籠/내시탈신번롱 投分農畝/투분농무 而向之所謂山林之樂者/이향지소위산림지락자 不期而當我之前矣/불기이당아지전의][736]

라는 기록에서 보듯 퇴계 선생이 벼슬에 있던 중년 때를 말합니다. 3행의

---

733) 최재남, 『서정 시가의 인식과 미학』(파주: 보고사, 2003), 170쪽.

734) 김기현, 『마음의 성찰: 심경(心經)의 현대적 해석』(서울: 비봉출판사, 2021), 7쪽.

735) 『정본퇴계전서(定本退溪全書)』, 서간 4, 서(書)-조목(趙穆)-2, 「답조사경(答趙士敬)」. 〈내(퇴계)가 어린 나이로 일찍이 망녕되게 뜻한 바 있었으나 그 방법을 몰라서 너무나 지나치게 애썼던 탓으로 여의고 파리해지는 병을 얻었습니다. 如僕早年妄嘗有意/여복조년망상유의 而昧其方/이매기방 徒以刻苦過甚/도이각고과심 得羸悴之疾/득리췌지질〉.

736) 위의 책, 시 14, 「도산잡영(陶山雜詠)[병기(幷記)]」.

‘이제 나 돌아오나니 딴 데 마음 말으리’(I am back here and now, and won’ t give my mind elsewhere)에서 ‘딴 데 마음 말으리’라는 가사를 다시는 벼슬길에 마음을 두지 않겠다는 퇴계 선생의 다짐으로 흔히 해석합니다.[737] 도산십이곡을 퇴계 선생의 주관적 감흥의 차원 즉 벼슬에 대한 ‘진퇴관’. 특히 ‘진(進)’보다는 ‘퇴(退)’에 대한 견해가 구체적으로 형상화된 작품으로 보는 시각에서는 더 그러한 것 같습니다. 그러나 해석의 지평을 조금 넓혀서, 진리의 발함을 중요시한 퇴계 심성론을 고려하여 〈후육곡 = 진리를 탐구하는 공부〉라는 큰 관점에서 제10곡을 인문 의학적으로 묵상해보면, 1행의 ‘당시에 녀던 길’은 삶의 가치적 차원에서 형이상적 가치 즉 절대 진리를 향해 걷는 선한 인성 · 영성의 초심을 상징합니다. 이러한 저의 논지 근거는 대산(大山) 이상정(李象靖, 1711~1781, 본관 한산, 자字 경문景文) 선생이 도산십이곡의 의미를 인용하여 지은 ‘독심경유감우서’[738]라는 시의

> 당시에 편안했던 집 몇 번이나 멀리하고
> 어디서 방황하다 오늘에야 돌아왔나.
> 當年安宅幾時違/당년안택기시위
> 何處彷徨此日歸/하처방황차일귀

라는 구절에서도 찾을 수 있는데요. 위 구절에서 당시에 ‘편안했던 집’을 의미하는 ‘안택(安宅)’이라는 단어가 『맹자』에서

> ‘인’은 사람의 편안한 집이고, ‘의’는 사람의 바른길이다. 편단한 집을 비워 두고 거처하지 않으며 바른길을 버려두고 가지 않으니 안타깝다.
> [仁人之安宅也/인인지안택야 義人之正路也/의인지정로야 曠安宅而弗居,

737) 최현재, 「도산십이곡(陶山十二曲)의 창작의도와 온유돈후(溫柔敦厚)의 의미」, 『한국문학논총』(한국문학회, 2005) 제39권, 169~195쪽.

738) 『대산집(大山集)』, 제1권, 시, 「독심경유감우서(讀心經有感偶書)」.

광안택이불거 舍正路而不由/사정로이불유 哀哉/애재][739]

라며 어질 인(仁)이라는 형이상적 가치를 의미하기 때문입니다. 즉 '당시에 녀던 길'은 무엇인가를 시작할 때 각자 속으로 다짐하는 초기의 선한 열정의 마음이라고 할 수 있습니다. 학생의 경우라면 공부를 열심히 해서 '이러이러한~' 모습의 좋은 인간이 되겠다고 결심하는 것이겠지요. 직업이나 일을 시작하는 경우라면 이 직업이나 일을 통해 다른 사람을 '이러이러한~' 방식으로 돕는 삶을 살겠다든가 하는, 처음에 가졌던 삶에 대한 선한 초심이라고도 할 수 있습니다. 2행의 '어디 가 다니다가' 문구와 3행의 '딴 데'라는 문구를 '벼슬'이라는 좁은 의미를 넘어 〈후육곡 = 진리를 탐구하는 공부〉라는 큰 맥락에서 인문 의학적으로 일반화하면, 진리와 멀리 떨어진 물질 · 경쟁 · 명예 등의 세속적 가치를 상징합니다. 칼 구스타프 융의 심성론으로 보면 나의 외면 즉 '페르소나'(persona)를 위한 가치들이겠지요. 정신없이 살다 보면 물질과 경쟁으로 에워싸인 현대사회에서 우리도 모르는 사이에 허둥대고 진리를 향한 인성 · 영성이 약해지기 마련입니다. 다시 말하면 '본연의 나'의 중심인 '자기'(self) 즉 절대 진리와 멀어지는 것이지요. 제2곡의 뇌 의학적 심성론에서 말씀드렸듯 물질 · 경쟁 · 쾌락적인 상황은 뇌의 전두전엽 기능을 약해지게 합니다. 그것이 모든 인간의 공통된 연약함이지요. 대학자 퇴계 선생은 제자에게

> 화려하고 요란한 가운데에서 사람이 가장 쉽게 흔들린다. 나는 일찍이 여기에 힘을 써서 거의 흔들리지 않게 되었는데 언젠가 의정부의 사인(정4품 벼슬)이 되어 노래하는 기생이 앞에 가득했을 때 한 가닥 희열의 마음이 일어나는 것을 문득 느꼈다. 비록 욕망을 억눌러 겨우 구렁텅이에 빠지는 것을 면하였지만 그 기미는 생사의 갈림길이니 두려워하지 않으면 되겠는가.

739) 『맹자(孟子)』, 「이루장구상(離婁章句上)」.

[紛華波蕩之中/분화파탕지중 最易移人/최이이인 余嘗用力於此庶不爲所動/여상용력어차서불위소동 而嘗爲議政府舍人/이상위의정부사인 聲妓滿前/성기만전 便覺有一端喜悅之心/편각유일단희열지심 雖痛窒慾僅免坑塹/수통질욕근면갱참 而其機則生死路頭也/이기기즉생사로두야 可不懼哉/가불구재][740]

라고, 연약한 한 인간으로서 본인의 생생한 경험을 들려주며 쾌탁적인 상황을 경계하라고 말했습니다. 뇌 의학적 심성론으로는 변연계에 의한 말초적 · 자극적인 삶을 경계하라는 것이지요. 3행의 '딴 데 마음 말으리'라는 가사는 다시 정신을 차려 전두전엽에 의한 성숙한 가치적 삶의 길로, 올바른 인성 · 영성의 길로 들어선다는 의미가 있습니다. 제10곡의 가사를 묵상하다 보니, 제가 지금도 즐겨 부르는 〈Lord I'm Coming Home〉[741]이라는 성가가 홍얼거려집니다. 물질과 경쟁의 속세에서 허둥대다가 다시 진리를 향한다는 내용인데요. 세상에, 이를 어쩌면 좋습니까? 제10곡 가사와 그 찬송가의 가사를 비교해 보니 핵심적인 문구들이 너무나 똑같습니다. 마치 제10곡을 그대로 번역한 듯하여 소름이 돋을 정도입니다.

〈도산십이곡〉과 〈찬송가〉의 가사 비교

제10곡	Lord I'm Coming Home
"몇 해를 버려두고"	"I've wasted many precious years"
"어디 가 다니다가"	"I've wandered far away"
"이제 나 돌아오나니"	"Now I'm coming home"
"딴 데 마음 말으리"	"nevermore to roam"

740) 『학봉전집(鶴峯全集)』, 학봉속집 제5권, 잡저(雜著), 「퇴계선생언행록(退溪先生言行錄)」.

741) 「Lord I'm Coming Home」. 1892년에 Kirkpatrick WJ 작사 및 작곡.

〈Lord I'm Coming Home〉
I've wandered far away from God, now I'm coming home.
The paths of sin too long I've trod, Lord, I'm coming home.
Coming home, coming home, nevermore to roam.
Open wide Thine arms of love, Lord, I'm coming home.

I've wasted many precious years, now I'm coming home.
I now repent with bitter tears, Lord, I'm coming home.
Coming home, coming home, nevermore to roam,
Open wide Thine arms of love, Lord, I'm coming home.

〈주여 나 이제 옵니다〉[742)]
나 주를 멀리 떠났다 이제 옵니다.
나 죄의 길에 시달려 주여 옵니다.
나 이제 왔으니 내 집을 찾아
주여 나를 받으사 맞아 주소서.

그 귀한 세월 보내고 이제 옵니다.
나 뉘우치는 눈물로 주여 옵니다.
나 이제 왔으니 내 집을 찾아
주여 나를 받으사 맞아 주소서.

혹시 이 영어 성가의 작사 및 작곡자인 William James Kirkpatrick (1838~1921)이 도산십이곡 가사를 접한 적이 있을까요? 별의별 생각이 다 듭니다. 모두가 진리를 지향하는 인성 · 영성이니 유사할 수도 있겠지만, 한국의 1565년 도산십이곡 가사와 서양의 1892년 기독교 성가 가사가

742) 『찬송가(구)』, 249장, 「주여 나 이제 옵니다」.

327년의 세월과 지역을 초월하여 이렇게 일치할 수 있는지 신기할 뿐입니다. 쉽게 믿기 어렵군요. 아버지 품을 떠나 속세에서 고생하다가 다시 돌아온 '탕자의 이야기'도 『성경』[743]과 『불경』[744]에 모두 나오지요. 우리말로 번역한 위의 찬송가 가사는 영어 원문과 내용이 약간 다르지만, 원문의 내용을 잘 함축하고 있군요. 1980년에 어머님께서 세상을 떠나시며, 너무나 가난했던 당시의 상황에서 스물한 살인 제게 유일한 유형의 물질적 유산을 정성으로 마련하여 남겨주신 선물이 있는데요. 바로 『성경』과 『찬송가』입니다.

1980년 의예과 2학년 때 받은 어머님의 마지막 선물 〈신약 · 구약 · 찬송가〉 합본

어머님께서 마지막으로 눈을 감으시며 제 손에 쥐여주신 『찬송가』와 『성경』을 합본한 저 오래된 책을 펼쳐놓고 〈도산십이곡 제10곡〉과 〈Lord, I'm coming home〉 찬송가를 함께 불러보니 너무나 멋지게 어울립니다. 크리스천들께서는 성가 무대에서 이 두 곡을 선창과 후창으로 같이 부르시면 1800년대에 만들어진 〈기독교 성가〉와 1500년대에 만들어진 〈퇴계 성가〉의 어울림이라는 매우 아름다운 특송 무대가 될 것 같군요! 추구하는 교리에 본질적인 차이가 있어서 어려울까요? 제8곡에서도 말씀드렸지만, 서로 다른 종교인들이 만나서 서로를 존중하며 영적 대화를 나누듯 마음의 문을 조금 여는 것도 괜찮을 것 같습니다. 독립운동을

743) 『성경』, 「루(누)가복음」, 15장, 11절~32절.
744) 『법화경(法華經)』, 제4, 「신해품(信解品)」.

펼치다가 순국한 다묵(多默) 안중근(安重根, 1879~1910) 선생은 크리스천이자, 고려 후기 충렬왕(재위 1274~1298, 복위 1298~1308) 때 성리학을 도입한 학자인 회헌(晦軒) 안향(安珦, 1243~1306, 본관 순흥, 자字 사온士蘊) 선생의 26대손이기도 합니다. 바오로 윤지충(尹持忠, 1759~1791, 본관 해남, 자字 우용宇庸) 선생,[745] 아우구스티노 정약종(丁若鍾, 1760~1801, 본관 나주) 선생[746]과 그의 두 아들[747] 가롤로 정철상(丁哲祥, ?~1801) 선생 및 바오로 정하상(丁夏祥, 1795~1839) 선생, 안드레아 김대건(金大建, 1821~1846) 신부 … 등 가톨릭 성인 품에 오른 103위 순교자뿐 아니라 무려 만 명에 이르는 한국의 무명 크리스천 순교자[748][749]들이 보여준 진리 향한 절개의 삶은 한국의 전통문화가 보유하고 있는 올곧은 선비정신과도 맥락을 같이합니다. 〈후육곡 = 진리를 탐구하는 공부〉라는 큰 맥락에서 제10곡에 담긴 인문 의학적 메시지는 살면서 세속적 가치에 잠시 마음을 빼겼더라도 다시 진리 탐구라는 옳은 방향의 인성 · 영성 공부에 대한 다짐입니다.

제10곡에 담긴 메시지[750]

퇴계의 주관적 감흥 차원	벼슬에 나갔다가 다시 돌아온 퇴계의 벼슬을 하지 않겠다는 다짐
일반화한 교육 · 철학적 차원	세속적인 가치에 잠시 마음을 빼겼더라도, 다시 진리를 탐구하는 공부

745) 한국 최초의 천주교 순교자. 다산(茶山) 정약용(丁若鏞, 1762~1836) 선생의 외사촌 형. ※ 오마이뉴스, 「최초 천주교 순교자 윤지충과 정약용」, 2007.3.

746) 다산(茶山) 정약용(丁若鏞) 선생의 셋째 형.

747) 다산 선생의 조카.

748) 중앙일보, 「순교 백년 | 24위 시복과 한국의 가톨릭」, 1968.10.12.

749) 가톨릭신문, 「한국교회 무명 순교자」, 2018.9.2.

750) 이사미 · 김병일 · 김종성, 「노래로서 도산십이곡의 구현: 악보 및 가사에 담긴 교육적 함의」, 『유학연구』(충남대학교 유학연구소, 2021) 제56집, 31~81쪽.

제11곡. 변함없고 멈추지 않는 공부

(고어)
청산는 엇데ᄒᆞ야 만고애 프르르며
유수는 엇데ᄒᆞ야 주야애 긋디 아니는고
우리도 그치디 마라 만고상청 호리라

(현대어)
청산은 어찌하여 만고에 푸르르며
유수는 어찌하여 주야에 긋지 아니한고
우리도 그치지 말아 만고상청 하리라

(영어)
Why are the blue mountains flourishing in eternal green,
and the flowing water streams running through day and night.
We, too, shall never cease until the end of time.[751)]

(한문)
靑山何爲/청산하위 萬古靑了/만고청료
流水何爲/유수하위 晝夜不舍了/주야불사료
吾輩亦不舍/오배역불사 萬古長靑了/만고장청료[752)]

1행에서 '청산은 어찌하여 만고에 푸르르며'(Why are the blue mountains flourishing in eternal green)라며 푸른 산의 변하지 않는 모습을 노래합니다. '만고'는 아주 오랜 세월이라는 의미이지요. 2행의 '유수는 어찌하여 주야에 긋지 아니한고'(and the flowing water streams running through day and night)는 밤낮으로 멈추

751) 위의 문헌과 동일.
752) 『해은별고(海隱別稿)』, 1권, 시, 「도산십이곡(陶山十二曲), 기십일(其十一)」.

지 않고 흐르는 물의 모습입니다.

도산서원 주변의 청산과 유수 (2020.8.17, 도산서원 이동구 별유사님 제공)

〈후육곡 = 진리를 탐구하는 공부〉라는 관점에서 제11곡의 '청산'과 '유수'라는 자연은 스스로 그렇게 존재하는 절대 진리를 상징합니다. 제4곡에서 말씀드렸듯 '자연(自然)'은 '스스로 그렇게'(it' s just so) 있다는 의미이지요. 변하지 않고 멈추지 않으며 스스로 그렇게 존재하는 우주의 섭리 즉 절대 진리를 지칭하는 성리학의 '이(理)'는 『도덕경』에서

> 고요하고, 텅 빈 채, 홀로 서서, 변하지 않고, 두루 행하며, 지치지 않으니, 천하의 어머니가 될 수 있다. 나는 그 이름을 알지 못하니, 그것에 글자를 붙여 '도'라고 하고 억지로 이름을 지어 '대'라고 한다.
> [寂兮/적혜 寥兮/요혜 獨立/독립 不改/불개 周行/주행 而不殆/이불태 可以爲天下母/가이위천하모 吾不知其名/오부지기명 字之曰道/자지왈도 强爲之名曰大/강위지명왈대][753]

라고 서술한, 태초부터 스스로 존재하고 불변하며 그치지 않고 천지 만물을 지배하고 있는 천하의 어머니 즉 '도'이지요. 절대 진리에 대한 『도덕경』의 '천하의 어머니'라는 표현이 기독교의 '하느(나)님 아버지'라는 표현과 대비됩니다. 동양은 모성(母性)을, 서양은 부성(父性)의 이미지를 절대 진

753) 『도덕경(道德經)』, 「제25장」.

리에 담았나 봅니다. 위의 『도덕경』 문구에서

고요하고, 텅 빈 채, 홀로 서서, 변하지 않고, 두루 행하며, 지치지 않으니
[寂兮/적혜 寥兮/요혜 獨立/독립 不改/불개 周行/주행 而不殆/이불태]

라고 표현한 동양 사상의 '도'라는 개념을 묵상하다 보니, 성당의 미사 시간 때마다 부르는 '영광송'(Gloria)이 떠오릅니다. 이 성가에서는 절대 진리에 대해

홀로 거룩하시고, 홀로 주님이시며, 홀로 높으신754)
[For you alone are the Holy One, you alone are the Lord, you alone are the Most High]

처음(태초)과 같이, 이제와, 항상 영원히755)
[As it was in the beginning, is now, and ever shall be]

라고 묘사합니다. 마치 『도덕경』을 노래하는 듯합니다. 제3곡에서 말씀드렸듯 『한문 성경』에서는 절대 진리인 하느(나)님을 '도'라고 표현하기도 합니다. 또한, 『한문 성경』에서는 아래와 같이 절대 진리를 '스스로 영원히 존재하는 자'라는 의미로 '자유영유자'라고 서술하고 있습니다.

모세가 하느(나)님께 아뢰었다.
"제가 이스라엘 백성에게 가서 '너희 조상들의 하느(나)님께서 나를 너희에게 보내셨다.'라고 말하면 그들이 '그 하느(나)님의 이름이 무엇이냐?'라고 물을 터인데, 제가 어떻게 대답해야 하겠습니까?"

---

754) 『가톨릭 성가』, 316번, 「대영광송」.
755) 『가톨릭 기도서』, 「소영광송」.

하느(나)님께서는 모세에게
"나는 스스로 영원히 있는 자다(나는 곧 나다.)"[756]
하고 대답하시고 이어서 말씀하셨다.
"너는 '나를 너희에게 보내신 분은 〈스스로 있는 자다(나다)〉라고 하시는 그분이다.' 하고 이스라엘 백성에게 일러라."
[Moses said to God,
"when I go to the Israelites and say to them, 'The God of your fathers has sent me to you,' if they ask me, 'What is his name?' what am I to tell them?"
God replied,
"I am who (I)[757] am."
Then he added,
"This is what you shall tell the Israelites. 〈I AM〉 sent me to you."]
[摩西對上帝曰/마서대상제왈 我見以色列人謂之曰/아견이색렬인위지왈 爾祖之上帝遣我就爾/이조지상제견아취이 彼若問我曰/피약문아왈 其名為何/기명위하 我將何以告之/아장하이고지 上帝謂摩西曰/상제위마서왈 我乃自有永有者/아내자유영유자 又曰/우왈 爾當告以色列人曰/이당고이색렬인왈 自有者/자유자 遣我就爾/견아취이][758]

동양 사상과 서구 기독교 사상에서 절대 진리를 묘사하는 내용이 매우 유사하군요. 신기합니다! 절대자의 호칭을 한국 가톨릭에서는 '하늘'이라는 의미의 '하느님'으로, 개신교에서는 '하나(one)'라는 의미를 강조하며 '하나님'으로 채택하고 있는데요.[759] 2,500여 년 전에 의학의 아버지 히포크라테스(BC 460~370)는

---

756) 이 부분은 『한글 성경』·『영어 성경』·『한문 성경』의 문구 내용이 약간씩 다르다.
757) 영어 성경에 따라 'I'가 있기도 하고, 없기도 하다.
758) 『성경』, 「출애굽기」, 3장, 13절~14절.
759) 한재동, 「"하느님" 사용 정당성의 예배학적 재조명」, 『신학과 실천』(2016, 한국실천신학회) 51호, 7~38쪽.

모든 것의 시작은 '하나(one)'이다. 그리고 모든 것의 끝도 '하나(one)'이다. 또한 끝과 시작은 동일하다.

[The beginning of all things is one and the end of all things is one, and the end and beginning are the same.][760)]

라고 했지요. 한국개신교와 히포크라테스가 절대 진리를 지칭하며 제시한 '하나(one)'라는 단어가, 아주 오래된 한국 고전의

'하나(一)'의 시작은 시작함이 없다. … '하나(一)'의 마침은 마침이 없다. '하나(一)'이다.

[一始無始/일시무시 … 一終無終/일종무종 一/일][761)]

라는 문구에서, 시작도 없고 끝도 없는 절대 진리를 상징하는 '하나(一/일)'라는 단어를 떠올리게 합니다. 또한 히포크라테스의 말은 2,000여 년 전에 사도 요한(AD 6~100)이 절대 진리에 대해

나는 알파와 오메가요, 처음과 마지막이며, 시작과 끝이라.

[I am the Alpha and the Omega, the first and the last, the beginning and the end.]

[我乃亞勒法/아내아륵법 我乃阿梅迦/아내아매가 我乃始/아내시 我乃終/아내종 我乃首先者/아내수선자 我乃末後者/아내말후자][762)]

라고 쓴 구절을 연상하게 하기도 합니다. 『히포크라테스 전집』과 『신약성경』의 곳곳에 유사한 문장이 매우 많은데요. 왜 그럴까 하고 오래도록

760) 『Hippocrates Corpus(히포크라테스 전집)』, 「Nutiment(영양)」.

761) 「천부경(天符經)」. 구전되어오던 것을 신라의 대학자 최치원(崔致遠, 857~?, 본관 경주, 자字 고운孤雲)이 첩(帖)으로 만들어 전한 것으로 알려짐. ※ 이기동 · 정창건, 『환단고기』(행촌 2019), 377~397쪽.

762) 『성경』, 「요한묵시록」, 22장, 13절.

의문을 품어오다가 루카(Luke, Lucas, ?~?)라는 안티오키아 출신의 그리스 의사가 떠올랐습니다. 의사이자 화가이며 신앙인이었던 루카는 사도바울(AD 5년경 ~ 64?)을 오랫동안 수행했고 신약성경의 「루(누)가복음」과 「사도행전」을 저술하기까지 했습니다. 가톨릭에서 루카는 의사와 화가의 수호성인이기도 합니다.[763] 큰 지성과 영성을 겸비한 루카의 영향이 있지 않았을까 하고 추측해봅니다. 동양의 사상이든 서양의 사상이든, 철학이든 의학이든, 학문이든 종교이든 진리는 한 곳으로 가는가 봅니다. 60세의 퇴계 선생은 후학 고봉(高峰) 기대승(奇大升, 1527~1572, 본관 행주, 자字 명언明彦) 선생에게

> 뜻이 진리를 밝히는 데 있고 서로 사사로운 의도가 없다면 반드시 하나로 일치하는 날이 있습니다.
> [志在明道/지재명도 而兩無私意者/이양무사의자 必有同歸之日/필유동귀지일][764]

라고 했지요. 율곡 선생도 풍악산(가을의 금강산)에서 작은 암자의 노승에게 써 준 시[765]

> 물고기 뛰고 솔개 나는 위아래가 같은 것
> 이는 색(色)도 아니고 공(空)도 아니네
> 부질없이 한번 웃고 이 몸 바라보니
> 홀로 서 있네, 석양 비낀 숲속에
> 魚躍鳶飛上下同/어약연비상하동
> 這般非色亦非空/저반비색역비공
> 等閑一笑看身世/등한일소간신세

---

763) 가톨릭신문, 「[문화와 성인] (2) 화가의 수호성인 성 루카」, 2013.7.21.

764) 『정본퇴계전서(定本退溪全書)』, 서간 3, 서(書)-기대승(奇大升)-7-2, 「답기명언비사단칠정분리기변제2서(答奇明彦非四端七情分理氣辯第二書) 후론(後論)」.

765) 「율곡전서(栗谷全書)」, 제1권, 시, 「풍악증소암노승병서(楓嶽贈小菴老僧幷序)」.

獨立斜陽萬木中/독립사양만목중

의 첫 구절에서, 물고기가 연못에서 뛰고 솔개가 하늘을 나는 모습이 서로 달라 보이지만 진리의 관점에서 보면 같은 것이라며 '어약연비상하동'이라고 했더군요. 3행의 '우리도 그치지 말아 만고상청 하리라'(We, too, shall never cease until the end of time)에서 '상청'은 늘 푸르다는 뜻으로 변함없음을 의미합니다. 진리의 불변함과 멈추지 않는 모습을 따라 우리도 끊임없이 진리 탐구 공부를 한다는 다짐이지요. 〈후육곡 = 진리를 탐구하는 공부〉라는 큰 맥락에서 제11곡에 담긴 인문 의학적 메시지는 퇴계 선생의 주관적 감흥의 차원이나 현대적 일반화 차원이 모두 동일합니다.

제11곡에 담긴 메시지[766]

퇴계의 주관적 감흥 차원	변하지 않고 멈추지 않는 진리를 따라, 끊임없이 진리를 탐구하는 공부
일반화한 교육 · 철학적 차원	

제12곡. 쉽고 어려움을 깨닫는 공부

(고어)
우부도 알며 ᄒᆞ거니 긔 아니 쉬운가
성인도 몯 다 ᄒᆞ시니 긔 아니 어려운가
쉽거나 어렵거낫 듕에 늙는 주를 몰래라

(현대어)
우부도 알며 하거니 그 아니 쉬운가
성인도 못다 하시니 그 아니 어려운가
쉽거나 어렵거나 중에 늙는 줄을 몰라라

766) 이사미 · 김병일 · 김종성, 「노래로서 도산십이곡의 구현: 악보 및 가사에 담긴 교육적 함의」, 『유학연구』(충남대학교 유학연구소, 2021) 제56집, 31~81쪽.

(영어)

Even fools do what they know, which is more than easy enough.
Even sages cannot do, which is more than hard enough.
Whether it's easy or hard, we don't see the time goes by.[767)]

(한문)

愚夫亦知而爲/우부역지이위 其非易歟/기비이여
聖人亦未盡爲/성인역미진위 其非難歟/기비난여
易與難中/이여난중 不知老了/부지로료[768)]

1행의 '우부도 알며 하거니 그 아니 쉬운가'(Even fools do what they know, which is more than easy enough)에서 '우부'란 어리석은 사람을 말하지요. 1행의 가사는 지식인이 아니더라도 쉽게 착한 삶을 실천할 수 있다는 의미입니다. 반면에, 2행에서는 '성인도 못다 하시니 그 아니 어려운가'(Even sages cannot do, which is more than hard enough)라며 진리를 탐구하고 실천하는 공부가 매우 어렵다고 말합니다. 1970년대의 중・고등학교 시절에 저의 성경 묵상 공부를 이끌어주시던 대전 목동의 나사렛교회 김이색 목사님이 계셨는데요. 매번 석양 무렵에 휘파람으로 찬송가를 아름답게 부르시면서 교회 주변의 언덕을 저와 함께 한가하게 산책하며, 성경에 관한 이야기를 나누었습니다. 희랍어를 전공하신 김 목사님께서는 깊은 철학 공부와 지성을 통해 어렵게 진리를 만날 수도 있고, 지식이 없어도 체험과 신앙으로 쉽게 진리를 만날 수 있다고 가르쳐주셨습니다. 『중용』의

군자의 도는 널리 쓰이면서 은밀하다. 어리석은 일개 부부도 알 수 있지만, 그 지극한 경지에 이르면 성인도 알지 못하는 것이 있다. 못난 일개 부부도 행할

767) 위의 문헌과 동일.
768) 『해은별고(海隱別稿)』, 1권, 시, 「도산십이곡(陶山十二曲), 기십이(其十二)」.

수 있지만, 그 지극한 경지에 이르면 성인도 할 수 없는 것이 있다.
[君子之道/군자지도 費而隱/비이은 夫婦之愚/부부지우 可以與知焉/가이여지언 及其至也/급기지야 雖聖人/수성인 亦有所不知焉/역유소부지언 夫婦之不肖/부부지불초 可以能行焉/가이능행언 及其至也/급기지야 雖聖人/수성인 亦有所不能焉/역유소불능언][769]

라는 내용처럼 쉬우면서도 어려운 것이 진리를 탐구하고 실천하는 공부인가 봅니다. 대학자 퇴계 선생조차도

내(퇴계)가 일찍이 직접 시험해 보았는데, 한 걸음을 걷는 동안에도 마음이 한 걸음을 걷는 데 있기가 어려웠다.
[嘗自驗之/상자험지 一步之間/일보지간 心在一步亦難/심재일보역난. 金誠一/김성일][770]

라며 진리를 탐구하고 실천하는 마음공부의 어려움을 이야기했습니다. 1행과 2행에서 진리를 탐구하고 실천하는 공부의 쉬움과 어려움을 깨달아 가다가, 3행의 '쉽거나 어렵거나 중에 늙는 줄을 몰라라'(Whether it' s easy or hard, we don' t see the time goes by)라고 하는 대목에 이르러서는 마치 공자의

섭공[771]이 자로[772]에게 공자에 관해 물었는데, 자로가 대답하지 않았다. 공자가 이르기를 너는 어찌 '그 사람됨이, 분발하여 먹는 것도 잊고, 즐거워하여 걱정거리도 잊어버리며, 늙음이 눈앞에 다가오는 것도 알지 못한다'라고 말하지 않았는가 하였다.
[葉公問孔子於子路/섭공문공자어자로 子路不對/자로부대 子曰/자왈 女奚不曰/여해불왈 其爲人也/기위인야 發憤忘食/발분망식 樂以忘憂/낙이망우

769) 『중용(中庸)』, 「제12장」.
770) 『퇴계선생언행록(退溪先生言行錄)』, 유편(類編), 「존성(存省)」.
771) 섭공(葉公) · 섭윤(葉尹) 심제량(沈諸梁, BC 529~?, 자字 자고子高).
772) 중유(仲由, BC 542~480, 자字 자로子路 · 계로季路). 공자의 제자.

不知老之將至云爾/부지노지장지운이][773]

라는 말을 듣는듯합니다. 공부가 즐거워 근심도 잊는다는 공자의 '낙이망우'라는 문구에 참으로 공감합니다. 속상한 일이 있을 때 공부는 매우 훌륭한 대처 방법이 되더군요. 저는 마음에 견뎌내기 어려운, 너무나 힘든 일이 생겼을 때 저술이나 연구에 몰두하다 보면 어느새 그 일을 까맣게 잊어버리곤 합니다. 힘든 일을 공부로 승화(昇華, sublimation)시키는 것은 정신의학적으로 우리 삶의 성숙한 방어기제입니다. 승화는 내면의 고통·충동·욕구를 예술·학술·종교 등 정신적 가치가 있는 것으로 바꾸어 충족하고 이겨내는 것입니다. 세상을 감동시키는 아름다운 예술작품과 훌륭한 저술들이 엄청난 고통 속에서 탄생하는 것을 흔히 볼 수 있지요. 퇴계 선생은

> 책상을 마주하여 잠자코 앉아 삼가 마음을 잡고 이치를 궁구하여 간간이 마음에 얻는 것이 있으면 너무 기뻐서 밥 먹는 것도 잊곤 했다.
> [對案嘿坐/대안묵좌 兢存研索/긍존연색 往往有會于心/왕왕유회우심 輒復欣然忘食/첩부흔연망식][774]

라고 했습니다. 진리를 탐구하는 공부가 얼마나 즐겁길래 밥 먹는 것도 잊고, 걱정거리도 잊어버리며, 늙음이 눈앞에 다가오는 것도 알지 못할 정도로 몰입을 할까요? 의학 공부도 그렇고 모든 공부가 마찬가지인 것 같습니다. 의학은 환자의 증상이나 검사 결과, 치료에 대한 반응을 살피면서 질병의 원리를 탐구하지요. 때로는 아주 쉽게 풀리기도 하지만 너무 어려워서 풀리지 않을 때도 많습니다. 그러다가 무엇인가 학술적인 실마

773) 『논어(論語)』, 「술이편(述而篇)」.
774) 『정본퇴계전서(定本退溪全書)』, 시 14, 「도산잡영(陶山雜詠)[병기(幷記)]」.

리를 잡게 되면 그것을 파고드는 작업에 몰입하게 됩니다. 이때는 잠자는 시간도 아깝고, 밥 먹는 시간도 아깝고, 심지어 용변을 보는 시간조차도 아깝더군요. 진리를 탐구하는 것이 인간의 본성이라서 그런가 봅니다. 아리스토텔레스(BC 384~322)는

> 모든 인간은 알고자 하는 본성이 있다.
> [All men by nature desire to know.][775)]

라고 했지요. 맹자(BC 372?~289?)도

> 옳고 그름을 가리는 마음이 없으면 사람이 아니다.
> [無是非之心/무시비지심 非人也/비인야][776)]

라고 동의했습니다. 아하, 그러고 보니 아리스토텔레스와 맹자는 같은 시대에 살았군요. 아리스토텔레스가 12살 많은 형님입니다. 진리를 탐구하는 공부는

> 아는 것은 좋아하는 것만 못하고, 좋아하는 것은 즐거워하는 것만 못하다.
> [知之者/지지자 不如好之者/불여호지자 好之者/호지자 不如樂之者/불여락지자][777)]

라는 『논어』의 문구처럼, 아는 것과 좋아하는 것에서 나아가 무엇과도 바꿀 수 없는 커다란 즐거움을 선물한다는 것을 공자와 퇴계 선생은 자신들의 경험을 통해 우리에게 말합니다. 56세의 퇴계 선생은 제자(문봉文峯 정유일鄭惟一, 1533~1576, 본관 동래, 자字 자중子中)에게

---

775) Aristoteles, 『Metaphysics(형이상학)』, 「Book 1(제1권)」.
776) 『맹자(孟子)』, 「공손추장구상(公孫丑章句上)」.
777) 『논어(論語)』, 「옹야편(雍也篇)」.

무릇 공부에 있어서 …… 그 노력을 중단하지 않고 오래도록 익혀 완성해나가면 기질이 변하고 인(仁)이 무르익어 인생 일대의 기쁜 일을 얻고 볼 수 있습니다.
[大抵足下於學/대저족하어학 …… 不已其功/불이기공 久久習成/구구습성 質變而仁熟/질변이인숙 庶幾得見人生一大歡喜事/서기득견인생일대환희사][778]

라며, 중단없는 진리 탐구 공부를 통해 결국에는 '질변' 즉 나의 기질이 변하고, 내 마음에 인성 · 영성이 가득 차는 '인숙'이라는 커다란 변화를 겪음으로써 인생에서 가장 큰 기쁨 즉 '인생 일대 환희사'를 맞는다고 했습니다. '거듭남'으로써 이전과는 다른 새로운 삶의 세계에 들어가는 것이지요. 퇴계 선생의 〈질변이인숙〉론은 본인의 체험적 학설입니다. 이것이 바로 퇴계 심성론에서 말하는 격물(格物) → 물격(物格) → 이도(理到)라는 과정을 통해 내 일상에 이발 즉 진리의 발함으로 이어지는 과정이겠지요. 퇴계 선생이 돌아가시기 50여 일 전에 후학 고봉(高峰) 기대승(奇大升, 1527~1572, 본관 행주, 자字 명언明彦) 선생에게

'내'가 물리의 지극한 곳을 궁구하여 이를 수는 있어도 '진리'가 어찌 스스로 지극한 곳에 이르겠는가 생각했습니다. 그러므로 물격의 격(格)과 무부도의 도(到)를 모두 '내'가 격(格)하고 '내'가 이르는 것으로 보았습니다. … 비로소 나의 견해가 잘못됨을 두려워하고
[以爲/이위 我可以窮到物理之極處/아가이궁도물리지극처 理豈能自至於極處/이기능자지어극처 故硬把物格之格/고경파물격지격 無不到之到/무부도지도 皆作己格/개작기격 己到看/기도간 … 始恐怕己見之差誤/시공파기견지차오][779]

---

778) 『정본퇴계전서(定本退溪全書)』, 서간 5, 서(書)-정유일(鄭惟一)-9, 「답정자중(答鄭子中)[견자성록(見自省錄)]」.

779) 『정본퇴계전서(定本退溪全書)』, 서간 3, 서(書)-기대승(奇大升)-82-1, 「답기명언(答奇明彦) 별지(別紙)」.

라고 말씀하셨듯, 격물이 '내'가 주체가 된 삶이라면, 물격 · 이도는 '진리'가 주체가 되는 새로운 삶입니다. '질변이인숙'이라는 퇴계 심성론은 인문 의학적으로 매우 중요한 의미를 제시합니다. 진리 탐구 공부에 의한 '사람 변화'의 정의를 매우 구체적으로 설명하기 때문입니다. 제2곡과 제3곡에서 설명한 바와 같이 인성 · 영성 기능의 표출이 의학적으로는 뇌의 전두전엽을 통해 이루어지는데요. 현대 뇌 의학의 다양한 연구들이 놀랍게도 퇴계 선생의 '질변이인숙' 이론을 입증하고 있습니다. 바로 뇌가 변할 수 있다는 '뇌가소성'(neuroplasticity) 이론인데요. 명상을 통한 전두전엽 피질의 혈류 증가,[780] 호흡명상을 통한 전두전엽 피질의 활성도 변화,[781] 요가 명상의 기간과 전두전엽 피질 크기의 관련성[782] 등과 같은 연구 결과들이 쏟아져나오고 있습니다. 이러한 연구 결과들은 일정한 형태의 마음 챙김 훈련(mindfulness training)이 변연계와 전두전엽에 미치는 변화를 통해 친사회적 특성(prosocial characteristics)을 유발할 수 있음을 제시합니다.[783] 일정한 형태의 마음 집중 훈련이라는 것은 바로 퇴계 선생이 평생의 학문을 통해 강조한 '경'입니다. 퇴계 선생의 '질변이인숙' 이론을 인문 의학적으로는 '경을 통한 뇌의 변화'로 해석할 수 있습니다. '질변이인숙'은 진리 탐구 공부가 맺는 최종 열매입니다. 교육계의 모든 인성 함양 프로그램들이 추구하는 목표가 바로 그것이 아니겠습니까? 의학의 아버지 히포크라

---

780) Newberg A, Alavi A, Baime M, Pourdehnad M, Santanna J, d'Aquili E. The measurement of regional cerebral blood flow during the complex cognitive task of meditation: a preliminary SPECT study. Psychiatry Res 2001; 106(2): 113-122.

781) Tomasino B, Fabbro F. Increases in the right dorsolateral prefrontal cortex and decreases the rostral prefrontal cortex activation after-8 weeks of focused attention based mindfulness meditation. Brain Cogn 2016; 102: 46-54.

782) Hernández SE, Suero J, Barros A, González-Mora JL, Rubia K. Increased Grey Matter Associated with Long-Term Sahaja Yoga Meditation: A Voxel-Based Morphometry Study. PLoS One 2016; 11(3): e0150757.

783) Davidson RJ, McEwen BS. Social influences on neuroplasticity: stress and interventions to promote well-being. Nature Neuroscience 2012; 15(5): 689-695.

테스(BC 460~370)는

> 그저 언어적 결론이 아닌, 입증된 사실에 근거한 결론만이 열매를 맺을 수 있습니다.
> [Conclusions which are merely verbal cannot bear fruit, only those do which are based on demonstrated fact.][784]

라고 했는데요. 퇴계 선생의 '경을 통한 이발'이라는 심성론은 현대의 뇌 과학적 근거와 함께 미래의 과학적 인성 · 영성 교육 및 뇌 의학 연구에 매우 중요한 방향을 제시합니다. 이사미 교수님과 도산십이곡을 영문으로 만들면서 3행의 '늙는 줄을 몰라라'가 어린 학생들이 노래하기에 어울리지 않는 것 같아서 고민하다가 '시간 가는 줄 모른다.'라는 의미로 'we don't see the time goes by.'라는 문구로 번역했습니다. 〈후육곡 = 진리를 탐구하는 공부〉라는 논지에서 제12곡의 가사에 담긴 인문 의학적 메시지는, 진리를 탐구하고 실천하는 공부의 쉬움과 어려움을 깨달아 가며 시간 가는 것도 잊고 즐겁게 몰입하는 자기주도학습의 공부를 말하고 있으며, 퇴계 선생의 주관적 감흥 차원과 일반화한 메시지가 동일합니다.

제12곡에 담긴 메시지[785]

<table>
<tr><td>퇴계의 주관적 감흥 차원</td><td rowspan="2">실천의 쉬움과 어려움을 깨달으며, 몰입하는 진리 탐구 공부</td></tr>
<tr><td>일반화한 교육 · 철학적 차원</td></tr>
</table>

784) 『Hippocrates Corpus(히포크라테스 전집)』, 「Precepts(계율)」.
785) 이사미 · 김병일 · 김종성, 「노래로서 도산십이곡의 구현: 악보 및 가사에 담긴 교육적 함의」, 『유학연구』(충남대학교 유학연구소, 2021) 제56집, 31~81쪽.

11장

해설 마무리 및 선생께 올림

1565년에 대학자가 후세사람에게 성가로 만들어달라고 당부하며 한글로 제작한 도산십이곡이 오랜 기간 많은 연구가 있었음에도 노대로 완성되지 못하고 한 편의 고전 국문 시가로만 전해지는 안타까운 현실에서, 도산십이곡을 온전한 노래로 만드는 작업은 시급하고도 적절한 학술적 과제였습니다. 또한 노래로 구현했을 때 그 가사에 담긴 메시지를 450여 년이 지난 현대인의 일상에서 인성 · 영성 함양을 위한 마음공부에 적용할 수 있을지 살펴보는 작업 역시 의미가 있습니다. 저는 도산십이곡을 국민이 부를 수 있는 '동양 성가'로 구현하기 위해 지난 4년 동안 도산십이곡의 고어 · 현대어 · 영어 · 한문 가사의 현대 악보를 만들고, 학생들과 함께 국민교육용 노래 동영상을 만들었습니다. 그리고 현대적 관점에서 그 가사의 교육적 의미를 고찰하여 학술논문으로 제시하였습니다.[786] 시인들 사이에 시를 받고 시로 화답하지 않았을 때 일종의 채무라고 생각해서 '시채(詩債)'라는 말을 쓰듯, 마음공부를 위해 정성으로 노래를 만들어 국민에게 선물한 대학자에게 노래 부르기로 답을 하지 않는다면 큰 '가채(歌債)'이지요. 그런 점에서 이 책에서 제시하는 도산십이곡 성가의 현대 악

786) 위의 문헌과 동일.

보와 노래 교육용 영상은 대학자의 정성에 우리가 노래로써 아름답게 화답하고, 한국철학의 정신을 현대사회에 널리 알리는 데 일조할 수 있을 것입니다. 저는 도산십이곡에 담긴 교육철학 메시지를 현대적으로 일반화하기 위해, '이발' 즉 진리의 발함을 중요시한 퇴계 사상의 큰 맥락에서 도산십이곡 발문과 가사의 내용을 고찰하였습니다. 발문에서는 도산십이곡 노래의 제작 목적인 온유돈후 · 탕척비린 · 감발융통의 마음공부가 퇴계 심성론이 강조하는 '경'에 연결됨을 알 수 있었습니다. 또한 같은 맥락에서 전6곡의 '지(志)'라는 주제를 '진리를 향한 뜻'으로, 후6곡의 '학(學)'이라는 주제를 '진리를 탐구하는 공부'로 해석하였습니다. 그 결과, 성리학과 인문 의학을 융합한 관점에서 도산십이곡의 가사에 담긴 교육 · 철학적 의미를 각각의 곡별로 일반화하여 도출할 수 있었지요. 그 내용은 '진리를 지향하는 구도(求道)의 삶'이라는 주제였으며, 450여 년 전에 쓰인 가사임에도 불구하고 종교와 무관하게 현대인의 인성 · 영성 함양을 위한 마음공부에 유용하게 적용할 수 있는, 시대를 뛰어넘는 유연함을 보였습니다. 구체적인 내용을 요약하면 다음의 표와 같습니다.

전6곡 가사에 담긴 교육 · 철학적 함의

언지(言志) 진리 향한 마음	제1곡	어떤 형태의 삶이든, 자신의 삶에 담긴 진리를 향하는 마음
	제2곡	무욕과 도심으로 진리를 향하는 마음
	제3곡	각박한 현실 속에서도, 선한 속성의 진리를 향하는 마음
	제4곡	위기지학을 통해 삶의 아름다움을 느끼며, 진리를 향하는 마음
	제5곡	먼 곳이 아닌, 지금 여기 일상의 진리를 향하는 마음
	제6곡	자연과 인간의 삶 속에 담긴, 조화롭고 무한한 모습의 진리를 향하는 마음

후6곡 가사에 담긴 교육 · 철학적 함의

언학(言學) 진리 탐구 공부	제7곡	책과 자연의 상호보완을 통해 끝없는 즐거움을 느끼는 진리 탐구 공부
	제8곡	편협하지 않은 마음으로 진리를 탐구하는 공부
	제9곡	각자의 마음속 큰 스승인 선구자의 삶을 본받으며, 진리를 탐구하는 공부
	제10곡	세속적인 가치에 잠시 마음을 뺏겼더라도, 다시 진리를 탐구하는 공부
	제11곡	변하지 않고 멈추지 않는 진리를 따라, 끊임없이 진리를 탐구하는 공부
	제12곡	실천의 쉬움과 어려움을 깨달으며, 즐겁게 몰입하는 진리 탐구 공부

다양한 학술적 관점에서 도산십이곡의 문학성을 규명하거나 깊은 내용의 철학적 의미를 도출하는 것도 필요하지만, 현대적 관점에서 더 중요한 것은 도산십이곡 노래를 듣고 부르며 각자의 실존 일상에서 또 다른 삶의 의미로 재탄생하는 것입니다. 어찌 보면, 도산십이곡에 담긴 메시지를 도출하는 일은 특정 연구자들의 영역이 아니고 도산십이곡 성가를 듣고 부르는 사람의 몫입니다. 노래를 듣고 불렀을 때 떠오르는 마음속의 다양한 상상력, 그것이 더 중요할 수도 있는 것이 노래이지요. 도산십이곡 성가를 듣고 부르면서 일상에서 조금씩 더 착해지고, 밝아지고, 삶에 힘을 얻는다면 퇴계 선생의 진정한 소망이 달성되는 것입니다. 많은 사람이 이 노래를 사랑하고 불러서 감발 · 융통하여 착한 사회가 되도록 하는 것이 대학자 퇴계 선생이 기획한 〈대국민 인성 · 영성 함양 성가 프로젝트〉의 목적이기 때문이지요. 교육 현장에서 도산십이곡을 문학작품으로만 다루지 않고 음악적 교육을 병행하는 것은 매우 바람직합니다. 그것이 퇴계 선생의 소망이었으니까요. 또한 처음에 뜻을 잘 모르더라도 반복하여 노래로 듣고 부르다 보면 자신도 모르는 사이에 마음에 느낌이 오고

분발하는 효과를 얻을 수 있습니다. 모든 노래는 마음을 정화하기도 하고 감홍을 유발하기도 합니다. 특히 진리를 노래하는 '성가'는 삶에 대한 바람직한 다짐과 힘을 얻게 하는 정신 치유 또는 마음 치유의 기능이 있습니다. 한없이 조심스럽고 겸손한 성정의 대학자 퇴계 선생이 도산십이곡 발문에

> 아침저녁으로 이것을 익혀 노래하면 … 노래하는 사람과 듣는 사람이 서로 유익함이 없지 않을 것이다.
> [朝夕習而歌之/조석습이가지 … 歌者與聽者/가자여청자 不能無交有益焉/불능무교유익언][787]

라고 자신 있게 말씀한 이면에는 분명히 무언가 확신하는 부분이 있을 것으로 생각합니다. 도산십이곡 제작에 그만큼 오랜 기간 고민하고 큰 정성을 쏟았을 뿐 아니라, 직접 그 효과를 실험했다는 말씀이지요.[788] 착한 사람 많은 세상을 소망하며 '소원선인다(所願善人多)'라는 시구를 쓰신 때가 50세이고, 한글 도산십이곡 제작을 완성한 후 발문을 쓰신 때가 65세이니 아무리 적게 잡아도 15년 이상은 고민하고 정성을 쏟은 커다란 대국민 프로젝트입니다. 대학자의 이러한 정성을 바탕으로 도산십이곡 성가는 퇴계 선생이 소망한 대로 부르는 사람이나 듣는 사람에게 인성 · 영성의 함양에 도움이 되는 좋은 프로그램이 될 것입니다. 동양철학 심성론에서는

> 시에서 일어나고 예에서 서며 악에서 완성된다.
> [興於詩/흥어시 立於禮/입어례 成於樂/성어악][789]

---

787) 『정본퇴계전서(定本退溪全書)』, 시 15, 「도산십이곡발(陶山十二曲跋)」.

788) 위의 문헌과 동일, 〈상자에 넣어두고 때때로 꺼내어 즐기며 스스로 살폈다. 藏之篋笥/장지협사 時取玩以自省/시취완이자성〉.

789) 『논어(論語)』, 「태백편(泰伯篇)」.

라고 하며 음악을 성학(聖學) 즉 마음공부의 완성으로 볼 정도로 전통적으로 음악을 중요하게 여겼습니다. 또한

> 그러므로 예를 통해 뜻을 이끌고, 악으로 소리를 조화롭게 하며, 정치로 행동을 통일시키고, 형벌로 간사함을 막는다. 예, 악, 형벌, 정치의 목표는 하나이니 사람들의 마음을 하나로 만들어 다스림의 길을 실현하는 것이다.
> [故禮以道其志/고례이도기지 樂以和其聲/악이화기성 政以一其行/정이일기행 刑以防其姦/형이방기간 禮樂刑政其極一也/예악형정기극일야 所以同民心而出治道也]/소이동민심이출치도야[790]

라며 국가를 통치하는 요소인 예 · 악 · 형 · 정의 하나로도 음악을 중요시했습니다. 우리의 인성 · 영성 공부에 음악이 매우 귀중한 모양입니다. 그러나 아이러니하게도, 여러 종교 분야에서 성가가 활성화된 것과 달리 유학 분야에는 현대의 대중이 부를 수 있는 성가가 거의 없더군요. 고대 시대에는

> 황제[791]에게는 함지가 있었고, 요임금[792]에게는 대장이 있었으며, 순임금[793]에게는 대소가 있었고, 우임금[794]에게는 대하가 있었다. 탕임금[795]에게는 대호가 있었고, 문왕[796]에게는 벽옹악이 있었으며, 무왕[797]과 주공[798]은 무를 만들었다.

790) 『예기(禮記)』, 「악기(樂記)」.
791) 전설 속의 삼황오제 중의 헌원씨.
792) 삼황오제 중의 도당씨. 순임금과 함께 '요순'이라 하여 성군의 대명사.
793) 삼황오제 중의 유우씨.
794) 하나라의 건국자.
795) 하나라 마지막 왕인 걸(桀, ?~?)을 추방하고, 상나라(= 은나라)를 건국.
796) 문왕(文王, BC 1152~1056)은 둘째 아들인 무왕(武王, BC ?~1043)이 주나라를 세운 후 왕으로 추숭됨.
797) 주나라의 제1대 왕.
798) 주공(周公, BC ?~?)은 무왕(武王)의 동생.

[黃帝有咸池/황제유함지 堯有大章/요유대장 舜有大韶/순유대소 禹有大夏/우유대하 湯有大濩/탕유대호 文王有辟雍之樂/문왕유벽옹지악 武王周公作武/무왕주공작무][799]

라는 문구에서 보듯 함지 · 대장 · 대소 · 대하 · 대호 · 벽옹악 · 무 등의 다양한 음악이 있었습니다. 또한 아래의

305편에 공자는 모두 거문고를 타고 노래하여 소 · 무 · 아 · 송[800]의 음에 맞추고자 하였다.
[三百五篇/삼백오편 孔子皆弦歌之/공자개현가지 以求合韶武雅頌之音/이구합소무아송지음][801]

라는 글에서 보는 것처럼 공자는 무려 305편의 시에 모두 곡조를 붙여 그것을 노래하며 여러 종류의 음악에 맞추었습니다. 위에서 언급한 '305편'이란 『시경』에 실린 305편의 시를 말하는 것이지요. 그러나, 현대인들은 유학 분야의 이러한 음악들을 일상에서 접하기가 어렵습니다. 시조 읊기 역시, 현대의 일반 대중이 부르기에는 어려울뿐더러 가사 전달이 어렵다는 단점을 갖고 있지요. 유학 분야에는 성현들의 주옥같은 시가 매우 많습니다. 향후, 유학 분야의 아름다운 시들이 현대 대중의 '동양 성가'로 만들어지기를 바랍니다. 도산십이곡은 대학자가 간절한 소망을 담아 국민에게 전달하는 노래 선물이자 착한 사람 많은 세상을 지향하는 치세지음(治世之音)입니다. 도산십이곡 성가를 듣고 부름으로써 500년 전 퇴계 선생의 삶에 간직했던 온유돈후한 '개인적 자아'가 현대사회에서 초시공간적으로 복제 · 전파되는 '문화 유전자'가 되면 좋겠습니다. 현대인의 온유돈

799) 『장자(莊子)』, 잡편(雜篇), 「천하(天下)」.
800) '소'는 순임금의 음악, '무'는 주나라 무왕의 음악, '아'는 조정의 음악, '송'은 종묘 제사 때의 음악.
801) 『사기(史記)』, 「공자세가(孔子世家)」.

후한 인성·영성과 사회적 자아를 형성하는 과정에 이 책에서 제시하는 현대적 관점의 교육철학 메시지와 다양한 악보가 도움이 되기를 기대합니다.

선생께 올림/Dear Teacher

2020년 1월, 퇴계 선생의 450주기 제사가 1년 정도 남은 시점이었습니다. 퇴계 선생의 450주기 제사는 2021년 1월 20일(음력 2020년 12월 8일)이었지요. 필자는 우리의 건강한 인성·영성을 위해 귀중한 학문과 아름다운 도산십이곡 노래를 선물해주신 퇴계 선생의 450주기 제사상에 무언가 '고마움의 답례'를 표현하는 저의 간절한 정성을 올려드리고 싶었습니다. 퇴계 선생의 한글 도산십이곡 선물에 화답하여 16~17세기의 사촌(沙村) 장경세(張經世, 1547~1615, 본관 흥성) 선생은 도산십이곡의 형식을 본떠 65세에 〈강호연군가〉[802]라는 열두 곡의 한글 노래를 지었고, 18세기에 남파(南坡) 김천택(金天澤, 1687?~?, 본관 ?) 선생은 도산십이곡을 이삭대엽의 장르로 분류했으며, 18~19세기의 세상을 걸어가신 해은(海隱) 강필효(姜必孝, 1764~1848, 본관 진주) 선생은 한글 도산십이곡 가사를 한문 가사로 번역했습니다.[803] 21세기 62세의 저는 도산십이곡을 현대적 성가로 작곡한 것에서 나아가, 도산십이곡에 화답하여 퇴계 선생께 감사하는 영상 음악 편지를 올리기로 마음먹었습니다. 퇴계 선생께 감사하는 마음을 담아, 1년 동안의 작업을 통해 〈Dear Teacher/선생께 올림〉이라는 제목의 묵상 곡을 작곡하여 연구실에서 홀로 연주하며 휴대폰으로 녹음했습니다. 도산십이곡과 마찬가지로 이 곡도 '동양 성가' 장르의 특성을 담기 위해 동양 5음계와 유사한

802) 『사촌집(沙村集)』, 제2권, 가사(歌詞), 「효퇴계선생도산육곡(效退溪先生陶山六曲) 작강호연군가(作江湖戀君歌)[자지(自識)]」.
803) 『해은별고(海隱別稿)』, 1권, 시, 「도산십이곡(陶山十二曲)」.

Am 펜타토닉 음계(우 · 궁 · 상 · 각 · 치 · 우)를 사용했습니다. 매우 느리면서 동시에 장엄함과 웅장함을 갖춘 멜로디로 작곡했습니다. 부제를 한문으로 '근화도산십이곡(謹和陶山十二曲) 봉정선생(奉呈先生)'으로 붙였는데요. 부제의 의미는 '삼가 도산십이곡에 화답하여 선생께 올림'이라는 뜻으로, 도산서원 선비문화수련원 참 공부 모임의 강구율 교수님과 권갑현 교수님, 그리고 김언종 교수님께서 부제 짓는 것을 도와주셨습니다. 대학자 퇴계 선생은 도산십이곡 제6곡 가사에서 '사시가홍이 사람과 한가지라'라고 하며, 봄 · 여름 · 가을 · 겨울의 아름다운 자연의 모습과 인간의 소년 · 청년 · 장년 · 노년 삶의 어울림을 노래했습니다. 〈Dear Teacher/선생께 올림〉 곡은 필자의 마음에 깊이 와닿은 퇴계 선생의 생애 열두 굽이를 도산서원의 사계절 정경과 함께 표현한 묵상 연주곡입니다. 부드러우면서도 강한 느낌, 그리고 우리 가락과 일렉트릭 기타 소리의 조화를 추구했습니다. 이 곡은 아주 느린 연주곡으로 작곡했는데요. 그 이유는 『예기』에 나오는

> "무 음악[804]이 … 속도를 느리게 하면서 여러 차례 길게 하는 것은 무엇 때문인지 감히 묻습니다."
> "… 이렇게 주나라의 도가 사방에 미치고 예와 악이 서로 통했으니, 무 음악이 더디고 오래도록 연주하는 것은 마땅하지 않은가."
> [夫武/부무 … 敢問遲之遲而又久何也/감문지지지이우구하야 … 若此則周道四達禮樂交通/약차즉주도사달예악교통 則夫武之遲久不亦宜乎/즉부무지지구불역의호][805]

라는, 공자와 제자 빈모고(賓牟賈, ?~?)의 대화가 떠올랐기 때문입니다. 빈모고가 공자에게 '무' 음악이 느리고 긴 이유를 묻자 공자가 주나라의 '도'가

---

804) 주나라의 무왕과 주공이 만든 음악. 『장자(莊子)』, 잡편(雜篇), 「천하(天下)」. 〈무왕과 주공은 무를 만들었다. 武王周公作武/무왕주공작무〉.

805) 『예기(禮記)』, 「악기(樂記)」.

크기 때문이라고 대답했습니다. 퇴계 선생의 소박한 삶, 그리고 그 깊이를 알 수 없는 커다란 학문을 어떤 음악으로 표현할 것인가에 대해서는 이 문장의 내용이 가장 적절할 것 같았습니다. 〈Dear Teacher/선생께 올림〉 곡은 열두 굽이의 멜로디로 구성되어 있는데요. 제1곡에서는 스무 박자 길이의 아주 긴 종소리가 전주를 대신합니다. 퇴계 선생께서 탄생하기 전의 무한한 진리의 세계를 표현해보고 싶었기 때문인데요. 철학적 관점에서는

> 무(無)는 천지의 시작을 이름이고, 유(有)는 만물의 어머니를 이름이다.
> [無名天地之始/무명천지지시 有名萬物之母/유명만물지모][806]
>
> 천하만물은 유(有)에서 생겨났고, 유(有)는 무(無)에서 생겨났다.
> [天下萬物生於有/천하만물생어유 有生於無/유생어무][807]

라고 하며 '무'에서 '유'가 나오고 그 후 온갖 만물이 생긴다고 말합니다. 철학적으로 우주의 근원 즉 '무극(無極)'이라고 하는, 개별 생명이 탄생하기 이전의 세계를 음악적으로는 '각각의 음들이 풀려나오기 전의 세계'라고 할 수 있습니다. Am 음계의 기본 1도 화음을 구성하는 '우(라) · 궁(도) · 각(미)' 음과 아래에 '각(미)', 위에 '우(라)' 음을 추가하여 다섯 음을 한꺼번에 쳐서, 오래도록 울려 퍼지는 장엄한 종소리로 생명이 탄생하기 전의 세계를 표현해보았습니다. 제2곡에서는 '우(라) · 궁(도) · 상(레) · 각(미) · 치(솔) · 우(라)' 음을 조용히 하나씩 풀어서 생명이 탄생하는 모습을 표현했습니다. 이어지는 제3곡~제8곡의 멜로디는 퇴계 선생의 소년 · 청년 · 장년 시절입니다. 제9곡과 제10곡은 퇴계 선생께서 〈도산십이곡 한글 노래〉와

806) 『도덕경(道德經)』, 「제1장」.
807) 『도덕경(道德經)』, 「제40장」.

〈성학십도〉라는 귀중한 열매를 맺는 시기이기에 다른 부분과 달리 경쾌하면서도 웅장한 멜로디로 표현했습니다. 제11곡은 모든 것을 내려놓고 마지막 귀향길에 오른 모습, 제12곡은 역책(임종)하는 부분을 나타낸 멜로디입니다. 〈Dear Teacher/선생께 올림〉에서 표현하는 열두 굽이의 멜로디는 퇴계 선생뿐 아니라 이 세상에 태어나 삶의 밝고 어두운 굴곡을 경험하고 있는 우리 모두의 삶을 상징합니다. 영상에 나오는 글을 묵상하는 데 도움을 주기 위해 배경 사진을 최소한으로 넣었는데요. 2020년 11월 14일 제30차 도산서원 참 공부 모임에서 이 영상을 보여드리니, 몇몇 분께서

"사진을 더 넣는 것이 좋을 것 같다."

라는 의견을 주셔서 몇 장의 사진을 더 넣었습니다. 〈Dear Teacher/선생께 올림〉 연주곡은 퇴계 선생의 450주기 제삿날 무렵에 KBS 1TV에서 두 차례 방영했습니다.[808]

Dear Teacher/선생께 올림, KBS 1TV

2021년 2월의 어느 날, 고려대학교 한문학과 계헌(契軒) 김언종 교수님께서 얼큰하게 한잔하시고는 연락을 주셨습니다. KBS 1TV 네트워크 특선 프로그램에서 제가 〈Dear Teacher/선생께 올림〉 곡을 연주하는 것

808) KBS 1TV, 「자나 깨나 퇴계 이황 사랑을 외치는 남성, 그는 왜?」, 2021년 1월 27일 〈거북이 늬우스〉 및 2021년 2월 20일 〈네트워크 특선〉.

과 KBS 1TV 아침마당 프로그램의 〈인문학, 의사가 만난 퇴계〉에 출연한 영상을 보셨나 봅니다. 필자의 자(字)인 '명지(鳴之)'를 물어보시더니, 『맹자』의

> 종소리를 울려 퍼뜨려 시작한 후 옥경을 쳐서 끝마치는 것이다.
> [金聲而玉振之也/금성이옥진지야][809]

라는 문구를 언급하며

> "자네의 이름 종성(鍾聲)이 종소리라는 의미이니, 자네의 자(字)는 '진지(振之)'로 하는 것이 마땅하네. 그리고 '내앞 마을을 빛낸다'라는 뜻으로 '광천(光川)'이라는 호(號)를 추가하게."

라고 저에게는 매우 과분한 말씀을 주기까지 했습니다. 그 외에도 유튜브를 통해 이 묵상 연주곡을 들으신 분들께서 다양한 격려 말씀을 보내 주셨는데요. 일부를 소개해 드립니다.

> 달빛이 비치는 잔잔한 호수, 그 위에 조용히 움직이는 물결, 말 없는 수많은 권면과 따뜻한 위로의 에너지~~.
>
> ㅂㅂㄱ, 전문의
>
> 신비감이 느껴집니다. 이 곡을 듣고 퇴계 선생께서 무덤에서 걸어 나오시겠습니다.
>
> ㅇㅅㅎ, 제주도, 선장
>
> 글, 사진과 함께 들으니 퇴계 선생의 삶이 그려집니다.
>
> ㄱㄱㅁ, 가정의학과 전공의
>
> 퇴계 선생의 삶이 곡을 통해 느껴집니다.
>
> ㅊㅎㅅ, 기타리스트

809) 『맹자(孟子)』, 「만장장구하(萬章章句下)」.

부드러우면서도 강한 느낌이 들어요. 어찌 보면 우리 가락과 일렉트릭 기타의 조합이랄까~ 최고 좋아요! 퇴계 선생의 일생을 너무 멋지게 음악과 함께 올리셨군요. 소리도 좋아요. 최고예요! 누군가 후손이 이렇게 만들어주면 저세상에서도 매우 흐뭇하실 것 같아요~.

ㅇㅁㄱ, ㅇㅇ의대 교수

퇴계 선생의 높은 뜻을 음악으로 생생히 들려주십니다.

ㄱㅈㅈ, 진주

퇴계 선생을 그저 화폐의 인물로만 많이 알고 있지만, 그분의 가르침에 대해 노래를 통해 묵상할 수 있는 영상 감사합니다.

닥터 Sol

기타 연주가 450년 전의 단절을 잇는 듯 멋지고 숭고합니다. 몰랐던 역사도 많이 알게 되었습니다.

ㅈㅇㅈ, ㅇㅇ대학교 영어교육과 교수

과거와 현재를 잇는다는 건 참 어려운 일인데 기타를 통해서 이렇게 감동을 줍니다.

ㅇㅇㅇ, 금오도, 공중보건의사

여러 가지 메시지를 전해줍니다.

ㄱㅅㅈ, ㅇㅇ대학교 철학과 교수

자손이 선조를 이렇게 공양함에, 많이 기뻐하실 겁니다.

ㅅㅈㅇ, ㅇㅇ내과 원장

아주 멋진 헌정곡이네요. 온몸과 마음을 합친 역작입니다. 구성도 아주 좋구요.

ㄴㄱㄴ, ㅇㅇ가정의학과 원장

퇴계 선생에 대한 진심 가득한 애정이 듬뿍 느껴집니다.

ㅇㅊㅇ, 가정의학 전문의

퇴계 선생을 사랑하고 존경하시는 게 느껴집니다.

ㅎㅈㅎ, 주부

연주가 상당히 깊고 절절합니다. 음악적 소양이 부족한 저로서는 어찌 평가할 능력은 없으나, 퇴계 이황 선생을 떠올리며 듣는 감흥이 남다릅니다. 간절하면서도 때로는 장엄하기까지 한 리듬에 경건함까지 가미했다고 할까요.

ㅎㅇㅅ, 충남, ㅇㅇ외과 원장

장중하면서도 경건함이 느껴집니다!

ㅇㄱㄴ, 대전, ㅇㅇㅇ치과 원장

도산서원 배경과 어우러져서 애틋하고 장중한 느낌입니다.

ㅈㅇㅇ, 서울, ㅇㅇ가정의학과 원장

마음이 고요해지고 편안해집니다. 정좌하고 경(敬)을 할 때 들으면 좋겠군요. 작곡 실력이 대단합니다.

ㅇㅈㅎ, 서울, 퇴계학ㅇㅇㅇ

마음이 조용해집니다.

ㅇㅈㅎ, ㅇㅇ의대 순환기내과 교수

저 매화에 물을 주라! 웅혼한 심혼(seele)을 흔드는 듯하네!

ㄱㄱㅈ, ㅇㅇㅇ정신병원장

늦잠 후에 마주하는 흐릿한 아침에 이렇게 잘 어울리는 곡이 있다니요~ 마음마저 차분해집니다! 일렉트릭 기타 독주가 이 정도로 마음에 와닿을 줄이야! 게다가 예스러운 음정과도 너무나 조화가 잘 됩니다.

ㅈㅅㄱ, 간호사

명상곡을 일렉트릭 기타로 이렇게 장엄하고 깊이 연주될 수 있다는 것을 처음 알았습니다.

ㄱㅇㄱ, ㅇㅇ대학교 산학연 교수

기타 연주가 경쾌하면서도 장엄함, 말로 표현할 수 없습니다!

ㄱㄱㅎ, ㅇㅇ대학교 교수

웅장하고 좋구만~!

ㅈㅅㅇ, 서천, 선장

멜로디와 테크닉 너머에 있는 더 묵직한 무언가가 느껴져서 와닿습니다.

ㅇㅎㅅ, ㅇㅇ의대 의학과 4학년

웅장하기도 하고, 슬프기도 하고, 많은 생각을 하게 합니다.

ㄱㄱㅇ, ㅇㅇ병원 성형외과 전공의

겨울밤에 차분하게 들을 수 있는 가슴 찡한 멋진 곡입니다. 기타 소리가 우리의 전통악기처럼 친근하게 들리네요.

ㅇㅁㅈ, 간호사

기타 연주인데 전통 궁중음악 같은 색깔이 있습니다.

ㅇㄴㅇ, 서울, ㅇㅇ중학교 영어 교사

한국의 미가 느껴지는 멜로디가 참 좋습니다. 잠자기 전에 한 번 더 들어야겠어요.

ㅊㅈㅎ, ㅇㅇ의대 예방의학 강사

제11곡의 '~모든 것을 내려놓고~' 그 부분이 지금의 제 상황과 흡사하여 와 닿네요.

ㄱㅇㄱ, 투병 중인 환자

눈감고 몇 번이고 들어보고 있습니다.

ㅊㅅㅎ, 부산

뭔가 잡아당기는 듯한 마력이 있습니다.

ㄱㅈㅅ, 가정의학 전문의

후반부로 갈수록 격정적입니다. 그래서 더 심금을 울리는듯합니다.

ㅇㄷㅎ

오케스트라로 하면 좋겠습니다.

ㅂㅈㅎ, ㅇㅇ의대 순환기내과 교수

Awesome! This makes us look up at the sky on some clear night. Confucian nocturne for reflection on mind. So old-sweet and instructive still in the way that it's all about change.

Andrew Park

말이나 글과는 다른, 울림과 감동이 있습니다.

ㅇㅊㅇ, 진성 이씨 문중

저희 아기가 엄청 관심을 갖네요.

ㅇㅈㅇ, 가정의학 전문의

마음으로 연주하는 것이 느껴집니다.

ㅇㅌㄱ, ㅇㅇ소아과 원장

심신이 지칠 때 힐링 영상으로 두고두고 보겠습니다.

ㅇㅎㅈ, 기타리스트

좋은 말씀과 곡으로 힐링이 됩니다.

ㅂㅎㅈ, ㅇㅇ내과 원장

음악으로 대화하는 느낌이 듭니다. 묘한 기분입니다.

ㅅㅈㅊ, ㅇㅇ의료원 총무팀장

정말로 고맙습니다. 정들었습니다. 굉장하신 작곡이에요. 많은 사람 앞에서 연주해보고 싶습니다.

ㄱㅇㅈ

어지러운 요즘 도산서원 정경과 함께 조용히 생각해볼 수 있는 시간이었습니다.

ㅇㄷㅈ, 가정의학 전문의

따뜻한 봄날 안동에 가고 싶네요! 좋습니다!

ㅅㅁㅎ, ㅇㅇ대학병원장

김 교수님의 모습이 퇴계 선생과 똑 닮으셨습니다!

ㅈㅇㅊ, ㅇㅇ대학교 교수

와우! 감동입니다. Ad lib이 대단합니다.

ㅅㅎㅈ, ㅇㅇ의대 신경과 교수

곡을 만드시는 것이 새로운 장르라는 게 더 대단합니다.

ㅇㅈㄷ, ㅇㅇ대학병원 방사선사

블루스 스타일 G립니다.

ㅂㅇㅈ, 부산 ㅇㅇ의대 교수

블루스 감성이 충만합니다.

ㅈㅈㅎ, 기타리스트

나이 드셨어도 연주가 살아있습니다.

ㅇㅈㅁ, 천안, ㅇㅇ가정의학과 원장

연륜이 그대로 묻어있는 연주입니다.

ㅎㅅㅈ, 기타리스트

음색이 듣는 사람에게 진하게 스며듭니다.

ㅈㅁㅈ, ㅇㅇ의대 방사선종양학 교수

기타 소리가 부드럽고 좋습니다.

ㅇㅅㅎ, ㅇㅇ가정의학과 원장

멜로디가 너무 좋아요. 귀에 잘 들어옵니다.

ㅇㅇㅇ, 가정의학 전문의

합주해보고 싶습니다.

ㅎㅅㅅ, 키보드 연주자

'뚱 뚜둥~' 하는 멜로디가 이상하게 중독성이 있습니다.

ㄱㅅㅂ, 대덕연구단지 연구원

기타 소리가 지금 계절에 더 잘 어울리네요.

ㅅㅎㅅ, 가정의학 전문의

너무 멋진, 뭔가 다른 감동을 줍니다. 무슨 악기인지요?

ㄱㅊㅁ, ㅇㅇ회사 이사

ㅈㅅㅇ, 한국ㅇㅇ연구원장

여러 감상 후기 중에 무슨 악기로 연주했느냐고 묻는 분이 적지 않았는데요. 장엄함과 웅장함을 표현하기 위해, 일렉기타의 헤비메탈 톤과 베이스 영역의 색채를 많이 넣고 트레블 톤을 최소화한 상태에서, 느리고 긴소리로 연주했더니 나름대로 특색이 있었나 봅니다. 이 연주곡을 들으며 각자의 삶에 대한 조용한 묵상과 함께 퇴계 선생의 정성과 사랑, 그리고 그 커다란 학문이 우리의 마음에 아름다운 인성 · 영성의 꽃으로 피어나기를 소망합니다.

곡 전체
일렉기타 연주

Dear Teacher
(선생께 올림)

작곡 · 연주
김종성

KBS 1TV
방영 영상

국(菊)

—

퇴계가집(退溪歌集)

12장 _ 전체가사 및 교육용 노래 영상
- ‘고어 · 현대어 · 영어 · 한문’

13장 _ 퇴계가집 악보

12장

전체가사 및 교육용 노래 영상

'고어·현대어·영어·한문'

고어

제1곡.
이런ᄃᆞᆯ 엇다ᄒᆞ며 뎌런ᄃᆞᆯ 엇다ᄒᆞ료
초야우생이 이러타 엇다ᄒᆞ료
ᄒᆞᄆᆞᆯ며 천석고황을 고텨 므슴ᄒᆞ료

제2곡.
연하로 지블 삼고 풍월로 버들 사마
태평성대예 병오로 늘거 가뇌
이 듕에 ᄇᆞ라ᄂᆞᆫ 이른 허므리나 업고쟈

제3곡.
순풍이 죽다 ᄒᆞ니 진실로 거즈마리
인성이 어디다 ᄒᆞ니 진실로 올ᄒᆞᆫ 마리
천하애 허다영재를 소겨 말ᄉᆞᆷᄒᆞᆯ가

제4곡.

유란이 재곡ᄒᆞ니 자연이 듣디 됴해
백운이 재산ᄒᆞ니 자연이 보디 됴해
이 듕에 고온 ᄒᆞᆫ 니믈 더옥 닛디 몯ᄒᆞ뇌

제5곡.

산전에 유대ᄒᆞ고 대하에 유수ㅣ로다
뻬 만ᄒᆞᆫ ᄀᆞᆯ며기ᄂᆞᆫ 오명 가명 ᄒᆞ거든
엇다다 교교백구ᄂᆞᆫ 머리 ᄆᆞᄉᆞᆷ ᄒᆞᄂᆞᆫ고

제6곡.

춘풍에 화만산ᄒᆞ고 추야애 월만대라
사시가흥ㅣ 사롬과 ᄒᆞᆫ가지라
ᄒᆞᄆᆞᆯ며 어약연비운영천광이ᅀᅡ 어늬 그지 이슬고

제7곡.

천운대 도라드러 완락재 소쇄ᄒᆞᆫ듸
만권생애로 낙사ㅣ 무궁ᄒᆞ얘라
이 듕에 왕래풍류를 닐어 므슴ᄒᆞᆯ고

제8곡.

뇌정이 파산ᄒᆞ야도 농자ᄂᆞᆫ 몯 듣ᄂᆞ니
백일이 중천ᄒᆞ야도 고자ᄂᆞᆫ 몯 보ᄂᆞ니
우리ᄂᆞᆫ 이목총명남자로 농고 ᄀᆞᆮ디 마로리

제9곡.

고인도 날 몯 보고 나도 고인 몯 뵈
고인를 몯 봐도 녀던 길 알ᄑᆡ 잇ᄂᆡ

녀던 길 알ᄑᆡ 잇거든 아니 녀고 엇뎔고

제10곡.
당시예 녀던 길흘 몃 ᄒᆡ를 ᄇᆞ려두
어듸 가 ᄃᆞᆫ니다가 이제ᅀᅡ 도라온고
이제 나 도라오나니 년 ᄃᆡ ᄆᆞᄉᆞᆷ 마로리

제11곡.
청산ᄂᆞᆫ 엇뎨ᄒᆞ야 만고애 프르르며
유수ᄂᆞᆫ 엇뎨ᄒᆞ야 주야애 긋디 아니ᄂᆞᆫ고
우리도 그치디 마라 만고상청 호리라

제12곡.
우부도 알며 ᄒᆞ거니 긔 아니 쉬운가
성인도 몯 다 ᄒᆞ시니 긔 아니 어려운가
쉽거나 어렵거낫 듕에 늙ᄂᆞᆫ 주를 몰래라

고어 도산십이곡
노 래 엄인배
피아노 신승재

휴대폰의 〈QR코드 리더〉를 그림에 대시면 노래 영상 나옵니다!

2018년 봄에 도산십이곡 현대 악보를 만든 후, 충남대학교의과대학 학생들과 함께 2019년 12월에 도산십이곡 고어 성가의 국민교육용 영상을 완성했습니다. 묵상하며 들으실 수 있는 잔잔한 영상입니다. 의학과 3학년 엄인배 학생이 노래를 부르고, 2학년 신승재 학생이 피아노 연주로 반주했습니다. 김지한 가정의학 전문의가 환자 진료로 바쁜 와중에 짬을 내어 유튜브 동영상을 만들어주었습니다. 엄인배 학생과 신승재 학생은 둘 다 아주 온유한 성품입니다. 도산십이곡 성가의 피아노 반주를 제가 여기저기서 많이 들어보았는데요. 신승재 학생의 반주가 가장 좋은 것 같습니다. 엄인배 학생은 그 음성이 맑고 곧습니다. 기타에 비유하면 강하고 콤팩트(compact)한 소리를 내는 깁슨(Gibson) 기타의 음색입니다. 도산십이곡 성가에 아주 잘 어울리더군요. 모두가 전문 음악인이 아니라서 우리가 가진 음향시설이나 장비가 없습니다. 엄인배 학생은 차 속에서 노래하며 휴대폰으로 녹음을 했다고 합니다. 학생들의 정갈한 정성만큼은 듬뿍 들어간 소박한 영상입니다. 이 두 학생의 반주와 노래는 도산십이곡 성가의 잔잔함과 웅장함을 동시에 충족하는 아주 좋은 어울림이었습니다. 꼭 필요한 시점에 어떻게 이런 귀한 학생들을 만날 수 있었는지 신기합니다. 혹시 퇴계 선생께서 제게 보낸 학생들일까요? 엄인배 학생은 가톨릭 '루까' 학생동아리에서 만났고, 신승재 학생은 '코머스' 학생동아리에서 만났지요. '루까' 동아리는 한때 제가 지도교수를 했었고, '코머스' 동아리는 지금도 제가 지도교수를 맡고 있습니다. 감사하게도 나중에 도산서원선비문화수련원에서 두 학생에게 장학금을 수여해주기도 했습니다. 고어 가사의 도산십이곡 성가를 자꾸 따라 부르다 보니, 500여 년 전의 한글 고어 공부까지 할 수 있는 장점이 추가로 있더군요. 지금과는 표기가 다른 단어들이 많아서 재미있습니다. 도산십이곡 가사에 담긴 500년 전의 한글 단어들을 아래의 표처럼 정리해보았습니다. 'ㅣ', '뻬', 'ᅀᅡ', 'ᄉᆞᆷ' 등은 지금은 사용하지 않는 글자들이지요.

고어 가사의 현대적 의미.

제1곡~제2곡.

	고어	현대어	고어	현대어
제1곡	이런ᄃᆞᆯ	→ 이런들	엇다ᄒᆞ며	→ 어떠하며
	뎌런ᄃᆞᆯ	→ 저런들	이 듕에	→ 이 중에
	이러타	→ 이렇다	ᄒᆞ믈며	→ 하물며
	고텨	→ 고쳐	므슴ᄒᆞ료	→ 무엇하료
제2곡	지블	→ 집을	버들 사마	→ 벗을 삼아
	늘거 가뇌	→ 늙어 가네	ᄇᆞ라ᄂᆞᆫ	→ 바라는
	이른	→ 일은	허므리나	→ 허물이나
	업고쟈	→ 없고자		

제3곡~제4곡.

	고어	현대어	고어	현대어
제3곡	죽다	→ 죽었다	거즈마리	→ 거짓말
	어디다	→ 어질다	올ᄒᆞᆫ마리	→ 옳은 말
	소겨	→ 속여	말ᄉᆞᆷᄒᆞᆯ가	→ 말씀할까
제4곡	듣디 됴해	→ 듣기 좋아	보디 됴해	→ 보기 좋아
	ᄒᆞᆫ 니믈	→ 한 님을	닛디 몯ᄒᆞ뇌	→ 잊지 못하네

제5곡~제6곡.

	고어	현대어	고어	현대어
제5곡	ᄢᅦ 만ᄒᆞᆫ	→ 떼 많은	ᄀᆞᆯ며기ᄂᆞᆫ	→ 갈매기는
	오명 가명	→ 오며 가며	엇다다	→ 어쩌다
	머리	→ 멀리	ᄆᆞᄋᆞᆷ	→ 마음
제6곡	사ᄅᆞᆷ과	→ 사람과	어늬 그지	→ 어느 끝이
	이슬고	→ 있을꼬		

제7곡~제8곡.

	고어	현대어	고어	현대어
제7곡	도라드러	→ 돌아들어	ᄒᆞᆫ듸	→ 한데
	ᄒᆞ얘라	→ 하여라	닐어	→ 말해
	므슴ᄒᆞᆯ고	→ 무엇할꼬		
제8곡	몯	→ 못	ᄀᆞᆮ디 마로리	→ 같지 말으리

제9곡~제10곡.

	고어	현대어	고어	현대어
제9곡	녀던 길	→ 가던 길	알픠 잇ᄂᆡ	→ 앞에 있네
	엇뎔고	→ 어쩔꼬		
제10곡	몃 ᄒᆡ를	→ 몇 해를	ᄇᆞ려두고	→ 버려두고
	어듸 가	→ 어디 가	ᄃᆞ니다가	→ 다니다가
	이제ᅀᅡ	→ 이제야	도라온고	→ 돌아온고
	년 ᄃᆡ	→ 딴 데	마로리	→ 말으리

제11곡~제12곡.

	고어	현대어	고어	현대어
제11곡	엇뎨ᄒᆞ야	→ 어찌하여	만고애	→ 만고에
	프르르며	→ 푸르르며	긋디	→ 그치지
	아니ᄂᆞᆫ고	→ 아니한고	그치디 마라	→ 그치지 말아
	호리라	→ 하리라		
제12곡	긔 아니	→ 그 아니		

현대어

제1곡.

이런들 어떠하며 저런들 어떠하료

초야우생이 이렇다 어떠하료

하물며 천석고황을 고쳐 무엇하료

제2곡.
연하로 집을 삼고 풍월로 벗을 삼아
태평성대에 병으로 늙어 가네
이 중에 바라는 일은 허물이나 없고자

제3곡.
순풍이 죽다 하니 진실로 거짓말
인성이 어질다 하니 진실로 옳은 말
천하에 허다영재를 속여 말씀할까

제4곡.
유란이 재곡하니 자연히 듣기 좋아
백운이 재산하니 자연히 보기 좋아
이 중에 고운 한 님을 더욱 잊지 못하네

제5곡.
산전에 유대하고 대하에 유수로다
떼 많은 갈매기는 오명 가명 하거든
어쩌다 교교백구는 멀리 마음 하는고

제6곡.
춘풍에 화만산하고 추야에 월만대라
사시가흥이 사람과 한가지라
하물며 어약연비운영천광이야 어느 끝이 있을꼬

제7곡.
천운대 돌아들어 완락재 소쇄한데

만권생애로 낙사무궁하여라
이 중에 왕래풍류를 닐어 무엇할꼬

제8곡.
뇌정이 파산하여도 농자는 못 듣나니
백일이 중천하여도 고자는 못 보나니
우리는 이목총명남자로 농고 같지 말으리

제9곡.
옛사람도 날 못 보고 나도 옛사람 뵙지 못해
옛사람 뵙지 못해도 가시던 길 앞에 있네
가시던 길 앞에 있으니 아니 가고 어쩌겠나

제10곡.
당시에 녀던 길을 몇 해를 버려두고
어디 가 다니다가 이제야 돌아온고.
이제 나 돌아오나니 딴 데 마음 말으리

제11곡.
청산은 어찌하여 만고에 푸르르며
유수는 어찌하여 주야에 긋지 아니한고
우리도 그치지 말아 만고상청 하리라

제12곡.
우부도 알며 하거니 그 아니 쉬운가
성인도 못다 하시니 그 아니 어려운가
쉽거나 어렵거나 중에 늙는 줄을 몰라라

현대어
도산십이곡

어린이 동요
노래 장우서 · 조정빈
편곡 김종한

성인 합창
노래 지도위원팀 · 후렴합창단
지휘 김순도 · 김민성

휴대폰의 〈QR코드 리더〉를 그림에 대시면 영상 나옵니다!

현대어 도산십이곡 노래를 어린이 동요와 성인 합창으로 들어보겠습니다. 어린이 동요는 어린 학생들의 학교 현장 인성교육을 위해, 한국동요문화협회의 이사이신 도산서원선비문화수련원의 김종한 지도위원님께서 Cm(다 단조) 음계로 약간 높여서 편곡하여 완성한 영상입니다. 울산남외초등학교 장우서 학생과 울산 우정초등학교 조정빈 학생이 현대어로 불렀습니다. 두 학생 모두 목소리가 청아하고 정말 예쁩니다. 이 동요를 듣고 있으면 마음이 밝아지고, 빠른 템포의 국악 반주라서 그런지 저절로 흥이 납니다. 어린이들이 도산십이곡 동요를 부르는 모습을 상상하니 너무나 행복하군요. 퇴계 선생께서 한글 도산십이곡을 만들며 진정으로 바라셨던 모습이겠지요.

2020년 11월 27일~28일에 안동시민회관에서 열린 퇴계 선생 서세 450주년 기념행사에서 개막공연으로 도산십이곡 노래를 합창했습니다. 이때의 합창이 한글 고어와 현대어를 섞은 가사로 불렀습니다. 합창단으로 두 팀이 나오셨는데요. 도산서원선비문화수련원의 '지도위원' 팀과 남성 중창단인 '후렴합창단' 팀입니다. '지도위원' 팀은 김순도 선생님의 지휘와 함께 도산십이곡 노래의 전육곡 '언지(言志)'를 Cm(다 단조) 음계로 높여서 불렀습니다. 이어서 '후렴합창단' 팀이 테너 김민성 선생님의 지휘와 함께 후육곡 '언학(言學)'을 Dm(라 단조) 음계로 약간 더 높여서 불렀지요. 이

행사에는 사이먼 스미스(Simon Smith) 주한영국대사 부부를 비롯하여, 국회의원, 각계의 기관장, 학자들 등 많은 분이 참석했습니다. 도산십이곡 성가의 특성이 조용히 묵상할 수 있는 잔잔함과 소박함, 그리고 동시에 장엄함과 웅장함인데요. 먼저, '지도위원' 팀이 도산십이곡 노래의 제1곡~제6곡을 아주 잔잔하고, 소박하게 합창했습니다. 반면에, '후렴합창단' 팀은 제7곡~제12곡을 힘차고 웅장하게 부른 특성이 있습니다. 마지막 제12곡은 두 팀이 함께 안동시민회관이 떠나갈 듯 장엄하게 합창했습니다. '지도위원' 팀의 잔잔함과 '후렴합창단' 팀의 웅장함은 그 나름대로 각각의 장점이 있더군요. 지금 생각하니, 마지막 제12곡을 청중들까지 도두 함께 떼창으로 불렀으면 더 좋을 뻔했습니다.

영어/Dosan 12 Poems

Verse 1.
What about living this way, what about living that way.
What about living a humble life in the countryside.
Why should I end my love desperate for nature.

Verse 2.
Living in haze and sunset glow, living with the moon and the wind,
I'm growing old and sick in the times of peace.
All I wish for now is that I could have no faults and flaws.

Verse 3.
It's all lies in very deed good manners are dead.
It's all true in very deed good nature stays in us.
There's no way to tell a lie to all those learned ones.

Verse 4.

Fragrant orchids bloom in valley, it's just so good to feel.
White clouds filled the mountain, it's just so good to see.
Amid all of this, I miss my dear even more.

Verse 5.

A lookout stands in mountain, and a stream flows below.
So many gulls in the sky come and go here and there.
Why the clean and white horses try to stay away from here.

Verse 6.

Flowers fill mountains in spring breeze, the moon fills hills at autumn night.
The joy of four seasons are with the human beings.
Fish jumping, birds flying, cloud shadowing, sky shining, all give us endless joy.

Verse 7.

Going around the Cheonundae, Wanlakjae is pure and clean.
I am full of endless joy reading thousands of books.
Above all, more than a joy is walking around for a while.

Verse 8.

Thunder and lightning breaks the mountain, but the deaf cannot hear.
The sun glows down, but the blind cannot see.
With our bright eyes and ears, we shall hear and see all the Truth.

Verse 9.

Someone you never met me before, someone I never met you before.
Though we never met ever before, what lies ahead is their way.
As the way lies ahead, with a favor I will follow them.

Verse 10.
With the way I walked along left behind for several years,
where did I go and wander, and found myself here again.
I am back here and now, and won't give my mind elsewhere.

Verse 11.
Why are the blue mountains flourishing in eternal green,
and the flowing water streams running through day and night.
We, too, shall never cease until the end of time.

Verse 12.
Even fools do what they know, which is more than easy enough.
Even sages cannot do, which is more than hard enough.
Whether it's easy or hard, we don't see the time goes by.

Toegye' s Dosan 12 Poems (1565)
노 래 박형철
피아노 신승재

휴대폰의 〈QR코드 리더〉를 그림에 대시면 영상 나옵니다!

영어 도산십이곡 성가의 대중교육용 영상은 충남대학교의과대학의 학생들 그리고 이사미 교수님과 함께 2021년 7월 22일에 완성했습니다. 의학과 4학년 박형철 학생이 임상 실습과 의사국가고시 시험 준비로 매우 바쁜 일상임에도 불구하고 기꺼이 정성을 다해 불러주었는데요. 영어 악보를 최종 완성한 2021년 봄, 딱 그 시점에 신기하게도 제 진료실에 임상 실습을 나온 박형철 학생을 만났습니다. 역시 퇴계 선생께서 보낸 귀한 학생이 아닐까 합니다. 박형철 학생이 영어 도산십이곡 성가 부르기를 자원했을 때 제가 주문한 것은

"모든 기교를 빼고 오로지 정성된 마음으로만 불러달라."

라는 한가지였습니다. 박형철 학생의 음색을 기타에 비유하면 부드럽고 허스키한 펜더(Fender) 기타의 소리에 가까운데요. 가정의학과에 노인 간호학 임상 실습을 나온 어느 간호대학원생은 이 노래를 듣고

"중저음의 목소리가 소름 끼치게 감미롭다."

라고 하더군요. 반주는 의학과 2학년 신승재 학생의 고어 도산십이곡 피아노 반주를 그대로 사용했습니다. 영어 노래의 영상 배경 중앙에 흰색의 굵은 선을 넣었는데요. 우리 일상의 현실 세상을 비추는 밝은 한 줄기 빛을 상징합니다. 공주대학교 양종국 교수님께서 직접 촬영하여 소장하고 계신 갈매기 사진, 선재(宣齋) 송혜정 선생님께서 그려주신 동양화, 도산서원 참 공부 모임의 이강호 선생님께서 주신 예전의 도산서당 사진 등을 배경 화면에 넣었습니다. 영어 도산십이곡 악보를 완성하기까지는 쉽지 않았는데요. 꼭 3년 반 걸렸습니다. 문화체육관광부에서 국가 간 회담의 동시통역 업무를 한동안 수행했던 이사미 교수님과 함께 고민하며 도산십이곡 성가의 영어 악보를 만들었지요. 누구나 쉽게 부를 수 있는 노래로 만들어달라고 하신 퇴계 선생의 뜻을 받들어 가능한 어려운 단어를 피하고 한국 중고등학교 교과과정의 영어 단어를 위주로 가사를 구성했습

니다. 그냥 시의 의미를 번역하는 것이 아니고, 노랫말을 만들 때 대중이 부르기 쉬운 단어를 선택해야 하는 점과 영어 발음을 고려하여 단어와 글자를 음표에 맞추어 배치하는 악보 제작작업이 어렵더군요. 영어 도산십이곡 노래의 초본 악보를 완성하여 2021년 1월 9일에 줌(zoom)으로 열린 제31차 도산서원 참 공부 모임에서 최초로 불러드렸습니다. 이날 영어 도산십이곡 노래를 들으신 영남퇴계학연구원의 이동건 이사장님께서는 퇴계학 관련 책을 한 보따리나 소포로 부쳐 주시며 영남퇴계학연구원에서 발행하는 영문학술지『The Journal of Toegye Studies』에 도산십이곡을 작곡하게 된 경위와 과정을 영어로 써서 보내달라는 부탁까지 하셨습니다. 도산십이곡의 영어 악보 초본이 만들어지자 중앙일보에서는

> 퇴계 이황(1501~1570) 선생이 남긴 연시조 '도산십이곡'이 영시(英詩)로 번역되고 곡조가 붙여졌다. 서양 사람들이 부를 수 있는 노래, 팝송으로 거듭난 것이다. … 도산십이곡의 영역은 첫 시도이다. … 영역을 한 사람은 이사미 박사로 적혀있다. 이화여대 영문과를 졸업한 이 박사는 동시통역사로 한동안 국가간 회담의 통역을 맡았다고 한다. 도산서원(원장 김병일)은 앞서 한글 도산십이곡에 곡조를 붙인 노래를 공식 채택해 3년째 주요 학술행사와 서원 향사 등을 시작할 때 참가자들이 함께 부르고 있다. 노래를 통한 퇴계학의 대중화를 시작한 것이다. 이 곡을 붙인 사람은 충남대 의대 김종성 교수였다. … 권 박사는 "이 박사가 도산십이곡을 영역하면서 누구나 아는 쉬운 단어를 찾아내는 작업이 어려웠다는 말을 들었다"라고 덧붙였다. 노래의 곡조까지 맞추면서 영시 구절을 만들어야 하는 일이었다. 그러려면 도산십이곡의 뜻을 정확히 이해하는 것이 선결 과제였을 것이다. 퇴계학의 세계화에 대중화까지 겸하는 발걸음을 뗀 것이다.[810]

---

810) 중앙일보, [더, 오래] 송의호의 온고지신 우리 문화(96), 「영어 팝송으로 거듭난 퇴계의 시조」, 2021.3.18.

라는 내용의 기사로 소개하기도 했습니다. 이후, 도산서원 참 공부 모임의 권갑현 교수님께서 한글 고어 원문 가사의 의미를 잘 이해할 수 있도록 도와주셔서 일부 영어 가사를 보완하여 영어 악보의 최종본을 만들었습니다. 영어 도산십이곡 성가의 교육용 영상을 완성하여 2021년 7월 10일 제34차 도산서원 참 공부 모임에서 시연했습니다. 이날 시연에 앞서 퇴계 선생 종택에 들러 청하(靑霞) 이근필(李根必) 종손 어른께 미리 동영상을 보여드리니, 종손께서 매우 기뻐하며 영어 도산십이곡 교육용 동영상 제작에 참여한 사람들에게 나누어주라고 하시면서 친필 액자를 보자기에 싸서 선물해주기까지 하셨습니다. 저는 매일 영어 도산십이곡 노래를 불러보고 있는데요. 아주 쉽고 한글 버전과는 색채가 다르게 또 다른 맛이 납니다. 영어 공부에도 도움이 되지요. 젊은 대학생들은

> "영어 가사가 아주 예쁘다."

라고 말하기도 하더군요. 어느 외국인은 유튜브 영상에

> "Wowwww I fell in love with the lyrics of this great scholar. Thank you for translating it in English."

라며, 한국 대학자의 아름다운 도산십이곡 가사와 사랑에 빠졌다는 내용의 댓글을 달기도 했습니다.

한문/陶山十二曲

其一/기일
如此如何/여차여하 如彼如何/여피여하
草野愚生/초야우생 如此如何/여차여하

況泉石膏肓/황천석고황 改何爲/개하위

其二/기이

煙霞爲家/연하위가 風月爲友/풍월위우

太平聖代/태평성대 病老去/병로거

此中望底事/차중망저사 欲無過了/욕무과료

其三/기삼

淳風云亡/순풍운망 實僞言/실위언

人性云善/인성운선 實是言/실시언

天下許多英材/천하허다영재 敢欺言爲/감기언위

其四/기사

幽蘭在谷/유란재곡 自然聞了好/자연문료호

白雲在山/백운재산 自然見了好/자연견료호

此中彼美一人/차중피미일인 益不忘了/익불망료

其五/기오

山前有臺/산전유대 臺下有水/대하유수

多羣鷗鳥/다군구조 來了去了/내료거료

何皎皎白駒/하교교백구 遠心爲/원심위

其六/기륙

春風花滿山/춘풍화만산 秋夜月滿臺/추야월만대

四時佳興/사시가흥 與人同了/여인동료

況魚躍鳶飛雲影天光/황어약연비운영천광 有何窮/유하궁

其七/기칠

天雲臺還入/천운대환입 玩樂齋蕭灑/완락재소쇄
萬卷生涯/만권생애 樂事無窮了/낙사무궁료
此中往來風流/차중왕래풍류 云如何/운여하

其八/기팔
雷霆破山/뇌정파산 聾者不聽了/농자불청료
白日中天/백일중천 瞽者不見了/고자불견료
吾輩耳目聰明男子/오배이목총명남자 勿如聾瞽了/물여롱고료

其九/기구
古人不見我/고인불견아 我不見古人/아불견고인
古人雖不見/고인수불견 行了路在前/행료로재전
行了路在前/행료로재전 不行了何/불행료하

其十/기십
當時行了路/당시행료로 幾年棄置/기년기치
何去行/하거행 而今歸來了/이금귀래료
雖而今歸來/수이금귀래 勿如前放心了/물여전방심료

其十一/기십일
靑山何爲/청산하위 萬古靑了/만고청료
流水何爲/유수하위 晝夜不舍了/주야불사료
吾輩亦不舍/오배역불사 萬古長靑了/만고장청료

其十二/기십이
愚夫亦知而爲/우부역지이위 其非易歟/기비이여
聖人亦未盡爲/성인역미진위 其非難歟/기비난여
易與難中/이여난중 不知老了/부지로료

18~19세기의 학자인 해은(海隱) 강필효(姜必孝, 1764~1848, 본관 진주, 자字 중순仲順) 선생께서

> 퇴계 선생의 도산십이곡 원본은 단지 노래 곡으로 소리는 있으나 시가 없다. 필효가 그 우리말 인쇄본을 취하여, 고산구곡[811]을 송문정공[812]이 한문으로 옮긴 글과 소리의 특성을 감히 모방하여 한문 가사를 만들었다.
> [退溪先生/퇴계선생 陶山十二曲舊本/도산십이곡구본 只是歌曲有聲而無詩/지시가곡유성이무시 必孝就其諺錄印本/필효취기언륵인본 敢傍高山九曲宋文正飜文例倚永爲詞/감방고산구곡송문정번문례의경위사][813]

라며 한글 도산십이곡 가사를 한문 가사로 번역해놓은 것인데요. 해은 선생께서 한글을 '문자'로 보지 않고 '소리'라고 표현한 것이 인상적입니다. 표의 문자인 한문을 중요시한 당시의 선비사회에서 표음문자인 한글을 어떻게 생각하고 있었는지 엿볼 수 있습니다. '한글'이라는 이름을 붙인 사람은 한힌샘 주시경(周時經, 1876~1914, 본관 상주, 자字 경재經宰) 선생으로

> 한글의 '한'은 '일(一)'이요, '대(大)'이요, 또 '정(正)'이다. 그리하여 첫째로, 한글은 바른 글(正音/정음)이니, 모든 것이 법에 맞도록 정리되어야 할 것이요, 다음에 한글은 큰 글이니, 사내나 계집이나 늙은이나 젊은이나 어른이나 어린이나 귀한 사람이나 천한 사람이나 다 한가지로 이 글을 알아야 하며, 써야 할 것이요, 끝으로 한글은 하나 된 글이니 온 누리에서 첫째가는 글이요, 또 우리나라에서는 누구에게든지 한가지로 쓰이어야 할 글이다. 이리하여 정리와 보급과 통일의 세 가지는 참으로 한글의 근본 뜻이 되는 것이다. 이러한 뜻의 새 이름으로 종래에 흔히 불러오던 이름 '언문(諺文)'을 대신하기는 주시경 스승

---

811) 황해도 해주 고산(高山)에 있는 석담(石潭)의 풍광이 뛰어나 1575년 율곡 선생이 아홉 굽이에 이름을 붙이고 시를 지었다. 석담구곡가라고도 하며 주자(朱子)의 무이구곡가를 본떴다.

812) 우암(尤菴) 송시열(宋時烈, 1607~1689, 본관 은진, 자字 영보英甫, 시호 문정文正).

813) 『해은별고(海隱別稿)』, 1권, 시, 「도산십이곡(陶山十二曲)」.

에서 비롯된 일인 듯하다.[814]

에서 보듯, '으뜸가는 글', '하나밖에 없는 글', '큰 글'이라는 의미가 담겨있지요. 이 책을 쓰며 도산십이곡을 공부하던 중에, 도산서원 참 공부 모임의 권갑현 교수님께서 고전 속에서 이 귀한 한문 번역 가사를 찾아내어 2022년 3월 22일에 제게 보내 주셔서 악보를 만들 수 있었습니다. 저는 한문을 잘 모르는데요. 도산십이곡을 한문 가사로 자꾸 부르다 보니, 한시(漢詩)를 열두 편이나 저절로 외우게 됩니다. 한문을 잘 모르는 현대인의 한문 공부에도 도산십이곡이 도움이 되는군요. 도산십이곡 노래를 한문으로 부르고 싶은 분이나 퇴계학과 도산십이곡에 관심이 있는 외국분, 특히 한자문화권에 속하는 중국 · 대만 · 일본 · 베트남 사람들에게 〈제13장. 퇴계가집 악보〉에 제시하는 한문 가사 악보와 함께 도움을 줄 수 있을 것 같습니다. 한자문화권의 나라들은 모두 한문을 쓰지만 읽는 소리가 다르지요. 중국 사람, 일본 사람, 베트남 사람들이 도산십이곡 한문 가사를 어떻게 소리 낼지 궁금합니다. 퇴계학 분야에는 정기적으로 국제퇴계학회가 열리는데요. 각국의 학자들이 모여서 영어로, 한국어로, 중국어로, 일본어로, 베트남어로 도산십이곡을 부르는 장면을 상상만 해도 너무나 행복해집니다.

---

814) 최현배, 『고친 한글갈』(정음사, 1961), 52쪽.

13장

퇴계가집 악보

1. 이런들 저런들

Living This Way or That Way

如此如彼/여차여피

작사 퇴계이황
작곡 김 종 성
번역 강필효(한문) · 이사미(영어)

2. 연하로 집을 삼고

Living in Haze and Sunset Glow

煙霞爲家/연하위가

각사 퇴계이황
작곡 김 종 성
번역 강필효(한문) · 이사미(영어)

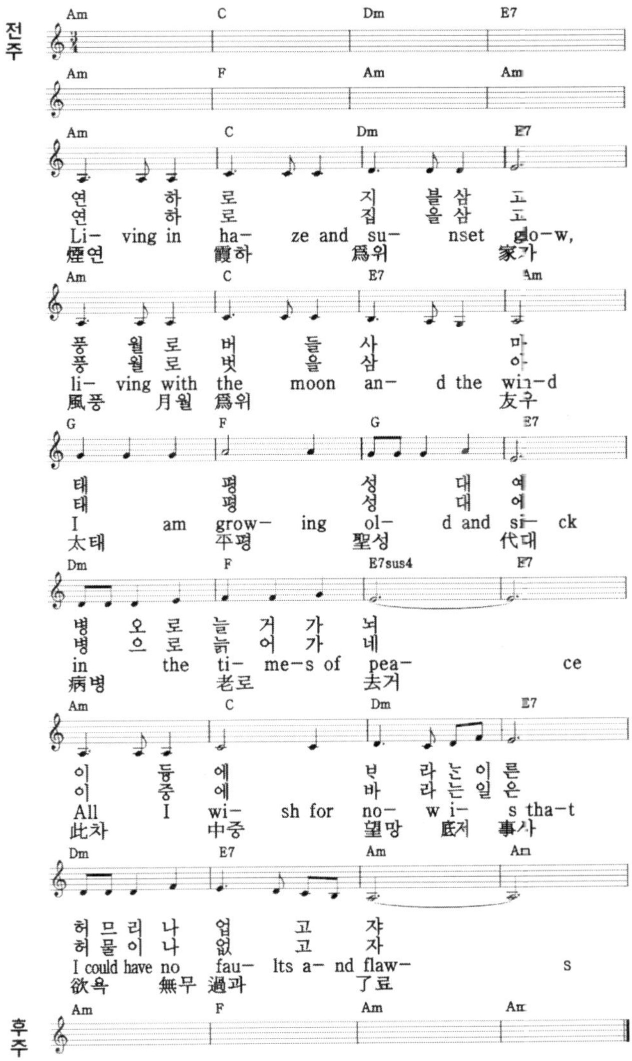

3. 인성이 어질다 하니

Good Nature Stays in Us

人性云善/인성운선

작사 퇴계이황
작곡 김 종 성
번역 강필효(한문) · 이사미(영어)

4. 유란이 재곡하니

Fragrant Orchids Bloom in Valley

幽蘭在谷/유란재곡

작사 퇴계이황
작곡 김 종 성
번역 강필효(한문) · 이사미(영어)

5. 어찌 멀리 마음 하는고

Why Try to Stay Away from Here

何遠心爲/하원심위

작사 퇴계이황

작곡 김 종 성

번역 강필효(한문) · 이사미(영어)

6. 어약연비 운영천광이야

Fish Jumping, Birds Flying, Cloud Shadowing, Sky Shining

魚躍鳶飛雲影天光/어약연비운영천광

작사 퇴계이황

작극 김 종 성

번역 강필효(한문) · 이사미(영어)

*: ( ) 부분은 무반주로, '레•파' 음 중에서 선택하여, 박자의 길이를 자유롭게 늘여서 부를 수 있다. 합창일 때는 솔로로 부르는 것이 좋다. Sing 'sky' and 'shining' as each one beat followed by a one beat rest. The ( ) part can be lengthened randomly.

7. 만권 생애로

Reading Thousands of Books

萬卷生涯/만권생애

작사 퇴계이황
작곡 김 종 성
번역 강필효(한문) · 이사미(영어)

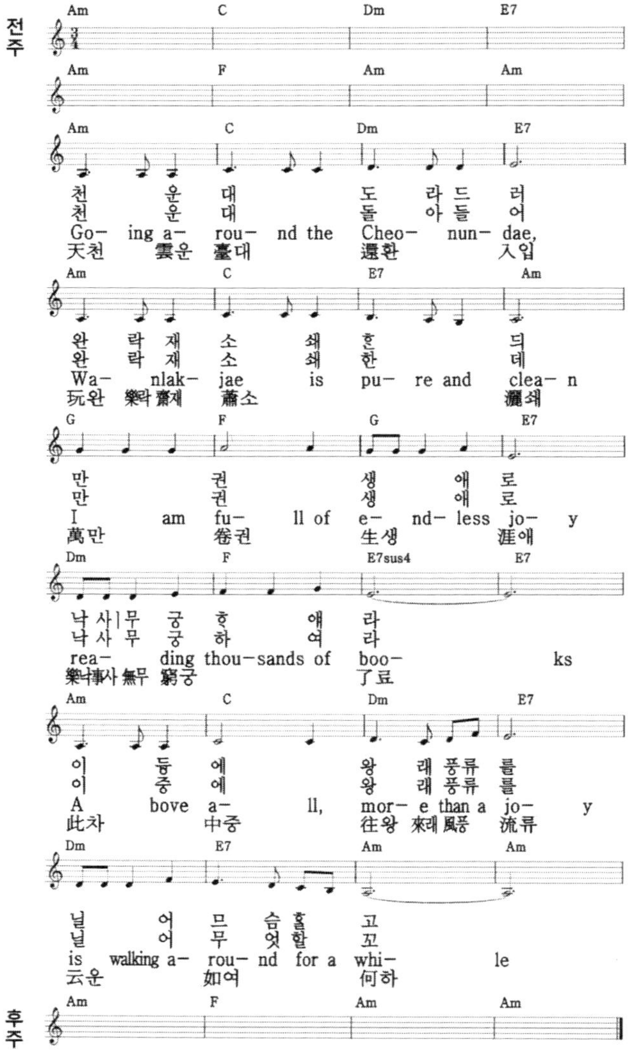

8. 이목총명 남녀로

With Our Bright Eyes and Ears

耳目聰明男女/이목총명남녀

작사 퇴계이황
작곡 김 종 성
번역 강필효(한문) · 이사미(영어)

9. 그분들이 가신 길

The Way They' ve Gone

古人行了路/고인행료로

작사 퇴계이황

작곡 김 종 성

번역 강필효(한문) · 이사미(영어)

10. 이제 나 돌아오나니

I am Back Here and Now

雖而今歸來/수이금귀래

작사 퇴계이황
작곡 김 종 성
번역 강필효(한문) · 이사미(영어)

11. 만고상청 하리라

Until the End of Time

萬古常靑/만고상청

작사 퇴계이황
작곡 김 종 성
번역 강필효(한문) · 이사미(영어)

12. 쉽거나 어렵거나 중에

Whether It' s Easy or Hard

易與難中/이여난중

작사 퇴계이 황
작곡 김 종 성
번역 강필효(한문) · 이사미(영어)

13. 진리 향한 뜻

[언지, 고어]

작사 퇴계이황
작곡 김 종 성

*: '어약연비운영천광'은 무반주로, '레•파' 음 중에서 선택하여, 박자의 길이를 자유롭게 늘여서 부를 수 있다. 합창일 때는 솔로로 부르는 것이 좋다.

14. 진리 향한 뜻

[언지, 현대어]

작사 퇴계이황
작곡 김 종 성

*: '어약연비운영천광'은 무반주로, '레•파' 음 중에서 선택하여, 박자의 길이를 자유롭게 늘여서 부를 수 있다. 합창일 때는 솔로로 부르는 것이 좋다.

15. One’ s Mind and Will Towards the Truth

[언지, 영어]

Lyrics/Toegye

Translation/Dr. Sami Lee

Composition/Dr. Jong Sung Kim

*: Sing 'sky' and 'shining' as each one beat followed by a one beat rest. The 'sky' part can be lengthened randomly.

16. 言志

[언지, 한문]

退 溪 作詞
姜必孝 飜譯
金鍾聲 作曲

*: The '魚躍鳶飛雲影' part can be lengthened randomly.

17. 진리 탐구 공부

[언학, 고어]

작사 퇴계이황
작곡 김 종 성

간주
Am C Dm E7
Dm E7 Am Am
Am C Dm E7
4. 당 시 예 너 던 길 흘
5. 청 산 ᄂᆞᆫ 엇 데 ᄒᆞ 야
6. 우 부 도 알 며 ᄒᆞ 거 니
Am C E7 Am
4. 몃 히 를 ᄇᆞ 려 두 고
5. 만 고 애 프 르 르 며
6. 긔 아 니 쉬 운 가
G F G E7
4. 어 듸 가 ᄃᆞᆫ 니 다 가
5. 유 수 ᄂᆞᆫ 엇 데 ᄒᆞ 야
6. 성 인 도 몯 다 ᄒᆞ 시 니
Dm F E7sus4 E7
4. 이 제 사 도 라 온 고
5. 주 야 애 긋 디 아 니 ᄂᆞᆫ 고
6. 긔 아 니 어 려 운 가
Am C Dm E7
4. 이 제 나 도 라 오 나 니
5. 우 리 도 그 치 디 마 라
6. 쉽 거 나 어렵거낫 듕 에
Dm E7 Am Am
4. 년 듸 ᄆᆞ 음 마 로 리
5. 만 고 상 청 호 리 라
6. 늙 는 주 를 몰 래 라
후주
Am F Am Am

18. 진리 탐구 공부

[언학, 현대어]

작사 퇴계이황
작곡 김 종 성

간주
Am C Dm E7
Dm E7 Am Am
Am C Dm E7
4. 당 시 에 녀 던 길 을
5. 청 산 은 어 찌 하 여
6. 우 부 도 알 며 하 거 니
Am C E7 Am
4. 몇 해 를 버 려 두 고
5. 만 고 에 푸 르 르 며
6. 그 아 니 쉬 운 가
G F G E7
4. 어 디 가 다 니 다 가
5. 유 수 는 어 찌 하 여
6. 성 인 도 못 다 하 시 니
Dm F E7sus4 E7
4. 이 제 야 돌 아 온 고
5. 주 야 에 긋지 아니 한 고
6. 그 아 니 어 려 운 가
Am C Dm E7
4. 이 제 나 돌 아 오 나 니
5. 우 리 도 그 치 지 말 아
6. 쉽 거 나 어렵거나 중 에
Dm E7 Am Am
4. 딴 데 마 음 말 으 리
5. 만 고 상 청 하 리 라
6. 늙 는 줄 을 몰 라 라
후주
Am F Am Am

19. One' s Study Exploring the Truth

[언학, 영어]

Lyrics/Toegye

Translation/Dr. Sami Lee

Composition/Dr. Jong Sung Kim

inter.
Am C Dm E7
Dm E7 Am Am
Am C Dm E7
4. Wi- th the way I walk-ed a- long
5. Why are the blue mou- n- tai- ns
6. E- ven foo- ls do wha- t they know
Am C E7 Am
4. le- ft be- hi- nd for se- ve-ral year-s,
5. flou- ri- shing in e- ter-nal gree-n
6. whi- ch is mor- e than ea- sy e- nou-gh
G F G E7
4. where did I go an- d wan-der
5. an- d the flo- wing wa- ter strea-ms
6. E- ven sa- ges ca- nnot co
Dm F E7sus4 E7
4. and found my self here a- ga- in
5. run-ning through day and ni- ght
6. whi-ch is more than hard e- nou- gh
Am C Dm E7
4. I am ba- ck he- re a-nd now,
5. We, too, sha- ll ne- ve-r cea- se
6. Whe- ther i- t's ea- sy o- r har- d
Dm E7 Am Am
4. and won't give my mi- nd e- l- sewhe- re
5. un- til the e- n-d o- f ti- me
6. we don't see the ti- me goe- s b- y
post.
Am F Am Am

20. 言學

[언학, 한문]

退 溪 作詞
姜必孝 飜譯
金鍾聲 作曲

間奏
Am C Dm E7
Dm E7 Am Am
Am C Dm E7
4. 當당 時시 行행 了료 路로
5. 靑청 山산 何하 爲위
6. 愚우 夫부 亦역 知지 而이 爲위
Am C E7 Am
4. 幾기 年년 棄기 置치
5. 萬만 古고 靑청 了료
6. 其기 非비 易이 歟여
G F G E7
4. 何하 去거 行행
5. 流유 水수 何하 爲위
6. 聖성 人인 亦역 未미 盡진 爲위
Dm F E7sus4 E7
4. 而이 今금 歸귀 來래 了료
5. 晝주 夜야 不불 舍사 了료
6. 其기 非비 難난 歟여
Am C Dm E7
4. 雖수 而이 今금 歸귀 來대
5. 吾오 輩배 亦역 不불 舍사
6. 易이 與여 難난 中중
Dm E7 Am Am
4. 勿물 如여 前전 放방 心심 了료
5. 萬만古고長장 靑청 了료
6. 不부 知지 老로 了료
後奏
Am F Am Am

21. 도산십이곡

[고어]

작사 퇴계이황
작곡 김 종 성

<1-3곡>

<4-6곡>

*: '어약연비운영천광'은 무반주로, '레•파' 음 중에서 선택하여, 박자의 길이를 자유롭게 늘여서 부를 수 있다. 합창일 때는 솔로로 부르는 것이 좋다.

<7-9곡>

간주
Am C Dm E7
Dm E7 Am Am
Am C Dm E7
7. 천 운 대 도 라 드 러
8. 뇌 정 이 파 산 ᄒᆞ야 도
9. 고 인 도 날 몯 보 고
Am C E7 Am
7. 완 락 재 소 쇄 ᄒᆞᆫ 듸
8. 농 자 ᄂᆞᆫ 몯 듣 ᄂᆞ 니
9. 나 도 고 인 몯 뵈
G F G E7
7. 만 권 생 애 로
8. 백 일 이 중 천 ᄒᆞ 야 도
9. 고 인 를 몯 봐 도
Dm F E7sus4 E7
7. 낙 사ㅣ무 궁 ᄒᆞ 얘 라
8. 고 자 ᄂᆞᆫ 몯 보 ᄂᆞ 니
9. 녀 던 길 알 픠 잇 ᄂᆡ
Am C Dm E7
7. 이 듕 에 왕 래 풍류 를
8. 우 리 ᄂᆞᆫ 이목총명 남녀 로
9. 녀 던 길 알 픠 잇거 든
Dm E7 Am Am
7. 닐 어 므 슴 홀 고
8. 농 고 ᄀᆞᆮ 디 마 로 리
9. 아 니 녀 고 엇 뎔 고

<10-12곡>

간주
Am C Dm E7
Dm E7 Am Am
Am C Dm E7
10.당 시 예 녀 던 길 흘
11.청 산 는 엇 뎨 ᄒᆞ 야
12.우 부 도 알 며 ᄒᆞ 거 니
Am C E7 Am
10.몃 히 를 ᄇᆞ 려 두 고
11.만 고 애 프 르 르 고
12.긔 아 니 쉬 운 가
G F G E7
10.어 듸 가 돈 니 다 가
11.유 수 는 엇 뎨 ᄒᆞ 야
12.성 인 도 몯 다 ᄒᆞ 시 니
Dm F E7sus4 E7
10.이 제 사 도 라 온 고
11.주 야 애 긋디 아니 ᄂᆞᆫ 고
12.긔 아 니 어 려 운 가
Am C Dm E7
10.이 제 나 도 라 오 나 니
11.우 리 도 그 치 디 마 라
12.쉽 거 나 어렵거낫 듕 에
Dm E7 Am Am
10.년 듸 ᄆᆞ ᄋᆞᆷ 마 로 리
11.만 고 상 청 호 리 라
12.늙 는 주 를 몰 래 라
후주
Am F Am Am

22. 도산십이곡

[현대어]

작사 퇴계이황
작곡 김 종 성

<1-3곡>

<4-6곡>

*: '어약연비운영천광'은 무반주로, '레•파' 음 중에서 선택하여, 박자의 길이를 자유롭게 늘여서 부를 수 있다. 합창일 때는 솔로로 부르는 것이 좋다.

<7-9곡>

간주
Am C Dm E7
Dm E7 Am Am
Am C Dm E7
7. 천 운 대 돌 아 들 어
8. 뇌 정 이 파 산 하여 도
9. 옛 사 람 도 날 못 보 고
Am C E7 Am
7. 완 락 재 소 쇄 한 데
8. 농 자 는 못 듣 나 니
9. 나 도 옛 사 람 뵙 지 못 해
G F G E7
7. 만 권 생 애 로
8. 백 일 이 중 천 하 여 도
9. 옛 사 람 뵙 지 못 해 도
Dm F E7sus4 E7
7. 낙 사 무 궁 하 여 라
8. 고 자 는 못 보 나 니
9. 가 시 던 길 앞 에 있 네
Am C Dm E7
7. 이 중 에 왕 래 풍류 를
8. 우 리 는 이목총명 남녀 로
9. 가 시 던 길 앞 에 있으 니
Dm E7 Am Am
7. 널 어 무 엇 할 꼬
8. 농 고 같 지 말 으 리
9. 아 니 가 고 어 쩌 겠 나

<10-12곡>

간주
Am C Dm E7
Dm E7 Am Am
Am C Dm E7
10.당 시 에 녀 던 길 을
11.청 산 은 어 찌 하 여
12.우 부 도 알 며 하거 니
Am C E7 Am
10.몇 해 를 버 려 두 고
11.만 고 에 푸 르 르 며
12.그 아 니 쉬 운 가
G F G E7
10.어 디 가 다 니 다 가
11.유 수 는 어 찌 하 여
12.성 인 도 못 다 하 시 니
Dm F E7sus4 E7
10.이 제 야 돌 아 온 고
11.주 야 에 긋지 아니 한 고
12.그 아 니 어 려 운 가
Am C Dm E7
10.이 제 나 돌 아 오 나 니
11.우 리 도 그 치 지 말 아
12.쉽 거 나 어렵거나 중 에
Dm E7 Am Am
10.딴 데 마 음 말 으 리
11.만 고 상 청 하 리 라
12.늙 는 줄 을 몰 라 라
후주
Am F Am Am

23. Toegye's Dosan 12 Poems (1565)

[도산십이곡 영어]

Translation/Sami Lee

Composition/Jong Sung Kim

<Verse 1-3>

<Verse 4-6>

*: Sing 'sky' and 'shining' as each one beat followed by a one beat rest. The 'sky' part can be lengthened randomly.

<Verse 7-9>

inter.
Am C Dm E7
Dm E7 Am Am
Am C Dm E7
7. Go- ing a- rou- nd the Cheo- nun- dae,
8. Thun- der and ligh- tning brea- ks the moun- tain,
9. Some- one you ne- ver me-t me be- fore
Am C E7 Am
7. Wa- nlak- jae is pu- re and clea- n
8. bu- t the dea- f ca- nnot he- a- r
9. Some-one I ne- ver me-t you be- fore
G F G E7
7. I am fu- ll of e- nd- less jo- y
8. The- su- n glo- ws do- wn,
9. Though we never me- t e- ver be- fore
Dm F E7sus4 E7
7. rea- ding thou-sands of boo- ks
8. bu- t the blind can not see
9. What lie-s a- hea-d is their way
Am C Dm E7
7. A bove a- ll, mor- e than a jo- y
8. Wi- th our bri- ght e- yes a- nd ear- s,
9. A- s the way lie- s a- hea- d
Dm E7 Am Am
7. is walking a- rou- nd for a whi- le
8. we shall hear and see all the Tru- th
9. with a fa- vor I will foll-ow them

<Verse 10-12>

inter.
Am C Dm E7
Dm E7 Am Am
Am C Dm E7
10.Wi- th the way I walk-ed a- long
11.Why are the blue mou- n- tai- ns
12.E- ven foo- ls do wha- t they know
Am C E7 Am
10.le- ft be- hi- nd for se- ve-ral year-s,
11.flou- ri- shing in e- ter-nal gree-n
12.whi- ch is mor- e than ea- sy e- nou-gh
G F G E7
10.where did I go an- d wan-der
11.an- d the flo- wing wa- ter strea-ms
12.E- ven sa- ges ca- nnot do
Dm F E7sus4 E7
10.and found my self here a- ga- in
11.run-ning through day and ni- ght
12.whi-ch is more than hard e- nou- gh
Am C Dm E7
10. I am ba- ck he- re a-nd now,
11.We, too, sha- ll ne- ve-r cea- se
12.Whe- ther i- t's ea- sy o- r har- d
Dm E7 Am Am
10.and won't give my mi- nd e- l- sewhe- re
11.un- til the e- n-d o- f ti- me
12.we don't see the ti- me goe- s b- y
post.
Am F Am Am

24. 退溪 陶山十二曲, 1565

[도산십이곡 한문]

姜必孝 飜譯

金鍾聲 作曲

<1-3曲>

<4-6曲>

*: The '魚躍鳶飛雲影' part can be lengthened randomly.

<7-9曲>

間奏
Am C Dm E7
Dm E7 Am Am
Am C Dm E7
7. 天천 雲운 臺대 還환 入입
8. 雷뇌 霆정 破파 山산
9. 古고 人인 不불 見견 我아
Am C E7 Am
7. 玩완 樂락 齋재 蕭소 灑쇄
8. 聾농 者자 不불 聽청 了료
9. 我아 不불 見견 古고 人인
G F G E7
7. 萬만 卷권 生생 涯애
8. 白백 日일 中중 天천
9. 古고 人인 雖수 不불 見견
Dm F E7sus4 E7
7. 樂낙事사無무 窮궁 了료
8. 瞽고 者자 不불 見견 了료
9. 行행 了료 路로 在재 前전
Am C Dm E7
7. 此차 中중 往왕 來래 風풍 流류
8. 吾오 輩배 耳이目목聰총明명 男남 女녀
9. 行행 了료 路로 在재 前전
Dm E7 Am Am
7. 云운 如여 何하
8. 勿물 如여 聾롱 瞽고 了료
9. 不불 行행 了료 何하

<10-12曲>

間奏
Am C Dm E7
Dm E7 Am am
Am C Dm E7
10.當당 時시 行행 了료 路로
11.靑청 山산 何하 爲위
12.愚우 夫부 亦역 知지 而이 爲위
Am C E7 Am
10.幾기 年년 棄기 置치
11.萬만 古고 靑청 了료
12.其기 非비 易이 歟여
G F G E7
10.何하 去거 行행
11.流유 水수 何하 爲위
12.聖성 人인 亦역 未미 盡진 爲위
Dm F E7sus4 E7
10.而이 今금 歸귀 來래 了료
11.晝주 夜야 不불 舍사 了료
12.其기 非비 難난 歟여
Am C Dm E7
10.雖수 而이 今금 歸귀 來래
11.吾오 輩배 亦역 不불 舍사
12.易이 與여 難난 中중
Dm E7 Am Am
10.勿물 如여 前전 放방 心심 了료
11.萬만古고長장 靑청 了료
12.不부 知지 老로 了료
後奏
Am F Am Am

25. 선생께 올림(묵상곡)

Dear Teacher

謹和陶山十二曲 奉呈先生/근화도산십이곡 봉정선생

작곡 김 종 성

<제5곡> 19세에 성리대전, 20세에 주역 공부
<제6곡> 27세에 부인별세. 46세에 둘째부인 별세. 48세에 아들 채 사망
<제7곡> 부단히 진리 탐구, 58세. 이발(理發)에 대해 고봉선생과 긴 학문적 묵상

<제8곡> 진리가 발하는 세상, 착한사람 많아지는 세상 소망하며 <경을 통한 이발>학문 완성

<제9곡> 65세. 국민의 마음공부 위한 도산십이곡 노래 선물

<제10곡> 68세. 사람됨의 학문을 요약한 성학십도 완성

<제11곡> 69세에 오래도록 소망했던 마지막 귀향길

<제12곡> 1570.12.08 "저 매화에 물을 주라" 하시며 소박한 역책(임종)

26. 李退溪*

作詞 長根禅捉
作曲 大場勇之助

*: 경성사범학교 음악교육 연구회, 『초등창가(初等唱歌)』, 1931.

27. 이퇴계

작사 나가네 젠소쿠
작곡 오바 유노스케
국어 노랫말 김종성

참고문헌

『가톨릭 기도서』, 「소영광송」.

가톨릭뉴스 지금여기, 「피정이 뭔가요?」, 2017.8.23.

『가톨릭 성가』,

151번, 「주여 임하소서」.

316번, 「대영광송」.

가톨릭신문,

「문화와 성인 (2) 화가의 수호성인 성 루카」, 2013.7.21.

「한국교회 무명 순교자」, 2018.9.2.

『간재선생문집(艮齋先生文集)』, 6권,

「계산기선록(溪山記善錄) 하(下)」.

「기선총록(記善總錄)」.

강경현, 「퇴계(退溪) 이황(李滉)의 이발(理發)과 이자도(理自到)에 대한 연속적 이해」, 『철학논집』(서강대학교 철학연구소, 2015) 제40집, 145~170쪽.

『격양집(擊壤集)』, 16권, 「관물음(觀物吟)」.

경성사범학교 음악교육 연구회, 『초등창가(初等唱歌)』, 1931.

경향신문, 「일제강점기 소학교 음악 교과서에 '퇴계 이황' 기리는 노래 실렸다」, 2021.4.26.

『고봉선생연보(高峯先生年譜)』(석인본).

『고봉전서(高峯全書)』,

양선생(兩先生) 왕복서(往復書), 3권, 「배답상장(拜答上狀) 기승지택(奇承旨宅)」.

양선생(兩先生) 사칠이기왕복서(四七理氣往復書), 하편(下篇), 「제오조(第五條) 제칠조(第七條) 제구조(第九條) 제십이조(第十二條) 제십사조(第十四條)」.

『공자가어(孔子家語)』, 「본명해(本命解)」.

『구당서(舊唐書)』, 192권, 「전유암전(田遊巖傳)」.

『구운몽(九雲夢)』.
권갑현, 「퇴계 선생 자명을 통해 본 인류 위기의 원인과 해법」, 모색 세션 1, 『제8회 21세기 인문가치포럼』(문화체육관광부 · 경상북도 · 안동시, 2021), 58~61쪽.
권갑현, 「도산잡영 공부: 도산에서 여러 가지를 읊다」, 『도산서원 선비 아카데미 전문과정교재』(경상북도 · 안동시 · 도산서원선비문화수련원, 2021), 310~327쪽.
권오봉, 『가서(家書)로 본 퇴계의 삶과 사상〈상〉』(삼보문화재단, 2020).
권오봉, 『퇴계 선생 일대기-가을하늘 밝은 달처럼』(교육과학사, 2013).
권오봉, 『가을하늘 밝은 달처럼 퇴계 선생 일대기』(교육과학사, 2020).
『극재집(克齋集)』,
제1권, 시(詩), 「차래경독도산휘음유감시운병서(次來卿讀陶山徽音有感詩韻幷序)」.
제10권, 「근서운곡도산휘음후(謹書雲谷陶山徽音後)」.
『근사록(近思錄)』, 2권, 「위학(爲學)」.
김갑중 · 김종성, 『알코올중독의 우리 전통 행동 · 인지 치료: 구성주의적 이해와 유학적 접근』(하나의학사, 2005).
김경수 편, 『1912년에 발간된 한문성경(漢文聖經)』(서예문인화, 2013).
김기현, 『마음의 성찰: 심경(心經)의 현대적 해석』(서울: 비봉출판사, 2021).
김병규, 「도산십이곡 제창기」, 충북일보, 2020.1.12.
김병일, 「장로님들이 몰입한 선비체험」, 대한경제, 2022.10.25.
김상진, 「도산십이곡의 창작 배경과 작품세계」, 『한양어문연구』(한양언어문화학회, 1993) 제11권, 294~312쪽.
김성우, 「한국 전통사상에 나타난 자유분방과 그 현대적 의미」, 『문화재청 소식지』(문화재청, 2015.7.20.).
김언종, 「퇴계 선생 자명」, 『석탑교수소식』(고려대학교 문과대학, 2017.11.10.) 제2호.
김영두, 『퇴계와 고봉, 편지를 쓰다』(소나무, 2003).
김영숙, 「퇴계 한시 연구의 현황과 과제」, 『퇴계학논집』(영남퇴계학연구원, 2007) 제1호, 15~55쪽.

김종석, 「선독: 대학선독」, 『도산서원 선비 아카데미 전문과정교재』(경상북도 · 안동시 · 도산서원선비문화수련원, 2021), 187~200쪽.
김종성, 『마음이 편하지 않을 때는 한 걸음 걸어라. 의철학: 퇴계와 히포크라테스의 묵상 대화』(대전: 충남대학교출판문화원, 2018).
김종성, 『인문 의학: 한국철학 심성론과 현대의학의 융합적 관점. 의사가 만난 퇴계, 6판』(대전: 궁미디어, 2022).
김종성, 「도산십이곡 개막공연 고유문」, 『퇴계 선생 서세 450주년 추모행사 자료집』(안동: 한국국학진흥원, 2020), 17쪽.
김종성, 『음(音)은 사람의 마음에서 생겨나는 것이며, 악(樂)은 마음의 움직임이다』(대전: 충남대학교출판문화원, 2019).
김종성, 『물고기가 우리에게 어떤 도움을 줄까? 의사가 알려주는 생활어보. 물고기, 자연, 그리고 나』(대전: 충남대학교출판문화원, 2021).
김종성, 「의사가 만난 성리학」, 『종교와 의례, 인문 치유』(한국종교학회 추계학술대회 자료집, 2019), 21~28쪽.
김종성, 「의료인문학: 인성(human nature)과 영성(spirituality) 개념의 의철학적 관점」, 『가정의학』(대한가정의학회, 2021) 11(4 Suppl), S142~S147.
김종성, 「도산십이곡 '노래 부르기'를 통해 본 인류 위기의 원인과 해법」, 모색 세션 1, 『제8회 21세기 인문가치포럼』(문화체육관광부 · 경상북도 · 안동시, 2021), 70~76쪽.
김종성 · 김갑중 · 박주성, 「행동 조절에 대한 성리학과 뇌 과학 이론의 현상학적 상통성과 의학적 함의: 퇴계 심학(心學)을 중심으로」, 『유학연구』(충남대학교 유학연구소, 2017) 제39집, 1~29쪽.
김지인, 「진산사건에 나타난 제사관에 관한 고찰: 윤지충과 정약용을 중심으로」, 『선교신학』(한국선교신학회, 2021) 제63집, 36~65쪽.
김충열, 『김충열 교수의 노자강의』(예문서원, 2004).
김태오, 「퇴계의 매화 사랑과 매화시의 교육적 함의」, 『한국학논집』(한국학연구원, 2013) 제50집, 157~191쪽.
김하태, 『마음 머물 곳을 찾아서』(종로서적, 1991).
나대용, 「성학십도에서의 심성론과 경에 대하여」, 『退溪 아카데미 제1집』(퇴계학진흥회, 2020), 183~194쪽.

남상호, 「연민 이가원의 온유돈후의 시학」, 『연민학지』(연민학회, 2014) 제21권, 11~40쪽.
네이버 사전.
『논어(論語)』,
「학이편(學而篇)」.
「위정편(爲政篇)」.
「공야장편(公冶長篇)」.
「옹야편(雍也篇)」.
「술이편(述而篇)」.
「태백편(泰伯篇)」.
「자한편(子罕篇)」
「선진편(先進篇)」.
「헌문편(憲問篇)」.
「미자편(微子篇)」
『눌은집(訥隱集)』, 제2권, 시(詩), 「일보마상영도산육곡(一肙馬上詠陶山六曲)」.
『대대례기(大戴禮記)』, 「본명(本命)」.
『대반열반경(大般涅槃經)』.
『대산집(大山集)』, 제1권, 시(詩), 「독심경유감우서(讀心經有感偶書)」.
『대학(大學)』,
「경일장(經一章)」.
「전이장(傳二章)」.
「전칠장(傳七章)」.
「전구장(傳九章)」.
대한신경정신의학회, 『신경정신의학 제2판』(중앙문화사, 2005).
『도덕경(道德經)』,
「제1장」.
「제25장」.
「제40장」.
『도산급문제현록(陶山及門諸賢錄)』, 디지털 장서각, 한국학중앙연구원.
도산서원 참 공부 모임, 『도산잡영(陶山雜詠)』(예인, 2017).

『동문선(東文選)』, 107권, 잡저(雜著), 「백운거사어록(白雲居士語錄)」.
동아일보, 「심산(心山) 김창숙 묘소 고유제서 김(金) 추기경 여섯 번 큰절」, 2000.5.24.
『맹자(孟子)』,
「양혜왕장구하(梁惠王章句下)」.
「공손추장구상(公孫丑章句上)」.
「이루장구상(離婁章句上)」.
「이루장구하(離婁章句下)」.
「고자장구상(告子章句上)」
「만장장구하(萬章章句下)」.
「진심장구상(盡心章句上)」.
「진심장구하(盡心章句下)」.
문석윤, 「퇴계(退溪)의 성학십도(聖學十圖) 수정(修正)에 관한 연구」, 『퇴계학보』(퇴계학연구원, 2011) 제130집, 5~60쪽.
문석윤, 「퇴계에서 이발(理髮)과 이동(理動), 이도(理到)의 의미에 대하여: 이(理)의 능동성 문제」, 『퇴계학보』(퇴계학연구원, 2001) 제110집, 161~201쪽.
문화재청,
「'한국의 서원' 유네스코 세계유산 등재」, 2019.7.6.
국가문화유산포털,
「이황필적-선조유묵첩」.
「퇴계종택」.
박해남, 「이별(李鼈) '육가(六歌)'의 연원재고(淵源再考)」, 『한국시가연구(韓國詩歌硏究)』(한국시가학회, 2011) 제31권, 167~184쪽.
배요한, 「기독 지식인의 사회적 책무에 관한 소고: 퇴계의 수양론과 그 사회적 함의를 중심으로」, 『한국기독교신학논총』(한국기독교학회, 2009) 제65집, 227~248쪽.
『법화경(法華經)』, 제4, 「신해품(信解品)」.
『사기(史記)』, 「공자세가(孔子世家)」.
『사암집(思菴集)』, 1권, 칠언절구(七言絶句), 「송퇴계선생환향(送退溪先生還鄕)」.
『사촌집(沙村集)』, 제2권, 가사(歌詞), 「효퇴계선생도산육곡(效退溪先生陶山六

曲) 작강호연군가(作江湖戀君歌)[자지(自識)]」.
『서경(書經)』,
우서(虞書),
「순전(舜典)」.
「대우모(大禹謨)」.
주서(周書), 「목서(牧誓)」.
서울신문, 「일제강점기 日 교사들은 왜 퇴계 이황 기리는 노래를 만들었나」, 2021.4.26.
『성경』,
「창세기」, 1장; 5장; 9장.
「출애굽기」, 3장; 20장.
「신명기」, 4장; 8장.
「이사야」, 42장; 43장; 44장.
「마태복음」, 4장; 18장.
「루(누)가복음」, 15장.
「요한복음」, 1장; 3장; 8장; 14장.
「사도행전」, 2장.
「고린도후서」, 4장.
「갈라디아서」, 4장.
「데살로니카전서」, 5장.
「야고보서」, 1장.
「요한묵시록」, 22장.
성기옥, 「도산십이곡의 구조와 의미」, 『한국시가연구』(한국시가학회, 2002) 제11권, 195~228쪽.
성기옥, 「도산십이곡의 재해석」, 『진단학보』(진단학회, 2001) 제91호, 247~275쪽.
『성호사설(星湖僿說)』, 제14권, 인사문(人事門), 「퇴계재취(退溪再娶)」.
『성호전집(星湖全集)』,
제8권, 해동악부(海東樂府), 「운암곡(雲巖曲)」.
제14권, 서(書), 「여권태중(與權台仲) 기사(己巳)」.
『소학(小學)』, 「명륜(明倫)」.

손기원, 「퇴계와 성학십도」, 『도산서원 선비 아카데미 전문과정교재』(경상북도 · 안동시 · 도산서원선비문화수련원, 2021), 362~430쪽.
『송사(宋史)』, 「도학열전(道學列傳) 주돈이(周敦頤)」.
송인규, 「이분설과 영육 관계(I)」, 『신학정론』(합동신학대학원대학교 출판부, 2001) 제19권 2호, 453~475쪽.
송인규, 「이분설과 영육 관계(II)」, 『신학정론』(합동신학대학원대학교 출판부, 2002) 제20권 1호, 90~117쪽.
송인규, 「삼분설에 대한 비판적 고찰(I)」, 『신학정론』(합동신학대학원대학교 출판부, 2002) 제20권 2호, 425~453쪽.
송재소, 「퇴계 이황의 화도집음주이십수 연구」, 『한국 한문학의 사상적 지평』(돌베개, 2005).
『시경(詩經)』,
국풍(國風),
「녹의(綠衣)」.
「고반(考槃)」.
소아(小雅),
「상체(常棣)」.
「백구(白駒)」.
「소민(小旻)」.
「육아(蓼莪)」.
대아(大雅),
「한록(旱麓)」.
「억(抑)」.
주송(周頌), 「유고(有瞽)」.
신두환, 「도산잡영(陶山雜詠)의 미의식(美意識)과 운곡이십육영(雲谷二十六詠)의 비교 연구(硏究)」, 『한문학논집』(근역한문학회, 2013) 제36권, 153~185쪽.
신연우, 「도산십이곡 연구의 현황과 과제」, 『퇴계학논집』(영남퇴계학연구원, 2007) 제1호, 57~85쪽.
신연우, 「도산십이곡의 '마음'과 현대적 수용의 문제」, 『퇴계학논집』(영남퇴계학연구원, 2019) 제24호, 7~27쪽.

안동준, 「도산십이곡의 함의와 도학정신」, 『제29차 퇴계학국제학술회의 자료집』(문화체육관광부 · 국제퇴계학회, 2022).

『양서집(瀼西集)』, 양서선생문집 2권, 시(詩), 「번장륙당육가졸제(飜藏六堂六歌拙製)[이수일(二首逸)]」.

『어찬주자전서(御纂朱子全書)』, 66권, 「재거감흥(齋居感興) 이십수(二十首)」.

『여유당전서(與猶堂全書)』, 문집(文集),

12권, 변(辨), 「이발기발변(理發氣發辨) 1」.

21권, 서(書), 「시양아(示兩兒)」.

『여헌집(旅軒集)』, 속집, 제2권, 서(書), 「답서행보사원(答徐行甫思遠)」.

『연방세고(聯芳世稿)』, 2권, 약봉선생문집(藥峰先生文集), 시(詩), 「차명언영공(次明彥令公)」.

연합뉴스, 「450년 전 퇴계가 걸은 마지막 귀향길 재현한다」, 2019.3.15.

『예기(禮記)』,

「월령(月令)」.

「경해(經解)」.

「악기(樂記)」.

「예운(禮運)」.

오마이뉴스, 「최초 천주교 순교자 윤지충과 정약용」, 2007.3.

우지영, 「운곡도산휘음(雲谷陶山徽音)의 편찬 의식에 대한 고찰」, 『남명학연구(南冥學研究)』(경상국립대학교 경남문화연구원, 2020) 제67집, 63~91쪽.

『월천집(月川集)』, 월천선생문집 5권, 잡저(雜著), 「퇴계선생언행총록(溪先生言行總錄)」.

유명종, 「남언경(南彥經)」, 『한국민족문화대백과사전』(한국학중앙연구원, 1995).

윤성범, 『기독교와 한국사상』(대한기독교서회, 1998).

윤재근, 『악론(樂論)』(서울: 나들목, 2007).

『율곡전서(栗谷全書)』,

제1권, 시(詩), 「풍악증소암노승병서(楓嶽贈小菴老僧幷序)」.

제10권, 서(書),

「답성호원(答成浩原) 임신(壬申)」.

「답성호원(答成浩原)」.

제14권,

설(說), 「인심도심도설(人心道心圖說)」.

잡저(雜著), 「쇄언(瑣言)」.

『위키백과』.

의성김씨 대동보 편찬위원회. 『의성김씨 대동보(義城金氏 大同譜)』(회상사, 1992).

이가원, 「퇴계시(退溪詩)의 특징: 온유돈후에 대하여」, 『퇴계학보』(서울: 퇴계학연구원, 1984) 제43권, 7~17쪽.

이기동, 『시경 강설』(성균관대학교 출판부, 2014).

이기동, 『맹자 강설』(성균관대학교 출판부, 2014).

이기동 · 정창건, 『환단고기』(행촌, 2019).

이광호, 『퇴계와 율곡, 생각을 다투다』(서울: 홍익출판사, 2013).

이광호 역, 『퇴계집』(한국고전번역원, 2017).

이광호 외, 『퇴계의 길에서 길을 묻다』(서울: 푸른역사, 2021).

이뉴스투데이, 「충남대병원 김종성 교수 작곡한 '도산십이곡' 안동 도산서원 합창경연대회」, 2020.1.6.

이데일리, 「김병일의 선비 이야기, 선비체험에 몰입하는 천주교인들」, 2021.12.3.

이동식, 『온계이해평전』(파주: 휴먼필드, 2020).

이동욱, 「주희와 육구연의 아호사 논쟁에 나타난 교육철학 연구: 서구 자유교양교육 전통과의 비교」, 『양명학』(한국양명학회, 2012) 제31호, 37~69쪽.

이동은(허권수 편역), 『동우유고(東愚遺稿)』(화인, 2021).

이부영, 『분석심리학: C. G. Jung의 인간 심성론』(서울: 일조각, 1991).

이부영, 『노자와 융』(서울: 한길사, 2019).

이사미 · 김병일 · 김종성, 「노래로서 도산십이곡의 구현: 악보 및 가사에 담긴 교육적 함의」, 『유학연구』(충남대학교 유학연구소, 2021) 제56집, 31~81쪽.

이상원, 「조선 후기 고산구곡가(高山九曲歌) 수용양상과 그 의미」, 『고전문학연구』(한국고전문학회, 2003) 제24집, 2~60쪽.

이상하, 「고전의 향기: 이백마흔한 번째 이야기, 아내를 소박할 뻔했던 이함형」, 고전 포럼(한국고전번역원, 2012).

이장우, 「퇴계와 율곡 수답시 재해석」, 『연민학지(淵民學志)』(연민학회, 2015)

제23집, 43~68쪽.
이장우 · 장세후, 『퇴계잡영』(연암서가, 2009).
이장환, 『따라 쓰는 퇴계시 오언(五言)』(디자인더하트, 2018).
이장환, 『따라 쓰는 퇴계시 칠언(七言)』(디자인더하트, 2018).
『이정전서(二程全書)』,
22권, 상(上).
54권, 명도문집(明道文集), 「추일우성(秋日偶成)」.
이진규, 「한림별곡(翰林別曲)의 형성과 성격 연구」, 『어문학』(한국어문학회, 2018) 제139집, 237~261쪽.
임마누엘페스트라이쉬, 『한국인만 모르는 다른 대한민국』(21세기북스, 2013).
임혜순, 「일제시대의 초등학교 음악 교과서 연구」, 이화여대, 석사학위논문, 2001.
장리원, 「이퇴계 인문 정신의 현대적 가치」, 모색 세션 1, 『제8회 21세기 인문가치포럼』(문화체육관광부 · 경상북도 · 안동시, 2021), 32~41쪽.
『장자(莊子)』,
외편(外篇), 「천지(天地)」.
잡편(雜篇), 「천하(天下)」.
정경섭, 『고전문학의 이해와 감상 1-시가』(문원각, 2003).
정대성, 「번역과 표상 - 그리스어 psyche와 pneuma의 번역을 중심으로」, 『기독사회윤리』(한국기독교사회윤리학회, 2020) 제47집, 233~258쪽.
『정본퇴계전서(定本退溪全書)』,
서간(書簡) 2, 서(書)-남언경(南彦經)-6-1, 「답남시보별지(答南時甫別紙)」.
서간(書簡) 3,
서(書)-기대승(奇大升)-2, 「여기명언(與奇明彦)[기미(己未)]」.
서(書)-기대승(奇大升)-4, 「답기명언(答奇明彦)[논사단칠정제1서(論四端七情第一書)]」.
서(書)-기대승(奇大升)-7-2, 「답기명언비사단칠정분리기변제2서(答奇明彦非四端七情分理氣辯第二書) 후론(後論)」.
서(書)-기대승(奇大升)-12, 「답기명언(答奇明彦)[논사단칠정제3서(論四端七情第三書)]」.
서(書)-기대승(奇大升)-82-1, 「답기명언(答奇明彦) 별지(別紙)」.

서(書)-기대승(奇大升)-85, 「답기명언(答奇明彦)」.

서(書)-황준량(黃俊良)-41, 「답황중거논백록동규집해(答黃仲擧論白鹿洞規集解)」.

서(書)-황준량(黃俊良)-48, 「답황중거(答黃仲擧)」.

서(書)-황준량(黃俊良)-57, 「답황중거(答黃仲擧)」.

서간(書簡) 4,

서(書)-조목(趙穆)-2, 「답조사경(答趙士敬)」.

서(書)-이정(李楨)-41, 「답이강이문목(答李剛而問目)」.

서간(書簡) 5,

서(書)-정유일(鄭惟一)-9, 「답정자중(答鄭子中)[견자성록(見自省錄)]」.

서(書)-정유일(鄭惟一)-45, 「답정자중별지(答鄭子中別紙)」.

서간(書簡) 6,

서(書)-김취려(金就礪)-26, 「답김이정(答金而精)」.

서(書)-김취려(金就礪)-28-3, 「논이중호갈문시김이정(論李仲虎碣文示金而精) 별지(別紙)」.

서간(書簡) 7, 서(書)-우성전(禹性傳)-14-1, 「답우경선(答禹景善) 별지(別紙)[문목재하(問目在下)]」.

서간(書簡) 8, 서(書)-이함형(李咸亨)-6, 「여이평숙(與李平叔)」.

서간(書簡) 9,

서(書)-이교(李嶠)-18, 「답교질문목(答嶠姪問目)[중용(中庸)]」.

서(書)-이준(李寯)-5, 「여자준(與子寯)[경자(庚子)]」.

서간(書簡) 10, 서(書)-이안도(李安道)-6, 「답안도손(答安道孫)[경신(庚申)]」.

교 · 소 · 차 등(教 · 疏 · 箚 等) 11,

「진성학십도차(進聖學十圖箚)[병도(竝圖)]」.

「소학제사(小學題辭)」.

「대학경(大學經)」.

「심통성정도설(心統性情圖說)」.

「심학도설((心學圖說)」.

「경재잠(敬齋箴)」.

잡저(雜著) 12, 「비리기위일물변증(非理氣爲一物辯證)」.

서 · 기 · 발 등(序 · 記 · 跋 等) 13,
잠명(箴銘)-002, 「제교질자경병명(題嶠姪自警屛銘)」.
잠명(箴銘)-004, 「제김사순병명(題金士純屛銘)」.
시(詩) 14,
「화도집(和陶集) 음주(飮酒) 이십수(二十首) 기십구(其十九)」.
「화자중한거이십영(和子中閒居二十詠) 조어(釣魚)」.
「계당우흥십절(溪堂偶興十絶)」.
「도산잡영(陶山雜詠)[병기(幷記)]」.
「도산잡영십팔절(陶山雜詠十八絶)」.
「도산잡영이십육절(陶山雜詠二十六絶)」.
「매증주(梅贈主)」.
「차운김돈서매화(次韻金惇敍梅花)」.
「도천사(到川沙) 대이대성미지(待李大成未至)」.
「독서여유산(讀書如遊山)」.
「사시유거호음사수(四時幽居好吟四首)」.
「산거사시(山居四時) 각사음(各四吟), 공십육절(共十六絶)」.
「퇴계(退溪)」.
「화도집(和陶集) 이거(移居) 운이수(韻二首)」.
「동호주상(東湖舟上) 기명언선유일절(奇明彦先有一絶) 박화숙계지(朴和叔繼之) 석상제공(席上諸公) 함각증언(咸各贈言) 황림행(滉臨行) 불능진수(不能盡酬) 근용전이절운(謹用前二絶韻) 봉사첨욕상송지후의운(奉謝僉辱相送之厚意云)」.
시(詩) 15,
「도산십이곡발(陶山十二曲跋)」.
「도산육곡지일(陶山六曲之一)」.
「도산육곡지이(陶山六曲之二)」.
「야지(野池)」.
「영회(詠懷)」.
「석해(石蟹)」.
정재호, 「도산십이곡의 구조」, 『민족문화연구』(서울: 고려대학교 민족문화연구원, 1996) 제29권, 1~31쪽.
『조선왕조실록(朝鮮王朝實錄)』,
태종실록(太宗實錄), 「태종 13년 7월 18일」.
광해군일기(光海君日記),
「광해군 2년 3월 7일」.
「광해군 2년 9월 5일」.
조선일보,
「퇴계 선생이 지은 '도산십이곡', 노래로 보급한다」, 2020.1.26.
「공맹 종손이 함께 왔다. 438년 만에, 도산서원에」, 2012.3.8.
「일제강점기 음악 교과서에 '이퇴계' 노래…"일본인들도 퇴계 존경"」, 2021.4.26.
『주역(周易)』,
「중천건(重天乾)」.
「중지곤(重地坤)」.
「산수몽(山水蒙)」.
「천택리(天澤履)」.
「계사전하(繫辭傳下)」.
「서괘전하(序卦傳下)」.
『주역전의(周易傳義)』, 상(上), 역본의도(易本義圖), 「복희육십사괘방위지도(伏羲六十四卦方位之圖)[부록(附錄)]」.
『주자대전(朱子大全)』,
2권, 관서유감(觀書有感), 「기일(其一)」.
20권, 운곡이십육영(雲谷二十六詠), 「회암(晦庵)」.
『주자어류(朱子語類)』, 권(卷) 1.
중앙일보,
「순교 백년 | 24위 시복과 한국의 가톨릭」, 1968.10.12.
「김수환 추기경 자화상 '바보야' 설명」, 2007.10.19.
[더, 오래] 송의호의 온고지신 우리 문화(96), 「영어 팝송으로 거듭난 퇴계의 시조」, 2021.3.18.
『중용(中庸)』,

「제1장」.
「제12장」.
「제15장」.
「제16장」.
「제21장」.
「제23장」.
「제27장」.
『지산집(芝山集)』, 부록(附錄),
제1권, 「연보(年譜)」.
제2권, 「행장(行狀)[김육(金堉)]」.
『찬송가(구)』,
「65장, 아름다운 주님의 세계(This is My Father's World)」.
「162장, 내 주를 가까이하려 함은(Nearer, My God, to Thee)」.
「249장, 주여 나 이제 옵니다(Lord I'm Coming Home)」.
채은하, 「장애인 호칭의 비교와 대안 연구: 히브리어 성경, 칠십인 역과 한글 공인 번역 성경들을 중심으로」, 『성경원문연구』(대한성서공회, 2017) 제40호, 95~116쪽.
채은하, 「부적절한 장애인 호칭들의 문제와 대안: 공인 번역 성경들을 중심으로」, 『장신논단』(장로회신학대학교, 2020) 제52권 2호, 37~59쪽.
천지일보, 「다산 정약용, 천주교와 완전 결별」, 2012.2.10.
『청구영언(青丘永言)』, 「퇴계도산육곡(退溪陶山六曲)」, 영인편(2017, 국립한글박물관).
『청허당집(淸虛堂集)』, 청허집 3권, 칠언절구(七言絶句), 「서퇴계권(書退溪卷)」.
최재남, 『서정 시가의 인식과 미학』(파주: 보고사, 2003).
최진원, 『한국 고전 시가의 형상성』(서울: 성균관대학교 출판부, 1988).
최현배, 『고친 한글갈』(정음사, 1961), 52쪽.
최현재, 「도산십이곡의 창작 의도와 온유돈후의 의미」, 『한국문학논총』(한국문학회, 2005) 제39권, 169~195쪽.
충남일보, 「충일시론(忠日時論), 명리(名利)에 꽁꽁 얽매여 있음」, 2010.8.24.
『통서(通書)』,

「동정제십육(動靜第十六)」.
「성학제이십(聖學第二十)」.
『퇴계선생언행록(退溪先生言行錄)』,
유편(類編),
「독서(讀書)」.
「존성(存省)」.
「논지경(論持敬)」.
「교인(敎人)」.
「강변(講辨)」.
「거가(居家)부검약(附儉約)」.
「사군(事君)」.
「고군진계(告君陳誡)」.
「논이기(論理氣)」.
「논예(論禮) 관혼상제(冠婚喪祭)」.
「논인물(論人物)」.
「잡기(雜記)」.
「고종기(考終記)」.
『퇴계선생연보(退溪先生年譜)』,
제1권, 「연보(年譜) 1」.
제2권, 「연보(年譜) 2」.
『퇴계집(退溪集)』,
퇴계선생문집외집 1권, 시(詩), 「증이숙헌(贈李叔獻)[사수(四首)]」.
퇴계선생문집 46권, 묘갈지명(墓碣誌銘),
「선비증정부인김씨묘갈지(先妣贈貞夫人金氏墓碣識)」.
「선비증정부인박씨묘갈지(先妣贈貞夫人朴氏墓碣識)」.
퇴계선생연보 3권, 부록(附錄), 「묘갈명(墓碣銘)」.
『퇴도선생언행통록(退陶先生言行通錄)』,
제1권, 「실기(實記)」.
제2권, 유편(類編), 「독서지법(讀書之法)」.
『학봉전집(鶴峯全集)』,

학봉집 제1권, 시(詩), 「강상(江上) 차기고봉(次奇高峯) 대승(大升) 운(韻) 복정퇴계선생행사(伏呈退溪先生行史) 이수(二首) 기사(己巳)」.
학봉속집 제5권, 잡저(雜著), 「퇴계선생언행록(退溪先生言行錄)」.
한국국학진흥원, 『군자유종, 세상의 빛이 되다. 퇴계 선생 서세 450주년 추모행사 자료집』(안동: 한국국학진흥원, 2020).
『한국민속대백과사전』.
한국의학교육평가원, 『의학교육 평가인증 기준 및 규정』, 2010.
한국일보, 「일제강점기 음악 교과서에 실린 퇴계 기리는 노래 공개」, 2021. 4. 26.
한국천주교주교회의 · 한국천주교중앙협의회. 「비그리스도교와 교회의 관계에 대한 선언: 우리 시대」(Declaratio De Ecclesiae Habitudine Ad Religiones Non-Christianas: Nostra Aetate). 1965. 10. 28. 제2차 바티칸 공의회. eBook.
한우근, 「이익(李瀷)」, 『한국민족문화대백과사전』(한국학중앙연구원, 1997).
한재동, 「"하느님" 사용 정당성의 예배학적 재조명」, 『신학과 실천』(2016, 한국실천신학회) 51호, 7~38쪽.
한지슬, 「16세기에서 21세기를 잇는 신(新) 도산십이곡」(강의 발표 자료, 2020).
『해은별고(海隱別稿)』, 1권, 시(詩), 「도산십이곡(陶山十二曲)」.
『향산집(響山集)』, 제17권, 「기천권공행장(杞泉權公行狀)」.
허권수, 『조선의 유학자, 조식』(뜻있는도서출판, 2022).
『활인심방(活人心方)』, 퇴계선생유묵(退溪先生遺墨), 전남대학교도서관 소장본.
황병익, 「도산십이곡의 의미 재고 II」, 『정신문화연구』(한국학중앙연구원, 2013) 제36권 제2호, 271~299쪽.
황병익, 「〈동동〉'새셔가만ᄒᆞ 애라'와 〈한림별곡〉 '뎡쇼년(鄭少年)'의 의미 재론」, 『정신문화연구』(한국학중앙연구원, 2007) 제30권 제4호, 117~138쪽.
홍우흠, 「퇴계의 매화시첩(梅花詩帖)에 대한 연구」, 『인문연구』(영남대 인문과학연구소, 1983) 4권, 85~120쪽.
황준연, 「삭대엽(數大葉)」, 『한국민족문화대백과사전』(한국학중앙연구원, 1995).
『후한서(後漢書)』, 열전(列傳), 29권, 「신도강포영질운열전(申屠剛鮑永郅惲列傳)」.
Aristoteles, 「Book 1」, 『Metaphysics』.
Aristoteles, 「On sense and sensible objects」, 『On the Soul, Parva Naturalia, On Breath』.

Davidson RJ, McEwen BS. Social influences on neuroplasticity: stress and interventions to promote well-being. Nature Neuroscience 2012; 15(5): 689~695.

Frankl VE, 『Man's Search for Meaning: an introduction to logotherapy』(Beacon Press, 2006)(originally published in 1946).

Galenos, 『That the Best Physician is Also a Philosopher』.

Hamlin JK, Wynn K, Blomm P. Social evaluation by preverbal infants. Nature 2007; 450(7139): 557~559.

Hernández SE, Suero J, Barros A, González-Mora JL, Rubia K. Increased grey matter associated with long-term Sahaja Yoga meditation: a voxel-based morphometry study. PLoS One 2016; 11(3): e0150757.

Hippocrates, 『Hippocrates Corpus(히포크라테스 전집)』,

「Nutriment(영양)」.

「Regimen(섭생)」.

「Breaths(호흡)」.

「Ancient Medicine(전통 의학)」.

「Nature of Man(인간의 본질)」.

「The Art(의술)」.

「Law(법)」.

「Precepts(계율)」.

Im SB, Yoo EH, Kim JS, Kim GJ. Adapting a cognitive behavioral program in treating alcohol dependence in south Korea. Perspectives in Psychiatric Care 2007; 43: 183-192.

Jung CG, 『Ein modernes Mythus(1958)』(Olten: Walter Verlag, 1974).

Kandel ER(이한음 역), 『The Age of Insight(역제: 통찰의 시대)』, 알에이치코리아(RHK), 2014.

KBS 1TV, 거북이 늬우스, 「노래하는 거북이 의사 김종성」, 2018.9.26.

KBS 1TV, 네트워크 특선, 「동네 특종 카메라, 퇴계 이황 선생님이 500년 전에 쓴 가사로 500년 만에 만들어진 노래」, 2018.9.29.

KBS 1TV, 거북이 늬우스, 「자나 깨나 퇴계 이황 사랑을 외치는 남성, 그는 왜?」,

2021.1.27.
KBS 1TV, 네트워크 특선, 「자나 깨나 퇴계 이황 사랑을 외치는 남성, 그는 왜?」, 2021.2.20.
Kim JS, Kim GJ, Lee JM, Lee CS, Oh JK. HAIS (Hanil Alcohol Insight Scale): Validation of an insight-evaluation instrument for practical use in alcoholism. Journal of Studies on Alcohol 1998; 59: 52-55.
Kim JS, Park BK, Kim GJ, Kim SS, Jung JG, Oh MK, Oh JK. The role of alcoholics' insight in abstinence from alcohol in male Korean alcohol dependents. Journal of Korean Medical Science 2007; 22: 132-137.
Lee CS, 「Two models of Christian-Confucian dialogue in Korea: toward an indigenized Korean theology」, 『Korean Journal of Christian Studies』 (Korean Association of Christian Studies, 2013) Vol. 89, pp.153~173.
Lee SJ, 「Seeking a holistic theological education: from a comparative study on Toegye and Yulgok`s education」, 『Korean Journal of Christian Studies』 (Korean Association of Christian Studies, 2013) Vol. 89, pp.235~248.
Lee SM, Kim JS, Jung JG, Oh MK, Chung TH, Kim JH. Korean Alcohol Guidelines for Moderate Drinking Based on Facial Flushing. Korean J Fam Med 2019; 40: 204-211.
MBC TV, 생방송 아침이 좋다, 「초대석, 방학 특집-그분들이 가신 길/명품 인간을 만드는 퇴계 선생의 가르침」, 2019.7.30.
MBC TV, 뉴스데스크, 「450년 만에 노래로 부활한 도산십이곡」, 2020.1.21.
MBC TV, 뉴스투데이, 「노래로 부활한 도산십이곡」, 2020.1.23.
Newberg A, Alavi A, Baime M, Pourdehnad M, Santanna J, d'Aquili E. The measurement of regional cerebral blood flow during the complex cognitive task of meditation: a preliminary SPECT study. Psychiatry Res 2001; 106(2): 113~122.
Pfefferbaum A, Sullivan EV, Mathalon DH, Lim KO. Frontal lobe volume loss observed with magnetic resonance imaging in older chronic alcoholics. Alcohol Clin Exp Res 1997; 21: 521~529.
Roots of altruism show in babies' helping hands,

http://www.nbcnews.com./id/11641621

Ropper AH, Samuels MA. 『Adams And Victor's Principles Of Neurology, 9th edition』, USA: McGraw-Hill Companies, 2009.

Sadock BJ, Sadock VA. 『Kaplan & Sadock's Comprehensive Textbook Of Psychiatry, 8th edition』, Philadelphia: Lippincott Williams & Wilkins, 2005.

Schlaepfer TE, Lancaster E, Heidbreder R, Strain EC, Kosel M, Fisch HU, Pearlson GD. Decreased frontal white-matter volume in chronic substance abuse. Int J Neuropsychopharmacol 2006; 9(2): 147~153.

Solms M. Freud returns. Scientific American 2004; 290(5): 82~88.

『The New American Bible』(St Paul Communications/Daughters of St Paul, 2005).

Tomasello M(유강은 역), 『A Natural History of Human Morality(역제: 도덕의 기원)』, 이데아, 2018, 14쪽.

Tomasino B, Fabbro F. Increases in the right dorsolateral prefrontal cortex and decreases the rostral prefrontal cortex activation after-8 weeks of focused attention based mindfulness meditation. Brain Cogn 2016; 102: 46~54.

Uribe C, Puig-Davi A, Abos A, Baggio HC, Junque C, Segura B. Neuroanatomical and functional correlates of cognitive and affective empathy in young healthy adults. Front Behav Neurosci 2019; 13: 85. doi: 10.3389/fnbeh.2019.00085. eCollection 2019.

찾아보기

A~Z

ㄱ

ㄴ

ㄷ

ㅂ

ㅅ

ㅇ

ㅈ

ㅊ